工程建设理论与实践丛书

GAOSU GONGLU GONGCHENG
SHIGONG JISHU YU ANQUAN GUANLI

高速公路工程
施工技术与安全管理

刘文建　谢山海　黄智广　主编

华中科技大学出版社
http://press.hust.edu.cn
中国·武汉

图书在版编目(CIP)数据

高速公路工程施工技术与安全管理/刘文建,谢山海,黄智广主编.—武汉:华中科技大学出版社,2022.12
ISBN 978-7-5680-8913-5

Ⅰ.①高… Ⅱ.①刘… ②谢… ③黄… Ⅲ.①高速公路-道路工程-安全管理 Ⅳ.①U415.12

中国版本图书馆 CIP 数据核字(2022)第 246566 号

高速公路工程施工技术与安全管理
Gaosu Gonglu Gongcheng Shigong Jishu yu Anquan Guanli

刘文建　谢山海　黄智广　主编

策划编辑:周永华
责任编辑:陈　忠
封面设计:王　娜
责任监印:朱　玢
出版发行:华中科技大学出版社(中国·武汉)　　电话:(027)81321913
　　　　武汉市东湖新技术开发区华工科技园　　邮编:430223
录　　排:华中科技大学惠友文印中心
印　　刷:武汉科源印刷设计有限公司
开　　本:710mm×1000mm　1/16
印　　张:20.5
字　　数:368 千字
版　　次:2022 年 12 月第 1 版第 1 次印刷
定　　价:98.00 元

本书若有印装质量问题,请向出版社营销中心调换
全国免费服务热线:400-6679-118　竭诚为您服务
版权所有　侵权必究

编 委 会

主　编　刘文建(中交第四航务工程局有限公司)
　　　　　谢山海(佛山市广佛肇高速公路有限公司)
　　　　　黄智广(广东省公路建设有限公司)

副主编　王　涛(中交路桥华南工程有限公司)
　　　　　付　暄(云南交投公路建设第二工程有限公司)
　　　　　何成兴(云南交投公路建设第四工程有限公司)
　　　　　彭　昆(保利长大工程有限公司)

编　委　丰　云(广东省公路建设有限公司南环段分公司)
　　　　　郑泽海(广东省南粤交通仁博高速公路管理中心仁
　　　　　　　　新管理处)
　　　　　杨明新(深圳市市政工程质量安全监督总站)

前　　言

随着社会经济的发展,国家加大了对交通运输业的发展力度,特别是对高速公路的建设给予了积极的政策支持,各地区交通量迅速增长,许多地区交通拥挤,事故频发,对于道路建设的需求日趋强烈。改革开放以来,我国的公路事业得到了迅猛发展,公路通车里程与交通量不断增加,尤其高等级公路里程增加最多。高等级公路对一个国家或一个地区的经济发展、社会进步和人民生活质量的提高等方面起着极其重要的作用,路网水平的提高,有利于沟通城乡,加快老、少、边、穷地区脱贫致富,促进社会经济与旅游事业的发展。

20 世纪八九十年代,全国各地开始大规模地修建道路。同时期全国同时启动了多条高速公路的设计施工,中国开始进入公路高速化时代。

1981 年,我国公路总里程不到 90 万千米,为了适应改革开放后经济恢复和发展带来公路运输需求的大幅增长,国务院授权原国家计委、经委和交通运输部印发了《国家干线公路网(试行方案)》,标志着我国公路发展进入了构建全国性干线公路网的历史新时期。1992 年,为了满足"快速运输、汽车专用"的迫切需要,改善以普通公路为主体的国道网通行能力不足的问题,原交通部制定印发了《国道主干线系统规划》,明确要建设"五纵七横"国道主干线系统。2004 年,为了改善国道主干线联网不够、覆盖面不足、标准不统一等问题,经国务院批准,《国家高速公路网规划》发布实施,首次采用放射线与纵横网格相结合的布局方案,提出了"7918"国家高速公路网络布局。为适应新的发展要求,保障国家公路健康可持续发展,党的十八大后,《国家公路网规划(2013—2030 年)》于 2013 年印发实施,首次提出国家公路网由提供高效服务的国家高速公路网和提供普遍服务的普通国道网两个层次路网组成。

经历了 40 多年的努力,目前全国每个县基本都通了高速公路,很多省道、县道也建成高等级公路,乡村道路实现硬化,城乡居民出行越来越便捷。在党中央、国务院的政策指导下,从中央到地方,各省、市、县都积极响应,特别是十八大以来,我国公路建设已取得历史性成就,截至 2021 年底,全国已建成总里程 528 万千米的公路网。路网规模已位居世界前列,特别是高速公路里程位居世界第一,超过 16 万千米,这为支撑我国建设全国大统一市场、畅通国内国际双市场,实现人享其流、物享其流奠定了雄厚的基础。

党的十九大也提出了建设交通强国的宏伟战略目标,并于2019年9月印发了《交通强国建设纲要》,于2021年2月印发了《国家综合立体交通网规划纲要》,两个纲要共同构成了加快建设交通强国的纲领性文件。

目前,我国路网由7条首都放射线、11条北南纵向线和18条东西横向线组成,将把我国人口超过20万的城市全部用高速公路连接起来,覆盖10亿人口。这7条首都放射线是北京—上海、北京—台北、北京—港澳、北京—昆明、北京—拉萨、北京—乌鲁木齐、北京—哈尔滨;11条北南纵向线是鹤岗—大连、沈阳—海口、长春—深圳、济南—广州、大庆—广州、二连浩特—广州、呼和浩特—北海、包头—茂名、银川—百色、兰州—海口、重庆—昆明;18条东西横向线是绥芬河—满洲里、珲春—乌兰浩特、丹东—锡林浩特、荣成—乌海、青岛—银川、青岛—兰州、连云港—霍尔果斯、南京—洛阳、上海—西安、上海—成都、上海—重庆、上海—昆明、杭州—瑞丽、福州—银川、泉州—南宁、厦门—成都、汕头—昆明、广州—昆明。规划中的8.5万千米高速公路网中,已建成2.9万千米、在建1.6万千米、待建4万千米。

新版《国家综合立体交通网规划纲要》明确提出了国家公路网到2035年的布局方案,总规模约46.1万千米,其中,国家高速公路网规划总里程约16.2万千米,由7条首都放射线、11条北南纵向线、18条东西横向线,以及6条地区环线、12条都市圈环线、30条城市绕城环线、31条并行线、163条联络线组成,未来建设需改造5.8万千米,其中含扩容改造约3万千米;普通国道网规划总里程约29.9万千米,由12条首都放射线、47条北南纵向线、60条东西横向线,以及182条联络线组成,未来建设改造需求11万千米。

自2020年1月1日起,中国高速公路省界收费站全部取消,高速公路真正成为"一张网"。全国智慧公路"一张网",管理来自各地的海量高速车流和路费结算数据,还涉及省际高速费用结算,需要在极短时间内完成结算,"不能算错1分钱、不能算迟1秒钟"。这背后,是在线交易和实时数仓一体化解决方案,支持高并发大流量写入和海量数据实时分析的交易结算清分系统。此外融合多源交通数据,还可以精准识别在途车辆,通过路径拟合还原,构建起高速车流全息数字化。

根据规划方案,国家高速公路网将连接全国所有的省会级城市、目前城镇人口超过50万的大城市以及城镇人口超过20万的中等城市,实现东部地区平均30分钟上高速,中部地区平均1小时上高速,西部地区平均2小时上高速。

但综合考虑人口和面积等因素后,我们与发达国家相比还存在一定的差距。据统计,我国每万人拥有公路里程37.4千米、拥有高速公路里程1.2千米,分别为美国的18%和50%,公路综合密度仅为美国的37%,日本、法国的25%左右。在通达深度方面,我国高速公路基本覆盖了城镇人口20万以上的城市,而美国州际公路、德国高速公路连接了所有5万人口以上的城市,日本高速公路网则连接了所有10万人口以上的城市。

目　　录

第1章　高速公路发展 (1)
1.1　概念 (1)
1.2　中国高速公路发展 (4)
1.3　国外高速公路发展概况 (10)

第2章　道路施工 (17)
2.1　路基施工 (17)
2.2　路面施工 (39)
2.3　防护工程施工 (58)

第3章　桥梁施工 (79)
3.1　高速公路桥梁分类 (79)
3.2　桥梁基础施工 (90)
3.3　承台施工 (107)
3.4　上部结构施工 (116)
3.5　下部结构施工 (129)
3.6　桥面系施工 (142)

第4章　隧道施工 (151)
4.1　隧道分类 (151)
4.2　洞口施工 (153)
4.3　洞身开挖与支护 (171)
4.4　二次衬砌 (181)
4.5　防排水施工 (187)
4.6　辅助工程施工 (199)

第5章　高速公路附属工程 (217)
5.1　交通标志 (217)
5.2　照明系统 (224)
5.3　防撞护栏 (231)
5.4　环境保护 (238)

第 6 章　高速公路施工安全管理 (249)
6.1　高速公路施工安全管理概述 (249)
6.2　高速公路施工安全管理制度 (257)
6.3　风险源的识别与风险评估 (269)
6.4　应急管理 (282)
6.5　施工安全管理标准化 (293)
6.6　安全管理实例 (302)

参考文献 (313)
后记 (318)

第1章　高速公路发展

1.1　概　　念

1.1.1　公路的概念

公路,是指各城镇、乡村和工矿基地之间主要供汽车行驶的郊外道路。法律意义上的公路,是指在中华人民共和国境内,按照国家规定的《公路工程技术标准》(JTG B01—2014)修建,并经公路主管部门验收认定的城间、城乡间、乡间可供汽车行驶的公共道路。(参见《中华人民共和国公路管理条例》及实施细则)

按照这个概念,公路必须具备下述条件。

第一,公路是城市(城市包括直辖市、省辖市、县级市、县和镇)与城市之间、城市与乡村之间、乡村与乡村之间的道路,其作用是把它们联结起来。

第二,公路必须按照《公路工程技术标准》(JTG B01—2014)修建,并经公路主管部门验收认定。该技术标准由中华人民共和国交通运输部制定。公路主管部门分为中央主管部门和地方主管部门。中央主管部门即交通运输部;地方主管部门包括省、自治区、直辖市交通厅、局,地区、省辖市、县级市和县交通局。除国家重点工程外,公路验收认定由地方公路主管部门组织实施。

第三,公路必须可供汽车行驶。如果一条道路的宽度和路基强度不能满足汽车轮距的需要或者不能承受汽车载质量的压力,而仅能满足其他机动车和非机动车的需求,则不被认为是公路。

第四,公路必须向社会开放,允许车辆、行人通行。不管公路的建设者是谁,利用者必须是全民,每个人都有利用公路通行的权利。

1.1.2　公路的类别

公路从不同的角度有不同的分类方式。现行的分类方法主要有三种:行政分类、技术分类和功能分类。其中功能分类在我国还没有明确的定义。

1. 行政分类

行政分类是指根据公路在国民经济、社会生活、国防建设以及国际交往中的地位,为管理的需要而进行的分类。

(1)干线公路,简称国道,是指具有全国性政治、经济意义的主要干线公路,包括重要的国际公路,国防公路,连接首都与各省、自治区和直辖市的公路,连接各大经济中心、港站枢纽、商品生产基地和战略要地的公路。

(2)省、自治区、直辖市干线公路,简称省道,是指具有全省、自治区、直辖市政治、经济意义,连接省内中心城市和主要经济区的公路,以及不属于国道的省际间的重要公路。

(3)县公路,简称县道,是指具有全县(旗、县级市)政治、经济意义,连接县城和县内主要乡(镇)、主要商品生产和集散地的公路,以及不属于国道、省道的县际间的公路。

(4)乡公路,简称乡道,是指主要为乡(镇)内部经济、文化、行政服务的公路,以及不属于县道以上公路的乡与乡之间及与外部联络的公路。

(5)专用公路,是指专供或主要供厂矿、林区、油田、农场、旅游区、军事要地等与外部联络的公路。

2. 技术分类

技术分类是指根据公路工程质量要求、交通量及其使用任务、性质进行的分类,共五个等级。

(1)高速公路。一般能适应的年平均昼夜交通量为25000辆以上,具有特别重要的政治、经济意义,专供汽车分道高速行驶并全部控制出入的公路。

(2)一级公路。一般能适应的年平均昼夜交通量为5000~25000辆,连接重要政治、经济中心,通往重点工矿区,可供汽车分道行驶并部分控制出入、部分立体交叉的公路。

(3)二级公路。一般能适应按各种车辆折合载重汽车的年平均昼夜交通量为2000~5000辆,连接政治、经济中心或大工矿区等地的干线公路,或运输任务繁忙的城郊公路。

(4)三级公路。一般能适应按各种车辆折合成载重汽车的年平均昼夜交通量为2000辆以下,沟通县及县以上城市的一般干线公路。

(5)四级公路。一般能适应按各种车辆折合成载重汽车的年平均昼夜交通量为200辆以下,为沟通县、社、队等的支线公路。

3. 功能分类

因为目前我国尚没有完整的功能分类的划分标准,亦没有相应的判定依据,所以本书并不展开讨论。

4. 三种划分方式之间的关系

三种划分方式之间的关系表现在以下两个方面。

(1)三种划分方式之间存在较强的相关性,即存在着一种较强的重合性;这种重合性可表示为行政等级高≈技术等级高≈功能等级高。

(2)三种划分方式之间必然存在着差异性。这种差异性主要体现在三种分类的侧重点不同:公路的行政分类主要从对公路的管理角度上分类,公路的技术分类主要从公路承担的交通量角度上分类,而公路的功能分类则突出了公路在公路网中所起到的作用。

1.1.3 高速公路的概念

高速公路是指经国家公路主管部门验收认定,符合高速公路工程技术标准,并设置完善的交通安全设施、管理设施和服务设施,专供机动车高速行驶的公路。其特点是具有机动车专用、分离行驶、全部立交、控制出入以及高标准、设施完善等功能。与一般公路相比,高速公路具有车速高、通行能力大、运输费用省、行车安全四大优点,其中车速高是其最显著的优点,也是高速公路同其他公路的根本区别。

我国区分高速公路的等级有定性技术经济指标和定量技术经济指标,其中定量技术经济指标有交通量、设计速度和规范的工程技术标准等。

1. 交通量

交通量,是指单位时间内(每小时或每昼夜)通过两地间某公路断面处来往的实际车辆数。交通运输部制定的《公路工程技术标准》(JTG B01—2014)将"小客车"定为各等级公路设计交通量换算的标准车型,对高速公路能适应的年平均日交通量作了具体规定。

2. 设计速度

设计速度是公路设计时确定几何线形的基本要素,它是气象条件良好、车辆行驶只受公路本身条件影响时,具有中等驾驶技术的人员能够安全、顺适驾驶车辆的速度。高速公路在平原微丘的设计速度为 120 km/h,重丘的设计速度为 100 km/h,山岭的设计速度为 80 km/h。

高速公路是社会经济发展的必然产物。人类的交通工具从步行、马车到汽车的发展过程中,道路作为人类从事各种活动的通道,也在升级换代,从黄土垫道到柏油马路的诞生经历了漫长的过程,高速公路的出现被当作一个国家走向现代化的标志,是发展现代交通业的必经之路。早在 18 世纪,亚当·斯密就在《国富论》中指出:"一切改良中,以交通改良最为有效。"世界各国的经济发展经验也都证明了完善的交通网络对促进经济发展是至关重要的。

高速公路的车辆通过能力高,车辆行驶安全性远高于普通公路,交通设施完善,运输成本低于普通公路,作为现代化物流的基本设施之一,得到了很多国家的重视和应用。

1.2　中国高速公路发展

我国内地高速公路的起步比发达国家整整晚了半个世纪,到 20 世纪 80 年代中期,我国才开始高速公路的前身——汽车专用公路的探索。

改革开放初期,随着我国国民经济的快速发展,公路客货运输量急剧增加,公路建设长期滞后所产生的后果充分暴露出来。20 世纪 80 年代初,原交通部开始着手收集和研究发达国家解决干线公路交通拥堵问题的经验,并对我国主要干线公路交通存在的主要问题进行研究。我国高速公路正是在这样的背景下酝酿产生的。

1. 起步阶段(1978—1988 年)

随着改革开放进程的逐步深入,公路运输需求持续增加,交通行业对建设高等级公路(汽车专用公路、高速公路)已有了一定的认识。在这一时期,社会各界对修建高速公路问题也非常关注,但对于"中国要不要修建高速公路"的问题认识并不统一,甚至可以说争论激烈。反对一方认为,高速公路属于专为小汽车服务的"高消费"产品,我国小汽车少,用不着花费巨资、占用大量土地建设高速公路。

1981 年,国务院授权原国家计划委员会、原国家经济委员会和原交通部以《关于划定国家干线公路网的通知》(计交〔1981〕789 号)确定了由 12 射、28 纵、

30横组成的国道网,总规模10.92万千米。作为我国第一个国家级干线公路网规划,虽未明确公路等级标准,但解决了国道网的布局问题,意义重大。

1982年党的十二大以后,交通运输方面的专家以及部分社会上的有识之士建议修建高速公路的呼声日益高涨。基于当时的社会环境,1984年,沈(阳)大(连)公路按照一级汽车专用公路的标准(学习借鉴日本高速公路设计要领)开工建设,建成后已具备高速公路技术标准。沪(上海)嘉(定)、西(安)临(潼)、广(州)佛(山)三条高速公路长度均不足20千米。按当时的规定,长度在20千米以内的高等级公路,可不按高速公路审批程序,经省级、部级主管部门审批立项。

1984年5月,国务院印发《中共中央、国务院关于天津港实行体制改革试点的批复》,明确要加快修建京津塘高速公路。随后,交通部组织当时全国部属三大设计院(交通部公路规划设计院、交通部第一公路勘察设计院和交通部第二公路勘察设计院)组成强大的测设队伍赴现场踏勘、测量和设计,京津塘高速公路作为内地经国务院批准的第一条高速公路,利用世界银行贷款于1984年12月至1986年分段陆续开工建设。

1988年是我国内地高速公路的"元年"。10月31日,全长20.5千米(达到高速公路标准的路段长15.9千米)的沪嘉高速公路一期工程通车;11月4日,辽宁沈大高速公路沈阳至鞍山和大连至三十里堡两段共131千米建成通车。到1988年底,我国内地高速公路总里程达到147千米,高速公路实现了零的突破,彻底结束了中国内地没有高速公路的历史。

2. 稳步发展阶段(1989—1997年)

1988年以后,沪嘉和沈大两条高速公路的通车运营,获得了良好的经济效益,社会反响巨大,使人们对高速公路的优点有了感性认识,社会舆论和各界的观点开始向有利于高速公路发展的方向转变。交通部适时抓住这一机遇,于1989年7月18日至20日,在辽宁沈阳召开了我国高速公路发展历史上具有里程碑意义的"高等级公路建设经验交流现场会"。会上,时任国务委员的邹家华同志明确指出,"高速公路不是要不要发展的问题,而是必须发展""这样的结论是明确的,这已经不是理论问题"。认识的统一,为我国高速公路的发展奠定了基础,拉开了高速公路快速发展的序幕。

1990年,被誉为"神州第一路"的沈大高速公路全线建成通车,全长371千米,标志着我国高速公路发展进入了一个新的时代。1993年,京津塘高速公路建成通车。

20世纪80年代末到90年代初,原交通部提出建设国道主干线、水运主通道、港站主枢纽和支持保障系统(即"三主一支持")发展设想,组织编制了《国道主干线系统规划》,布局方案由五纵七横12条路线组成,规划里程约3.5万千米。除少数交通量小的路段外,主要按汽车专用公路标准(实际上大部分为高速公路)建设。这是我国第一个涉及高速公路建设的公路网建设规划。

1993年,原交通部印发了国道主干线系统规划布局方案,从而为我国高速公路持续、快速、健康发展奠定了基础。

1993年6月,"全国公路建设工作会议"在山东济南召开。这是当时高速公路发展史上规模最大、规格最高、效果最佳、影响最深远的一次会议。会上,时任国务院副总理的邹家华同志指出"要处理好高等级公路和一般公路的关系,先通后畅,目标是要提高公路运输的速度、效率和效益"。会议确定了我国公路建设将以高等级公路为重点实施战略转变,同时明确了2000年前我国公路建设的主要目标是:集中力量抓好高等级公路建设,"两纵两横"(两纵为北京至珠海、同江至三亚,两横为连云港至霍尔果斯、上海至成都)国道主干线应基本以高等级公路贯通,"三个重要路段"(北京至沈阳、北京至上海和重庆至北海)力争建成通车,形成几条对国民经济和社会发展具有重要战略意义的大通道。

济南会议后,全国掀起了高速公路建设新高潮,把我国高速公路建设推到了一个新的发展阶段。这一时期,公路行业努力克服高速公路建设缺乏经验、缺乏技术标准、缺乏人才和缺乏设计施工技术等诸多困难,突破多项重大技术"瓶颈",积累了设计、施工、监理和运营等全过程建设和管理的经验。到1997年底,我国高速公路通车里程达到4771千米,10年间年均增长477千米,相继建成了沈大、京津塘、成渝、广深、济青等一批具有重要意义的高速公路。

3. 加快发展阶段(1998—2007年)

1998年,为应对东南亚金融危机对我国的不利影响,党中央、国务院做出了"实施积极财政政策和较为宽松的货币政策、加快各项基础设施建设"、扩大内需、稳定经济增长的决策,决定重点实施公路、铁路、通信、环保、农林及水利等基础设施建设,公路建设是重中之重。

为落实党中央、国务院的部署,1998年6月,原交通部在福建省福州市召开"全国加快公路建设工作会议",时任国务院副总理的吴邦国同志指出,要从国家整个经济发展的全局来看待这次会议,保持全年8%的增长目标关系到国家的政治信誉,这不仅是经济问题,也是政治问题。公路部门肩上扛着促进公路建设发展和带动国民经济发展的双重责任。

1998年,全年新增高速公路里程3962千米,总里程达到8733千米,居世界第六位,创下了年度新增高速公路的新纪录。全年实际完成公路建设投资2168亿元,比1997年增长72.6%。"五纵七横"规划中的大部分高速公路项目开工建设,全国在建高速公路里程超过1.26万千米,为"十五"(2001—2005年)期间我国建成近2万千米高速公路奠定了坚实的基础。

1999年,党中央、国务院做出了另一项重大战略部署——西部大开发。交通部认真落实中央精神,于2000年7月在四川成都召开"西部开发交通基础设施建设工作会议",提出加快建设"八条西部开发省际公路通道",作为"五纵七横"国道主干线在西部地区的重要补充和延伸,是西部地区连接东中部地区、西北与西南、通江达海、连接周边的重要公路通道,由四纵四横8条路线组成,包括甘肃兰州—云南磨憨口岸、内蒙阿荣旗—广西北海、新疆阿勒泰—红其拉甫口岸、宁夏银川—湖北武汉、陕西西安—安徽合肥、重庆—湖南长沙、青海西宁—新疆库尔勒、四川成都—西藏樟木口岸,总里程近1.5万千米。

1999年10月,我国高速公路里程突破1万千米,达到11605千米,跃居世界第四位;到2000年底,我国高速公路里程达到16285千米,跃居世界第三位。

"十五"时期,我国高速公路继续保持举世瞩目的快速发展势头。2001—2005年,建成高速公路2.47万千米,总里程相继突破2万、3万和4万千米三大关口,2005年底,高速公路达4.1万千米,仅次于美国,居世界第二位,完成了西方发达国家几十年才能走完的发展历程。

同时,为了适应未来我国经济社会发展对交通运输提出的新要求、新挑战,参照发达国家的经验,交通部组织编制了《国家高速公路网规划》,由国务院于2004年12月下发。此次国家高速公路网由7条首都放射线、9条南北纵线、18条东西横线以及若干联络线、并行线、环线组成,简称"7918网",规划里程约8.5万千米。这是我国历史上第一个国家高速公路网规划。

在"十一五"计划开局之年的2006年,高速公路建设翻开了新的一页。交通部明确要重点组织实施《国家高速公路网规划》,确定了"十一五"时期交通工作的主要目标。

到2007年底,高速公路里程迈上了5万千米的台阶,达到5.39万千米;经过15年的艰苦努力,总里程3.5万千米的"五纵七横"国道主干线系统比原计划提前13年基本贯通,国家高速公路骨架初步成网,高速公路网对经济社会发展的推动作用更加显著。

4. 跨越式发展阶段(2008—2015年)

2008年,为应对美国次贷危机对我国的不利影响,党中央、国务院又一次做出扩大内需、促进经济增长的重大决策部署,再次为交通运输业实现新的发展提供了机遇。为应对金融危机,贯彻落实国家"促内需、保增长"的战略部署,公路行业以国家高速公路建设为重点,进一步加快了高速公路建设步伐。

2009年,全年完成公路建设投资超过9668亿元,同比增长40%以上;同年底,高速公路里程达到6.51万千米。2010年,公路建设投资历史性地突破了万亿元大关,高速公路总里程突破7万千米,达到74113千米。

"十二五"时期,在《国家高速公路网规划》指引下,全国高速公路建设取得历史性新突破。五年间,公路累计完成投资7.1万亿元,是"十一五"时期的1.74倍。全国高速公路年均新增里程9900千米,是"十一五"时期的1.5倍。2012年,高速公路通车里程达9.6万千米,首次超越美国,居世界第一。到2015年底,高速公路通车里程达12.4万千米,覆盖全国97.6%的城镇人口20万以上城市。

"十二五"时期,针对《国家干线公路(试行方案)》尚有900多个县没有连接、规模明显不足的问题,以及国家高速公路网中主要通道能力不足,新的城镇人口在20万以上的城市没有连接等问题,交通运输部及时研究编制《国家公路网规划(2013年—2030年)》,2013年经国务院批复后印发。国家公路网规划方案由国家高速公路和普通国道两个路网层次构成。国家高速公路由7条首都放射线、11条南北纵线、18条东西横线以及地区环线、并行线、联络线等组成,总里程约11.8万千米,另规划远期展望线1.8万千米,简称"71118网"。普通国道由12条首都放射线、47条南北纵线、60条东西横线和81条联络线组成,总里程约26.5万千米。《国家公路网规划(2013年—2030年)》的颁布,对指导新时期国家公路网建设发挥着十分重要的作用。

随着京哈、京沪、青银、沪渝等一批长距离、跨省际的高速公路大通道相继贯通,拥挤路段相继扩容改造完成,我国主要公路运输通道交通运输紧张状况得到明显缓解,长期存在的运输能力紧张状况得到明显改善。高速公路的快速发展,大大缩短了省际之间、重要城市之间的时空距离,加快了区域间人员、商品、技术、信息的交流速度,有效降低了生产运输成本,在更大空间上实现了资源有效配置,拓展了市场,对提高企业竞争力、促进国民经济发展和社会进步都起到了重要的作用。随着高速公路里程的不断延伸,规模效益逐步发挥,高速公路的速度和便利也已经走进了平常百姓的生活,日益改变着人们的时空观念和生活方式。

5. 全面规范和高质量发展阶段(2016年以来)

经过改革开放以来四十余年的发展,我国公路交通运输历经了从"瓶颈制约"到"总体缓解",再到"基本适应""适度超前"的发展历程,公路规模总量已位居世界前列,其中高速公路里程已稳居世界第一位。

到2020年底,高速公路总里程达15.5万千米,国家高速公路网主线基本建成,覆盖约99%的城镇人口20万以上城市及地级行政中心。

"十三五"时期,一大批重大工程项目陆续建成和开工建设,有力支撑了国家重大战略的落地实施。"一带一路"交通基础设施互联互通方面,小勐养至磨憨、靖西至龙邦高速公路等项目建成通车,海拉尔至满洲里、二连浩特至赛罕塔拉、精河至阿拉山口、天保至文山高速公路正在抓紧建设,连接重要口岸的高等级公路进一步完善。京津冀暨雄安新区交通建设方面,京礼高速公路、津石高速公路河北段等项目建成通车,京雄高速公路、荣乌高速公路新线、新机场至德州高速公路等雄安新区骨干路网项目也已建成。长江经济带交通建设方面,芜湖二桥、池州长江公路大桥、南京长江五桥、沌口长江大桥、嘉鱼长江公路大桥、石首长江公路大桥等多座跨江大桥建成通车,长江两岸联系更加紧密。在粤港澳大湾区建设方面,港珠澳大桥、虎门二桥等重大项目建成通车,深中通道开工建设,沈海高速公路多个路段实施扩容改造,公路交通基础设施不断提升。

"十三五"时期,高速公路发展将步入全面深化改革与规范发展的新时期,从注重里程规模和速度转向更注重科学合理可持续发展。交通运输部印发《关于实施绿色公路建设的指导意见》,明确提出建设以质量优良为前提,以资源节约、生态环保、节能高效、服务提升为主要特征的绿色公路,提出了五大建设任务,决定开展五个专项行动,推动实现公路建设健康可持续发展。延崇高速公路等33个试点工程项目先后确定,编制了《绿色公路建设技术指南》《绿色公路建设发展报告》等,初步形成一批可推广、可复制的绿色公路建设经验成果。

交通运输部于2016年7月印发《关于推进公路钢结构桥梁建设的指导意见》,并编印《公路常规跨径钢结构桥梁建造技术指南》,以化解钢铁行业过剩产能为契机,以提高我国钢结构桥梁的应用比例和技术水平为抓手,提升桥梁品质和耐久性,降低桥梁全寿命周期成本,促进公路建设转型升级、提质增效。

2018年,交通运输部印发《关于推进公路水运工程BIM技术应用的指导意见》,推进建筑信息模型(building information modeling,BIM)技术在公路水运工程建设中的应用,加强项目信息整合,实现工程全寿命期管理信息的畅通传递,提升工程品质和投资效益,探索传统基础设施建设与新基建融合发展。

1.3 国外高速公路发展概况

1.3.1 美国高速公路发展概况

1. 高速公路建设萌芽期(20世纪30年代末至50年代初)

美国是最早建设高速公路的国家之一。早在1930年前后,在全美建设高速公路网的提案已被认同,只待选择合适的时机。因为建设这样大规模的高速公路网不仅可以带来大量的就业机会,还可以通过收费、租借、出卖等形式收回投资及增加财政收入。

从1939年起,美国经济从大萧条中逐步恢复过来。对于运输总量的迅速增加,以及汽车保有量的增长,现有的公路交通已经远远不能满足需要,再加上第二次世界大战过程中的军用物资运输的重要性给人们留下深刻印象,美国政府无论从经济利益还是军事用途上都充分认识到公路的价值。1939年联邦政府的公路部门开始提出更大规模的区域公路建设的设想(interregional)。这个时期美国城市化进程发展迅速,规模不断扩大,而城区道路由于车辆和车速的增加、人口膨胀及道路设计等问题已远远满足不了要求,开始出现大量安全方面的问题,因此,对更好的、质量更高的道路的要求日益迫切。第二次世界大战前,美国政府计划主要修建长度为43000千米的不收费公路网,路面至少为两车道,日交通量为2000辆以上,交通量集中区域实行局部控制出入,建设大城市内部城区道路,城市道路和联邦公路网呈放射状连接,这个时期的道路修建以城区道路为主。第二次世界大战后,原来的道路计划做了一些修改,迫切需要修建公路以克服原有道路的极度缺乏及日积月累的路面损坏等状况,以满足预期交通增长的需要。联邦政府的公路项目首先考虑各州利益,制定相应的规则以使公路项目更加合理,根据各州的实际情况分配中央政府款项,联邦政府与各州政府的资金互相配套,并积极协调联邦政府与州政府的工作关系,按照合同体制,鼓励推动公路建设与重建项目的竞争性招标机制。公路项目和经济建设紧密联系,即公路满足经济建设的需求,这种需求首先是指现代公路设施必须满足人口密集区域间的巨大交通量;其次是指改善原有的农场与市场公路格局以满足安全与经济发展的需求。这个公路计划主要适用于城市内部公路网络的形成及城市间的交通连接。由于大都会的出现与快速发展,其内部及之间建立跨区域的公路体系,再与全国性公路网连接起来。美国这时期的公路建设处于过渡阶段,主要针对大城市内部的公路交通网规划与建设,但它却为以后的州际公路系统(interstate)制定了标准。1939年,美国政府向国会递交了一份报告,主要是收费公路与免费公路问题,并第一次提到州际公路系统的概念。

1944年,美国政府提出了65000千米的州际公路计划。该计划刚开始实施时,州际公路系统动作缓慢,有的州抱怨标准定得太高,还有些人口稠密的州认为联邦政府的资助款项太少,离实际要求差得很远,因此准备自己修建收费道路。

但是由于整个20世纪40年代的其他法案都没有为州际公路系统的建设解决资金来源问题,加之受第二次世界大战的影响,其建设速度相当缓慢,平均每年新建高速公路不到1000千米,直到1953年艾森豪威尔总统执政时才累计建成1.03万千米。

2. 高速公路建设快速发展期(20世纪50年代中期至70年代末)

1952年"美国联邦资助公路法"通过审定,计划提供2500万美元用于州际公路系统建设项目,但这只是一个象征性的数字,由于矛盾及困难重重,有关州际公路项目一直没有全面地开展起来。1953年艾森豪威尔当选美国总统,开始实施了一项10327千米的公路建设计划,预计费用为9.55亿美元,其中一半的费用来自联邦政府。该计划建设规模远远不能满足未来20年的交通量要求,但这实际上是区域性公路(interregional)向州际公路系统(interstate)转变的开始。

1956年,美国国会通过了政府提出的"联邦政府资助公路法案及公路税收法案",计划建设66000千米的州际国防公路体系,同时设立新的公路信托基金。这是一种新型公路投资机制,使得公路使用者所交的费用全部用于公路建设本身,解决公共建设资金的缺乏问题,同时相应提高车辆税费标准。实际上,这是美国公路建设的转折点。从此,美国进入第二个公路建设(全国高速公路网)的新时代,同时开始实行一种新的公路建设投资方式。

初期的州际公路主要是指三条东西向和三条南北向为主的全国高等级公路网体系,当初预计总投资为488亿美元,建设全国性的、顺畅的4车道为主的高速公路系统。但根据美国联邦公路局的资料,如果要完全建成这个州际公路系统,总投资为1010亿美元,初期10年内的资金投入量为230亿美元,其中用于城市道路的费用为40亿美元。为了从资金上保证公路项目的顺利进行,政府设立了联邦公路公司,发行债券 250 亿美元,保证燃油税的征收超过 30 年,而且随着交通量的增加,此税也要相应增加,以保障这个公路系统(艾森豪威尔州际国防公路系统,简称为州际公路系统(the interstate system))建设顺利进行。建立这样一个全国性的高速公路网,美国政府提出的建设目标很明确,总体长度约为 66000 千米,这个高速公路网必须由众多的、直达式的道路连接,必须连接全国大部分中心城市、主要工业区域,并且随时都可用于国防目的。它还要满足国际用途,在适当地点连接北方的加拿大及南部的墨西哥。

1956 年开始实行的这个新出资方式,改变了过去单纯来自政府预算的拨款方式,而且保证各州都可以从这个公路网络项目中均衡获益。在 1956—1978 年的 20 多年间,美国高速公路进入了快速发展阶段,平均每年新建成高速公路约 3000 千米,其中在 1966 年的一年间新增高速公路里程就达 16000 千米。20 多年的大规模建设使美国的州际公路系统基本形成。

3. 高速公路建设稳定发展期(20 世纪 80 年代初以后)

自 20 世纪 80 年代初开始的 20 多年间,美国的高速公路建设速度降至每年 300 千米左右,开始进入稳定发展期,1992 年 99% 的州际公路系统已建成通车,联邦公路管理局开始与美国各州公路协会和运输官员及其他组织研讨未来的其他问题。这些研讨主要涉及国家运输政策问题,系统考虑州际公路和其他主要干线公路,进行国家公路系统(national highway system,NHS)规划和设计。为加强环境保护意识,增加公共及私人企业对需建项目的投资力度,加强研究和技术交流,特别加强对智能运输系统的研究,美国政府出台了众多的法令,从各个方面设定具体的目标,提出具体的操作方式,不断完善和改进,使其成为美国公路交通发展的远景规划及未来公路交通发展的目标。

总的来说,美国高速公路建设起步早、发展快,目前总里程已达 10 万千米以上,在全美已形成立体交通网络系统。由于美国大部分高速公路是在 1955 年到 1980 年修建的,目前美国高速公路已进入全面维修、养护和局部改扩建阶段。

1.3.2　德国高速公路发展概况

1924 年,当时的德国在柏林成立了公路研究协会。他们认识到,为了推动国家的公路建设,必须动员全国各方面的力量参与。那时候德国的公路建设并非由中央政府集中管理,而是由州政府或者地方自治体分散管理。德国交通部想根据魏玛宪法强化中央政府集中建设公路措施的目的并未达到。

第 1 章　高速公路发展

到了 20 世纪 30 年代,欧洲各国的经济步入了稳定增长的年代,德国开始提出了具体的高速公路建设计划,按照 1926 年奥钦教授的设想,其规划是建设一条从汉堡经法兰克福到巴塞尔的汽车专用公路,这是一条从德国北部到瑞士的巴塞尔南北向约 800 千米的高速公路,取用各大城市字头,称为"汉法巴"计划。之后成立了"汉法巴"高速公路建设计划协会。在 1931 年瑞士日内瓦召开的第一届高速公路会议中,"汉法巴"高速公路建设计划在欧洲干线公路网中成为最引人注目的项目。1932 年 8 月 6 日,德国第一条波恩到科隆段的高速公路段投入使用,翌年,"汉法巴"协会改为官方机构——德国高速公路计划协会。

1934 年希特勒上台后加速了高速公路的建设速度,几年之后又颁布了《公路及高速公路管理新法令》,此项法令的颁布目的在于促进建设速度,明确建设重点,统一建设标准,并力求使公路建设的规划、建设和管理合理化,并将管辖权直属德国政府。这个法令在很大程度上促进了高速公路的建设,按照当时的规划,全德的高速公路建设的目标是 14000 千米。但是由于第二次世界大战的爆发,高速公路建设计划不得不中止,当时已经完成了 3859 千米,其中在二战后的联邦德国境内完成了 2100 千米。

第二次世界大战后于 1949 年成立了联邦德国,新设立的交通部开始了战后新的交通运输政策。在货运方面,1952 年 10 月开始颁布执行《公路货物运输法》,以便整顿货运秩序,同时对铁路货运和公路货运在运价方面采取平等的政策,使公路、铁路的分工更加符合市场规律。紧接着在 1953 年又颁布了《联邦长距离公路运输法》。而 1955 年出台的《交通财政法》,通过了对汽车征税的有关规定,目的是为公路建设筹措资金。税收增加了政府财源,却导致了战后德国高速公路建设的再次加速。多余的税收还可以为更新铁路设备提供资金,补助联邦政府管辖之外的铁路,因此也受到铁路界的欢迎。

其后的时期内,联邦政府的交通政策更加重视市场经济中如何促进正常的竞争。1962 年又颁布了《公路建设财政法》,该法规定将大部分的燃料税专门用于长距离的高速公路建设方面,确保公路建设投资。

1966 年联邦德国由基督教民主党和社会民主党联合执政。当时莱巴任交通部长,翌年他出台了著名的莱巴计划(该计划全称为"联邦德国交通完善化计划")。当时,联邦德国的铁路经营收支情况开始恶化,因此政府有必要给予一定的援助,使其改善经营情况渡过难关。与此同时,公路建设正处在高峰,汽车正当普及之时,为此,在加快公路建设的同时,也需要适当地调整铁路与公路任务的分配和费用的合理负担问题,这是莱巴计划实施的主要目的。该计划力求运

13

输合理化,例如重大件的货物禁止用公路长距离运输,只由铁路运输,但此项规定由于受到广泛反对而被迫取消。该计划的另一个引人注目之处是给小轿车自由通行的权利,以利于轿车的普及。

由于政权更迭,1972年由拉伍利钦取代莱巴出任交通部长。第二年他就颁布了被称为"交通政策时刻表"的新法规。该法规的核心是公共交通中的距离运输,给私人轿车以优先权,另外还放松了在燃料税专用方面的约束,在长距离运输方面支持铁路运输,近距离客运则着手改善城市电车、地下铁道的经营情况,以减轻公路负担,从总体上改善交通环境和安全状况。

1973年由于联邦政府采取了优先解决短距离交通的政策措施,高速公路建设投资有所减少,建设速度放慢。到1985年,联邦政府拟定的交通发展规划最终确定在国内建成10300千米高速公路。到1998年初,德国已建成高速公路11309千米、联邦道路41419千米,长距离公路合计52728千米,其他州道及地方道路17.8万千米,合计23.1万千米。当时全国有各种汽车4900万辆。

德国是最早修建高速公路的国家,建于1931—1942年的波恩至科隆的高速公路是世界上第一条高速公路。德国的高速公路与世界上其他高速公路一样,都是多线道、双向分离行驶、完全控制出入口、全部采用两旁封闭和立体交叉桥梁与道口以及容许高速行驶的道路。

2008年,德国全境的高速公路总长度达到12550千米,目前已达到13009千米。德国高速公路管理中,运用了许多先进的技术手段,如智能交通诱导系统、应急通信系统、隧道安全监控系统、GPS全球定位系统、GIS地理信息系统、交通网络控制系统、交通信息发布查询系统等。这些先进的交通通信信息技术手段,不仅为交通管理提供了有效可靠的技术保证,也为道路使用者提供了优质的服务。

1.3.3　日本高速公路发展概况

日本的高速公路网规划开始于20世纪40年代初。尽管当时日本的经济实力还很弱,财政困难,人民生活水平不高,但由于看到高速公路在西方发达国家经济与社会发展中起到的积极作用及其带来的巨大经济效益和社会效益,日本政界和金融界提出了建设纵贯日本南北的高速公路的设想,以促进国土的普遍开发、人口的均匀分布及经济的协调发展。经过3年的调查和研讨,1943年,日本提出了5490千米的高速汽车国道规划方案。

随着日本战后经济的复兴和外资的引入,1955至1957年,日本国会讨论并通过了《国土开发纵贯公路建设法》《高速公路法》和《道路公团法》,正式批准 7 条纵贯国土、共计 3730 千米的高速公路建设计划,并成立高速公路公团专门负责高速公路的建设和管理工作。1966 年日本国会通过的《国土开发干线公路建设法》明确提出,至 2000 年,全国建设 32 条、总长 7600 千米的高速公路网的发展规划。首先,从高速公路开发功能考虑,以纵向贯通国土的高速公路为骨架,辅以横向高速公路并与纵向高速公路相连,形成如脊椎骨与肋骨般的关系;以 10 万人以上的地方中心城市、新兴产业城市、工业开发城市等为主要控制点,高速公路必须连接这些城市;除边远山区外,全国各地都能在 2 小时之内到达高速公路。其次,从高速公路布局的合理性和完善性考虑,对连接主要控制点的比较路线,计算远景交通量,选出交通量大的路线;计算各条路线沿线城市人口,对某些单位路线长城市人口多的路线,增补一些路线;对高速公路网围绕的各个区域,分析其交通量是否与高速公路的能力相适应,对不适应的区域再补充路线。根据该项规划确定的目标,在规划实现之后,在日本全国范围之内,1 小时内可到达高速公路的地区占 70%,2 小时内可到达高速公路的地区占 90%。

1987 年日本国土厅发表的"第四次全国综合开发规则"确定 21 世纪日本的国土结构目标为:"发挥区域的独立性,通过进一步的交流、多方面的联络,形成统一的圈域,同时,各圈域的中心城市之间形成较高层次的路网,即形成多中心的分散型国土。"针对 21 世纪国土结构的设想和交通需求,同年 5 月的日本内阁会议决定将 1966 年法定的 7600 千米高速公路扩展到 1.4 万千米,并更名为"高标准干线公路"。"高标准干线公路"由 3 部分道路组成:高速公路 11520 千米,即原规划的 7600 千米和新规划的 3920 千米;本州、四国联络道路 180 千米;一般国道中汽车专用道 2300 千米。"高标准干线公路"是既作为一般国道的骨架,又作为高速、综合交通系统加以规划的。制定该计划的主导思想是加强 10 万人口以上城市的联络,强化东京、名古屋、大阪等特大城市的环行和绕行高速公路,加强重要港口、航空港等客货集中地的连接,在全国形成从城市和农村各地 1 小时内可到达高速公路的干线网络,建设在出现灾害时可靠的并能替代其他运输方式的高速公路网,消除已有高速公路中交通严重拥挤路段等。

高速公路建设计划的有效实施,必须有长期、稳定和充足的资金来源作为保障。日本在开始修建高速公路时国家财政十分困难,无力解决高速公路建设资金问题,因此不得不借助于 1952 年通过立法建立和实施的收费公路制度,采取借款修路、过路收费、收费还债的办法解决财力不足的问题。其中第 1 条高速公路——名神高速公路是通过向世界银行贷款建设的,这种制度至今仍在日本高速公路建设和资金筹措中发挥重要作用。按照这种制度,道路的建设资金从政府和金融机构借款取得,并通过道路通车后收取的通行费来偿还。此外,日本政府每年还向高速公路建设拨款,主要用于贴息。

总的来说,日本高速公路发展分为以下两个阶段。

第一阶段(1945年之前):日本的交通运输从明治以来一直是以铁路和海运为中心。虽然在1919年制定了公路法,开始有计划地建设公路,但其真正的发展是在第二次世界大战以后。

第二阶段(1945年至今):日本的高速公路网规划开始于20世纪40年代初,伴随着20世纪50年代经济的高速增长,日本国内开始了大规模公路网的建设。1955—1957年,日本国会正式批准7条纵贯国土、共计3730千米的高速公路建设计划。1966年日本国会通过的《国土开发干线公路建设法》明确提出至2000年全国建设32条、总长7600千米的高速公路网的发展规划。经过长达半个多世纪的不懈努力,2005年3月底,全国公路通车里程已达121万千米。其中高等级干线公路达1.2万千米,高速公路达2480千米,一般公路约120万千米。

随着日本汽车工业的现代化,汽车独占了日本陆上运输的大部分份额。社会的"汽车化"对公路的依赖程度不断加大。日本全国公路由三部分组成,即全国干线公路网、地方干线公路网及城市干线公路网和一般公路网。目前全国各主要城市间均由高速公路相连接,形成全国的高速公路网,日本公路通车总里程已超过110万千米。

目前,日本高速公路里程已达8050千米,已成为世界上公路密度最大,拥有最先进综合交通系统的国家之一。

第 2 章 道 路 施 工

2.1 路 基 施 工

2.1.1 路基开挖

1. 路基开挖施工的方法分类

在选择路基开挖施工方法时,要根据施工现场路基的具体情况来确定,如路基的纵向长度、路堑的深度等因素。将其进行分类,可归结为以下几种。

1)全断面开挖法

当路堑的纵向长度较短且路堑深度不大时可以采用这种方法。它是按照施工路堑断面的全宽来开挖的,从开挖路堑的一端开始开挖或者两端同时开挖,一次性开挖达到设计标高,再逐渐向纵深方向挖掘。这种方式挖掘出来的土方一般通过路基的两侧运送出去。

2)分层开挖法

当路堑的纵向长度较短且路堑深度较深时应该使用这种开挖方法。它是按照施工路堑的断面分层来开挖的,从开挖路堑的一端开始开挖或者两端同时开挖,直至达到设计的标高高度。由于适用这种方法的路堑较深,应设置每层单独的运土出路,在每层挖掘出来的土方在该层就运送出去,并在每层设置临时排水设施,以便能及时排出该层开挖的地下水。

3)分段纵挖法

这种方法适用于路堑的纵向长度较长,而路堑深度并不大的情况。开挖前将施工路堑的横断面进行分段,使其成为几个稍短的路堑,开挖时按照纵向条形的方式来进行,挖掘出来的土方同样运送到路堑两侧。如果施工路堑正好傍山而行,选择堑壁不厚的那一侧的一处或几处,将其挖穿来运送土方。

4)分层纵挖法

如果开挖路堑的宽度不太大且深度也不大,一般采用纵向分层的方式来开挖。要根据路堑的宽度和坡度的大小来选择不同的施工机具:如果路堑距离较短但是存在较大坡度,要用推土机来作业;如果是较长的宽路堑则要使用铲运机来施工挖掘。

5)通道纵挖法

这种方法在开挖施工时速度较快,它是在整个开挖路基上从一端开始沿路基的纵向全长方向挖掘出一条通道,这条通道必须能够使挖掘的机具顺利通行,包括运送土方车的通行,再在这条通道上开挖路基的两侧。

6)混合挖掘法

如果路基开挖施工的工程量很大,例如,施工路基的纵向距离很长,并且需要挖掘的路基深度很深,在这种情况下,为了保证路基开挖施工工程能顺利完成,就要采取多种挖掘方法相结合的混合挖掘法。如同时使用分层开挖法和通道纵挖法这两种开挖方法,但是对于这两种方法的使用顺序有要求,不能随意进行混乱开挖。首先要用通道纵挖法沿路基全长的纵向方向挖出一条通道,再用分层开挖法对横面的路基坡面进行分层挖掘,一个坡面的挖掘、运土和排水工作由一个施工小组和各自独立的机具来负责,这样虽然每个层面的工作同时进行,但是彼此间不会互相影响。

2. 机械化开挖施工技术分析

由于公路路基开挖施工的工程较大,一般采用机械机具作业的方式来进行,人工作业的方式主要用于机具不便操作的路基区域。根据机具的不同,机械的开挖施工技术也是不同的,具体可以分为以下几类。

1)推土机作业的开挖施工技术

推土机作业的开挖施工方法有以下两种。

(1)路基的横向开挖。当路基的开挖深度在 2 m 以内时,用推土机沿路基的横向方向来开挖。具体方法是,首先以施工路基的中心线为界线,推土机用横向穿梭法向路基两侧行进来作业。将施工过程中在路基中挖出的土方向两侧运送,先堆置成弃土堆,在开挖完成的最后环节再来专门清理,将其推开整平。在施工路基的开挖深度大于 2 m 的情况下,要用其他机械配合推土机来共同作业。

(2)山坡路基的纵向开挖。对于傍山的路基的施工开挖,首先采用斜铲推土机来开挖傍山半路堑。具体做法是先沿路基边坡的上部开始施工开挖,然后推土机沿路基线路向下行驶,分段分层地进行开挖,并将挖掘出来的土方推送到坡下,用来填筑路基。在这一过程中要根据路基的土壤性质适当调整推土机的水平回转角,当施工路基土壤为Ⅰ级和Ⅱ级时,将推土机的水平回转角调为60°;若施工路基土壤为Ⅲ级和Ⅳ级,将其调为45°。开挖完傍山半路堑后,然后进行深路堑的开挖,在此之前要做好充分的准备工作。深路堑开挖出来的土方是用来填筑路堤的,首先要在开挖路基的顶端挖半小丘,在填挖之间的零点处也要挖出半小丘,这样推土机才能顺利地驶入施工开挖现场。如果推土机能够沿着斜坡一直行驶至路基的最高点,那么就在这个最高点开始开挖,沿斜坡逐层向下开挖,直到行至路基的路堤处,在开挖的过程中,推土机可用纵向推填的方式沿路基纵线的平行方向行进。当开挖的深度进行到设计深度的一半时,再另取1到2台推土机来推削路基斜坡,这时采用横向分层的方式来开挖。在斜坡上开挖出来的土方,由下面的推土机运送到填筑路堤处,用这样的方式来完成路基开挖和路堤填筑。

2)铲运机作业的开挖施工技术

铲运机开挖路基有横向弃土开挖和纵向移挖作填这两种施工方式。在开挖时从路基的两侧开始分层进行,将每层厚度控制在15～20 cm,同时还要在路基两侧设置排水纵坡来引流地面水和地下水,这样不仅能够保持土场的平整,还能有效控制边坡。如果路基存在以下几种情况,那么就要用横向弃土开挖的方式来施工:有明显横坡存在于施工路基顶部的地面上,为了使地面水不流入路基,就要在路基上游的一侧方向上建出弃土堆来阻挡;施工路基的纵向长度太长,不利于铲运机的操作;挖掘出来的土方没有利用价值或者利用不完的;对于纵向较长的路基,由于施工开挖条件等方面的限制,用纵向开挖法只能施工整个路基中的一段,并且路基的两端又不能做到纵向运送土方的情况。当需要用土方来填筑路堑口外相接的路堤时,铲运机就要用纵向移挖作填的方式来作业,从路堑的顶部开始沿路堑纵坡向下坡推削铲土,并逐渐向路堑内部开挖,来延伸开挖土方线路的长度,相应地也要将填筑路堤进行延伸。

3)挖掘机作业的开挖施工技术

用挖掘机开挖路基时,通常要配合运输车辆来共同作业,一般有以下几种开挖技术。

(1)正铲挖掘机开挖技术。正铲挖掘机来进行公路路基的开挖施工时,可以采用全断面开挖的方法,也可以采用分层开挖的方法,具体选用哪种需要根据不同的情况来决定。全断面开挖的方法适用于开挖路基的深度小于5 m的情况,在路基的全宽上用挖掘机向前开挖一次性到达设计标高,运输土方的车辆可并列停在与其同一水平面的位置上,也可停在挖掘机后侧的位置。这种作业方法较为简单,但要达到预先设计的标高,就要求挖掘机做横向方向上的移动来开挖。而分层开挖的方式则适用于开挖路基的深度大于 5 m 的情况。用这种方法作业时,先用挖掘机纵向开挖将路堑的一部分开通出来,运送土方的车辆平行停在挖掘机的一侧方向上,并与挖掘机的行进方向一致,经过这样几个行程的往返来开通整个路基。最后用推土机来修整挖掘机在每次开挖的过程中留在边坡上的土方。

(2)反铲挖掘机开挖技术。反铲挖掘机的自身特殊性决定它只能挖掘停机面下方的土层,因此在使用反铲挖掘机来开挖路基时,路基的开挖深度必须要在它的挖掘范围内,在实际操作时,将其停在路基顶端的两侧来进行开挖,根据施工现场的具体情况,决定是采用沟端的作业方法还是采用沟侧的作业方法。

(3)拉铲挖掘机开挖技术。用拉铲挖掘机来开挖路基时,如果卸料的半径能够到达路基两旁弃土堆的位置,那么可将拉铲挖掘机停在施工路基的中心线位置上,用沟端挖掘的方式来进行路基开挖;如果卸料的半径不能到达两旁弃土堆的位置,就要双开拉铲挖掘机来进行挖道作业。当只有路基的一侧有弃土堆时,挖掘机需要沿着有弃土堆一侧的路基边缘行进。为了保证行进过程中的安全,应使拉铲挖掘机的内侧履带与该侧路基边缘之间的距离保持在 1.0～1.5 m 的范围。

(4)联合铲运机和推土机的开挖技术。在一些开挖施工工程量较大且单机施工较难完成的公路路基开挖中,要运用多机联合施工的方法。不同机械的机型不同,适用情况和范围也各不相同,在施工过程中的作业效果也不同,在一些大型的公路路基开挖施工中,投入多种机械设备联合作业,能够将复杂的开挖施工工程简单化,有利于工程顺利、高效完成。一般来说,最为常见的情况是联合不同斗容量的铲运机和不同功率的推土机共同作业。在路基开挖施工中联合推土机和铲运机共同作业时,应该首先对它们的构造、功效等具体情况进行分析,在此基础上,根据各自的特点来安排其作业的部位,这样有助于充分发挥各自的优势。将不同功率的推土机进行比较,并将不同斗容量的铲运机也进行比较,详细划分清楚各自的使用范围,分析其实际开挖施工中的作业效果。一般来说,推土机行运起来较为灵活,正向行驶时可做推运,空返时可以倒车行驶,如果开挖路基的土壤性质翻松,那么推运的效率就会很高,相比较而言,在运土量和爬坡性能上,大型推土机较小型推土机效果要好;对于中型推土机来说,它的前进和倒退的速度都是很快的。要使推土机的经济运距加大且载土量增多,可以在推土机上增设侧挡板,这种效果在推运翻松土壤时最为显著。而铲运机的整形效果较好,在下坡行驶时可以铲土到车斗中,在上坡时可以用斜驶的方式来上料,能够有效减少损失。当进行公路路基的深挖高填且运距较大的开挖施工时,如果路基的土质较干,那么它就有与推土机相当的工效,这样便可以降低施工工程的成本费用。在多机联合作业的情况下,在路基开挖施工段的上层安排中型推土机作业,在路基中层安排大型推土机作业,在路基底层安排铲运机作业。当遇到土质较硬的区段,最好能够再配以翻松机械协同施工,这样能够有效提高开挖的作业效率。

3. 路基开挖施工技术

1)测量放样

施工人员在对路基进行开挖的过程中,首先要做的就是对路基进行测量。开展路基测量工作的目的就是固定路线,所以在测量的过程中还需要做好复测以及增设中线等工作。如果实际施工场地处于山区,那么施工人员一定要选择比较平坦的地方作为测量点,避免出现放样点被土壤掩埋的现象。在路基测量工作进行完毕以后,测量人员就需要第一时间把得到的数据上传给监理工程师,监理工程师再对其进行严格的审批,以保障测量数据的有效性。在审核通过以后,施工人员才可以根据施工图纸对路基以及边沟等需要用的地桩进行确认。

2)调查试验

施工人员在对公路路基进行开挖的过程中,还需要先对整个路基的具体施工环境进行了解,包括地下燃气管道以及输油管道的分布情况等,以便在实际开挖过程中,减少工程事故出现的概率。施工人员在对这些方面完全了解以后,需要整理一套详细的情况表上传给监理工程师,以便监理工程师制定科学的开挖方案。

3)地面清理及排查障碍

如果具体的施工区域周围的植物比较茂盛,或者周围所种植的树木比较多,那么施工人员在正式施工前就需要适当地砍掉一部分树木,甚至还需要对树根进行挖掘,同时对于已经腐坏的植被,施工人员也要及时对其进行处理。除此之外,如果路面上有砂石,那么施工人员就需要及时对其清理,如果有空洞或者坑道,那么施工人员就需要及时对其进行填充,尽可能降低后续施工过程中出现地面不均匀沉降的概率。最后在地面全部清理完毕以后,施工人员就需要开展相关的洒水工作,以达到平整路面的效果。

4)路基开挖

施工人员在开展土方挖掘的工作过程中,首先需要做的就是根据整个工程的实际情况,去明确土方开挖的实际位置,以此来保证开挖路线的合理性。同时施工人员在实际的路基开挖环节,必须要使用机械挖掘的方式对路基进行开挖,如果在挖掘过程中遇到了比较特殊的路段,那么施工人员就可以使用推土机以及装载机等配合挖掘工作,同时对于挖掘过程中产生的土壤,施工人员也要及时将其转运到合适的地方。如果实际挖掘区域的植被比较茂盛,那么施工人员在开展挖掘工作之前,就需要对植被的实际覆盖情况进行大致的了解,以便在挖掘的过程中有效地躲避这些植被的根系,尽可能保留植被的完整程度,降低对生态环境的破坏。最后,施工人员一定要注意根据挖掘标准来展开挖掘工作,严厉禁止超挖,如果真的发生了超挖的情况,那么施工人员就要使用回填土壤压实的方法,及时对该情况进行处理。

对于路床的平整工作,完成该工作的主要机械就是压力机,同时施工人员还需要注意利用人工手段对其进行辅助,尽可能保证路面的平整程度符合相关的建设标准。同时施工人员在对路床进行平整的时候,还经常会遇到路面开裂或者松软的问题。在面对这些问题的时候,施工人员所要做的就是根据具体情况对施工过程进行及时的调整,尽可能使路面压实度达到相关的建设标准。在路基开挖工作结束以后,施工单位还需要注意安排专业的检查人员对其进行验收,同时还要把验收结果整理成具体表格上传给监理工程师进行二次审查,尽可能保证路基开挖这一工作环节的质量。

2.1.2 路基填筑

1. 高速公路路基填筑的施工准备

1)技术交底

在路基土方填筑施工开始前,对施工人员要进行技术交底,逐一讲明填土控制的压实度、宽度、标高、横坡等各技术指标,让每个施工管理人员掌握施工工艺和注意事项。

2)试验准备

对路基填料使用的填土进行地质、水文、土质等情况的详细调查,并采集土样送试验室,检验土壤中的液限、塑限、塑性指数、含水量等是否符合规范要求,确定土壤的最大干密度和最佳含水量。

3)施工测量与放样

开工前进行现场恢复以及固定路线工作,包括导线、中线和高程的复测,水准点的复查和增设,工程量的复核。对现场放出路基边缘、坡脚、边沟、护坡道、取土坑、弃土场等的具体位置,标明其轮廓,提请监理工程师检查批准。路中线和路边线控制桩采用木桩,直线段50 m放一个断面桩,平曲线段20~30 m放一个断面桩,同时在路边侧每50 m放一个15 cm×15 cm、高1 m的水泥里程桩,标出桩号,以便施工时检查。

4)清理现场

路基施工前,清除施工范围内的树木、灌木、垃圾、有机物残渣及原地面以下100~300 mm内的草皮和表土,对妨碍视线、影响行车的树木、灌木丛等,在施工前进行砍伐或移植及清理。清除下来的垃圾、废料及不适用材料和树木等,堆放在监理工程师指定的地点。

2. 公路工程路基填筑施工技术应用

1)公路工程路基填筑施工技术

路基填筑施工应严格遵循施工设计断面的需求进行公路路基填筑作业,主要包括三个方面:分层水平填筑、分层压实及分层检测。路基填料施工要严格按照施工相关规程进行,不符合要求、质量不达标的土、石等建筑材料坚决不能进入施工现场。在路堤填石过程中,当发现填筑材料的粒径大于标准值,进行多次调整后仍不符合施工要求时,施工企业必须暂停施工作业并及时进行调整。公路路基铺设时,要严格控制松铺厚度,铺设的路堤在宽度和平整度上一定要与施工要求相符。填筑宽度两侧都要比路堤设计宽度多出50 cm以上,每进行一层填筑,都要进行详细检测,确保其质量合格后再填筑下一层。需要根据施工道路的地质状况以及水文条件开展道路的路堤填筑工作,合理使用填筑用料。应当逐层进行道路的填筑与压实工作,每层填筑的压实度不可以大于20 cm,末层的压实度大约是20 cm。在修筑公路时,需要将路基的含水量控制在2%的范围内。与此同时,路基宽度要比填筑层设计宽度大30 cm,而且压实宽度不应小于设计宽度。

2)公路工程路基预压施工技术

在路床顶面设计标高以下20 cm处进行路基填筑,填筑时须选用预压土进行施工,确保其与路面设计标高一致。在预压施工完成后,对标高进行复测,在设计路床标高40 cm以下进行开挖,并确保彻底清理干净预压土。在施工过程中要先重新压实开挖后的路基顶面,确保其密实度与施工需求相符合,一般将其压实度控制在96%以上;当必须在预压土方顶端通行机械设备时,可以依据1∶10的比例在预压土方前后两端坡度或无须预压的路堤顺坡处进行压实施工。公路路基填筑施工中可以选用素料作为填筑材料,压实碾压过程中根据公路施工的具体要求可以选用推土机及轻型压路机进行有效排压及碾压,将其压实度有效控制在85%以上。预压期要控制在半年以上,其观测方式要严格按照沉降及侧向位移观测的要求进行,应每隔7 d对前两个月的预压期进行观测,之后观测时间可以定为半个月一次。预压期结束后,在路床顶面标高40 cm以下进行卸载施工,确保彻底清除预压土,并重新压实卸载后的路基顶面,确保其压实度在96%以上。

3)公路工程路基沉降检测技术

为对公路路基填筑效果进行检测,应选用沉降检测法对填筑后的路基进行监测。在路基沉降检测之前要进行2~3个观测基点的预埋,通常情况下将其埋置在远离路基沉降区范围的稳定位置。依据基点标高与基线方位在路基填筑前选用全站仪确定测点的初始位置,并进行有效记录;在公路路基检测过程中,尽可能做到24 h检测一次,如果测点水平及竖向位移不符合施工要求或高出施工要求,路基就处于不稳定的沉降状态,此时施工企业必须马上暂停填筑工作,并进行及时有效的解决,等到路基沉降情况稳定后再次进行施工。

2.1.3 路基夯实

1.影响路基路面压实的主要因素

1)碾压的厚度

许多公路工程施工的实践结果表明,必须要具备适当的碾压厚度,碾压厚度过大会导致该碾压层下面的压实度不能达到规定的指标,还会对上层压实度造成影响。并且不同碾压工具之间碾压的深度存在着一定的差距,所以规定碾压厚度时必须充分考虑路基压实的基本条件以及路基设计图纸的要求,还有碾压的工具类型和其他相关的因素。

2)路基路面压实方式

路基路面压实具有明确的技术要求,碾压时要遵守先边缘再中间、先慢后快、先轻后重的碾压原则。这种碾压方式能够有效保证路基路面压实的质量。值得注意的是,这种碾压方式并不适合所有情况,因此,还需要根据实际情况选择合适的方法,从而使施工质量得到有效保证。

3)碾压的速度

碾压的速度过大会导致路面不平整;而碾压的速度过小会导致被压材料上的集中荷载过大,超出其载荷的范围。因此,应该结合施工现场实际情况,同时采取合适的速度进行碾压。

4)路基土壤的含水量

因为路基路面压实主要是采用碾压的方式有效地克服土壤颗粒之间的内摩擦力以及黏结力,进而缩小土壤颗粒间的距离,并且不断地相互靠近。但是由于土壤颗粒之间内摩擦力以及黏结力均和含水量有着十分密切的联系,二者都会随着土壤密实程度增加而增大,随其减小而减少。因此,必须充分考虑施工过程中土壤的含水量对路基路面压实所造成的影响。

5)压实机械设备

公路工程施工设备使用选型不同,对工程中路基路面的压实施工影响也就截然不同,主要体现在对压实状态造成的影响不同。通常来讲,使用重型压实机械设备能够获得较大的压实度,而使用轻型压实机械设备将获得较小的压实度。

2. 路基路面常用压实方法

在路基路面压实施工中,一般以机械压实为基础,通常采用夯实(冲击压实)、揉搓压实、滚压、振动压实等方法中的一种或者几种组合来对土体进行压实,这几种方法概述如下。

1)夯实(冲击压实)

夯实主要是借助物体从一定高度自由落体所产生的冲击力来完成地面压实。它的主要特点就是在压实的过程中对地面材料所产生的应力变化速度较大,针对黏性土的压实效果最佳。其衍生出的另一种形式就是强夯,主要是利用重型起重设备或者大质量夯锤来完成作业。

2)揉搓压实

揉搓压实的工程原理是引入剪切力来实现土体压实,其中最常见的压实工具是羊角碾和夯击碾。

3)滚压

滚压主要是利用一定质量的滚轮在铺层上慢速滚碾,所产生的静压力能够让铺层土体获得永久性残留变形。它的工程机理其实就是克服土体颗粒之间的摩擦力,从而增加颗粒的内运动范围,达到土体密实的效果。滚压次数越多,土体颗粒之间的摩擦力就越大。所以,静压作用所产生的密实效果是有限的。这里要注意的是,过分添加静荷载,会破坏土体结构,降低土体强度。所以这种方法的主要特点就是循环延续的时间较长,土体的应力较大,但是变化速度不明显。

4)振动压实

振动压实主要是通过振动压路机上所安装的振动器将高频率的振动传动给压实土体,使两者自身固有的频率达到一致,产生振动,继而使颗粒间的摩擦力减弱,让小颗粒填充到土体孔隙之间来增加土体的密实度。这种方法的主要特点就是所产生的表面应力较小、过程耗时较短、加载频率较大,对于砂砾土、砂土等黏性小的材料有非常好的效果。

3. 路基路面压实施工的技术要点

1)施工材料配比均匀性的控制要点

在公路路基路面压实施工中,理论上外加剂掺量浮动对压实含水量是不会造成影响的。但是在实际的混合料掺加过程中,由于外掺料和土壤的容重存在很大的差异,导致路基含量增加之后,压实外掺料的干容重会随之上升,最终出现压实度虚涨的现象。所以在实际路基路面压实施工的过程中,施工人员在进行现场干容量的机械测定时,必须注意在施工前对外掺料剂量进行抽查,拌和压实后的混合料比例主要作为数据参考,以此来避免出现压实度虚涨。

2)压实含水量的控制要点

土壤含水量能直接对公路路基压实度造成影响。通常情况下,土壤的干密度会随着土壤含水量的增加而降低,这样就会降低压实度。所以在实际的施工过程中,施工人员应该将土壤含水量和最佳含水量之间的差额控制在±2%的数值范围内,从而避免弹簧土的出现,保证实际的压实效果。

3)合理选用轻、重型击实标准

不同的击实标准会使相关试件的物理力学性能出现大幅度的变化,轻型击实标准相对重型击实标准来说会将试件的压缩模量降低20%~45%,同时水稳性也会随之发生相应变化。所以,在实际通车之后,公路路面在受到车辆反复荷载作用之后,由轻型击实设备压实的路面形成的残留变形要远远大于重型击实设备压实的路面,由此将会对路面的平整度产生影响。所以在实际的路基路面压实施工作业中,要求施工人员尽可能地将重型击实标准作为施工参照,以此来降低路面变形的发生频率。表2.1为压实机械选用推荐表。

表 2.1　压实机械选用推荐表

碾压阶段	上面层	中、下面层
初压	8～10 t 或者 10～13 t 双钢轮或胶轮压路机	9～11 t 或者 10～13 t 双钢轮或胶轮压路机
复压	8～10 t、9～11 t 或者 10～13 t 双钢轮压路机和各吨位胶轮压路机	9～11 t 或者 10～13 t 双钢轮压路机和各吨位胶轮压路机
终压	8～10 t、9～11 t 双钢轮压路机	8～10 t、9～11 t 双钢轮压路机或者胶轮压路机

4）结构层宽度与厚度均匀性的控制要点

公路结构层的宽度和厚度的均匀性会受到压实度的影响，特别是对于粉性土壤含量较多的公路工程，所以在施工的过程中更应该注意给结构层留足够的空间，以此来保证结构层断面的正常工作。同时，应做好路肩与路面衔接的控制，一般情况下，路缘压实度偏差应控制在±20 mm，由此对断面产生阻隔封闭作用。

5）机械压实的控制要点

在进行公路路基路面压实碾压施工时，一定要注意机械设备的运用，首先必须严格按照相关的公路路基施工技术规范进行施工作业，同时严格把控碾压质量和效果。其次在使用机械设备进行碾压时，一定要注意碾压技巧的运用，一般情况下，应该遵守先静后动、先轻后重、先外侧后中间的原则。而施工过程中机械设备的碾压速度一般控制在 1.5～3 km/h，碾压数量为 4～6 遍，方可保证碾压施工质量。压实控制点如图 2.1 所示。

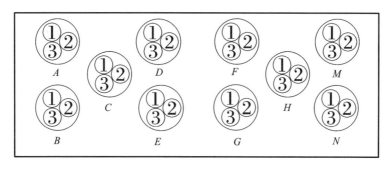

图 2.1　压实控制点示意图

2.1.4 路堑

1. 路堑施工方法选择

(1)全断面开挖适用于平缓地面上短而浅的路堑。

(2)横向台阶开挖适用于平缓横坡上的一般路堑,用挖装、车运机具施工;较深路堑宜分层开挖。

(3)逐层顺坡开挖适用于土质路堑。

(4)纵向台阶法适用于傍山路堑,边坡较高时分级开挖;路堑较长时,适当开设马口。边坡较高的软弱、松软岩质路堑,采用分级开挖、分节支挡、分节防护的坡脚预加固措施。

2. 准备工作

(1)施工前,仔细查明地上、地下有无管线,提前拆除。

(2)开挖前,测量放线;按"永临结合"原则,做好堑顶防排水设施。

(3)在路堑施工前,根据设计图纸、相关文件、施工调查资料及此段路堑的特点编制详细且有针对性的路堑施工作业指导书或技术交底书。

3. 路堑开挖

1)施工要点

(1)开挖前检查坡顶、坡面,对危石、裂缝等不稳定情况进行处理。

(2)按设计边坡自上而下分层、逐层开挖方式,开挖面保持不小于4%的排水坡,严禁积水,并且保持边坡平顺,严禁掏底开挖。

(3)每段开挖工作完成后,应及时对边坡进行防护,当防护不能紧跟开挖进行时,要暂时留一定厚度的保护层,待做护坡时再刷坡。

(4)对岩石的走向、倾斜不利于边坡稳定及施工安全的地段,应按设计要求开挖,并采取减弱施工振动的措施;在设有支挡结构的地段,应采取短开挖或马口开挖;对影响施工和邻近行车安全的地段,应加必要的临时防护措施。

(5)开挖爆破应按岩性、产状、边坡高度选择适当方法,严格控制药量。

(6)边坡高度大于20 m的软弱松散岩质路堑,当岩层风化破碎、节理发育时,应根据边坡地质条件,结合机械化施工的特点,采用"边开挖、边支护"和坡脚预加固技术。路堑开挖后的边坡不得长时间暴露,特别是跨雨季放置,而应及时按设计处理。

(7)对于石质路堑的开挖需要预先设计专门的爆破方案,建议采用大孔距、小排距、梅花形布孔,并采用导爆管毫秒雷管实施逐排微差挤压爆破。

2)标准和要求

防护及时,施工放样与过程测量准确,在开挖过程中每挖深 5 m 进行 1 次控制性复测工作;基底岩层随时与设计资料对照,以便对原设计进行合理的修改;边坡坡度不陡于设计坡度;边坡坡面平顺,凹凸差应小于 150 mm;保护层 200 mm;变坡点位置:±200 mm;平台位置:±200 mm;平台宽度:不小于设计值。检测频率:每 200 m 每侧检查 4 点。

4. 路堑机床开挖

1)施工要点

(1)不易风化的硬质岩石基床,应将路基面做成向两侧 4% 的排水坡,做到表面平顺,肩棱整齐,对凹凸不平处应以 M10 水泥砂浆填平。

(2)一般土质及软质岩石地段,基床表层采用换填 0.5 m 厚 A 组填料+0.1 m 厚中粗砂夹铺一层复合土工膜。

(3)基床底层表面两侧设 4% 的向外横向排水坡,施工时,其上宜保留 0.1～0.2 m 厚土层,待基床表层施工时挖除。

2)标准和要求

排水坡度不小于 4%;保护层预留合理;基床换填需满足设计要求,机械不宜一次到位,预留 10～20 cm 采用人工开挖。

5. 弃土

1)施工要点

(1)弃土的位置与高度应保证路堑边坡、山体和自身的稳定,弃土内侧坡脚至堑顶的距离应根据路堑土质条件和边坡高度确定,不宜小于 5 m,且不得影响附近建筑物、农田、水利、河道、交通和环境等。

(2)陡坡路基和深路堑地段的弃土应置于山坡下侧并间断堆填,以保证弃土内侧地面水能顺利排出。

(3)土质松软的路堑和岩层倾向线路且倾角对边坡不利的地段,不应在堑顶弃土。

2)标准和要求

弃土原则上需按设计要求运至弃土场或其他填方路段,对于无法转运的弃土,就近堆放时须考虑稳定性及对路堑的影响,同时确保排水顺畅。

2.1.5 路堤

路堤是指在天然地面上用土或石填筑的具有一定密实度的线路建筑物。路堤的施工是公路建设过程中的重要内容。

1. 填方路堤施工特点

(1)公路路堤施工数量大,由于路堤存在沉降和稳定性问题,尤其是高路堤发生稳定性问题的概率特别大,于是其施工质量就要满足更高的要求。为了更好地保证路基的耐久性与稳定性,因此不管是选择填料、处理基底还是控制路堤压实和排水等方面都需要高要求、严标准执行。

(2)如果修建的公路填方量很大,其施工就需要采用机械化,从开始的基础处理、填料的运送、开挖、摊铺、压实等工作都需要机械辅助。

(3)当高速公路的施工采用封闭形式,且有较多的孔道(拖孔、人孔、汽孔)和桥涵时,其路堤的填筑和压实就比较麻烦。为了减少桥头跳车,需要采用各种技术手段来填筑和压实,以保证公路路堤填筑和压实的质量。

(4)为了提高路堤稳定性,就要尽可能地减少路堤沉降。此时需要采用较新的检测手段和施工设备,重型压实标准和重型压实设备就是公路填方路堤施工常用的标准和方法。

2. 准备工作

(1)在进行公路施工之前,工作人员除了需要全面熟悉设计文件,还需要对施工现场进行施工调查和现场核对,一旦发现问题就需要及时按照相关程序进行汇报和提出修改。路堤施工之前其调查的内容主要有以下几项:

①工程施工范围内的地质、地形、地面排水和水文相关情况等;

②工程施工范围内的地下构筑物、地上构筑物、公用管线以及交通情况等;

③工程施工现场生活和生产设施的设置具体位置,施工现场的电信设备、供水、场内外运输线路及供电等情况;

④工程施工现场附近可以排水的管涵和沟渠等情况;

⑤工程施工现场附近可供取土的具体地点及相关情况;

⑥施工现场附近测量标志及需要保护的植物和构造物等情况。

(2)根据收集到的现场情况对工程数量进行核实。然后编制施工组织设计,其施工组织设计的编制需要根据施工难易程度、施工设备、施工工期要求、材料以及人员准备情况来定,并报监理工程师审批,待审批合格之后再提出开工报告,只有获批准之后才能开始施工。

(3)在施工之前还必须要完成的工作就是拆迁征地、清理场地。其具体内容主要如下:

①协助业主办理征地用地手续,协助有关单位事先改造或拆迁施工用地范围之内的电力设施、房屋、河沟、通信设施、道路、坟墓、上下水道及其他建筑物;

②对施工现场周围的文物古迹进行妥善保护,适当加固公路路基附近的危险建筑物。工程施工之前需要移植清理或砍伐掉路基用地周围的灌木丛和树木,此外,还要清除砍伐掉的树木,用土夯实好坑穴。

(4)做好排水设施。事先做好截水沟、排水沟等排水及防渗设施,特别是雨季施工更要加强这方面的工作。路堤施工中各施工层表面不应有积水,表面应做成2%~4%的横坡。雨季施工或因故中断施工时,将施工层表面及时修理平整并压实。

3.路堤的填筑

1)土方路堤的填筑

(1)路堤填料要求。

①不使用淤泥、沼泽土、冻土、有机土、含草皮土、生活垃圾、树根和腐殖土。

②液限大于50、塑性指数大于26的土以及含水量超过规定的土,不得直接作为路堤填料。需要使用时,采取满足设计要求的技术措施处理,经检查合格后方可使用。

③路基填方材料的强度应符合规范要求。

(2)路堤施工方法。

①路堤基底的处理。

路堤基底是指路堤填料与原地面接触的部分。为使两者结合紧密,避免路堤沿基底发生滑动,防止因草皮、树根腐烂而引起路堤沉陷,应对基层进行相应的处理。当基底为坡面时,将坡面做成台阶形,一般宽度不小于2 m,高度最小为1.0 m,而且台阶顶面应做成向堤内倾斜4%~6%的坡度。

②施工作业方法。

土方路堤常根据路段地形情况的不同分别采用水平分层填筑法或纵向分层填筑法。对合同段内的大部分施工段按设计断面分成水平层次逐层向上填筑,每填一层,经压实符合规定后,再填上一层;原地纵坡大于12%的路段,沿纵坡分层,逐层填压密实。采用机械碾压时,分层最大松铺厚度不应超过30 cm。每组作业面机械化施工配套情况见表2.2。

表2.2 路堤填筑机械化施工机械配备表

机 械 种 类	数 量	说 明
挖掘机(1.0 m³)	2 台	
自卸车(8~15 t)	10 辆	运距在 5 km 以内
推土机(TY180)	2 台	
平地机(16G)	2 台	
羊角碾振动压路机(16 t)	1 台	
振动压路机(25 t)	2 台	

机械施工时,根据各段落工地地形、路基横断面形状和土方调配图等,合理规定运行路线。土方集中工点,制订全面、详细的运行作业图据以指导施工。两侧取土,填高在3 m以内的路堤用推土机从两侧分层堆填,并配合平地机分层整平。土的含水量不够时,用洒水车洒水,并用压路机分层碾压。用平地机配合少量人工整修边坡和路基表面及路拱拱度。

在山坡上做半挖半填路基时,从高处开始用推土机挖切,顺路中线逐渐向下,将土向下推到半填路基上,并从填土最低处开始填筑碾压。根据现场作业面,运用压路机或手扶式振动压路机分层碾压密实。取土点运距在1 km或以上范围时,用松土机械翻松,用挖掘机、装载机配合自卸汽车运输,用平地机平整填土,压路机配合洒水车碾压。挖掘机、装载机与自卸汽车配合运输时,合理布置取土场地的汽车运输路线,并设置必要的标志。汽车配备数量,根据运距和车型确定,其原则是满足挖装设备的需要。

2)填石路堤的填筑

(1)填料要求。

填石路堤的石料来源主要是路堑开挖利用的石料,施工时应注意其强度和风化程度是否符合要求。石料强度是指饱水试件的极限抗压强度,填石路堤要求其强度值不小于15 MPa(用于护坡的不应低于20 MPa)。用于填石路堤的石料在粒径上也有要求,一般情况下,最大粒径不超过层厚的 2/3。在填石路堤路床顶面以下 50 cm 范围内,填料最大粒径不得大于 10 cm。

(2)填筑方法。

填石路堤的填筑施工方式有倾填(含抛填)和逐层填筑、分层压实两种。倾填又可分为石块从岩面爆破后直接散落在准备填筑的路堤内,以及用推土机将爆破石块推入路堤两种情况。无论是哪一种倾填情况,石料从高处自然落下,石料间难免空隙较大,倾填路堤的压实、稳定性等问题较多,因此,填石路堤一般不采用倾填式施工,而采用分层填筑压实。采用分层填筑方式施工,又可分为机械作业和人工作业两种方法。机械作业分层填筑时,分层松铺厚度一般为 50 cm;施工中安排好石料运行路线,专人指挥,按水平分层,先低后高、先两侧后中央的顺序卸料。由于每层填筑厚度较大,摊铺平整工作采用大型推土机进行,个别不平处应配合人工用细石块、石屑找平。如果石块级配较差、粒径较大、填层较厚,石块间的空隙较大,可于每层表面的空隙里扫入石渣、石屑、中砂、粗砂,再以压力水将砂冲入下部,反复数次,将空隙填满。人工摊铺填筑填石路堤,当铺填粒径 25 cm 以上石料时,先铺填大块石料,大面向下,小面向上,摆平放稳,再用小石块找平,石屑塞填,最后压实;铺填粒径 25 cm 以下石料时,可直接分层摊铺,分层碾压。

(3)注意事项。

①填石路堤的填料如其岩性相差较大,特别是岩石强度相差较大,则将不同岩性的填料分层或分段填筑。易风化软岩不用于路堤上部,亦不得用于路堤浸水部分;有些挖方路段是爆破石而有的是天然漂石土、块石土等,这些填料不得混填在一起,应分层或分段填筑。

②用强风化石料或软质岩石填筑路堤,用重型压路机或夯锤压实时,可能会被碾压或夯压成碎屑、碎粒,这类石料能否用于填筑路堤应按有关规定检验其 CBR 值,符合要求时才准许使用,否则不得使用,这可以保证路堤填筑压实后的浸水整体强度和稳定性。该类填料与土质路堤填料类似,故能使用时,应按土质路堤技术要求施工。

③填石路堤路床顶部至路床底部 50 cm 范围内用符合路床要求的土填筑,并分层压实,可提高路床面的平整度,使其均匀受力并有利于与路面底层的连接。

3)高填方路堤的填筑

高填方路堤在施工前,应对原地面进行清理,如地基土的强度不符合设计要求,则应进行处理或加固。若基底为斜坡,应按规定挖好横向台阶。高填方路堤应采用分层填筑、分层压实的方法施工。在填筑时一定要按路堤高度和边坡度将该层的路堤宽度(包括加宽量)填足,不得缺填,如填到上面才发现路堤填的宽度不够,在边坡补填,则松土不易与原边坡土结合紧密,而且不好压实。填筑高填方路堤时,每层填筑厚度根据所采用的填料确定。如填料来源不同,其性质差异较大,应分层填筑,不分段或纵向分幅填筑。

2.1.6 特殊地基处理

我国幅员辽阔,南北纬度跨度较大,气候多变,地形从盆地到平原到高原等变化复杂,受到气候、地形等各类条件的限制,我国高速公路路基建设所面临的土层、土质变化较多,不利于施工建设。这些不利因素导致高速公路在建设过程中必须对实际情况进行有效的分析和设计,以保障特殊路基的施工质量。

1. 软土路基处理

1)软土路基

软土路基是指天然含水量在35%以上的软土层,由于软土天然空隙较大、抗剪强度较小,极易导致边坡坍塌以及路基的固结甚至沉降,一旦处理不善,极易造成高速公路长期塌陷,最终造成安全隐患。

2)处理方法

软土路基结合其实际情况可以选择垫层法、强夯法、预压法以及加桩复合法等,通过选用单种方法或者多种复合方法,综合人工手段,改变软土的沉降特性。

一般软土条件下,可以优先采用垫层法。垫层法通常是在路基平整后通过采用砂砾对路基施工地面进行铺垫,并使用设备对砂垫层进行压实。同时注意在处理砂垫层时,需要选用石灰土做垫层材料。垫层法通过垫层处理来改善路基基面软土条件,一般情况下对于软土厚度较薄地带可以选用。在复杂软土条件下,可以综合多种方法。垫层法通过在基层加深路基深度:一方面,在垫层利用上可以加强散粒材料的利用,强化底层基础;另一方面,通过形成大密度柱体深入软土,可强化路基稳定性。此外垫层法通过与预压法综合使用,可实现对复杂软土路基的有效处理,改善路基施工条件。

2. 湿陷性黄土路基处理

1)湿陷性黄土路基

湿陷性黄土路基在性质上与软土路基类似。由于基层含有较高比例的黄土,其黏性和流动性较软土更为复杂,其湿陷性也更加明显。

2)处理方法

处理湿陷性黄土路基一般通过降低含水量改善黄土性质,之后采用垫层法、夯实法、钢筋混凝土灌注桩法实现对黄土条件的有效控制。

首先,通过改善地表排水环境、改造地表河流来实现地表水环境的改善,同时,改善地表渗水状况,通过多种方法减少水的进量,降低黄土的质软性。

其次,通过路基碾压、夯实法、垫层法,对施工基础环境的黄土进行改善,降低施工作业面黄土的含水量,增强黄土面的硬度。一般采用砂砾和灰土混合料对路基进行碾压、充填,通过预压和碾压来改善土层状况。

特殊条件下,可采用挤压预制灌注钢筋混凝土桩,通过挤压提高黄土的密实性,改善其流动性和质软性,进而改善路基的沉陷现象。

3. 岩溶路基处理

1)岩溶路基

在我国岩溶地貌的地段,经常存在溶洞和岩溶凹陷等状况,在高速公路施工过程中经常面临着溶洞的困扰。在部分地区的高速公路,溶洞突然破坏,导致路基下形成空洞甚至造成地表塌陷,进而造成高速公路的塌陷和破坏。

2)处理方法

一般采用被动填充、主动击破、涵盖板法等方法实现对岩溶路基的有效处理,之后按照正常路基进行施工。

被动填充通常采用填补片石、整平路基、夯实等手段改善岩溶凹陷等问题,提高强度。在条件允许、成本效果较好的情况下可以采用注浆法将材料注入溶洞内,通过低压间歇式注浆,实现对溶洞的填充,有效控制溶洞内外压力,减少溶洞破坏造成的不良影响。

涵盖板法通常用于路基下有岩溶河道、暗河等环境的情况。为防止河道及暗河的影响,导致地表环境改变和塌陷,通过在暗河上方、基底下方铺设涵盖板来改善和平整路基。应根据实际受力分析,对涵盖板的布设参数进行控制,实现基底环境的改善和对暗河的保护。

4. 膨胀路基处理

1)膨胀路基

膨胀路基具有较强的吸水性、遇水变化性,常表现为遇水膨胀、失水收缩,在脱离水体影响的条件下,表现为较好的路基条件,然而由于地表水的影响,吸水、放水的过程中会造成体积变化以及地基的受力变化,最终造成路基工程的变化,长时间影响将导致路基和路面出现倾斜、位移和变形。

2)处理方法

由于土质的特殊性,实现对膨胀路基处理的根本是对土质的处理。当前通用的思路主要是路基置换技术和土壤混合。

路基置换技术是指将原有土壤开挖移走,通过铺设稳定性较好的土质来实现范围内的土壤改善,提高路基土壤的稳定性,降低和消除地表膨胀影响。

土壤混合是指通过掺入部分改良型土壤、改良剂等,减少和消除原有土质的膨胀性,实现路基条件的改善,属于土壤置换的一种较为缓和的方法,在路基置换技术不适宜大范围开展的情况下使用。

5. 冻土路基处理

1)冻土路基

冻土路基存在于北方地区,这是因北方气候和温度影响所产生的一种特殊路基。该种路基的处理通常会受到土壤性质和路基含水量等因素的影响,最终造成土质变化,对于路基和公路建设十分不利。

2)处理方法

冻土路基的处理主要采用排水法和填土法,还可以采取控温处理法,通过土质分析,对温度进行合理控制,避免由于温差变化所带来的影响。此时施工人员可以通过铺设导气管的方式,将路基内部与外部的粗砂连接在一起,确保路基内外温度一致。这样一来,如果温度下降,其内部的水便逐渐移向粗砂方向,降低了温度过低的影响,有助于增强路基土质的稳定性。

6. 盐渍土路基处理

1)盐渍土路基

盐渍土通常由空气、水盐溶液、难溶结晶盐、易溶结晶盐以及土颗粒组成,当土体内部的易溶结晶盐平均含量大于0.3%时,便可认为是盐渍土。如果温度发生变化或者有下渗水对盐渍土进行浸泡,水便会将土中的结晶盐溶解,使之变成液体,并对土中的气体空隙进行填充。盐渍土便会由固、液、气三相体,转变为固、液两相体,这种转变往往会对土颗粒的结构造成一定程度的破坏。而当水分蒸发以后,土体变得干燥时,盐渍土又会从两相体转化为三相体,这时候土体的体积又会发生变化。所以说,盐渍土对于高速公路工程来说危害较大。

2)处理方法

通过盐渍土地区的路线应尽可能避开易遭洪水冲淹的低洼地区以及经常潮湿或积水的强盐渍土地带。用盐渍土做路基填料,其含盐量应在容许范围之内。路基排水系统应保证排水通畅,以避免路基附近出现积水现象。路基应有足够的高度,以避免冻胀、翻浆和再盐渍化。如路基高度不能保证,则应采取毛细水隔断层以隔断毛细水,或采取降低地下水位等措施。为保证路基稳定和路基的有效宽度,必要时还可采取加宽路基、放缓边坡、加固路肩及边坡等措施。

2.1.7 路基排水

1. 高速公路路基排水设计的原则

(1)排水设施应因地制宜、全面规划、合理布局,并充分利用地形和自然水系,做到水流不过于集中排放,能及时疏散,就近分流。

(2)排水系统应自成体系,注意与农田水利相配合,与灌溉沟渠互不干扰。防止冲毁农田或危害其他水利设施的同时,也要防范农业用水影响路基稳定。

(3)设计前应进行调查,查明水源,考虑排水设施与桥涵布置的配合,地下排水与地面排水的配合。

(4)在满足排水主功能的前提下,应节约用地,排水设施的形式应与周围自然景观相协调,营造道路与自然和谐的环境。

2. 高速公路路基排水设计的措施

1)路基地下

路基地下排水的设施主要有盲沟、渗沟、渗井、仰斜式排水孔等。地下水的主要特点是排水量不大,主要以渗流方式汇集水流,对路基范围内流量较大的地下水应设置涵洞、暗沟等予以排除;对于路基范围内流量较小的地下水,可通过横向设置盲沟、纵向设置渗沟的方式排除;对位于挖方段边坡上的地下水,可设置仰斜式排水孔予以排除。

2)边坡

数值分析表明,边坡有效坡度的变化对路基面竖直变形影响显著。因此,对于交通量较大或重载交通量较大的公路路基,除填料、路堤边坡坡度、填筑压实标准应严格执行有关标准外,还必须采取有效措施防止边坡浅部变形。路堑边坡变形与稳定关系到车辆运营安全,必须高度重视,采取可靠措施,保证路堑边坡长期稳定。

3) 边沟

边沟设计的原则：平坦路段的路堤边沟，宜以填筑式边沟为主，尽量减少路基边沟积水现象的发生。

(1) 路堤边沟纵坡的要求。根据规范要求，为满足排水需要，采用浆砌片石修筑的边沟纵坡应不小于 0.12%；根据地区降雨情况，本着既要解决路基排水问题，又要经济合理的原则，确定路基排水边沟沟底纵坡一般情况下不小于 0.3%。通常以沿线自然地形为主确定排水方向。

(2) 对于路堤边沟水进入涵洞及跨越通道等情况的处理。沿线设置的涵洞有排涵、灌涵和灌排两用涵。对于需排入排涵的路堤边沟，其沟底标高不低于涵洞进口标高；需排入灌涵的边沟，其沟底标高不低于涵顶标高；而对于灌排两用的涵洞应按灌涵要求设置，特殊情况时可适当降低。为防止冲刷涵洞，原则上采用急流槽连接边沟和涵洞洞口。

4) 截水沟

一般截水沟设在路堑坡顶 5 m 或路堤坡脚 2 m 以外。截水沟截面形式一般采用梯形，尺寸大小视汇水流量确定。截水沟长度以 200~500 m 为宜。超过 500 m 时，需在其间适当位置增设泄水口，并采用急流槽、跌水井等排水构造物引排。路基范围内的地下水排除方法有设盲沟、渗井等方法。在处治地下水时需注意地表水不能引入地下水的处理设施中，而地下水可以引入地表水的设施中。

5) 排水沟

排水沟起连接各种排水设施，将水引排到附近自然水道或桥涵中，从而形成完善的排水系统的作用。排水沟一般采用梯形横断面，尺寸大小根据设计流量确定。其设置位置可根据需要并结合当地地形等条件而定。排水沟的长度不宜超过 500 m，与各种水沟的连接应顺畅。

6) 跌水与急流槽

在高速公路所经过的重丘、山岭地区，由于山高坡陡，地形险峻，排水沟渠的纵坡较陡，为了接引水流，降低流速，消减能量，防止对路基与桥涵结构物的危害，多采用跌水和急流槽。跌水和急流槽可以单独采用，也可以与其他排水构造物联合采用，形成完整的排水系统。

7) 填方基底

填方基底地下水发育时，一般应在路堤底部填渗水材料或设置排泄地下水的砂石垫层,当路堤采用非渗水土填料时,则应在路基填方基底设置防止毛细水上升的隔水层,如两布一膜(复合土工膜)。当采用非良质填料,如盐渍岩土、湿陷性黄土、膨胀性岩土填筑路堤时,为防止毛细水上升影响路堤下部土体强度和稳定性,必须在路堤底部设置阻止毛细水上升的结构或构造,如三维复合防排水板。

2.2 路面施工

路面的结构层主要有面层、基层和垫层。面层位于整个路面结构的最上层。它直接承受行车荷载的垂直力、水平力、以及车身后所产生的真空吸力的反复作用,同时受到降雨和气温变化的不利影响,是最直接反映路面使用性能的结构。修筑高等级道路面层所用的材料主要有沥青混凝土和水泥混凝土等。基层位于面层之下,垫层或路基之上。基层主要承受面层传递的车轮垂直力的作用,并把它扩散到垫层和土基。基层还可能受到面层渗水以及地下水的侵蚀,故需选择强度较高、刚度较大并有足够水稳性的材料。用来修筑基层的材料主要有水泥、石灰、沥青等稳定土或稳定粒料(如碎石、砂砾),工业废渣稳定土或稳定粒料,以及各种碎石混合料或天然砂砾。垫层是介于基层与土基之间的结构。并非所有的路面结构都需要设置垫层,只有当土基处于不良状态,如潮湿地带、湿软土基、北方地区的冻胀土基等时,才应该设置垫层,以排除路面、路基中滞留的自由水,确保路面结构处于干燥或中湿状态。修筑垫层的材料,强度不一定很高,但隔温、隔水性要好,一般以就地取材为原则,选用粗砂、砂砾、碎石、煤渣、矿渣等松散颗粒材料,或采用水泥、石灰煤渣稳定的密实垫层。

2.2.1 面层施工

1. 沥青混凝土路面面层施工

1)沥青混凝土路面面层常见病害原因分析及防治措施
(1)接缝离析问题。
纵观我国的沥青路面道路,路面颠簸、跳车现象较为常见,尤其是接缝处和道路构造物两侧,严重影响行车速度及行车舒适性,严重时还可能造成交通事故。路面施工接缝分为纵向和横向两种接缝。纵向接缝主要出现在路面分幅摊铺时;横向接缝,也就是每天的工作缝,则是摊铺机提起并重新归位时产生的。

接缝离析问题是沥青混凝土路面施工中常见问题之一,其诱发原因多种多样。若不注重对接缝部位的施工控制,则极易导致接缝离析,影响道路的使用寿命。纵观当前沥青混凝土路面施工实际情况,碾压方式选择不当,新旧集散料铺设不合理等共性问题,是导致接缝离析的主要原因。因此,施工作业设备的选取,施工工艺的严谨性和合理性,沥青路面的接缝处理,往往也能反映出一个施工队伍的施工水平。

(2)车辙波浪问题。

随着交通量及载重车辆的持续增长,车辙现象也同步增长。在车辆行驶过程中,道路会受到外来重力作用的影响,其负荷状态出现起伏,久而久之造成路面车辙。车辙将大幅降低路面的平整度和路面结构的整体性。随着车辙数量的增多及深度的加大,就形成系统性车辙问题,即路面波浪。此外,部分道路施工质量不达标,包括施工材料的质量控制不严格、不同材料的用量配比不严谨、压实温度及压实度不符合规范等,同样也为车辙波浪现象的出现埋下隐患。

(3)路面坑槽问题。

路面坑槽是在行车作用下,路面骨料局部脱落而造成的路面塌陷,需要在施工过程中进行严格控制。部分施工单位由于所采用的精细化施工管理措施不科学、施工工艺落后,为道路运营阶段出现路面坑槽问题埋下隐患。

2)高速公路沥青混凝土路面面层施工技术要点

(1)施工前的准备工作。

在高速公路沥青混凝土路面面层施工之前,要认真严格地对整个工程项目的施工图纸和施工技术规范进行详细的审核,确保施工图纸与施工场地保持一致,并编写审核报告。在临时工程项目建设的过程中,应该有具体的项目设计,明确项目建设的质量,要积极编写施工项目组织设计,确保施工项目各项规章制度更加完善,符合施工项目的实际要求。例如,编写质量检验保证制度、安全施工管理制度以及环境保护监督制度等,通过这些配套的制度能够让整个高速公路工程项目施工顺利开展,也能够尽可能地减少对周边生态环境造成的破坏,提高安全施工的整体效果。应积极准备施工材料,严格按照招投标的合同文件,提供给业主或者监理工程师,对各种工程项目材料的合格性能进行详细的测试,并上报给监理工程师进行快速审批。在技术准备完成之后,应该加强对施工机械设备的准备工作。

施工机械设备、施工材料和施工人员作为整个施工环节的三大要素,任何一个要素出现问题都很容易导致施工项目的施工进度受到影响。在机器设备准备的过程中,一定要充分保障接线设备能够稳定运行,避免出现机械设备故障而导致项目停工。目前我国大多数高速公路都采取间歇式、大型沥青拌和站,在实际选择时,要严格根据沥青混凝土的生产能力进行判断,以满足需求为主,还应该对集料、粉料、沥青计量精度、排放指标等因素进行充分的判断,只有满足上述条件,才能够保证沥青混凝土拌和设备符合施工要求。沥青混合料运输设备以自动卸料运输车为主,大多数先进的工程项目会采用带有保温功能的自动卸料运输车。科学合理地选择沥青混合料运输设备,能够确保整个沥青混凝土的质量得到合理保护并及时运输到施工现场。沥青混合料摊铺设备应该严格确保路面的平整度,主要采用履带式摊铺机。为了提高路面平整度,可以配备非接触式平衡梁找平系统和摊铺机工料系统,以及熨平板和振动器压实机构等。在选择沥青混合料碾压设备时,应根据实际情况选取双缸轮、振动压路机、轮胎压路机等设备。振动压路机的工作质量应该在10 t以上,而轮胎压路机的工作质量应该超过20 t,通过对压路机速度的合理调节,可以确保碾压施工的整体效率和质量得到有效控制。在选择施工材料的过程中,要将沥青碎石和矿粉等沥青混凝土主要的施工材料严格按照规范进行筛选、分类堆放,并根据公路沥青路面施工技术规范的要求,对原材料进行抽样检测,加强对原材料的质量管理。

(2)施工过程的技术要点。

在高速公路沥青混合路面面层的施工过程中,首先要加强对沥青混凝土拌和的技术管理,严格根据相关的规范要求以及示范结果对拌和的时间进行判断,一定要保证集料能够均匀地被沥青包裹,通过合理控制拌和时间,才能够最大限度提高沥青混合料路面拌和的整体效益。例如,采用间歇式拌和机的拌和时间应该超过45s,而干拌的时间也应该以5~10s为主,具体情况必须根据工地的施工情况进行合理调整。还应该加强对集料烘干的管理,最大限度减少集料的水分,保证其含水量小于1%,可以在每天的集料拌和之前适当提高温度,然后正常进行混合料拌和。要加强对沥青混凝土的运输管理,目前由于大多数的沥青混合料都采用大吨位的车辆进行运输,为了减少沥青热量的损失,必须采用双层篷布夹棉对车体进行覆盖,确保沥青混合料运输到现场时沥青温度依然超过145 ℃。在摊铺的过程中,候料车应该至少有5辆,在吊车卸料完成之后,应该及时利用挡板挂钩,避免出现泄漏的情况。

要加强对沥青混凝土摊铺质量的管理,沥青混凝土摊铺大多采用多级梯队摊铺技术,通过2台摊铺机一前一后搭接成一定宽度的铺筑路面,可以确保整个纵向接缝为热接缝,保证了路面摊铺的整体效果。随着大型摊铺机的快速发展,抗离析技术的不断增强,单一全幅摊铺工艺也得到了明显的提升。最后,要加强对沥青混凝土的碾压。目前,沥青混凝土碾压工作包括初压、复压和终压。在初压、复压的过程中应该选用2台以上的振动压路机进行碾压,在碾压过程中可以适当喷涂水溶剂隔离剂,每一次碾压的长度应该在20～30 m之间。在静载压路机碾压时,要保证轮机碾压重合宽度为1/4左右,并小于20 cm,在实际碾压的过程中应该由专人进行检查,加大对碾压厚度、碾压顺序的有效控制,具体的碾压速度还应该根据压路机的实际类型进行确定。

3)沥青混凝土路面面层的施工质量控制

(1)沥青混合料的拌和。

沥青混合料一般由间隙式拌和机拌制,配料应根据批准的混合料配合比进行配制。集料加热温度控制在175～190 ℃,沥青采用导热油加热至160～170 ℃,5种热料及矿粉和沥青用料经生产配合比设计确定,最后吹入矿粉进行拌和,直到沥青混合料均匀一致,所有矿料颗粒全部裹覆沥青,结合料无花料、无结团、无粗料细料离析现象为止。沥青混合料的拌和时间由试拌确定,出厂的沥青混合料温度严格控制在155～170 ℃。

(2)热拌沥青混合料运输。

①汽车从拌和楼向运料车上放料时,首先在车槽内涂一层隔离剂以防粘车,每卸一斗混合料挪动一下汽车的位置,以减少粗细集料离析的现象。

②热拌沥青混合料宜采用较大吨位的运料车运输,混合料运输车的运量较拌和或摊铺速度有所富余,施工过程中运输车应在摊铺机前方10～30 cm处停车,空挡等候,由摊铺机推动前进开始缓缓卸料,不能撞击摊铺机。

③沥青混合料的运输必须快捷、安全,使沥青混合料到达摊铺现场的温度在145～165 ℃,为防止尘埃污染和热量过分损失,必要时每辆车应配备覆盖设施,在槽四角密封严密。

(3)沥青混合料的摊铺。

①当用两台摊铺机进行二幅摊铺,上下两层错缝0.5 m,摊铺速度控制在2～4 m/min。沥青下面层或基层宜采用拉钢丝绳控制标高及平整度,上面层摊铺采用平衡梁装置,以保证摊铺厚度及平整度。摊铺速度必须缓慢、均匀、连续不间断,摊铺过程中不得随意变换速度或中途停顿。正常摊铺温度应在140～160 ℃。另外,在上面层摊铺时纵横向接缝口订立4 cm厚木条,保证接缝口顺直。

②松铺系数:沥青混合料的松铺系数根据实际的混合料类型、施工机械和施工工艺等,通过试压方法或根据以往的实践经验确定。铺筑过程中,应根据拟用的混合料总量与铺筑面积校验成型后的平均厚度,不符合时按铺筑情况及时进行调整。

③对于道路上的窨井,在底层料进行摊铺前用钢板进行覆盖,以避免在摊铺过程中遇到窨井而抬升摊铺机,保证路面的平整度。在摊铺细料前,把窨井抬至实际摊铺高程,保证窨井与路面的平整。

④对于路头的摊铺应尽量避免人工作业,采用 LT6E 小型摊铺机摊铺,以保证路面平整度及混合料的均匀程度。对外形不规则、空间受到限制等摊铺机无法工作的地方,可以采用人工进行混合料铺筑。

⑤摊铺过程中应注意以下事项。

a.汽车司机应与摊铺机手密切配合,避免车辆撞击摊铺机,使之偏位,或把料卸出机外,卸料车的后轮宜距摊铺机 20～30 cm,当摊铺机行进接触时,汽车开始起升倒料。

b.连续供料。当摊铺机待料时,不应将机内混合料摊铺完,保证料斗中有足够的存料,防止送料板外露。因故障,斗内料已结块,重铺时应铲除,不得用于路面摊铺。

c.检测员要经常检查松铺厚度,每 5 m 左右查一断面,每断面不少于 3 点,并做好记录,及时反馈信息给操作手;每 50 m 检查横坡一次,经常检查平整度。

d.摊铺中应密切注意摊铺动向,对横断面不符合要求、构造物接头部位缺料、摊铺带边缘局部缺料、表面明显不平整、局部混合料明显离析、摊铺后有明显的拖痕等问题,必须在技术人员指导下进行人工修补或更换混合料,人工修补时,工人不应站在着热的沥青层面上操作。

e.每天收工时,禁止在已摊铺好的路面上用柴油清洗机械。

(4)沥青混合料的碾压。

①从沥青混合料的特性出发,适当选择压路机的大小、最佳频率与振幅是前提条件。选择碾压机型的基本原则:在保证沥青混凝土碾压质量的前提下,选择最少的压路机,提高工作效率。

②压实分为初压、复压和终压三道工序。初压的目的是整平和稳定混合料,这是压实的基础,因此要注意压实的平整性。复压的目的是使混合料密实、稳定、成型,最后形成平整的压实面。所有这些工序都必须严格遵守作业程序和操作要求。

③沥青混合料的初压应符合下列要求。

a.初压在混合料摊铺后较高温度下进行,采用轻型钢筒式压路机或关闭振动装置的振动压路机,速度控制在1.5~2.0 km/h,碾压两遍,初压后,随时检查平整度、路拱,必要时予以修整。如在碾压时出现推移,则等温度稍低后再压。

b.压路机从外侧向中心碾压。相邻碾压带应重叠1/3~1/2轮宽,最后碾压路中心部分,压完全幅为一遍。当边缘有挡板、路缘石、路肩等支挡时,应紧靠支挡碾压。当边缘无支挡时,可用耙子将边缘的混合料稍稍耙高,然后将压路机的外侧轮伸出边缘10 cm以上碾压。

c.碾压时将驱动轮面向摊铺机。碾压路线及碾压方向不能突然改变而导致混合料产生推移。压路机起动、停止必须减速缓慢进行。

④复压紧接初压进行,并应符合下列要求:复压采用轮胎式压路机;碾压遍数应经试压确定,不少于4~6遍,以达到要求的压实度,并无显著轮迹。

⑤终压紧接复压进行。终压选用双轮钢筒式压路机碾压,不宜少于2遍,并无轮迹,采用钢筒式压路机时,相邻碾压带应重叠后轮1/2宽度。

⑥压路机碾压注意事项如下。

a.压路机的碾压段长度以与摊铺速度平衡为原则选定,并保持大体稳定。压路机每次由两端折回的位置阶梯形随摊铺机向前推进,使折回处不在同一横断面上。在摊铺机连续摊铺的过程中,压路机不得随意停顿。

b.碾压中,要确保压路机滚轮湿润,以免黏附沥青混合料。有时可采用间歇喷水,但应避免水量过大,以免混合料表面冷却。

c.压路机不得在未碾压成型并冷却的路段转向、调头或停车等候。

(5)沥青路面接缝的处理方法。

沥青路面的接缝处理,是直接影响路面平整度和稳定性的工序,必须由有经验的人员管理和操作。

①纵向裂缝的处理方法。

纵向接缝又分为冷接缝和热接缝,对于沥青混合料,要尽量避免冷接缝,因为沥青混合料一旦冷却后,质量相当坚硬,导致切缝机很难处理。采用热接缝施工时,应将先铺的混合料留下10~20 cm的宽度暂不碾压,作为后摊铺部分的高程基准面,纵缝应在后铺部分摊铺后立即碾压。若摊铺因无法避免的原因而不得已暂停,应尽可能缩短时间。如果暂停时间过长,混合料冷却到140 ℃以下,则应设置为冷接缝。

②横向裂缝的处理方法。

横向接缝要与路中线垂直,相邻两幅及上下的横缝应均匀错位1 m以上,接缝时应先沿已刨齐的缝边用热沥青混合料覆盖,待接缝处沥青混合料变软后,再将所覆盖的混合料清除,换用新的热混合料摊铺。

2. 水泥混凝土

1)公路水泥混凝土路面面层质量影响因素

水泥混凝土搅拌施工质量会影响混凝土的内部质量,进而导致路面平整度与设计使用要求不一致,因此,施工技术人员应在明确水泥混凝土路面混凝土坍落度主要影响因素的基础上,提高水泥混凝土路面施工控制的质量效果。

(1)级配变化。

水与水泥等体积的情况下,细料、大料以及包裹率差异较大,而在含水量与水灰比相同的情况下,细料混凝土的坍落度远小于粗料混凝土的坍落度,因此,在生产搅拌混凝土的过程中,要向骨料仓内进行配料,以控制级配。

(2)含水量变化。

通常情况下,施工技术人员能够通过搅拌站中的水秤设备对水量的变化情况进行掌控,但对砂中的含水率却无法进行有效控制。一旦砂中的含水率变大,将会对坍落度造成直接影响。为此,施工技术人员应在搅拌生产过程中预测含水率,并通过扣除这些水量,使施工技术的应用效果达到目标需求。

(3)水泥温度。

水泥温度对高速公路水泥坍落度的影响,主要源于单机生产能力较大的搅拌站。这是因为水泥仓只有100~150 t,且水泥量较多,需要在水泥罐内一边打水泥一边生产。很多时候,水泥未完成冷却,就着手开始搅拌,导致生产出来的混凝土温度较高,进而使坍落度下降。

(4)添加剂用量。

目前,市场中可供选择的添加剂类型众多,而添加剂用量会直接影响混凝土的坍落度。一旦添加剂的用量较大,会造成混凝土发生物理与化学性能方面的变化。为此,在水泥混凝土搅拌施工技术应用过程中,要对添加剂的用量进行控制,使其效果在不影响其他性能的情况下充分发挥出来。

2)公路水泥混凝土路面面层施工工艺要点

(1)前期准备工作。

全面落实准备工作后,能够给后续水泥混凝土路面的正式施工创设良好的条件。材料方面,包含水泥、砂石、水、模板等,要求其均能够满足质量要求,加强进场时的质量检验,进场后采取防护措施,减少日晒、降雨等外界因素对材料质量的影响;施工机械方面,包含搅拌机、运输车、摊铺机、压路机等,其均要具有足够的稳定性与可靠性;人员方面,根据施工需求合理组建施工团队,做好岗前培训以及技术交底工作。

(2)模板的制作安装。

以钢模板为优先选择对象,遇急转弯时可采用木模板。以设计图纸为准,提前加工模板,任何形式的模板均要具有足够良好的表观质量,若存在局部形变现象,幅度不宜超过 3 mm,否则需修整或换新;模板高度与混凝土路面板厚度相同,加强对该项指标的检测与调整,误差不宜超过 2 mm;模板应平顺连接,在设置纵缝模板的平缝时,应保证该处拉杆穿孔眼的位置具有精确性。

(3)传力杆的安装。

侧模安装期间,需在合适区域增设传力杆,考虑到混凝土施工的连续性要求,可应用钢筋支架法,以便适时将传力杆安装到位。具体而言,需在嵌缝板上开挖圆心孔,于板上方设压缝板条,经检测后确定各传力杆的实际位置以及彼此的间距,在接缝模板下方的局部进行加工,使其形成倒 U 形槽,再将传力杆从槽内穿出。施工期间,应保证位于特制支架上的传力杆维持稳定状态,且支架角需深入基层内部,以免失稳。

若不能连续对混凝土板进行浇筑,则需要通过顶头木模固定法来进行传力杆的安装。在端模板的外侧加设一个新模板,其主要作用就是定位,接着根据板上传力杆的钻孔眼、相邻两杆之间的距离以及传力杆的直径,从端模板的孔眼中将传力杆穿出,一直延伸到外侧的定位模板的孔眼处。最后,使用长度仅为传力杆一半的横木对相邻两个模板进行固定。当需要对相邻模板进行混凝土浇筑时,需要先拆除定位模板、挡板以及横木,最后在相应位置安装传力杆套管、接缝板以及木质压缝板条。

(4)振捣与摊铺。

不同公路水泥混凝土路面的施工要求各异,部分情况下需在现场拌制干硬性的混凝土,单次摊铺厚度以 22~44 cm 较为合适;若在现场拌制塑性商品混凝土,单次摊铺厚度应控制在 24~26 cm。但现场施工环境错综复杂,各公路工程对路面厚度的要求各异,易出现摊铺厚度超过要求的情况,此时需遵循分层摊铺的原则。水泥混凝土路面面层施工应具有持续性,即摊铺、振捣等环节应紧密衔接,形成流水化作业模式,尽可能避免施工中断,从而保证面层的完整性。振捣是提高混凝土密实度的关键方法,可选择插入式振捣器或其他设备。若施工期间采用真空吸水法,需在常规基础上适当增加混凝土拌和物的水灰比,提升幅度以 5%～10% 为宜,以便摊铺和振捣作业可快速落实到位,从而有效保证路面的强度和平整性。而在适当加大水灰比后,还可提高混凝土的抗冻性和抗干缩性。但施工期间需加强对工艺要点的控制,主要包括:真空吸水的深度不可以超过 30 cm;真空吸水完成之后,可以通过抹石机或者振动梁来实施复平处理,保障路面的平整性。

(5)接缝施工。

立模作业落实到位后,即可进入混凝土浇筑施工环节,需根据实际情况合理安装拉杆。遇纵向施工缝时,拉杆可穿过模板的拉杆孔;在混凝土达到硬化状态后,切割纵缝槽,要求切割作业具有精细化水平,不可影响周边混凝土的稳定性;浇筑期间,将接缝板埋入,在混凝土达到初凝状态后方可拔出,由此形成纵缝槽。经过锯缝处理后,应确保混凝土的强度稳定在 5～10 MPa。在混凝土达到硬结状态且无其他质量问题时,需锯成横缩缝。加强对横胀缝位置的控制,要求其与路中心线呈垂直的关系(两者形成 90°夹角),各处缝隙宽度一致,在缝隙的下方布设胀缝板,于上方浇灌封缝料。为提高施工效率,需根据设计要求提前制作胀缝板,例如以油浸纤维板或海绵橡胶泡沫板为基础材料,经过加工后制得;在使用前,需深度清理缝壁,使其维持干燥、洁净的状态。

(6)路面面层的修整与防滑施工。

经过混凝土浇筑施工后,密切关注其成型状态,在终凝前由施工人员抹平,提高混凝土面层的平整性。若采取机械抹光的方式,则需在机械主体上适配圆盘,利用该装置初步粗光,再进一步加装细抹叶片,经处理后提高面层的精细度。人工抹光方法的局限性较强,例如工作量较大、质量欠佳(混凝土表面易存在凸出的石子、细砂等杂物,使成型后的混凝土不具备足够的强度,表面的稳定性和平整性均难以得到保证,相较于下方材料而言其干缩比更大),考虑到此方面的情况,不推荐采用人工抹光的方式。

为保证路面的通行安全性,在施工期间需重视对粗糙度和抗滑性的控制,具体需以水泥混凝土路面的通行水平为依据,采取合适的控制措施,保证路面摩擦系数的合理性,在行驶速度为 50 km/h 时,该值应达到 0.4 或适当增加,在速度降低至 45 km/h 时,则需达到 0.45 或更高。在路面防滑施工中,可用棕刷横向抹平路面,再对表面刷手;也可利用锯槽机处理,即在路面开锯出横槽(规格通常为宽度 2～3 mm、深度 5～6 mm,具体根据施工要求以及实际条件合理调整,既要保证路面的抗滑性,又不可损伤路面结构的完整性),并按 20 mm 的间距依次设置横槽,通过此举达到提高路面抗滑性的效果,给过往车辆提供安全保障。

2.2.2 基层施工

基层是指直接位于沥青面层下用高质量材料铺筑的结构承重层或直接位于水泥混凝土面板下用高质量材料铺筑的结构层;路面基层(又称底基层)是沥青路面基层下用质量较次材料铺筑的次要承重层或在水泥混凝土路面基层下用质量较次材料铺筑的辅助层。基层和底基层均可以是一层或两层,可以由一种或两种材料构成。

1. 路面基层的基本类型

路面基层按其结构组合设计可分成四种类型:第一类是柔性基层,材料包括级配型集料、嵌锁型碎石以及沥青碎石混合料等;第二类是半刚性基层,材料包括水泥稳定类、石灰稳定类和石灰工业废渣稳定类等;第三类是刚性基层,材料包括水泥混凝土、贫混凝土和碾压混凝土等;第四类是混(复)合式基层,即上部使用柔性基层材料,下部使用半刚性基层材料。

2. 高速公路路面基层施工的基本要求

1)材料要求

路面基层施工中需要的材料主要是级配砂砾。砂砾种类众多,不能随意选用,若其质量不符合相关工程的要求,会对整个路面的质量产生严重影响。所以,选择砂砾时必须结合工程的实际状况,并在施工前进行级配砂砾试验,严格遵循相关标准,保证符合施工的基本要求,为整个工程的质量提供保障。

2)人员要求

施工单位安排的施工人员必须具备一定的专业能力,同时能够彼此互相配合工作,保证路面基层施工能够顺利进行,严格控制施工质量、进度和造价。同时,对某些特殊岗位,施工单位需要配置专门的工作人员持证上岗,保证工程质量。

3)机械设备要求

在现代化的施工过程中,机械设备是必不可少的一部分,在高速公路的路面基层施工中也不例外。施工单位在选择机械设备时要综合考虑施工要求和经济适用性。一般情况下,选择机械设备都是参考实际的工程量和工期,保证机械设备在正常使用情况下能够满足施工要求。此外,需要注意的是,在工程施工开始前,机械设备没有进场的情况下,要事先对设备进行检测试验,保证机械设备的零配件没有缺失,不存在任何故障隐患和安全隐患,保证施工能够正常运行。

3. 高速公路路面基层施工工艺流程

1) 施工工艺

高速公路路面基层施工的工艺主要包括:首先,选定合适的原材料,认真检查采购来的材料质量,做好承层的施工,同时进行测量放线,并将摊铺机等机械设备按照施工标准调试完毕;其次,为混合料设计计算合理的配比,并按照计算出的数值进行生产投料,充分拌和;再次,将拌和完毕的混合配料输送到施工现场,输入摊铺机的料斗中,然后进行路面摊铺,同时压路机要做好准备,摊铺结束后马上进入碾压工序;最后,对摊铺压实完毕的路面基层进行测量验收,确定没有问题后结束施工,相关负责人员签字确认。

2) 施工流程

(1) 混合料的拌和与运输。

高速公路路面基层施工的起点就是混合料的拌和,这个阶段的工作会直接影响到后面的摊铺和压实工序,同时直接影响着基层的质量。所以,在混合料的拌和过程中,应该严格控制温度和配比。在实际拌和之前,应该先取一部分试样进行试拌,以确定合适的拌和时间、配比和温度。在拌和过程中,要实时检查混合料的均匀性,可以专门安排工作人员通过目测法判断。若发现混合料不符合规定标准,要及时将不合格的混合料处理掉。

混合料在传送到运输车上之前要进行温度检测,并选择专门的运输车,保证运输量大于摊铺机的摊铺速度,避免摊铺机等料。同时,运输车要做好保温防水工作,严格避免运送过程中混合料发生离析现象。

(2) 混合料的摊铺。

混合料在摊铺过程中要注意速度和要求。确定摊铺速度要综合参考混合料的出厂量、运输量和路面施工中的摊铺要求,结合施工现场的实际状况确定摊铺距离,保证匀速、稳定、不间断地摊铺。同时,摊铺时还要根据施工要求确定合理的摊铺厚度和宽度,采用有效的摊铺方法,保证摊铺作业完全符合施工标准。

(3) 路面压实。

摊铺工序完成以后,沥青混合料需要进行压实,为了保证路面面层质量,需要采用合适的压实机械设备和合理的压实步骤。压路机在行进过程中,必须保证均匀缓慢的碾压速度,有效控制设备的运行。初压、复压、终压要采用不同的颜色标注出来,避免出现重压或漏压。刚刚压实完毕的沥青混凝土层要有一定的保护措施,不要停放任何机械设备或堆积材料及其他杂物。最后,还要安排检测人员实时检查碾压过程中基层厚度及碾压速度、顺序、次数、温度等。

(4)质量检测。

为保证整个路面施工中的工程质量,施工单位必须做好质量检测工作。根据施工现场的实际情况,参考相关规范,实时检查基层的施工质量。施工单位可以聘请专业的质检机构进行质量检测,以保证各项工序都满足施工要求。若在检测过程中发现质量问题,检测机构要及时报告给施工单位。施工单位则要及时采取相应的措施进行处理,务必保证高速公路路面基层施工的质量和进度。

4. 高速公路路面基层施工常见问题及处理策略

1)粗细集料离析现象

对于路面基层施工而言,粗细集料离析是比较常见的问题,诱发该类问题的原因包括层间结合性差、粗细集料粒径过大、抗水损坏性能较差等。此时在道路基层施工阶段,如果选择二灰土将会出现底部成型异常、基层结构不均匀等问题,甚至有可能出现路面冒浆、变形等现象。

处理策略:该问题可以通过合理设计配合比、严格把关原材料质量及规范施工流程等方法给予有效解决,而且在混合料运输过程中,还需要做好集料装载以及卸后的摊铺工作。

2)基层表面含水量减少

在路面基层摊铺、整型后,表层碎石中所含有的水分会大量蒸发、散失,此时缺少水分将会导致道路表面无法与基层进行有效黏结,进而出现道路隆起、分层、塌陷等现象。

处理策略:通过对路面基层的摊铺与整型速度进行控制,来缩短施工周期,并结合施工特点来定期洒水,以确保对水分的有效补充。同时,还需要对路面基层进行及时碾压,以确保路面基层在最佳含水状态下得到有效碾压。

3)基底层收缩裂缝

基底层收缩裂缝是高速公路路面基层施工过程中比较常见的问题,诱发裂缝的原因比较多,主要体现在以下几个方面:①二灰土本身主要由粉煤灰、石灰及其他材料组合而成,在早期施工过程,其强度比较低,而且极易出现干缩和冷缩现象,极易诱发基层产生收缩裂缝,对道路上层结构产生影响,进而影响路面整体质量;②二灰土质量成分配比不合理,导致其整体强度降低,此时如果荷载作用在道路基层上部,将会诱发拉伸破坏,进而出现基底层收缩裂缝。

处理策略:结合实际情况来对二灰土的施工配合比进行设计,并对细料与粗料的用量给予科学、合理的控制。此外,还需要对粉煤灰、石灰、碎石中的含水量给予有效控制。

4)基层平整度不符合规范

基层平整度会对路面的厚度和平整度产生决定性的影响,如果平整度不能满足施工规范和标准,将会降低高速公路路面基层施工的整体质量。通常情况下,诱发基层平整度不符合规范的原因如下:①拌和站供料不足;②下承层平整度和标高不符合要求;③摊铺机摊铺速度不均匀;④施工接缝处理不当;⑤碾压方法不当。

处理策略:①摊铺机摊铺速度需要与拌和站生产能力相匹配,并结合实际情况配置运输车辆,以确保有超过两辆运输车等待卸料;②如果拌和站供料速度保持恒定,在摊铺过程中需要确保摊铺机以匀速前进,严禁摊摊停停、忽快忽慢,同时,还需要委派专业技术人员指挥运料车停放在摊铺机前大概15~20 cm的位置,严禁与摊铺机发生撞击;③碾压过程要保持连续,中途尽可能顺直行走,严禁随意停顿;④每天混合料摊铺开始或中断2 h后重新开始前,需要借助3 m直尺对已施工完毕路面基层的平整度进行反复测量,如果平整度不满足规范和标准,则需要切除或挖除,最好切成或挖成横向垂直向下的断面,并为其摊铺新的混合料;⑤由于温度变化诱发的平整度问题,需要对其温度变化给予有效控制,并结合设计方案将后浇带划分成多个流水施工段,以确保流水施工的顺利进行,对于大体积混凝土,还需要为其布设测温管,以便对其温度变化情况进行实时监测和记录。

5. 高速公路路面基层的质量控制

1)拌和过程中的质量控制

拌和过程中,要做好以下几项质量控制工作:每天对集料的级配进行检测,及时调整配比;在拌和机皮带上截取拌和好的混合料进行检测,检验其是否符合施工要求;对混合料中的含水量进行定期检测,根据天气变化和时间变化适当调整混合料中的含水量;在拌和站和试验室之间建立起紧密的联系,保证试验提供的最新数据能够快速传递给拌和站,拌和站能够马上调整参数,令实际配比符合设计要求。

2）运输过程中的质量控制

运输拌和料的过程中，也要注意质量控制。实际上，若在运输过程中没有采取特定的手段进行质量控制，混合料的质量也会受到影响，性能可能会无法满足施工要求。运输过程中，能够有效保证拌和料质量的措施如下：将储料仓和运输车之间的距离适当减少，并在装车过程中安排车辆分批次移动，避免产生离析现象；混合料装到运输车上以后要用防水布将其完全覆盖起来，减少水分蒸发；控制装载重量，避免超载现象；对运输车的行驶速度加以控制，尽量降低对未完成工作面的磨损。

3）摊铺过程中的质量控制

要保证摊铺机在工作过程中均匀不间断地行驶，保证摊铺厚度均匀；根据摊铺速度设计合适的夯锤速度，不能任意调整，只有在技术员调整现场摊铺速度时才能同步调整夯锤速度，保证铺面的平整度；螺旋布料器要埋入混合料 2/3 以上，避免出现离析现象，保证铺面均匀；对于控制高程用的钢丝要常常检查，并实时检查铺面的厚度和平整度。

4）压实过程中的质量控制

压实过程中也要加强质量控制，可以采用的措施包括：配备合理的设备，保证压实能力，在各个工作面上都配备足够的压路机，型号和吨位要齐全，在任何工序条件下都能有效压实混合料，令其满足压实规范；碾压过程中要遵循从轻到重、从慢到快、从低到高的原则，保证在终凝之前完成碾压工序；碾压过程中需要保证基层表面一定的湿润度，必要时配备洒水车进行洒水保湿操作，同时控制合适的洒水量；压实结束后要进行质量检测，尤其是衔接部分，若出现问题要及时解决。

5）养护质量控制

高速公路路面基层施工结束后，需要进行养护，保证基层稳定。这个过程中要保证基层表面的湿润度，避免水分蒸发。可以采用下列措施：根据当地气候情况采用塑料薄膜或土工布覆盖基层表面；定期派专人检查，及时补水并添加覆盖物；路面施工往往存在多个路段，每段完成碾压后要立刻进行保湿覆盖；养护阶段要进行一定的交通管制，禁止重型车辆通行。

2.2.3 垫层施工

1.高速公路路面垫层结构分析

高速公路路面垫层是连接路面和路基、防水层、隔水层及道路荷载的中间枢纽带,是道路结构中极为重要的一部分,起到承载、防水和防冻等作用。其质量直接影响路基路面的承载能力和耐久性。目前,在高速公路路面垫层施工过程中存在一些问题,具体表现为以下几个方面。

(1)垫层施工结束后,其表面处于松散状态,在车辆荷载作用下,垫层表面的平整度会遭到破坏,严重时还会出现变形现象,影响路面垫层的强度和稳定性。

(2)垫层施工后必须对其压实度进行检测,但在实际检测过程中,常常因检测方法不规范或垫层表面松散等导致无法准确判断垫层压实度是否符合规范要求。

(3)路面垫层质量与路基质量息息相关,路面垫层出现质量问题,会导致路基施工效果不显著。一般通过检测垫层顶面弯沉的方法来判断路基强度是否符合设计标准。而在实际检测中,当车轮与路面接触时,车辆整个荷载都会施加至车轮上,然后荷载经车轮传递至路面,路表面松散的沙砾会在这种集中的荷载作用下发生变化,最终影响弯沉检测的准确性。

1)路面垫层结构功能分析

高速公路路面垫层是布设在路面基层和路基之间的过渡结构层,其主要功能是改善和缓解路基的温湿状况,确保路面面层和基层具有足够的承载能力、刚度及稳定性,并使公路不受地下水或游离水冻胀作用的影响。此外,垫层还可以吸收路面面层和基层传递的车辆荷载并及时扩散至路基土,从而有效控制沥青混合料的变形。高速公路垫层结构具有以下特点。

(1)作为路基与路面基层之间的过渡带,可以帮助提升整个路基结构的承载力。

(2)根据水汽平衡原理,能够及时平衡渗透至基层与垫层中的游离水。

(3)由于高速公路垫层结构的碎石粒径和空隙率较大,不容易发生毛细效应,在冬季低温条件下可以有效避免发生冻胀破坏。

(4)垫层较大的粒径级配可以抑制发生裂缝,碎石颗粒在路基开裂后可以重新组合,具有天然的裂缝自愈合能力。根据不同的设置目的与功能,垫层还可以分为防水垫层、排水垫层、防污垫层和防冻垫层等类型。

2)路面垫层对整体结构的影响

高速公路沥青路面在荷载作用下会出现弯沉变形,致使半刚性基层底部出现较大拉应力,基层在长期拉应力作用下会产生疲劳破坏。经理论计算发现,半刚性基层底部的拉应力值与沥青基层厚度和面层弹性模量等因素有关。

将车辆荷载中心位置作为理论计算标准。垫层在不同弹性模量条件下基层底部的拉应力理论值如图 2.2 所示。由图可知,不同弹性模量值对高速公路路面基层底部的拉应力影响显著,随着弹性模量逐渐增大,基层底部拉应力值不断减小,呈现负相关关系。

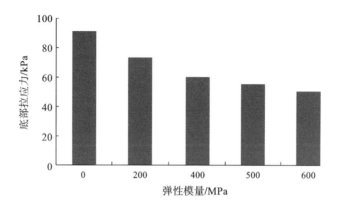

图 2.2　垫层不同弹性模量条件下基层底部的拉应力理论值

高速公路沥青路面的竖向变形,即弯沉,也是表征路面承载能力的一个重要指标。路面竖向变形是面层和基层变形的叠加,依据我国现行设计规范要求,考虑标准轴载作用,以沥青路表面轮隙中间位置的弯沉作为路面抗变形能力的重要参数。不同弹性模量的路面弯沉值统计结果如图 2.3 所示。

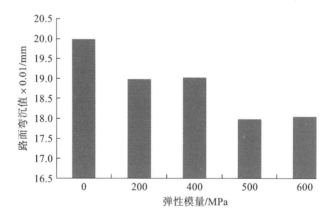

图 2.3　不同弹性模量的路面弯沉值统计结果

由图 2.3 可知,高速公路沥青路面垫层的弹性模量值对弯沉有较大影响,随着弹性模量的增大,沥青路面弯沉值总体上呈现下降趋势。

垫层作为处于路面基层和面层之间的一个特殊结构层,在实际施工过程中可以将其看作路基结构的一部分。一般在路基路面质量验收时,选用 40 MPa

作为路基土弹性模量原值。在加设垫层后,路基路面整体弹性模量值均显著高于初始值,导致在这种情况下原有路面竣工验收标准偏低,若按此标准验收则难以达到施工质量的要求。不同路基弹性模量值对路面弯沉的影响如图 2.4 所示。

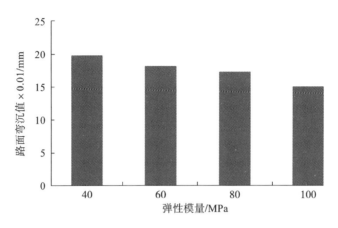

图 2.4　不同路基弹性模量值对路面弯沉的影响

由图 2.4 可知,路表面弯沉值随土体弹性模量的增加而逐渐减小,且降低速率也逐渐减小,当弹性模量处于较低值时,土体弹性模量对沥青路面弯沉影响反而较大。

2. 路面垫层施工技术要求

1) 抗压强度

影响路面垫层碎石抗压强度的主要因素为颗粒大小、形状、含量、塑性、密度、含水量等。棱角分明且表面粗糙度较高的碎石颗粒可提供更好的强度和刚度,同时有助于荷载均匀分布。另外塑性和黏性较高的碎石有助于吸收应力的效果,可提高垫层的承载能力,黏性较高的碎石具备更好的镶嵌效果,从而可提高垫层的整体强度,碎石骨料的密度和含水量更高时也可起到提高垫层强度的效果。

2) 塑性变形

路面垫层需保持良好的抗变形能力,因此碎石材料的塑性变形不得过大,路面垫层所选取的碎石骨料的形状要保持一定的棱角,尽量选择骨架密实型级配设计,并严格对矿粉含量进行控制,通常规定在 8%～12% 为宜。

3）体积稳定性和耐久性

路面垫层在长期运营中应保持一定的耐久性，因此材料应具备一定的抗风化和耐磨的效果，在荷载和侵蚀作用下其形状、大小不得发生变化，同时在压实施工后其体积和含水量也要保持均衡，另外矿粉的含量也要保持一定的范围要求。

4）剪切强度

碎石材料的剪切强度也决定着路面垫层结构的整体承载能力，因此应严格控制材料的密度和含水量，将矿粉含量控制在 8%～12%，同时选择表面纹理丰富、棱角分明的碎石材料。

3. 工程应用

1）工程概况

某高速公路工程项目全线长达 51.38 km，设计行车速度为 120 km/h，共分为 5 项土建标段进行施工，全线桥隧比为 32.6%。公路主线的路基宽度设计为 23.5 m，双向四车道，路面为沥青混凝土结构形式。为进一步确保公路整体质量，设计单位在面层和基层间设计一道垫层结构，其垫层厚度设计为 17 cm。由于该高速公路项目挖方量较大，为节约施工成本，施工单位决定采用碎石垫层，并结合实际情况和气候特征制定有效的路面垫层施工工艺。

2）垫层材料设计

碎石骨料的性能直接决定了路面垫层的施工质量，因此应合理对碎石材料的选择进行优化配置，不同垫层材料的回弹模量如表 2.3 所示。在条件允许的情况下应尽可能选择表面纹理丰富且棱角分明的碎石材料，同时保持表面干燥整洁，并对其密度、含水量进行合理控制。矿粉的作用影响也较突出，必要时可将其含量控制在 8% 以下。合理选择沥青材料，强度等级合理的沥青材料可提高路面垫层施工的稳定性和耐久性。垫层施工中不同强度等级沥青弹性模量如表 2.4 所示。

表 2.3　不同垫层材料回弹模量

材 料 类 型	回弹模量/MPa
石灰粉煤灰稳定材料	1300～1700
水泥稳定粒料	1300～1700
沥青碎石	600～800

续表

材 料 类 型	回弹模量/MPa
沥青混凝土	800～1200
多孔隙水泥碎石	1300～1700

表 2.4 不同强度等级沥青弹性模量

沥青强度等级	弹性模量/(N/mm²)
C15	2.20×10^4
C20	2.25×10^4
C30	3.00×10^4
C40	3.25×10^4
C45	3.35×10^4

3) 路面垫层施工工艺

(1) 混合料的拌和与运输。

采用自卸车进行混合料运输，合理控制混合料运输距离，并控制好卸料点的数量，运输中采用帆布袋全面覆盖，防止材料的水分流失过多，施工技术人员应及时对混合料的温度进行监测处理。

(2) 混合料摊铺。

根据垫层铺筑的厚度和密度设定摊铺面积，在整体摊铺过程中需要采取人机结合的方式，提高垫层摊铺质量的同时避免出现混合料离析现象。路面垫层摊铺完毕后施工技术人员及时对摊铺质量进行检查，确保坡度和路拱满足规范设计要求，同时接口处的平整度也需达到指标要求。

(3) 整形。

应采用人机结合的方式进行处理，凹陷位置可选用砂砾进行填埋，提高路面平整度，凸起位置应对其进行铲平处理，最后再进行一次整体补修。

(4) 混合料碾压。

直线段应从路肩向中央分隔带的顺序进行碾压施工，曲线段则需从内向外进行碾压。压路机在碾压施工过程中不得随意加减速和急转弯，以免破坏路面垫层的平整度，施工技术人员及时对混合料的潮湿度进行监测，若水分散失过快应及时进行补水处理。

(5) 接缝和调头处理。

必要的接缝和调头处理可有效促进路面垫层的施工质量效果。垫层碾压完毕后采用 3 m 直尺对其平整度进行检测,不满足要求时应及时修补,以有效控制横向施工缝处的平整度。垫层碾压达到一定要求后进行调头处理,采用厚实塑料袋进行全面覆盖,达到一定的养护效果。

4)路面垫层施工质量评价

为检测垫层施工质量,选择该高速公路 K333+200～K333+400 路段作为试验路段进行质量评价,以回弹模量作为评价指标,其检测结果如表 2.5 所示。

表 2.5 试验路段回弹模量检测结果

桩 号	左弯沉/10^{-2} mm	右弯沉/10^{-2} mm	回弹模量 E_b/MPa
K333+200	58	75	144.4
K333+220	45	74	152.4
K333+240	48	56	176.3
K333+260	60	64	165.1
K333+280	47	65	145.7
K333+300	48	54	157.2
K333+320	55	63	145.8
K333+340	56	75	139.0
K333+360	64	79	134.9
K333+380	48	63	150.9
K333+400	47	74	154.1

2.3　防护工程施工

2.3.1　公路边坡的破坏及其工程防护

1. 边坡的分类

边坡是自然和人工形成的具有倾斜坡面的土体或岩体,是人类工程活动中基本的地质环境之一,也是工程建设中常见的工程形式。边坡有多种分类方式,例如可根据成因、岩土性质、边坡高度等因素进行分类。一般边坡分类表如表 2.6 所示,岩质边坡分类表如表 2.7 所示。分类的目的是更好地从不同的角度认识边坡的性质,采取恰当的工程措施,确保边坡稳定,为植物生长提供安定的环境。

表 2.6 一般边坡分类表

分类依据	名 称	简 述
成因	自然边坡(斜坡)	由自然地质作用形成地面具有一定斜度的地段,按地质作用可细分为剥蚀边坡、侵蚀边坡、堆积边坡
	人工边坡	由人工开挖、回填而形成与地面具有一定斜度的地段
岩性	岩质边坡(岩坡)	由岩石构成,可按岩石成因、岩体结构细分
	土质边坡(土坡)	由土构成,按土体结构又可细分为单元结构、多元结构、土石混合结构、土石叠置结构
坡高	超高边坡	岩质边坡坡高大于 30 m,土质边坡坡高大于 15 m
	高边坡	岩质边坡坡高 15～30 m,土质边坡坡高 10～15 m
	中高边坡	岩质边坡坡高 8～15 m,土质边坡坡高 5～10 m
	低边坡	岩质边坡坡高小于 8 m,土质边坡坡高小于 5 m
坡长	长边坡	坡长大于 300 m
	中长边坡	坡长 100～300 m
	短边坡	坡长小于 100 m
坡度	缓坡	坡度小于 15°
	中等坡	坡度 15°～30°
	陡坡	坡度 30°～60°
	急坡	坡度为 60°～90°
	倒坡	坡度大于 90°
稳定性	稳定坡	稳定条件好,不会发生破坏
	不稳定坡	稳定条件差或已发生局部破坏,必须处理才能稳定
	已失稳坡	已发生明显的破坏

表 2.7 岩质边坡分类表

分类依据	亚类名称	简 述
岩石类别	岩浆岩边坡	由岩浆岩构成,可细分为侵入岩边坡及喷出岩边坡
	沉积岩边坡	由沉积岩构成,可细分为碎屑沉积岩边坡、碳酸盐岩边坡、黏土岩边坡、特殊岩(夹有岩盐,石膏等)边坡
	变质岩边坡	由变质岩构成,可细分为正变质岩边坡、副变质岩边坡

续表

分类依据	亚类名称	简 述
岩体结构	整体结构边坡	边坡岩体节理裂隙不发育、整体性好,岩体稳定
	块状结构边坡	边坡岩体呈块状结构,岩体较完整,由岩浆岩体、厚层或中层沉积岩或变质岩构成
	层状结构边坡	边坡岩体呈层状结构,由层状或薄层状沉积岩或变质岩构成
	碎裂结构边坡	边坡岩体呈碎裂状结构,由强风化或强烈构造运动形成的破碎岩体构成
	散体结构边坡	边坡岩体呈散体状结构,由全风化或大断层形成的极破碎岩体构成
岩层走向、倾向与坡面走向、倾向的关系	顺向坡或顺层坡	两者基本一致
	反向坡	两者的走向基本一致,但倾向相反
	斜向坡	两者的走向成较大角度(>45°)相交

2. 边坡的破坏类型

受外界不利因素的影响,自然边坡或者人工开挖(填筑)的边坡,可能发生滑动、倾倒等形式的破坏而失去稳定性。边坡的失稳不但毁坏坡面植被,还会因严重的工程事故而造成巨大的经济损失甚至危及人身安全。因此要在边坡上种植植被,进行绿化,首先必须判断边坡是否稳定。岩质边坡和土质边坡的失稳形式各不相同。其中平面破坏、楔形破坏和曲面破坏是一种深层失稳破坏,一般在坡面以下深处沿滑移面产生剪切滑移破坏,滑移面是平面、楔形面或曲面。这种破坏因滑下的土石方量大,有时可达数万方,因此造成的危害极大,在进行植被护坡时必须避免出现这种深层破坏。倾倒破坏一般发生在陡峭层状岩质边坡,这种岩质边坡一般不做植被护坡。土质边坡的滑移面一般是圆弧面。

另外还有一类边坡的破坏,即浅层破坏,一般发生在坡面的表层或坡面下不足 2 m 的范围内。虽然滑下的土石方量很小,但它严重破坏了坡面的植被,对于这种破坏也应有足够的重视。

1)剥落

剥落发生在容易风化的岩土坡面,例如红层岩坡或膨胀土边坡。这些边坡开挖后如果不及时防护,坡面将发生风化,岩土体风化成散粒状后,将顺坡滑落下来。在这种坡面上种植植被,如果方法不当,风化的坡面会造成植被破坏。

2)落石

落石发生在块状结构、碎裂状结构的岩质边坡或者土石混合的土质边坡中。其原因可能是坡面受雨水冲刷或风化作用,浅层岩石局部松动后,在重力作用下从坡面落下。在这种坡面种植植被,首先应清除或加固危石。

3)崩塌

斜坡上的岩体在重力或其他外力作用下突然向下崩落的现象叫做崩塌。崩塌的发生往往与斜坡陡峻、岩性坚硬、地质构造发育有关的地貌地质条件相联系。崩塌可以发生在开挖的人工边坡上,也可发生在开挖边坡的自然山坡上,较大规模的崩塌一般多常发生在开挖边坡陡峻的自然斜坡上。在这种坡面上种植植被,首先应找出易崩塌处,然后予以加固。

4)堆塌

对于碎裂状结构、散体结构的岩坡、易风化的坡面、黏砂性的土坡等,在地表水顺坡流下时,会带走坡面松散、软弱的土颗粒,在坡面形成条条沟状,出现坡面沟蚀。有的地方被水淘空后,出现局部滑塌。滑塌和沟蚀冲积物将堆积在坡脚,形成堆塌破坏。另外对于节理发育或软质、风化的岩体,由于边坡的开挖过陡,在坡顶或边坡外缘产生拉张裂缝,并逐次向山侧发展而发生堆塌。堆塌体多呈半锥体形,堆塌直至稳定的安息角为止。在这些边坡上即使做了植被防护,如果方法不当,也会发生坡面沟蚀,从而破坏已做好的植被。

5)表层溜坍

坡体表面若分布有软弱岩土体或者一些破碎的硬质岩,在大气风化作用及水的侵蚀作用下就有可能造成这些表层破碎的岩土体沿局部软弱面滑动坍塌,称为表层溜坍。

6)风化剥落

发生在容易风化的岩土坡面,例如泥岩、砂岩、红层岩坡或土质边坡,这些边坡坡面开挖后在雨水、日照等自然营力作用下将发生严重的风化。坡体风化后在坡面形成一定厚度的松散层,在重力和雨水作用下该松散层将顺坡滑落造成风化剥落破坏。在这种坡面上种植植被,必须清除风化层或者将风化层强化使之稳定于坡面。

7)错落

错落是指斜坡的岩体在重力的作用下,沿软弱面整体快速下错的现象。其整个错动带的形状为折线形,后壁坡度较陡,下部坡度较缓,错动面出现在坡脚临空面以上,其错落体的垂直位移量大于水平位移量。在这种坡面上种植植被,应找出错落体并予以加固。

8)坡面浅层滑坡

坡体浅层若分布有较软弱的岩土体或者破碎的硬质岩石,则在自然营力的影响下,易造成这些浅层岩土体在重力作用下沿其下一定的软弱面或带作整体以水平位移为主的向下滑动现象,此即坡面浅层滑坡。滑面埋深不大,滑体厚度较小,一般在2 m以内。浅层滑坡将对坡面植被造成较大范围的破坏。

3. 影响边坡稳定的因素

从前面的分析可知,边坡稳定是坡面绿化的必要条件。深层和浅层破坏都会使边坡失稳,严重影响坡面的植被。另外,深层和浅层破坏有一定的联系,例如边坡开挖后若不做防护,浅层不断发生风化剥落、沟蚀、崩塌等形式的破坏,落下的土石方多了,也会转化为深层破坏,还会给地表水的渗入提供有利条件,从而造成更严重的深层破坏。因此找出影响边坡稳定性的各种因素是很重要的。概括起来,主要影响因素有岩土性质、岩体结构、水的作用、风化作用、地震、地应力、地形地貌及人为因素等。

(1)岩土性质。岩土的成因类型、组成的矿物成分、岩土结构和强度等是决定边坡稳定性的重要因素。由坚硬密实、矿物稳定、抗风化性好、强度较高的岩土构成的边坡,其稳定性一般较好,反之则较差。

(2)岩体结构。岩体的结构类型、结构面形状及与坡面的关系是岩质边坡稳定的控制因素。

(3)水的作用。水的渗入使岩土体质量增大,岩土因被软化而抗剪强度降低,并使孔裂隙水压力升高;地下水的渗流将对岩土体产生动水力,水位的升高将产生浮托力;地表水对岸坡的侵蚀使其失去侧向或底部支撑等,这些都对边坡的稳定不利。

(4)风化作用。风化作用使岩土体的裂隙增多、扩大,透水性增加,抗剪强度降低。

(5)地形地貌。临空面的存在以及坡的高度、坡度等都是直接与边坡稳定有关的因素。平面呈凹形的边坡较呈凸形的边坡稳定。

(6)地震。地震使边坡岩土体的剪应力增大、抗剪强度降低。

(7)地应力。开挖边坡使坡体内岩土的初始应力状态改变,坡脚附近出现剪应力集中带,坡顶和坡面的一些部位可能出现张应力区。在新构造运动强烈的地区,开挖边坡能使岩体中的残余构造应力释放,可直接引起边坡的变形破坏。

(8)人为因素。边坡不合理的设计、开挖或加载,大量施工用水的渗入及爆破等都能造成边坡失稳。

4.公路边坡稳定的工程措施

高速公路建设必然涉及大量的土石方工程,很多地方都需要开挖山体,深挖高填一方面使得原有的植被被砍伐破坏,另一方面使表土彻底损失,大面积的岩石裸露,植被难以恢复。裸露的边坡坡面长期受到降雨、地下水、河水、风吹、日晒及其他自然力的反复作用,表层易遭受损害。土质边坡浸水后湿度增大,土的强度减弱,饱和后的土体强度急剧降低,土质愈软弱,边坡愈陡,受害就愈严重。在干湿、冻融、冲刷和吹蚀等反复强烈作用下,边坡岩土体的物理力学性质常发生变化,导致岩土强度衰减和坡面的风化或剥落等破坏现象发生。在地下水的侵蚀及外部条件作用下,土体岩体中的裂隙开始发育,长期阴雨或暴雨后,造成表层土饱和而失去稳定,继而产生边坡坍滑、倾倒等形式的破坏。

1)公路边坡的破坏部位及主要形式

(1)公路下边坡。

公路下边坡一般为填土路堤。受力稳定的路堤边坡的破坏,主要表现为边坡坡面及坡脚的冲刷。坡面冲刷主要来自大气降水对边坡的直接冲刷和坡面径流的冲刷,使路基边坡沿坡面流水方向形成冲沟,冲沟不断发展导致路基发生破坏。沿河路堤及修筑在河滩上、滞洪区内的路堤,还要受到洪水的威胁而导致边坡破坏。

(2)公路上边坡。

公路上边坡是人工开挖的斜坡,其强度应满足稳定边坡的要求,但在降雨、融雪、冻胀及其他形式的风化作用下,会产生冲刷、崩坍等破坏。

冲刷破坏一般发生在较缓的土质边坡,如砂性土边坡、亚黏土边坡、黄土边坡等,在大气降水的作用下,沿坡面径流方向形成许多小冲沟,如不采取任何防护措施,会逐年扩大。在边坡坡脚,冬季往往发生积雪,造成坡脚湿软,强度降低,上部土体失去支撑而发生破坏。同时,高速行驶的汽车溅起的雨雪水也会冲刷坡脚。总之,土质边坡的坡脚部位是边坡最薄弱的环节。

边坡的崩坍,一般分为落石型、滑坡型、流动型,有时会同时具有这几种形式。

落石型崩坍一般发生在较陡的岩石边坡,易产生落石的岩层必然是在节理、层理或断层影响下裂隙发育,被大小不一的裂面分割成软弱的断块,这些裂面宽而平滑,有方向性。落石和岩石滑动易沿陡的裂面发生。裂隙张开的程度用肉眼不一定能识别,但能渗水,由于反复冻融、长时间的微小移动,裂缝逐渐扩大,加上降雨,裂缝中充满水,产生侧向静水压力作用,造成崩坍。

滑坡型崩坍指岩层在外力作用下剪断,沿层间软岩发生顺层滑动,多发生于倾向于路基、层间有软弱夹层的岩体中。另外,当基岩上伏岩屑层、岩堆等松散的堆积物时,堆积物也易沿岩层的层理面、节理面或断层面发生崩坍。

大雨时的崩坍多属于流动型崩坍,砂、岩屑、页岩风化土等松散沉积土,会受水的影响而产生流动型崩坍,流动型崩坍没有明显的剪切滑动面。

常见的不同岩土类公路边坡的破坏形式如表 2.8 所示。

表 2.8 不同岩土类公路边坡的破坏形式

岩土类型	边坡岩土	破坏形式
坚硬岩石	花岗岩、正长岩、二长岩、辉长岩、辉绿岩、安山岩、玄武岩、凝次岩、石英砂岩、砂岩、砾岩、硅质灰岩、白云岩、石灰岩、片麻岩、磁铁片岩	崩塌、落石、滑坡、堆塌
中等岩石	泥质灰岩、砂岩、砾岩、角页岩、流纹岩、安山岩、玄武岩、凝灰岩、角砾岩	崩塌、落石、滑坡、堆塌
软弱岩石	泥质灰岩、泥质白云岩、页岩、黏土岩、片岩、板岩、泥质砂岩、泥质砾岩	崩塌、落石、堆塌、错落、滑坡、蠕动变形
破碎岩石	断层破碎带,挤压破碎带,层间错动层、节理、劈理、片理发育组数多且密度大的岩石	错落、堆塌、滑坡、溜坍
风化岩石	各种岩石的全风化带和强风化带	面蚀、冲沟、溜坍、滑坡、剥落
大块石	直径大于 25 cm 的大块石、大卵石、山麓堆积物	错落、滑坡
砂砾石	砂土、砾石、砂砾石、碎石	冲沟、面蚀、错落、管涌
黏性土	黏土、亚黏土、亚砂土、黄土、次生黄土、黄土类土、堆填土	冲淘、面蚀、滑坡、错落、流土
坍滑体	滑坡体、崩塌体,地表有沉陷、裂纹或明显位移的边坡	复活
劣质土	淤泥、泥炭、膨胀土、岗土、软黏土	流土、滑坡

2)采用支挡结构稳定边坡

为保持公路边坡稳定而设置的支撑或抵挡土体压力的结构称为支挡结构。边坡的支挡结构类型很多,如以刚性较大的墙体支撑土体并保证其稳定的称为挡土墙;而对于具有一定柔性的结构,如板桩墙、开挖支撑称为柔性挡土墙或支挡结构。工程上采用的支挡结构及其特点和适用范围如下。

(1)重力式。

特点及适用范围:①依靠墙自重承受土压力,保持平衡;②一般用浆砌片石砌筑,缺乏石料地区可用混凝土;③形式简单,取材容易,施工简便;④当地基承载力较低时,可在墙底设钢筋混凝土板,以减薄墙身,减少开挖量;⑤适用于低墙、地质情况较好、有石料的地区。

(2)半重力式。

特点及适用范围:①用混凝土灌注,在墙背设少量钢筋;②墙趾展宽,或基底设凸榫,以减薄墙身,节省圬工;③适用于地基承载力低、缺乏石料的地区。

(3)悬臂式。

特点及适用范围:①采用钢筋混凝土,由立臂、墙趾板、墙踵板组成,断面尺寸小;②墙过高,下部弯巨大,钢筋用量大;③适用于石料缺乏、地基承载力低的地区,墙高 6 m 左右。

(4)扶壁式。

特点及适用范围:①由墙面板、墙趾板、墙踵板、扶壁组成,采用钢筋混凝土;②适用于石料缺乏的地区,挡土墙高大于 6 m,较悬臂式经济。

(5)锚杆式。

特点及适用范围:①由肋柱、挡土板、锚杆组成,靠锚杆的拉力维持挡土墙的平衡;②适用于挡土墙高大于 12 m,为减少开挖量的挖方地区及石料缺乏地区。

(6)锚定板式。

特点及适用范围:①结构特点与锚杆式相似,只是拉杆端部用锚碇板固定于稳定区;②填土压实时,钢挡杆易弯,产生应力;③适用于缺乏石料的地区及大型填方工程。

(7)抗滑桩。

特点及适用范围:①能够承受较大的土体压力或滑坡推力;②桩的横截面较大,刚度大,变形小;③桩间土体可用喷锚等柔性防护,不必采用挡土板;④适用于边坡开挖后土体压力大或有滑坡推力的情况。

(8)锚索抗滑桩。

特点及适用范围:①具有抗滑桩的特点,但比抗滑桩能承受更大的土体压力或滑坡推力;②桩顶加了锚索后可使埋入土体的桩长大大缩短;③适用于边坡开挖后土体压力或滑坡推力很大的情况。

(9)抗滑棚洞。

特点及适用范围:①由内墙、顶梁及外侧支承结构三部分组成;②因顶部为简支结构,其整体性和安全储备次于抗滑明洞;③对地基承载力的要求低于抗滑明洞;④适用于塌方量少和落石不多的地方。

(10)抗滑明洞。

特点及适用范围:①具有整体和封闭性的特点,刚度大,变形小;②拱形结构使上部受力合理;③适用于坡体外侧地形陡峭,无法填土,另一侧边坡或山坡有坍塌、落石或石流等不良地质现象。

(11)加筋挡土墙。

特点及适用范围:①由墙面板、拉条及填土组成,结构简单、施工方便;②对地基承载力要求较低;③适用于大型填方工程。

(12)板桩式。

特点及适用范围:①深埋的桩柱间用挡土板拦挡土体;②桩可用钢筋混凝土桩、钢板桩、低墙等;③桩上端可自由,也可锚定;④适用于土压力大,要求基础深埋,一般挡土墙无法满足时的高墙、地基密实的支挡结构。

3)坡面防护的工程措施

坡面防护的常用措施是用灰浆、三合土抹面,喷浆,喷混凝土,浆砌片石护墙,锚杆喷浆护坡,挂网喷浆护坡等。这类措施主要用以防护开挖边坡坡面的岩石风化剥落、碎落以及少量落石掉块等现象。如常用于风化岩层、破碎岩层及软硬岩相间的互层(砂页岩互层,石灰岩、页岩互层)的路堑边坡的坡面防护,用以保持坡面的稳定。

对于不稳定的公路边坡则先支挡再防护。例如,在坡脚用混凝土锚杆支挡,其上再用浆砌片石防护。这种措施适用于坡脚不稳易塌的边坡。还有在坡面喷混凝土防护,坡体用锚索加固,适用于坡体有软弱夹层、易失稳的边坡。或者用预应力锚索挡住滑坡体,坡面再做抹面、喷浆或浆砌片石防护。

坡面喷混凝土防护分为普通喷射、挂网喷射、钢纤喷射和造膜喷射四种。喷成的护坡强度高,黏结力强,无脱落、开裂、鼓起等情况,喷层虽薄但能和原岩共同作用,防止风化和岩块松动,增进岩体的强度和稳定性,其质量比喷浆、水泥砂浆抹面、四合土捶面更好,造价比浆砌护墙、护坡低,施工又简便快速,但其耐候性和坚固性较浆砌片石差。喷射混凝土适用于风化严重的岩质边坡、深路堑经预裂光面爆破后尚需锚喷加固的多台阶高边坡、成岩作用较好的黏土岩边坡。下面分别加以介绍。

(1)普通喷射混凝土防护施工前清理坡面,喷水冲洗浮土。裂缝中间如需喷射可刮除数厘米深的泥土,使沙浆挤进缝内。对喷层周边及顶部水沟应预先挖槽。在斜坡上作业,当坡度较缓时,可在坡面上修斜坡路并使用安全绳,坡度较陡时要搭脚手架。水泥用 425 号硅酸盐水泥,混凝土配合比为 1∶2∶2,有减水剂时为 1∶2∶3,水灰比为 0.4~0.55,砂率为 45%~60%。为使喷射的混凝土早强快凝,提高黏结力,减少回弹量,避免脱落和不密贴,须加减水剂 0.5%~1%、速凝剂 2%~3% 或其他增加塑性和稠度的外加剂。6~8 m 的喷层每平方米需用 425 号水泥(相当于 C20~C30 混凝土)27~35 kg。

(2)喷混凝土挂网及锚杆防护。对坡度较大且风化严重的岩石边坡,应采用挂网喷射,即在坡面上打锚杆挂钢筋网后,再喷混凝土,兼有加固与防护作用。挂网喷射采用 $\phi 6$ 钢条做成 200 mm 或 250 mm 的方框,再用 $\phi 2$ mm 铁丝捆扎成网,挂在 $\phi 16$ 短锚杆元钉上,按一定的排列方式将框架连在一起,然后喷射混凝土。近年来用土工格栅代替钢筋挂网,施工方便,造价较低,效果亦佳。

(3)喷射钢纤维混凝土防护用直径 0.3~0.4 mm、长 20~50 mm 钢纤维加入混凝土中,掺量为混凝土干质量的 1%~2%,组成一种复合材料,弥补了喷射混凝土脆裂的缺陷,改善其力学性能,使其抗弯强度提高 40%~70%,抗拉强度提高 50%~80%。

钢纤维在喷射面内呈两维分布且相当均匀,据统计,平行于喷射平面的钢纤维根数占总根数的 70%~80%,混凝土的韧性提高 20~50 倍。钢纤维长径比(L/d)越大,黏结力越好,目前限于工艺和设备条件,长度不能超过 30 mm,即长径比为 60~80 较好,在干骨料拌和过程中如有结团的钢纤维,应用四齿耙或钢叉拨开。

5.高速公路边坡防护施工案例

1)工程简介

山西省某高速公路路段的边坡山体构造断裂带处,山坡坡度比较大,山脊比较窄,坡残积层厚度并不大,坡角一般约为 30°。连续 4 个坡面共同组成左侧边坡,长度约 280 m,其中最高点和路面之间的高度差为 50 m,属于高陡边坡。

根据公路勘察报告,该高速公路自通车以来,因有关路政部门没有采取有效的养护管理措施,再加上自然作用、构造作用的影响,一些岩体现已出现比较严重的风化现象,岩性不够坚硬,岩体出现破碎现象,节理裂隙发育强度指标不够高,在山体中出现断层破碎带,其中,强风化粉砂岩约 4.5 m 厚,上部残坡积土层约 3.5 m 厚,在护面墙中,出现一条垂直于公路走向的裂缝,其缝宽最大值约为 4 cm,一直延伸到坡脚。在一级平台中出现一条平行于公路走向的裂缝,延伸到一级护面墙上,其缝宽最大值约 1.6 cm,同时出现错动现象。在坡脚前出现一条裂缝,且出现隆起迹象,其中隆起高度约为 2.2 cm,在靠近边坡一侧,坡脚排水沟出现破坏迹象。当发生强降雨现象时,因为地表地下水比较丰富,常常会出现多种病害现象,如排水沟堵塞、坡面开裂、滑坡、崩塌等,大大降低了驾驶人的行驶安全性,所以一定要加固处治边坡坡面。

2)锚索框架的加固原理与运用

(1)锚索框架的加固原理。

迄今为止,针对高速公路的边坡已存在不少加固方案,包括锚索框架方案、支挡方案等。其中,应用最为广泛的就是锚索框架边坡病害处理技术。预应力锚索框架技术,就是指利用具有一定强度的水泥砂浆,以在有效深度的锚孔底端、周边岩石中形成锚索,然后在锚索作用下,向混凝土框架传递力,然后经过框架,将预应力施加在不稳定坡体上,以使稳定山体、不稳定松散岩体构成一个整体,有效提高岩体之间的摩阻力和正压力,提高抗滑力,保证边坡的稳定性,预防构造裂隙进一步发展,进而对边坡起到加固作用,对坡体起到稳定的作用。另外,应向锚索孔进行高压注浆,使锚孔周围坡体内的裂隙中充满浆液,以有效提高坡体的整体稳定性。

(2)锚索框架对公路边坡进行加固的有关技术要求。

针对该路段边坡,选用锚索框架法加固技术。将坡脚作为护脚墙,在边坡坡面锚索框架选用植草护坡方式,其他部分选用拱肋骨架植草护坡方式。在本边坡施工过程中,采用砌石变截面护面墙、预应力锚索框架组合设计方案,在每一片锚索框架中布设 4 个销孔,其中每片框架间距为 8 m,每片框架宽度为 7 m,框架竖肋截面尺寸为 0.5 m×0.5 m,框架横梁截面尺寸为 0.5 m×0.5 m,在每级框架中均布设 2 排锚索。索孔长 18~26 m,4 个单元锚索构成一个索孔,锚索设计拉力为 700 kN,其中挤压套、承压板、6 根高强低松弛无黏结钢绞线共同构成 1 个单元锚索。选用普通硅酸盐 P·O42.5R 纯水泥浆进行注浆,其中,锚索选用孔底返浆法进行注浆,框架梁选用 C25 混凝土进行浇筑。

(3)锚索框架的施工要求和施工工艺。

将勘查资料作为主要依据,合理设置施工参数以后,应开始施工,不过针对施工工艺、施工技术,应进行相应的试验和模拟,以预防病害的发生。

①破坏性张拉试验。

便于后期施工中锚筋的张拉,这是破坏性张拉试验的主要目的。对锚固结构施加的预应力值进行有效确定,这是锚筋张拉的主要目的。在锚筋张拉过程中,应对测量精度、锁定荷载、张拉设备的选择高度重视。针对以上选择,一定要通过张拉试验来进行有效验证。此外,对于选用的钢绞线,它的标准强度为1860 MPa,具有低松弛、高强度的特点。在进行破坏性张拉试验时,第一,应根据结构设计参数、有关规定中的锚孔深度,对反力承台和锚索进行有效施工;第二,在混凝土和砂浆强度满足设计要求以后,应对试验锚索进行破坏性张拉试验。

②锚孔成孔。

根据设计要求,对锚索进行制作,选用拉线尺进行测量,将水准测量作为参考依据,进行放线,对锚孔位置进行标记,锚孔下倾角度为35°,并同时对测放后的孔位进行有效配合,以对钻机进行安装,然后有效调整机位。在钻锚孔过程中,应将锚固地层、钻机性能作为主要依据,对钻孔速度进行严格控制,同时详细记录有关内容,如地下水情况、钻进状态、钻孔过程中的地质变化等。在锚孔钻结束以后,运用高压空气,彻底清除锚中所有的水和岩土。

③锚索的制作和安装。

第一,运用沥青,防腐处理驳除套管的钢铰线、内锚板,同时将水泥浆注入端帽;第二,为保证锚索位于钻孔中心,应将隔离架设置在锚索杆件上,在安放锚索索体时,应在孔中同时放入锚索和注浆管,孔底和底端相距50~100 mm,钻孔倾角和索体放入角度应相同,将索体放好以后,应保证索体位于钻孔中心,在这个过程中,应预防出现索体扭曲、压弯现象。

④锚孔注浆。

制作、安装锚索以后,应向锚孔注浆。在本防护工程中,选用孔底返浆法,在注浆过程中,尽量不要发生中断现象。如果发生中断现象,则中断时间不得过久,全段应选用一次性注浆。在注浆过程中,应先均匀搅拌浆液,然后选用高压注浆,其中注浆压力应设为3 MPa,当锚孔孔口有浆液溢出来时,应停止注浆。为确保浆液符合设计要求,应做浆体强度试验。选用P·O42.5级普通硅酸水泥配制的水泥浆作为注浆材料,严禁使用pH<4的酸性水,水灰比宜控制在

0.455,浆体强度应大于 42 MPa。

⑤框架梁的制作。

在高速公路边坡防护锚固工程中,框架梁属于一种抑制构件。针对被加固范围中的全部临空面表面,框架梁将其全部覆盖时,便能够有效提高框梁的加固性能。将植被种植在框架梁中,也能够有效提高其加固性能。在制作框架梁时,应进行浇捣作业,在浇捣过程中,一定要使混凝土密实,同时不得移动锚具。在对结构框架进行施工的过程中,应选用分片的施工方法,其中 2~3 根竖肋、底梁、横梁、顶梁共同构成一片结构框架,在相邻框架之间设一个宽约 3 cm 的伸缩缝,同时填塞沥青。

⑥张拉锁定锚筋。

在制作完成框架以后,一定要派专人进行养护,另外在混凝土强度满足设计要求以后,才能张拉锚索。因为选用不同的锚索张拉顺序,会对框架的性能产生不同的影响,所以在张拉锚索时,一定要遵守同时同步张拉原则,不过因受设备的限制,要想做到同时同步张拉,难度非常大。一般来说,常用做法为依次张拉锚筋和循环补张拉。在张拉不同单元的锚索时,因为锚索自由段的长度不同,所以在相同荷载条件下,锚筋常常会出现弹性伸长差现象,在这种情况下,应有效补偿锚筋。

2.3.2 高速公路防冲刷防护

1.路基边坡冲刷的影响因素

1)降雨对路基边坡冲刷的影响

雨水是导致路基边坡冲刷的重要因素之一,主要是因为雨水掉落在边坡上对边坡土颗粒产生冲击力,导致土体颗粒从坡面剥落,变得松散,最终出现搬移。雨水的掉落只是坡面冲刷的初始状态,雨水的积聚成为后续形成汇流、引发土体运动的源头。一旦降雨强度高于路基边坡的渗透能力,边坡开始积水,在坡面形成汇流,边坡上的汇流水对坡面土体颗粒进行剥离与搬移,从而造成边坡的冲刷。

降雨的强度、时间与水量等都属于降雨特征。有关研究表示,不是所有的降雨都属于侵蚀降雨,生成坡面径流的侵蚀边坡的降雨才具有侵蚀性。Gischmeie按照降雨量的大小制定了侵蚀降雨的标准,如果一次持续降雨时间为 15 min,降雨量超过 6.4 mm,就认为是侵蚀降雨。我国的学者也对此进行了大量的研究,江忠善等人以我国黄土地区的降雨资料为依托,得到黄土地区降雨量为10 mm时,就会对此地区的边坡土体产生冲刷侵蚀作用。谢云等以陕西的雨水汇流资料为基础,总结得到黄土高原区的降雨量达到12 mm降雨标准时就会对边坡产生侵蚀作用;此外,道路、村庄等容易被侵蚀的地面,其侵蚀降雨标准明显低于一般边坡的标准,一般降雨标准是10 mm。由于各地区地理条件、土体性质、施工情况与降雨特点的不同,关于侵蚀降雨标准的划分具有一定的差异性,但总体来看,一旦一次降雨量能够达到10 mm,此次降雨就会对路基边坡进行冲刷,当降雨量超过12 mm时,一定会对坡面进行严重的冲刷。

2)边坡形态对路基边坡冲刷的影响

(1)坡度对路基边坡冲刷的影响。

坡度是决定路基边坡土颗粒冲刷量的重要因素,在一定情况下,坡角与路基边坡冲刷量成正比。大量的实地监测数据与模拟降雨表明,当路基边坡的坡度值超出极限时,土体冲刷量的变化与坡度值大小成反比,这表示冲刷量具有峰值,即临界坡度。国内外学者从不同的方面对此进行了研究,如坡度大小对边坡积水量、汇流量、水流速度等的影响,虽然获得的结果不尽相同,但基本在25°~45°范围。

(2)坡长对路基边坡冲刷的影响。

有关学者针对坡长对冲刷量的影响进行了测试,按照测试土壤冲刷的均值得到了冲刷量和坡长的1.6次方成比例,单位面积土体的冲刷量与坡长的0.6次幂成比例,因此坡长是路基边坡冲刷的重要影响因素之一。

(3)坡形对边坡冲刷的影响。

坡形其实是指对不同的坡长与坡度进行的排列组合,因此坡形对路基边坡的冲刷影响实质就是坡长与坡度对路基边坡的共同作用。坡形不同,产生的冲刷形态也存在差别:直线型的边坡上下的坡度相同,坡底位置因为汇流的积聚流速大,所以此处的冲刷最严重;凹形边坡特点是上陡下缓,故在坡中凹区出现水流堆积,此处冲刷严重;凸形边坡坡形的特点是上缓下陡,坡面汇流一旦经过凸区位置,就会以较大的速度冲向坡底,比直线型、凹形边坡的冲刷更严重。因此在边坡防冲刷设计研究中,坡形的选择是关键。

3)土体性质对边坡冲刷的影响

(1)土体的组成分类。

土体是三相体系,即由固相、液相和气相组成。土中固体颗粒矿物成分各异,各自之间的连接虽较微弱,但可能与周围的土发生一系列复杂的物理化学作用。故在外力作用下,土体既表现出一般固体的特性,也表现出一般液体的特性。主要影响因素有矿物成分、颗粒级配、水和气含量、结构构造等。土是建筑路基的基本材料,不同的土体类别具有不同的性质,所以会对路基的强度和稳定性产生直接的影响。不同的土体含有不同粒径的土颗粒。砂砾成分多的土,强度构成主要靠内摩擦力,强度大,不易受水影响。较细的砂,在渗流条件下,易流动成为流砂。黏质颗粒成分多的土,强度主要靠黏聚力形成,其强度随着密实度的变化而产生较大的变化,且与湿度的变化成反比关系。粉质类土的毛细现象突出,路基的承载力随着毛细水和湿度的增大而减小。土体分类和细分如图2.5所示。

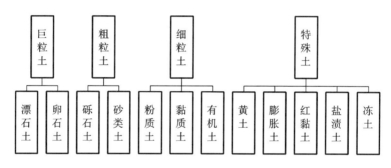

图 2.5 土分类总体系图

(2)土的渗透性。

土的渗透性指水在土孔隙中渗透流动的性能,土中的水受水位差和应力的影响而流动,砂性土的渗流基本上符合达西定律,黏性土因为结合水的黏滞阻力,只有水力梯度增大到起始水力梯度克服了结合水的黏滞阻力后,土中的水才可以渗透流动。土的渗透性一般按土的渗透系数分类,如表2.9所示。

表 2.9 土的渗透性分类

透 水 性	渗透系数 $K/(\text{cm/s})$
高渗透性	$>10^{-1}$
中渗透性	$10^{-3} \sim 10^{-1}$
低渗透性	$10^{-5} \sim 10^{-3}$
极低渗透性	$10^{-7} \sim 10^{-5}$
实际不透水	$<10^{-7}$

达西定律又叫线性渗流定律,是法国工程师达西由饱和砂的渗流试验得到的,指的是在饱和土中水的渗流速度与水力梯度之间的关系:

$$v = K \frac{\mathrm{d}H}{\mathrm{d}L} \tag{2.1}$$

式中：v 为截面渗流的速度，cm/s；K 为渗透系数，cm/s；H 为渗流场水头，cm；L 为水流路径长度，cm。

根据达西定律使用渗透系数表示渗透性，渗透系数 K 的计算公式如下：

$$K = \frac{QL}{\Delta h S t} \tag{2.2}$$

式中：Q 为时间 t 内水流过土体的量，cm^3/s；L 为水流过的长度，cm；S 为土体的截面积，cm^2；Δh 为水头差，cm。

影响土体的渗透性的主要因素为土体颗粒大小、形状、级配、密度、土体中密闭气体和矿物质成分等。对于实际边坡工程来说，土体渗透性的情况更加复杂。降雨一定时，随着土体的渗透系数的增大，边坡土体的渗透率增大，坡面汇水量减少，从而减小了雨水对边坡的冲刷。然而，随着时间的增加，水流的渗透量也增大，土体中的含水量接近饱和，边坡土体的强度与稳定性降低，水流的渗透量骤减到零，此时边坡上汇流量大增，对边坡进行大力冲刷。

2. 路基边坡冲刷稳定性破坏的评价

路基稳定性的破坏类型主要包含路基沉陷和边坡滑塌两种。

1）路基沉陷

路基在竖直方向上发生比较大的沉陷就是路基沉陷，如图 2.6(a)所示；路基沉陷存在路基自身主体的压缩与沉降，以及因为路基下面自然土体承载力不够，在路基自身重力影响下产生下沉或者向两侧挤压导致的沉陷这两种情况。路基填料质量差、施工方法不当、压实度较低等是造成路基沉陷的因素，图 2.6(b)表示的是由荷载与水共同作用导致的路基沉陷；地基沉陷指原始的自然地面存在软土或不紧实的散土，在承载力非常小的路基建设前没有被处理，在路基自身主体重力作用下下陷或向路基两侧挤压，导致路基下陷，如图 2.6(c)所示。

2）边坡滑塌

边坡滑塌是路基边坡破坏中最多的一种病害，按照路基边坡的土质类别、毁坏因素与毁坏程度的差别，将边坡滑塌划分成溜方与滑坡两种情形。路基边坡的坡度太大会导致坡底被掏空而出现坍塌，路基边坡出现滑坡的主要原因是填土层排列不合理。边坡溜方就是坡面表层土从上向下溜滑，原因是水流的冲刷以及施工操作有误，如图 2.7(a)所示；路基边坡土体稳定性较低，边坡上部分土体在重力作用沿着滑动面移动的过程就是滑坡，如图 2.7(b)所示。

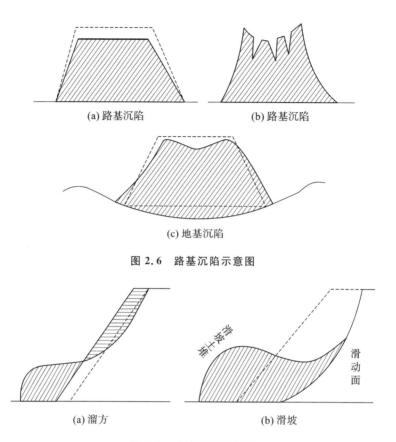

图 2.6 路基沉陷示意图

图 2.7 边坡滑塌示意图

路基边坡冲刷破坏的稳定性评价是一个复杂的评价过程,主要表现为:影响路基边坡稳定性的因素较多,各因素相互影响、共同作用;评价指标的定义标准形式多样;缺乏足够的评价信息资料。因此,路基边坡冲刷稳定性的破坏研究具有不确定性。

3. 路基边坡冲刷灾害治理防护方法应用分析

边坡冲刷灾害治理防护应根据边坡岩土自身的物理化学性质、边坡特性(坡长、坡度等)、荷载大小、降雨量、预计冲刷量大小以及对工程的危害程度等提出相应的治理防护措施。路基边坡治理措施按作用和目的可分为支挡加固、排水和坡面防护。

1)支挡加固

支挡是边坡治理的基本措施,对于不稳定的边坡岩土体,使用支挡结构对其进行支挡是一种较为可靠的处治手段。它的优势在于可以从根本上解决边坡的稳定性问题,达到根治的目的。加固是指对于边坡岩土体较软弱,边坡坡体破碎,节理裂隙较发育,坡体存在潜在的破裂面时,采用一定的固定材料共同持力,以提高边坡岩土体承载力。支挡加固的主要手段有挡土墙、护面墙、抗滑桩、树根桩、砂浆锚杆加固、预应力锚索加固、注浆加固等。

2)排水

排水措施有坡顶截水沟、坡面排水沟、地下盲沟、坡内排水孔等。在边坡外缘设置截水沟,能拦截坡体外水流,以防止边坡以外的水流入坡体,对边坡进行冲刷,影响边坡稳定性。在坡体内设置排水沟等排水设施能使降雨尽快排出坡体,避免对边坡稳定产生不利影响。

3)坡面防护

坡面防护手段有植物防护、圬工防护等。植物防护是在坡面上铺草皮、栽种树木等,依靠植物根系,起到固土、防止水土流失作用的一种防护措施。其应以"四季常绿,三季有花,节约成本"为原则,以控制水土流失、美化环境为目标。这种防护措施一般适用于边坡不高、坡脚不大、土质较好,且适宜植物生长的稳定边坡。植物防护最大的优点是保护和美化了环境,存在的问题是抗冲刷能力较低,对一些土质不良地段可能较难达到防止冲刷的目的。坡面圬工防护的措施有用三合土、灰浆等抹面,喷混凝土,喷浆,挂网喷浆护坡,锚杆喷浆护坡,浆砌片石护墙等。该措施能有效避免开挖边坡坡面的岩石风化剥落及落石掉块等现象。这类防护抗冲刷能力强,但造价高、美观性较差,且对环境有污染,所以一般较少使用。某些土质不良地段在必须采用此种方法时,同样要注意整体的美观(造型)及与周围环境的协调。

4. 高速公路边坡防冲刷施工实例

1)工程概况

某高速公路工程沿线范围内的地形地貌十分复杂,其中,A标段处在山间谷地区,含有软土地基,气候类型为亚热带海洋气候,平均降水较多,植被丰富,沿线降雨集中于春季和夏季,平均降水量在1799 mm。路基施工过程中,尤其是在雨季进行施工时,会产生边坡冲刷的现象。因此,为保证施工安全,应遵循准备齐全和预防万一的原则,制定行之有效的防冲刷措施。现结合该工程实际情况,对其边坡防冲刷措施及应用作如下深入分析。

2)填方路基边坡冲刷过程

填方路基边坡受到降雨溅蚀或径流冲刷作用,会使土颗粒分离,然后演变成泥沙的转移与沉积。其中,对于降雨溅蚀,最先发生的是击溅,雨滴降落到地面时,其速度在 7~9 m/s 范围内,此时会对地面造成很大冲击,导致土体由于侵蚀而飞溅;边坡受到水的冲刷是一个复杂的相互作用过程,在通常情况下,可将其分成分散、搬运与沉积。整个作用过程为:降雨时,如果降雨的强度已经超出入渗强度,则边坡表面将出现产流;在出现产流之后,先在边坡的表面产生薄层漫流,漫流时,因边坡的表面有起伏的现象,且抵抗侵蚀的能力有所不同,导致径流会在流动时产生汇集,最终使水深不断变大,且流速限制增加。由此产生的侵蚀分为切沟、面状、细沟和浅沟几种。边坡表面发生侵蚀时,径流与降雨都提供了一定的侵蚀动力,侵蚀搬运过程中,土壤是重要的物质基础,而边坡表面则是侵蚀的发生场所。径流与降雨都发生在边坡上,直接作用于土壤,待中间过程完成后,产生水土流失,导致边坡受到严重破坏。

3)填方路基边坡防冲刷应急准备措施

(1)切实做好日常与动态的监管,及时发现隐患并加以有效整改;增加相关方面的资金投入,使隐患一经发现就能得到有效整改。

(2)建立完善的安全值班等制度,保证突发事件信息得以及时传递,尽快安排救援。以实际情况与可以预见的状况为依据,结合作业场所及其周围环境,准备好险情发生后需要使用的所有设备和工具,同时做好定时检查和相应的标识,使物资及设备等的完好率达到100%。

(3)向所有施工人员分发雨具,如雨伞、雨衣和雨鞋,确保发生紧急情况后可以立即使用;准备好石笼与砂袋,不用时放在沿线两侧;准备好照明设备、木料和铁丝等基本材料;准备好挖掘机、水泵及装载机等设备,当发生紧急情况时,立即将其开往现场。

4)填方路基边坡防冲刷措施

(1)在土石方施工过程中,使排水始终保持在最佳状态,对路基进行填筑施工前,应先对边坡和边沟进行清理,设置完善可靠的排水系统,同时和天然沟渠相连,使路基边坡范围内的排水保持畅通。根据实际情况采用合适的排水措施,有效控制整个范围内的地表水,避免路基受到较大的冲刷。除此之外,在汇水面积相对较大的部位,应在桥涵等基础设施完成施工后再进行路基的施工,以避免引发泥石流等事故。

路基的排水系统施工可采用以下方法进行。

①按照设计规定的截面尺寸进行施工,不可擅自更改截面尺寸、位置和长度。

②在砌体和混凝土中使用的材料以及土工材料,其质量、类型和品种都必须满足设计和规范的要求,进场时进行严格的质量检验,经质量检验确认合格后,才能在施工中使用。

③新设置的排水系统应能保证排水始终保持顺畅,重视不同排水设施之间的连接,避免排水系统有突变和堵塞等实际问题。另外要将永久和临时的排水设施进行充分结合,同时与现有系统良好适应,排水不能对路基和周围的建筑及其地基造成损害。

④沟基应保持稳固,不可在没有处理好的弃土表面设置排水沟。

⑤沟形应保持整齐,且沟底与沟坡都保持平顺,沟中不能有杂物和浮土。

⑥水沟的正常排水不可对路基造成影响和危害。

(2)高填路基一般不允许在雨季施工,如果必须在雨季施工,则需要保证不同工序紧密配合,在每层填土的表面都设置2%横坡,以此促进排水,并且在收工之前需要对松土进行碾压处理,避免积水。

(3)路基边坡应喷播一层草籽,形成临时的护坡植被,以充分发挥护坡作用。现在常采用以下两种方法:第一种为直接喷播,具有作业简单和造价较低的优势,但草籽的撒布不均匀,而且还会受到雨水的冲刷,成活率相对较低,导致边坡表面产生水土流失现象,引起边坡灾害;第二种为平铺草皮,其施工比直接喷播更为简单,而且由于草皮是一个整体,还能有效避免水土流失的现象,但这种措施不能在风化程度比较严重的边坡上使用,否则会严重影响防护的效果,使草皮失去作用。

(4)对路基边上由于受到风浪作用而产生的浪窝进行夯实处理时,应同时按照坡比进行修整。

(5)在条件允许的情况下,也可以采用土工织物进行防护:

①以填土高度为依据,确定土工布的长度,使用长度至少为2.0 m的木杆,将土工布的下端缠到木杆上后进行缝合;

②利用挖掘机对坡脚处进行开挖和清淤;

③在缠有土工布的木杆上捆绑重物,然后将其放到沟底;

④利用挖掘机的长臂把缠有土工布的木杆放到沟底部的泥土当中,放好后填土将其压牢;

⑤土工布的上端在路基顶部边缘进行弯折,对路基的顶面进行覆盖,宽度应

达到 1.0 m,同时在和土工布边缘相距 10 cm 的位置使用长度不小于 30 cm 的木桩加以固定,再覆盖一层厚度不小于 30 cm、宽度不小于 1.5 m 的素土;

⑥土工布的接缝部位应保持 50 cm 左右的叠合宽度,然后使用尼龙绳将其缝合紧密。

(6)现场的所有机电设施都应做好防雨防水,同时安装漏电保护器,使其在复杂的条件下仍能安全稳定运行。

(7)加强和气象台之间的联系,获取准确的气象资料,以免在雨季进行路基施工。在雨季到来之前,准备好所有需要使用的材料,并对现场地形地势条件进行勘查,确定排水泄洪的能力,制定有效的防汛措施。向现场施工人员发放雨具,在中小雨天气下也应坚持做好检查工作。

(8)在必要时可换填砂夹石材料,对施工和运输条件予以改善,保持车辆行驶畅通。

第3章 桥梁施工

3.1 高速公路桥梁分类

3.1.1 按结构体系分类

按结构体系分类,高速公路桥梁包括梁式桥、拱式桥、刚架桥、斜拉桥及悬索桥5种。

1. 梁式桥

梁式桥是桥梁大家族中的"老大哥",它起源于远古石器时代,我们的祖先受树干倾倒后横卧溪流可以渡人的启示,修建了最早的木梁桥。其后随着铁器的出现,同时也受天然石梁的启示,人们开始开采石料,加工成梁,跨度由几米增加至十几米。梁式桥由于其结构平直简单,施工简便,自古以来应用十分广泛。

近代高强钢材和水泥的出现,使钢梁桥、钢筋混凝土梁桥和预应力混凝土梁桥得到迅速发展,跨度由几十米扩大到几百米。结构型式也由简支梁发展到悬臂梁和连续梁;由实腹板梁发展到桁梁和箱梁;推陈出新,形成了一个庞大的分支体系。在现代桥梁中,梁式桥以其造价低廉,适应性强,得到广泛应用。许多特大桥梁的引桥也大都采用梁式桥。此外,梁桥的梁身还可以做成斜桥、坡桥和弯桥,以适应桥位中轴线布置上的特殊需要。

梁式桥的主要类型及其适用情况如下所述。

1)按承重结构的截面型式划分

(1)板桥:承重结构为钢筋混凝土板或预应力混凝土板。其特点是结构简单,施工方便,但跨越能力小。一般适用于10 m以下的小跨径桥梁。

(2)肋板式梁桥(T梁桥):承重结构为T梁——梁肋(腹板)与顶板(顶部钢筋混凝土桥面板)相结合。由于受拉区混凝土得到很大程度的挖空,减轻了自重,所以其跨越能力增强。目前,中等跨径(13~15 m)的梁桥通常多采用肋板式梁桥。

(3)箱形梁桥:承重结构为箱梁。其受力特点是提供了能承受正、负弯矩的足够的混凝土受压区,同时抗弯、抗扭能力特别强。适用于较大跨径的悬臂梁桥或连续梁桥(正负弯矩)和预应力混凝土简支梁桥(全截面参与受力),不适用于普通钢筋混凝土简支梁桥。

2)按承重结构的静力体系划分

(1)简支梁桥:以孔为单元,相邻桥孔各自单独受力,属静定结构,适用于中小跨度。它的优点是结构简单,架设方便,可减低造价,缩短工期,同时最易设计成各种标准跨径的装配式构件。但相邻两跨之间存在异向转角,路面有折角,影响行车平顺。

例如,浙江瑞安飞云江大桥是当时国内跨度最大的预应力混凝土简支梁桥(62 m),37 跨。河南开封黄河公路大桥是简支 T 梁桥,全长 4475.09 m,共 108 孔,其中有 77 孔 50 m 跨径的预应力混凝土简支 T 梁,31 孔 20 m 跨径的钢筋混凝土简支 T 梁。

(2)悬臂梁桥:主梁长度超过跨径的悬臂结构。仅一端悬出者称为单悬臂梁,两端均悬出者称为双悬臂梁。由于悬臂梁桥减小了跨中正弯矩,可节省材料,增大跨径。悬臂梁桥属于静定结构,墩台的不均匀沉降不会在梁内产生附加内力。

例如,南宁邕江大桥位于广西南宁,于 1964 年建成,是我国最早采用箱梁薄壁杆件理论(箱梁)设计的悬臂式钢筋混凝土薄壁箱梁桥。该桥两端是单悬臂梁,长度为 45 m,中间 5 孔是双悬臂梁,其间设挂梁。这种桥型由于桥梁接缝较多,悬臂端须设伸缩缝,易破坏,已很少采用。

(3)连续桥:以若干孔梁为一联,在中间支点上连续通过,是超静定结构。由于全梁弯矩分布比较均匀,梁的挠度也小,可节约材料,增大跨径。同时由于连续梁在支点处是连续的,路面无折角,有利于现代高速行车。

例如,厦门海峡大桥位于厦门岛北端,是一座跨越高崎集美海峡的公路桥,全长 2070 m。它是一座预应力混凝土连续梁桥,每跨 45 m,共五联(有 8 孔、12 孔、10 孔一联),横截面是两个独立的单室箱。云南六库怒江桥是目前国内跨径最大的预应力混凝土连续梁桥,采用了变截面箱形梁,分跨为 85 m+154 m+85 m,箱梁为单箱单室截面。

3)钢箱梁桥

我国的钢箱梁桥建设受制于工业水平和制造工艺,起步较晚,建设成长速度慢,直到 1981 年后才开始修建钢箱梁桥,截面形式为箱形结构的钢箱梁桥主要修建于公路桥中。建成通车于1984年的马房北江大桥是中国第一座自主设计施工的公铁两用桥,属于简支钢箱梁桥,跨径设置为14×64 m,行车道宽度为9 m,截面形式为双箱双室箱梁。修建于1986年的旧大北窑立交桥主桥是一座钢箱连续梁桥,其截面采用钢栓焊结构。

踏入21世纪以来,国内连续钢箱梁桥的建设取得长足的进步,该类桥型在公路桥梁建设中越来越多地被采用,同时在城市桥梁中得到更广泛的应用,尤其在立交桥和跨线桥中应用广泛。例如九圩港大桥是一座南通市政桥,主梁截面采用单箱多室,主梁最大高度为4.5 m,最小截面高度为2.5 m,桥跨布置为50 m+80 m+50 m,全桥总跨径为180 m。尚志大街至海城街跨线桥地处哈尔滨市,是一座桥跨布置为51 m+51 m+55 m+50 m的连续钢箱梁桥。修建于2008年的杭州塘河桥,是一座单箱多室连续钢箱梁桥,跨径布置为57.5 m+85 m+56.6 m。崇启大桥是我国首座特大跨径连续钢箱梁桥,桥梁截面采用变截面钢箱梁,桥跨布置为102 m+4×185 m+102 m,其单跨跨径是中国同类型桥梁中最大的。蕲春站旅客人行天桥是一座截面形式采用单箱双室箱梁的钢箱梁桥,桥梁总跨径为56.68 m,主跨长33 m,宽4.5 m,桥梁高度1.25 m。贵州遵义2017年修建的礼仪大桥,桥长440 m,桥梁跨径布置为70 m+125 m+125 m+70 m,桥梁截面采用四跨变截面连续钢箱梁。

4)预应力混凝土梁桥

为改善普通钢筋混凝土的受力性能,预应力技术应运而生,从而出现了预应力混凝土结构。预应力混凝土就是人为地在混凝土或钢筋混凝土中施加压力,使其在工作前就处于受压状态,且施加压力所产生的弯矩能将使用荷载产生的弯矩进行全部或部分消除,目的是使混凝土结构在使用荷载下不开裂或延迟开裂,从而提高结构的刚度。

从1886年至1928年,预应力技术走过了尝试、发明、试运用的道路。1928年法国人开始采用高强钢丝施加预应力,意味着预应力技术进入一个新的发展阶段。1936年,德国修建了无黏结钢筋的预应力混凝土桥,主跨69 m,但未达到理想效果。1939年,发明了有效的张拉方法和可靠的端头锚具后,预应力技术得到广泛应用。20世纪50年代以前,预应力混凝土连续梁桥这种结构体系经常被采用,但跨度均在百米以下,当时所采用的满堂支架施工法对其产生了很大的制约。50年代后,施工方法得以改进,创造了分段悬臂施工法,得到了人们的普遍认同,由此该种方法进入发展快车道。60年代初期,逐孔施工法及顶推法的应用,使得连续梁桥在同类桥型中更胜一筹。我国在1950年前后开始对预应力混凝土进行试验和研究,在1956年修建了第一座跨径为20 m的预应力混凝土简支梁桥,随后,预应力桥梁得到了广泛推广,并且发布了装配式预应力混凝土简支梁桥的系列标准设计,最大跨径达到了40 m。目前我国已建成的预应力混凝土简支梁桥跨径可达62 m。20世纪70年代,着手将预应力混凝土连续梁桥应用于城市桥梁。近几十年以来,伴随着新机械设备和新材料的研发,以及计算机技术的快速提升,我国预应力混凝土连续梁桥得到了长足的发展,桥梁有限元分析软件的大力开发和应用大大提高了计算的精度和速度,施工技术的提高使得成桥后的线形平顺、有效预应力得以保证且受力合理。

2. 拱式桥

拱式桥,在桥梁的发展史上曾经占有重要地位,迄今为止,已有三千多年的历史,并因其形态美、造价低、承载潜力大而得到广泛的应用。拱式桥由拱上建筑、拱圈和墩台组成。在竖直荷载作用下,作为承重结构的拱肋主要承受压力,拱桥的支座既要承受竖向力,又要承受水平力,因此拱式桥对基础与地基的要求比梁式桥要高。

拱式桥主要的结构形式有双曲拱桥、桁架拱桥以及一些组合体系的拱桥。随着计算力学的发展和对材料性能认识的不断深入,其他形式的桥梁也在不断地发展。按其结构体系划分,拱式桥可分为简单体系拱桥和组合体系拱桥。

1)简单体系拱桥

在简单体系拱桥中,拱桥的传力结构不与主拱形成整体共同承受荷载,桥上的全部荷载由主拱单独承受,它们是桥跨结构的主要承重构件。拱的水平推力直接由墩台或基础承受。

(1)主拱构造。石板拱宽跨比不应小于1/20,石料规格一般采用料石、块石、片石等各种类型。根据受力特点,主拱的构造应满足下列要求:拱石受压面应选择较大的平整面,并使拱石的大头向上,小头向下,受压面的砌缝应与拱轴线垂直;当拱厚较大时,宜采用2~4层砌筑,并应纵横错缝,错缝间距不小于100 mm;砂浆砌缝宽度不应大于30 mm;拱圈与墩台及宽腹式拱墩连接处,应采用特制的五角石,以改善连接处的受力状况。

(2)拱上建筑构造。拱上建筑按其采用的构造方式,可分为实腹式和空腹式两种。实腹式拱上建筑由拱腔填料、侧墙、护拱和桥面系等部分组成,一般适用于小跨径拱桥。空腹式拱上建筑最大的特点在于具有腹孔和腹孔墩。腹孔有拱式腹孔、梁(板)式孔两种形式。腹孔跨径不宜过大,一般不大于主拱跨径的1/15

~1/8，同时腹孔的构造应统一。

(3)细部构造。为了防止不规则裂缝的出现,需在相对变形较大的位置设置伸缩缝,相对变形较小的位置设置变形缝。桥面系均应在相应位置设置伸缩缝或变形缝,以适应主拱的变形。

实腹式拱桥的伸缩缝通常设在两拱脚的上方,并需在横桥方向贯通全宽及侧墙的全高。目前多将伸缩缝做成直线形,以使构造简单,施工方便。对于空腹式拱桥,当采用拱式腹孔时,一般将紧靠墩台的第一个腹拱做成三铰拱,并在靠墩台侧拱铰上方的侧墙内设置伸缩缝,其余拱铰上方可设变形缝。

2)组合体系拱桥

组合体系拱桥一般由拱和梁、桁架或刚架等两种以上的基本结构体系组合而成,拱桥的传力结构与主拱按不同的构造方式形成整体结构,以共同承受荷载。根据构造方式及受力特点,组合体系拱桥可分为桁架拱桥、刚架拱桥、桁式组合拱桥和拱式组合体系四大类。

(1)桁架拱桥又称拱形桁架桥,由拱和桁架两种结构体系组合而成。

(2)刚架拱桥是一种有推力的拱桥。其主结构由拱肋构成主拱,拱上建筑取斜腿刚构的形式,并联结成整体,故名刚架拱桥。刚架拱桥的外形与桁架拱桥相似,但构造比桁架拱桥简单,整个桥跨没有竖杆,只有少量的斜杆(跨径小于30 m时,可不设斜杆)。刚架拱桥的上部结构由刚架拱片、横向联结系和桥面系等部分组成。桁架拱桥和刚架拱桥均属于整体型上承式拱桥。

(3)桁式组合拱桥是由两端的悬臂桁架梁和中段的桁架拱组成的拱梁组合体系,也是一种有推力的结构。主孔桁架一般采用斜杆式,可分为三角形式、斜压杆式和斜拉杆式三种,其中斜拉杆式是大跨径预应力混凝土桁式组合拱桥常用的形式。

桁式组合拱桥主跨由两端的悬臂桁架、中段的桁架拱片、横向联结系和桥面系等部分组成,主孔下弦杆的曲线一般采用二次抛物线形,矢跨比一般在1/9~1/6。当边孔采用桁式拱时,应根据主跨与边跨水平推力接近的原则来确定矢跨比。桁式组合拱上下弦杆一般采用闭合的箱形截面,较为刚劲,所以拱片间距不宜过小,对于双车道桥梁,一般采用两片桁式拱片。

(4)拱式组合体系桥是将拱肋和系杆组合起来,共同承受荷载,可充分发挥各构件的材料强度。拱式组合体系桥可做成有推力和无推力两种形式,也可以做成上承式、中承式或下承式三种形式。一般无推力中、下承式的拱式组合体系桥使用较多。无推力的拱式组合体系桥常称为系杆拱桥,一般由拱肋、吊杆(或立柱)、系杆、横向联结系和桥面系等组成,根据拱肋和系杆(梁)相对刚度的大小,可划分为柔性系杆刚性拱、刚性系杆柔性拱和刚性系杆刚性拱三种体系。目前出现的大跨径系杆拱桥大多采用钢筋混凝土或钢管混凝土结构,除单跨外,更多的是三跨飞燕式。

3. 刚架桥

桥跨结构(主梁或板)和墩台(立柱或竖墙)整体相连的桥梁称为刚架桥,和柱的连接处具有很大的刚性。

刚架桥可以是单跨结构,也可以是多跨结构。单跨刚架桥的支腿可设计成直柱式,称为门式刚架桥,或做成斜柱式,则称为斜腿刚架桥。多跨刚架桥的主梁可以做成非连续式,即在主梁跨中设置剪力铰或悬挂简支梁,从而形成带铰的T形刚构或带挂孔的T形刚构;多跨刚架桥也可以将主梁做成连续结构,形成连续刚构。对于主梁连续式的多跨刚架桥,当桥梁全长太大时,宜设置伸缩缝,或者做成数座分离式的连续刚架桥。因此刚架桥的主要类型有门式刚架桥、斜腿刚架桥、V形墩刚架桥、带铰的T形刚构桥、带挂孔的T形刚构桥、连续刚构桥、分离式连续刚架桥等。

1)门式刚架桥

单跨门式刚架桥的支柱宜做成直柱式结构。由于单跨门式刚架桥一般要产生较大的水平推力,为了抵消水平反力,可以用拉杆连接两根支柱的底部;或做成封闭式刚架;还可做成两支柱端部带悬臂的结构。上述构造措施不仅可减小水平推力,改善基础的受力状态,而且也有利于和路基的连接,但缺点是增加了主梁的长度。

2)斜腿刚架桥

斜腿刚架桥的压力线与拱桥相近,故其所受的弯矩比门式刚架桥小,主梁跨径缩小,但支承反力却有所增大,而且斜腿的长度也相应增大。因此,当桥下净空要求为梯形时,采用斜腿刚架桥为首选方案,它可用较小的主梁跨径来跨越深谷或与其他线路立交。

钢筋混凝土或预应力混凝土斜腿刚架桥,具有较大的跨越能力和较高的承载能力,特别是跨中梁段能提供轴向力,因此主梁的截面相对较小,不仅节省工程材料,降低工程造价,而且在施工方法上,除了可采用传统的缆索吊装法、悬臂施工法,还可采用设备较简单的转体施工法。转体施工法尤其适用于城市跨线立交桥、深山峡谷、水深流急或经常通航的河道等桥下建桥条件困难的桥位施工,所以国内外不少跨线桥和跨其他障碍物的桥均采用斜腿刚架桥。它的造型轻巧美观,施工也比拱桥方便,具有较强的竞争力。

3) V形墩刚架桥

在V形墩刚架桥中,为了减小支柱肩部的负弯矩峰值,可将支柱做成V形墩形式;为了方便采用悬臂施工,并且减小跨中的正弯矩和挠度值,还可做成两端带拉杆的结构形式,施工时可在端部临时压重。

4) 带铰的T形刚构桥

带铰的T形刚构桥均为超静定结构,两个大悬臂在端部依靠剪力铰连接。注意事项如下:两端布置简支梁的多跨带铰的T形刚构桥,如果将悬臂端直接支承在桥台支座中,虽然可减小活载作用产生的挠度,但当活载通过支座时将产生拍击作用,设计时必须予以注意;全桥由对称T构组成,为了改善悬臂端与路堤的衔接状况,通常采用轻型搭板使荷载逐渐过渡;为了增大中跨的跨度,还可在边跨端部专门设置平衡重的结构形式。如果要设计成桥下各孔跨径相等,也可从桥台上伸出固端梁来连接,但对桥台受力不利。

5) 带挂孔的T形刚构桥

带挂孔的T形刚构桥以偶数的T构单元与奇数的挂孔配合布置最为简单合理,此时刚构两侧的恒载对称布置,墩柱不存在不平衡的恒载弯矩。对于多跨T形刚构桥,一般采用相同尺寸的T构及挂梁,以便简化设计和施工。但也可以采用不同长度的T构悬臂和相同尺寸的挂孔相配合,以形成中孔跨度最大并向两侧逐渐减小的桥形布置方案,此时每个T形两侧的恒载是不对称的,墩柱也存在不平衡的恒载弯矩。此外,还可以从桥台上伸出固端悬臂梁以构成等跨布置,在这种情况下,单悬臂梁在恒载和活载作用下全靠桥台的重力锚固来保持结构稳定,这样将会增大桥台的体积,而且构造也比较复杂。

6) 连续刚构桥

典型的连续刚构桥与T形刚构桥一样,一般对称布置并采用悬臂施工方法修建。随着墩高的增加,桥墩对上部结构的嵌固作用越来越小,逐步转化为柔性墩。

7) 分离式连续刚架桥

对于主梁连续时的多跨刚架桥,当桥梁全长太大时,宜设置伸缩缝或者做成数座相互分离的主梁连续式刚架桥。

4. 斜拉桥

斜拉桥的上部结构由梁、塔、索三种结构组成,它的桥面体系以加劲梁受压(密索)或者受弯(稀索)为主,支承体系以斜索受拉及桥塔受压弯为主。作为一种拉索支承体系,斜拉桥比梁式桥拥有更大的跨越能力,是大跨度桥梁的主要桥型之一。其具体可按照桥塔数目、索面布置、主梁材料及结构体系来划分。

1)按桥塔数目划分

按桥塔数目可分为独塔双跨体系、双塔三跨体系和多塔体系。

2)按索面布置划分

按索面横向布置可分为单索面体系、双索面体系和空间倾斜索面体系。

斜拉索在立面的布置方式有辐射形、竖琴形和扇形这三种基本形式。

3)按主梁材料划分

按主梁使用材料可分为钢主梁、预应力混凝土主梁、叠合梁、钢与混凝土混合梁等体系。

钢主梁斜拉桥主要优点有:①自重仅为预应力混凝土主梁自重的1/4;②跨越能力大,跨径可超过1000 m;③构件可工厂化制造拼装,质量有保证,且施工快捷。造价高、后期养护工作量大和抗风稳定性较差为其主要缺点。

预应力混凝土主梁斜拉桥的主要优点有:①造价低,其梁体造价仅为钢主梁的30%~50%,虽因混凝土自重大而导致钢索、基础费用增加,在200~500 m的跨径范围,预应力混凝土主梁斜拉桥竞争力较强;②刚性好,在汽车活载作用下,其挠度仅为钢主梁的60%左右,故用于活载较重的铁路桥较合适;③抗风稳定性好,混凝土结构具有约两倍于钢结构的振动衰减系数;④后期养护费用低、简易,结构耐久性与抗潮湿性良好。

叠合梁是在钢梁顶面设置抗剪栓钉,通过现浇混凝土使预制混凝土桥面板与钢梁形成整体,共同受力。

钢与混凝土混合梁斜拉桥主跨为钢梁,两侧边跨为混凝土梁。这种斜拉桥由于加大了边跨主梁的自重,主跨内力和变形相对减小,能减小或避免边跨端支点出现负反力,减小全梁钢梁长度,节约造价。

4)按结构体系划分

(1)漂浮体系:塔墩固结,塔梁分离,主梁除梁端有支承设置外,其余全部用拉索吊起,是在纵向稍作漂移的具有多点弹性支承的单跨梁。

由于斜拉索不能给梁以有效的横向支承,为抵抗风力等横向水平力,应在塔柱和主梁间布设板式或盆式橡胶支座以施加横向约束。

(2)支承体系:塔墩固结,塔梁分离,主梁在塔墩上设置支点,成为具有多点弹性支承的三跨连续梁,又称半漂浮体系。支承体系的主梁一般均设置活动支座,在横桥向须在桥台和塔墩处设置侧向水平约束。

当全桥满载时,塔柱处有较大负弯矩尖峰。支承体系的温变和混凝土收缩徐变次内力较大,若在支点设置可调节高度的弹簧支座并在成桥时调整支座反力,可消除大部分收缩徐变等不利影响。

支承体系悬臂施工中不需要额外设置临时支点,施工较方便。

(3)塔梁固结体系:塔梁固结并支承于墩上,为斜拉索提供多点弹性支承的连续梁。

(4)刚构体系:梁、塔、墩相互固结,形成在桥跨内具有多点弹性支承的刚构。缺点是主梁固结处负弯矩大,为消除很大的温度内力,刚构体系一般做成带挂梁的形式,这将导致行车不平顺和削弱结构抗风、抗地震能力。

总之,主梁结构体系的选用应根据地形地质条件、支座吨位、施工方法、行车平顺性和抗风、抗震要求等因素综合考虑。漂浮体系由于受力较均匀,有足够刚度,抗风、抗震性能较好,主梁可用等截面以简化施工,在施工中采用得较多。塔梁固结体系的塔、墩内力最小,温变内力也小,仅主梁边跨负弯矩较大,也是可以考虑采用的结构体系。

5.悬索桥

悬索桥指的是以通过索塔悬挂并锚固于两岸(或桥两端)的缆索(或钢链)作为上部结构主要承重构件的桥梁。缆索由数千条钢丝绞成,一端支承在桥塔上,另一端则锚定在岸上坚固的岩层中。悬索桥的跨度可以很大,像美国旧金山的金门桥,跨度有 1280 m。

1)按主缆的锚固形式划分

(1)地锚式:主缆的拉力由桥梁端部的重力式锚碇或隧道式锚碇传递给地基。

(2)自锚式:主缆的拉力直接传递给它的加劲梁。主缆拉力的水平分力以轴向压力的方式传到加劲梁中,因此跨度不宜过大。这种桥必须先架设加劲梁,然后安装主缆,实践中施工难度大,极少采用。

2)按孔跨布置形式划分

(1)三跨悬索桥:结构形式最为合理,也最为常见,是大跨度悬索桥最为常用的桥型。

(2)单跨悬索桥:由地形条件或线路平面条件来决定,适用于边跨地面较高,两个桥塔已位于岸边,主缆边跨陆地无须主缆悬吊,采用桥墩来支承边跨的梁体结构,或者曲线偏移无法利用边跨主缆悬吊时采用。

(3)两跨悬索桥:当只有一岸的边跨地面较高或线路有平面曲线进入时,可以采用两跨悬索桥的形式,即一个边跨与主跨的加劲梁是悬吊的,另一边跨的梁体由桥墩支承。

(4)多跨悬索桥:通常将四跨以上(包括四跨)的悬索桥称为多跨悬索桥或多塔(三塔以上,包括三塔)悬索桥。

3.1.2 按跨径分类

根据《公路工程技术标准》(JTG B01—2014),可将高速公路桥梁划分为特大桥、大桥、中桥、小桥,具体如表3.1所示。

表3.1 桥涵分类

名　　称	多孔跨径总长 L/m	单孔跨径 L_k/m
特大桥	$L>1000$	$L_k>150$
大桥	$100 \leqslant L \leqslant 1000$	$40 \leqslant L_k \leqslant 150$
中桥	$30 < L < 100$	$20 \leqslant L_k < 40$
小桥	$8 \leqslant L \leqslant 30$	$5 \leqslant L_k < 20$
涵洞	—	$L_k < 5$

注:①单孔跨径系指标准跨径;②梁式桥、板式桥的多孔跨径总长为多孔标准跨径的总长,拱式桥为两端桥台内起拱线间的距离,其他形式桥梁为桥面系车道长度;③管涵及箱涵不论管径或跨径大小、孔数多少,均称为涵洞;④标准跨径:梁式桥、板式桥以两桥墩中线间距或桥墩中线与台背前缘间距为准;拱式桥和涵洞以净跨径为准。

3.1.3 按桥面布置分类

按桥面布置可将高速公路桥梁划分为上承式桥、下承式桥和中承式桥。

(1)上承式桥。桥面系设置在桥跨主要承重结构(桁架、拱肋、主梁等)上面的桥梁,称为上承式桥。根据容许建筑高度的大小和实际需要,桥面可以布置在桥跨结构的不同位置。其优点是桥面系构造简单、施工方便,桥跨主要承重结构的宽度可以做得小一些(也可以密排),因而节省墩台圬工;另外,桥上视野开阔。缺点是桥面到梁底的建筑高度较大。

(2)下承式桥。下承式桥即桥面系设置在桥跨主要承重结构(桁架、拱肋、主梁)下面的桥梁,例如下承式钢管混凝土系杆拱桥。

(3)中承式桥。桥面系设置在桥跨主要承重结构(桁架、拱肋、主梁等)中部的桥梁,称为中承式桥。中承式桥多用于大跨径的肋拱桥,一般在桥梁建筑高度受到严格控制时考虑。

3.1.4 按结构材料分类

按主要承重结构所用的材料来划分,高速公路桥梁可分为木桥、钢桥、圬工桥(包括砖、石、混凝土桥)、钢筋混凝土桥和预应力钢筋混凝土桥。

(1)木桥:用木料建造的桥梁。木桥的优点是可就地取材,构造简单,制造方便,小跨度多做成梁式桥,大跨度可做成桁架桥或拱桥。其缺点是容易腐朽、养护费用大、消耗木材且易引起火灾。多用于临时性桥梁或林区桥梁。

(2)钢桥:桥跨结构用钢材建造的桥梁。钢材强度高,性能优越,表观密度与容许应力的比值小,故钢桥跨越能力较大。钢桥的构件制造最适合工业化,运输和安装均较为方便,架设工期较短,破坏后易修复和更换,但钢材易锈蚀,养护困难。

(3)圬工桥:用砖、石或素混凝土建造的桥。这种桥常做成以抗压为主的拱式结构,有砖拱桥、石拱桥和素混凝土拱桥等。石料抗压强度高,且可就地取材,广泛用于公路和铁路桥梁中。

(4)钢筋混凝土桥:又称普通钢筋混凝土,桥跨结构采用钢筋混凝土建造的桥梁。这种桥梁,砂石骨料可以就地取材,维修简便,行车噪声小,使用寿命长,并可采用工业化和机械化施工。与钢桥相比,钢筋混凝土桥的钢材用量与养护费用均较少,但自重大,对于特大跨度的桥梁,在跨越能力与施工难易度和速度方面,远不及钢桥优越。

(5)预应力钢筋混凝土桥:桥跨结构采用预应力钢筋混凝土建造的桥梁。这种桥梁,利用钢筋或钢丝(索)预张力的反力,可使混凝土在受载前预先受压,在运营阶段不出现拉应力(称全预应力混凝土),或有拉应力而未出现裂缝或控制裂缝在容许宽度内(称部分预应力混凝土)。其优点是能合理利用高强度混凝土和高强度的钢材,从而可节约钢材,减轻结构自重,增大桥梁的跨越能力;改善了结构受拉区的工作状态,提高结构的抗裂性,从而可提高结构的刚度和耐久性;

在使用荷载阶段,具有较高的承载能力和疲劳强度,可采用悬臂浇筑法或悬臂拼装法施工,不影响桥下通航或交通,便于装配式混凝土结构的推广。它的不足之处是施工工艺较复杂、质量要求较高和需要专门的设备。

3.1.5 按跨越障碍分类

按跨越障碍来划分,高速公路桥梁可分为跨河桥、跨谷桥、跨线桥和高架线路桥等。

(1)跨河桥。跨河桥的长度和高度,应满足泄洪和通航的要求,在主河槽部分的桥梁称为正桥,跨度较大;其余部分称为引桥,其跨度一般由经济条件确定,宜优先选用标准设计(见桥梁标准设计)。

(2)跨谷桥。跨谷桥的长度和高度由地形条件决定。

(3)跨线桥。跨线桥为线路(公路、铁路等)立体交叉时,一条线路跨越另一条线路的桥梁,也称立交桥。在地下穿过既有线路的桥梁称为地道桥。

(4)高架线路桥。高架线路桥是修建于地面或道路上空,供车辆行驶的旱桥,是一种用桥梁结构代替路堤的高架线路,可以避免线路平面交叉,提高交通运输能力。

3.2 桥梁基础施工

当建筑场地浅层地基土质不能满足建筑物对地基承载力和变形的要求,也不宜采用地基处理等措施时,往往需要以地基深层坚实土层或者岩层作为地基持力层,采用深基础方案。深基础主要有桩基础、沉井和地下连续墙等几种类型,其中桩基础的历史最为悠久,应用最为广泛。

3.2.1 桩基础概述

1. 桩的定义及发展简介

桩是深入土层的柱型构件,它和连接于桩顶的承台共同组成深基础,简称桩基础。

19世纪中期开始,钢材、水泥、混凝土、钢筋混凝土相继问世,随后被成功地运用到桩基制作中。此后,木桩和钢桩、混凝土桩并存了几十年,木桩因其性能不能满足时代需要而逐渐被钢桩、混凝土桩取代,到20世纪70年代基本停止使用。20世纪初,特别是第二次世界大战以后,桩基的技术和理论都有了较大发展。首先在美国出现了各种类型的型钢,特别是H型钢桩被大量使用,20世纪30年代开始各种直径的无缝钢管被当作桩材广泛应用于基础工程当中。随着钢筋混凝土预制构件的问世,产生了预制混凝土桩,1949年美国雷蒙德公司最早用离心机生产出预应力混凝土管桩,我国在20世纪50年代开始使用。

以混凝土或钢筋混凝土为材料的另一种类型的桩是就地灌注混凝土桩。20世纪20—30年代已出现沉管灌注混凝土桩。上海在20世纪30年代修建的一些高层建筑的基础,就曾采用沉管灌注混凝土桩。到20世纪50年代,随着大型钻孔机械的发展,出现了钻孔灌注混凝土桩或钢筋混凝土桩。20世纪50—60年代,我国的铁路和公路桥梁均大量采用了钻孔灌注混凝土桩和挖孔灌注桩。

1959年,在河南发明了利用打井锥成孔的钻孔灌注桩,之后随着成孔机械的不断改进,出现了人工挖孔桩、螺旋钻孔灌注桩、旋挖桩、压浆桩、挤扩灌注桩、爆破桩和正、反循环钻孔灌注桩等,桩的直径从几十厘米发展到3~4 m,桩的应用范围也不断扩大,出现了形形色色、种类繁多的桩型。由木桩发展为预制混凝土桩、高强度混凝土桩和钢桩,从最初的打入桩到就地施工的灌注桩以及各种异型桩,长度由十几米发展到百余米,充分展示了我国桩基技术的高速发展历程。

2. 桩和桩基础分类

桩的种类繁多,按不同分类标准及不同目的,可划分成不同的类别。现对工程实践中常见的桩和桩基础的分类简述如下。

1)根据桩基承台底面位置不同分类

桩基承台底面位置的高低将直接影响桩基的受力性能和施工的难易程度。根据承台的底面位置可分为高桩承台基础和低桩承台基础(简称高桩承台和低桩承台)。

(1)高桩承台的承台底面位于地面(或局部冲刷线)以上,部分桩身沉入土中,可避免或减少水下作业,施工较为方便,在桥梁工程中应用较广。

(2)低桩承台的承台底面位于地面(或局部冲刷线)以下,基桩全部沉入土中,其受力性能好,能承受较大的水平外力,多用于高层建筑及桥台基础。

2)按成桩方法对土层的影响分类

不同成桩方法对周围土层的扰动程度不同,将影响桩承载能力的发挥和计算参数的选用。一般可分为挤土桩、部分挤土桩和非挤土桩三类。

(1)挤土桩。挤土桩也称排土桩,在成桩过程中,桩周土被压密或挤开,因而使周围土层受到严重扰动,土的原始结构遭到破坏,土的工程性质有很大的改变。

(2)部分挤土桩。部分挤土桩也称微排土桩,在成桩过程中,桩周土仅受到轻微扰动,土的原状结构和工程性质变化不明显。

(3)非挤土桩。非挤土桩也称非排土桩,在成桩过程中,将与桩体积相同的土挖出,因而桩周围的土较少受到扰动,但有应力松弛现象。

3)按功能分类

根据桩的使用功能可分为轴向抗压桩、轴向抗拔桩、横向受荷桩(主要承受水平荷载)和复合受荷桩(同时承受轴向、横向荷载)。

4)按桩土相互作用特点分类

根据桩的竖向荷载传递机理可分为摩擦桩和端承桩。

(1)摩擦桩。竖向荷载下,基桩的承载能力以桩侧摩阻力为主的桩,称为摩擦桩。其外部荷载主要通过桩侧摩阻力传递给周围土层,桩端部分承受的荷载很小。

(2)端承桩。竖向荷载下,基桩的承载能力以桩端阻力为主的桩,称为端承桩。其桩尖通过软弱土层嵌入基岩,外部荷载通过桩身直接传给基岩,桩的承载力主要由桩的端阻力提供,一般不考虑桩侧摩阻力的作用。

5)按桩材分类

根据桩的材料可分为木桩、混凝土桩(含钢筋混凝土桩和预应力钢筋混凝土桩)、钢桩和复合桩。

复合桩是指一根桩用两种或多种材料组成。随着复合桩的发展,出现桩与周围土体共同作用的复合地基。它通过桩、基础以及两者之间垫层的共同作用来承担上部荷载。复合地基有砂(砂石)桩复合地基、碎石桩复合地基、水泥搅拌桩复合地基、CFG 桩复合地基等。

3. 桩基础的特点、适用范围

桩基础是最常用的一种深基础。当地基浅层土质不良,采用浅基础无法满足结构物对地基强度、变形及稳定性方面的要求,且又不适宜采取地基处理措施时,往往需考虑桩基础。承受竖向荷载的桩通过桩侧摩阻力和桩端阻力将上部荷载传递到深部土(岩)层,而承受横向荷载的桩则由桩身材料和桩侧土(岩)的弹性抗力来抵抗。根据工程的特点,桩可以发挥各种不同的作用。桩的作用主要如下。

（1）桩的侧面和土的接触，将荷载传递给桩周土体，或者将荷载传给深层的岩层、砂层或坚硬的黏土层，从而获得较大的承载能力以支承重型建筑物。

（2）对液化的地基，为了在地震时仍保持建筑物的安全，采用基桩穿过液化土层，将荷载传给稳定的不液化土层。

（3）桩基具有很大的竖向刚度，因而采用桩基础的建筑物，其沉降较小且比较均匀，可以满足对沉降要求特别高的上部结构的安全需要和使用要求。

（4）桩具有很大的侧向刚度和抗拔能力，能抵抗台风和地震引起的巨大水平力、上拔力和倾覆力矩，保证高耸结构物和高层建筑的安全。

（5）改变地基基础的动力特性，提高地基基础的自振频率，减小振幅，保证机械设备的正常运转。

桩基础具有承载力高、稳定性好、沉降量小而均匀、抗震性能好等优点，而且桩基础能以不同的桩型和施工方法适应不同的水文地质条件、荷载性质和上部结构特征，因此具有良好的适用性。随着近代科学技术的发展，桩的种类和桩基型式、施工工艺和设备以及桩基理论和设计方法都有了很大的改进。桩基更成为土质不良地区修建各种建筑物，特别是高层建筑、重型厂房和具有特殊要求的构筑物所广泛采用的基础型式。此外，从国内外的工程实践来看，采用桩基础便于实现基础工程的机械化和工业化施工，所以桩基础是一种具有广泛应用前景的深基础。

在港口、桥梁、高耸塔型建筑、近海钻采平台、支挡建筑及核电站等大型结构物中，桩基础也得到了广泛的应用，其几乎可应用于各种地质条件和类型的工程，尤其适用于建造在软弱地基上的重型建筑物。此外，在地震区、湿陷性黄土地区、膨胀土地区及岩溶地区，桩基础也是一种极为重要的基础型式。

当地基上部软弱而在桩端可达的深度埋藏有坚实地层时，最宜采用桩基。如果软弱土层很厚，桩端达不到良好地层，则应考虑桩基的沉降等问题。此外，桩基设计必须注意满足地基承载力和变形这两项基本要求。在工程实践中，设计或施工方面的原因会导致桩基不合要求，甚至酿成重大事故。因此，做好场地勘察、慎重选择方案、精心设计施工，也是桩基工程必须遵循的准则。

3.2.2　桩基施工技术及发展

1. 桩基施工技术简介

桩基施工技术的发展与桩材的发展是紧密联系在一起的。从成桩工艺的发展过程来看,最早使用的桩基施工方法是打入法。打入的工艺从手锤到自由落锤,然后发展到蒸汽驱动、柴油驱动和以压缩空气为动力的各种打桩机。此外还发展了电动的振动打桩机和静力压桩机。随着就地灌注桩,特别是钻孔灌注桩的出现,钻孔机械也不断改进,如适用于地下水位以上的长、短螺旋钻孔机,适用于不同土层的各种正、反循环钻孔机和旋转套管机等。为提高灌注桩的承载力,出现了扩大桩端直径的各种扩孔机,以及孔底或周边压浆的新工艺。目前,桩基的施工方法超过300种,其变化、完善及更新可以说是日新月异。

目前,桩基施工技术发展呈多样化趋势,针对不同的桩材、不同的地层条件、不同的设计目的,桩基施工工艺、设备各不相同,各有优劣,应根据实际情况进行选择。国内最为成熟且应用最广的桩基施工工艺,主要有预制桩和灌注桩两大类。

1)预制桩施工

钢筋混凝土预制桩是土木工程中传统的主要桩型。预制桩是在工厂或工地将各种材料做成一定形式的桩,而后用机具设备将桩打入、振动下沉、静力压入土中。它适用于一般土地基,但较难沉入坚实地层。沉桩有明显的挤压土体的作用,应考虑沉桩时对邻近结构的影响,在运输、吊装和沉桩过程中应注意避免损坏桩身。

(1)预制桩的特点。

①桩的承载力比较大。一般而言,道路桥梁施工中应用的预制桩属于挤土桩。在把预制桩打入土层后,周围的土层则在预制桩挤压的作用下更加紧密,大大提高了地基的承载力。反之,预制桩打入操作不当会容易导致土层松动,出现地面隆起现象。

②成本比较高。为保证预制桩的施工效果,相关人员会根据应力设计配筋。通常情况之下,配筋往往会大于实际负载要求,在工程中所应用的钢材也是比较多的。如果工程中需要接桩,施工成本会更高。

③桩身质量容易得到控制。桩身混凝土的密度影响着桩的抗腐蚀效果。预制桩的桩身混凝土的密度就比较大,实际应用效果好。由于预制桩的施工工序简单、可操作性较强,施工进度可以得到效保证。不过,如果施工人员采用锤击或者振动的方式进行预制桩的施工工作,就会产生巨大的噪声,不利于附近居民休息。所以,要应用静压桩机推进施工,避免干扰周围居民。

④需要合理地控制单节桩的长度。一般情况下,单节桩的长度要控制在10 m左右。若长度不够,就要接桩,但是接桩部位的承载能力并不高。适用于水下施

工的预制桩很难穿越比较厚的坚硬底层。

(2)预制桩的分类。

按不同的沉桩方式,预制桩可分为打入桩、振动下沉桩、静力压桩、射水沉桩。

①打入桩是通过锤击将预制桩沉入地基。这种施工方法适用于桩径较小,地基土质为可塑状黏土、砂土、粉土、细砂以及松散的不含大卵石或漂石的碎卵石类土的情况。打入桩伴有较大的振动和噪声,在城市建筑密集地区施工,须考虑对环境的影响。

②振动下沉桩是将大功率的振动打桩机安装在桩顶,利用振动力以减少土对桩的阻力,使桩沉入土中。它对于桩径较大,且土的抗剪强度受振动时有较大降低的砂土等地基效果更为明显,适用于锤击沉桩效果较差的密实的黏性土、砾石、风化岩。

③静力压桩是借助桩架自重及桩架上的压重,通过液压或滑轮组提供的压力将预制桩压入土中。它适用于较均质的可塑状黏土地基,对于砂土及其他较坚硬土层,由于压桩阻力大而不宜采用。静力压桩在施工过程中无振动、无噪声,并能避免锤击时桩顶及桩身的损伤,但长桩分节压入时受桩架高度的限制,接头变多,会影响压桩的效率。

④射水沉桩。在密实的砂土、碎石土、砂砾的土层中用锤击法、振动沉桩法有困难时,可采用射水作为辅助手段进行沉桩施工。射水施工方法的选择应视土质情况而异,在砂类土、砾石土和卵石土层中,一般以射水为主,锤击或振动为辅;在亚黏土或黏土中,为避免降低承载力,一般以锤击或振动为主,射水为辅,并应适当控制射水时间和水量。在湿陷性黄土层中,除设计有特殊规定外,不宜采用射水沉桩;在重要建筑物附近不宜采用射水沉桩。

2)灌注桩施工

目前灌注桩在我国已形成多种成桩工艺、多类桩型,使用范围已扩及土木工程的各个领域。

灌注桩是在施工现场的桩位上先成孔,然后在孔内灌注混凝土而制成的。灌注桩施工过程无大的噪声和振动(沉管灌注桩除外),并可根据土层分布情况任意变化桩长,根据同一建筑物的荷载分布与土层情况采用不同桩径。对于承受侧向荷载的桩,还可设计成有利于提供横向承载力的异形桩或变截面桩,即在受弯矩较大的上部采用较大的截面。灌注桩可穿过各种软、硬夹层,将桩端置于坚实土层或嵌入基层,还可扩大桩底以充分发挥桩身强度和持力层的承载力。

桩身钢筋则可根据荷载大小与性质、荷载沿深度的传递特征以及土层的变化情况来配置，无须像预制桩那样配置起吊、运输、打击应力筋。此外，灌注桩配筋率远低于预制桩，其造价为预制桩的40%～70%。但在成孔成桩过程中应采取相应的措施和方法保证孔壁的稳定和提高桩体的质量。

(1)灌注桩的特点。

①灌注桩的单桩承载力比较大。应用大直径钻孔或者挖孔灌注桩就可以提高单桩承载力。在桩身直径比较大的情况下，能够很好地清理桩孔底部的杂物，强化单桩承载力。

②钢材消耗少，成本比较低。灌注桩在仅承受轴向压力时所应用到的钢筋并不多。如果在施工中需要钢筋笼，就可以根据工程实际需求，自主地布置钢筋笼。

③桩身的质量不好控制。钢材消耗少、成本比较低是灌注桩的施工优点。不过，其也存在施工缺点，主要表现在桩身的质量不好控制，容易出现断桩、露筋等问题。

④能够适用于任何土层，没有桩长限制。总体而言，灌注桩适用于任何土层。灌注桩需要根据施工需求确定桩身长度。也就是说，灌注桩的桩长没有固定限制。当前，既有直径2 m的钻孔灌注桩，也有直径达到88 m的灌注桩。

⑤不适用于水下施工。灌注桩都不适用于水下施工。不过，也有通过钢围堰的方式进行水下施工的，以此降低水下环境对施工质量的影响。

(2)灌注桩的分类。

根据不同的钻具设备和施工方法，灌注桩分为钻孔灌注桩、挖孔灌注桩和沉管灌注桩。

①钻孔灌注桩指用钻孔机具在土中钻进，边破碎土体边出土渣而成孔，然后在孔内放入钢筋骨架，灌注混凝土而形成的桩。钻孔灌注桩的施工设备简单，操作方便，适用于各种黏性土、砂性土，也适用于碎石、卵石类土和岩层。对于易坍孔土质及可能发生流砂或有承压水的地基则施工难度较大。钻孔灌注桩的应用日益广泛，但由于泥浆的排放对周围环境有一定的影响，在城市中应用有时会受到一定的限制。

②挖孔灌注桩是依靠人工在地基中挖出桩孔，然后与钻孔桩一样灌注混凝土而成的桩。它不受设备限制，施工简单；适用桩径一般大于1.4 m，多用于无水或渗水量小的地层；对可能发生流砂或含较厚的软黏土层的地基施工较困难

(需要加强孔壁支撑);在地形狭窄、山坡陡峻处可用以代替钻孔桩或较深的刚性扩大基础。因挖孔灌注桩能直接检验孔壁和孔底土质,所以能保证桩的质量。还可采用开挖办法扩大桩底以增大桩底的支承力。

③沉管灌注桩指采用锤击或振动的方法把带有钢筋混凝土的桩尖或带有活瓣式桩尖的钢套沉入土层中成孔,然后在套管内放置钢筋笼,边灌注混凝土边拔套管而形成的灌注桩;也可将钢套管打入土中挤土成孔后向套管中灌注混凝土并拔 6 m 成桩。它适用于黏性土、砂类土等。沉管灌注桩直径较小,常用的尺寸在 0.6 m 以下,桩长常在 20 m 以内。施工中可以避免钻孔、挖孔灌注桩产生的流砂、坍孔的危害和由泥浆护壁所带来的排渣等弊病。但在软黏土中,沉管对周围的桩有挤压影响且挤压产生的孔隙水压力会使混凝土桩出现颈缩现象。

(3)预制桩和灌注桩的选择。

可以选择预制桩的情况如下。

①存在大面积的打桩工程。由于预制桩的施工工艺可操作性强、施工效率高,施工单位在需要大面积打桩时就可以应用预制桩,这样施工进度也会大幅度提高,有利于节约人工费用。

②工期较短、较急的工程。主要原因如下:预制桩是提前在工厂预制好的,可以直接在施工中应用,而灌注桩需要现场埋管、灌浆等,工期相对长。所以,对于工期要求较短的道路桥梁工程,施工单位有必要选择预制桩进行施工。

③土层比较松软的地方。在施工地点土层比较松软的情况下,可以较为容易地把预制桩打入土层中,这时就不需要借助其他施工措施了。

可以选择灌注桩的情况如下。

①在单桩承载力比较大的建筑工程中可以使用水下钻孔灌注桩。水下钻孔灌注桩适用的土层类型比较多,但是其不能够应用在砾石层、碎石土以及自重湿陷性黄土中。若是工程对单桩承载力具有较高要求,就可以使用水下钻孔灌注桩。南京长江大桥工程就应用了水下钻孔灌注桩。

②地下水比较少、对安全要求较高的时候。在施工地点的地下水比较少、工程对施工的安全系数要求高时,施工单位有必要把人工水下钻孔灌注桩应用在工程中。如果施工地点为砂土、碎石土等土层,就不要选择灌注桩了。

两者的对比如表 3.2 所示。

表 3.2　桩基主要的施工方法对比

种　类	施工方法	优　缺　点
预制桩	由工厂或施工现场提前做好的桩身通过用锤击、静压等方式用沉桩设备将桩打入土中	预制桩在施工中很难穿透较厚的硬夹层,只能进入强风化岩、砂、砾等坚实持力层不大的深度;沉桩的方法通常采用锤击,会产生振动、噪声污染;在实际的施工过程中,预制桩的施工质量相对稳定,但是在沉桩过程中容易产生挤土效应;由于承受运输、起吊、打击应力,需要消耗更多的钢筋,造价相对较高
灌注桩	在设计要求的桩位上,利用机械或者人工直接进行开孔,在孔内安装并放置钢筋笼,最后灌注混凝土而形成的桩	灌注桩在施工中可穿透各种软、硬夹层,可以通过扩大桩底的方法最大限度地发挥桩身强度以及承载力性能。在施工过程中不会产生噪声污染,此外,灌注桩无须像预制桩那样配置起吊、运输、打击应力筋,消耗的钢筋量远少于预制桩,其造价比预制桩低 30%～60%

2. 桩基施工技术发展趋势

随着人们对桩基要求的不断变化、技术的不断完善,桩基施工技术目前具有如下发展趋势。

1）桩的尺寸向长、大方向发展

随着高层、超高层建筑及大型桥梁工程的发展,桩径越来越大,桩长越来越长。如欧美及日本的钢管桩已长达 100 m,桩径超过 2500 mm;上海金茂大厦钢管桩桩端进入地面以下 80 m 的砂层,桩径为 914.4 mm;南京长江二桥主塔墩基础反循环钻成孔灌注桩直径为 3 m,深度为 150 m。

2）桩的尺寸向短、小方向发展

老城区改造、基础托换、建筑物纠偏、增层以及补桩等使得小桩及锚杆静压桩技术日益应用广泛。如法国索勒唐舍(SOLETANCHE)公司开发的微型桩或 IM 桩,桩径为 70～250 mm(国内多用 250 mm),长径比大于 30(国内桩长多用 8～12 m,长径比通常为 50 左右),采用钻孔(国内用螺旋钻成孔)、强配筋(配筋率大于 1%)和压力注浆(注浆压力为 1～2.5 MPa)工艺施工。

3)克服桩成孔困难

如日本由64家桩基础公司组成的岩层削孔技术协会,研究开发出20余种大直径岩层削孔工法,其中长螺旋钻成孔法3种、回转钻进成孔法5种、冲击钻进成孔法7种以及全套管回转掘削法9种。国内也成功开发出岩层钻进成孔法及大三石层(大卵砾石层、大抛石层和大孤石层)钻进成孔法。

4)向低公害法成桩方向发展

柴油锤冲击式钢筋混凝土预制桩噪声大、振动大、产生油污飞溅公害,在城区及公共建筑群等场地受到限制,故静压式钢筋混凝土预制桩施工技术得到广泛应用。

液压打桩锤具有桩锤短、噪声低、无油烟、节省燃料、每一个工作循环中沉桩力持续时间长、打击力大、每一次冲击产生的桩贯入度较大等特点,从而取代了筒式柴油锤。泥浆护壁法钻、冲孔灌注桩易造成施工现场不文明及泥浆排除困难,故逐步被钻孔灌注桩取代。贝诺特灌注桩环保效果好(噪声小、振动小、无泥浆污染与排放)、施工现场文明,在国内外均得到广泛应用。

5)向扩孔桩方向发展

普通直径钻孔扩底灌注桩($d=0.3\sim0.4$ m,$D=0.8\sim1.2$ m)的静载试验表明,与相同桩身直径的直孔桩相比,前者的极限荷载提高1.7~7.0倍,其单位桩体积的极限荷载为后者的1.4~3.0倍。大直径钻(挖)孔扩底桩具有承载力高、出土量少、承台面积小等显著优点,在国内外广泛应用。

扩孔的成型工艺除钻扩外,还有爆扩、冲扩、夯扩、振扩、锤扩、压扩、注扩、挤扩和挖扩等种类。

6)向异型桩方向发展

目前,国内外大力发展异型桩。其包括横向截面异化桩和纵向截面异化桩。横向截面从圆截面和方形异化后的桩型有三角形桩、六角形桩、八角形桩、外方内圆空心桩、外方内圆异形空心桩、十字形桩、X形桩、T形桩及壁板等。纵向截面从棱柱桩和圆柱桩异化后的桩型有楔形桩(圆锥形桩和角锥形桩)、梯形桩、菱形桩、根形桩、扩底柱、多节桩(多节灌注桩和多节预制桩)、桩身扩大桩、波纹柱形桩、波纹锥形桩、带张开叶片的桩、螺旋桩、DX桩以及凹凸桩等。

7)向埋入式桩方向发展

为了消除公害和挤土效应,日本在近二十多年来开发出埋入式桩工法,共有60余种。埋入式桩工法是先将预制桩沉入钻成的孔中,再采用某些手段增强桩承载力。如北京地区采用的植桩法,即先用长螺旋钻成孔,穿过硬夹层或可液化层,然后将预制桩放入孔内,锤击沉桩使桩端进入持力层。

8)向组合式工艺桩方向发展

因承载力、环保等要求或工程地质与水文地质的限制等,单一工艺的桩型难以满足工程需要,从而采用组合式工艺桩。如直孔和扩孔组合的钻孔扩底灌注桩;成孔成桩与成桩后注浆的桩端压力注浆桩;预钻孔打入式预制桩有钻孔、注浆、插桩及轻打(或压入)等工艺。

9)向高强度桩方向发展

随着对预制桩的要求越来越高,诸如高承载力、承受较高的打击应力等要求,普通钢筋混凝土桩(RC 桩,C25~C40)已不能满足要求,故预应力钢筋混凝土桩(PC 桩,C40~C80)和预应力高强度混凝土桩(PHC 桩,C80 以上)使用得越来越多。PHC 管桩在欧美、日本、俄罗斯、东南亚诸地区以及我国广东、上海、浙江、江苏、北京等地区均得到广泛应用。

10)向多种桩身材料方向发展

灌注桩桩身材料种类多样化,如普通混凝土、超流态混凝土、无砂混凝土及微膨胀混凝土等。打入式桩亦有组合材料桩,如钢管外壳加混凝土内壁的合成桩等。

3.2.3 高速公路桥梁桩基础施工技术

钻孔灌注桩在高速公路桥梁中的使用越来越广泛。因此,本节以钻孔灌注桩施工为例,阐述高速公路桥梁桩基础施工技术要点。

1.钻孔灌注桩成孔机械的选择

(1)施工机械的种类及施工特点。

目前回旋钻机、冲击钻机、旋挖钻机是钻孔灌注桩施工常用的三种施工机械。在实际的施工过程中,要根据施工现场的水文地质条件以及施工条件来确定合适的施工机械,以使机械使用效率最大化。三种钻机的施工特点如表3.3所示。

表3.3 三种钻机的施工特点

成 孔 机 具	适 用 范 围	优 缺 点
回旋钻机	碎石土、砂土、黏性土、粉土、强风化岩	适用范围广,但施工中需要大量的泥浆护壁,清孔困难,在遇到岩石地质时,施工效率大大降低

续表

成孔机具	适用范围	优缺点
冲击钻机	适用于各类土层及风化岩	成孔直、沉渣少,适用于各种岩层施工
旋挖钻机	软土、流泥、流砂和卵砾石等复杂的地质条件	成孔质量好、速度快、环保无噪声、行走移位方便、桩孔对位方便准确等

(2)钻孔灌注桩施工成孔机械方法的比选研究。

在实际的钻孔施工过程中,施工场地的水文地质条件存在着很大的不同,应针对不同的水文、地质条件选择适合的成孔机械。三种施工常见的成孔机械的性能对比如表3.4所示。

表3.4 三种施工常见的成孔机械的性能对比

对比对象	成孔性能对比结果
旋挖成孔法与冲击钻成孔法	冲击钻成孔法的钻头用钢丝绳进行牵引,同时施工中钻头自由落体产生的强大冲击力,很容易出现钻头掉落以及桩孔倾斜等现象,采用旋挖成孔法进行钻孔施工比冲击钻成孔法稳定性更好;单从成桩后承载力而言,采用旋挖成孔法比冲击钻成孔法成桩后的单桩承载力相对更高;冲击钻成孔法由于施工原理的限制,施工时会产生较大的噪声,然而采用旋挖成孔法施工时,施工现场比较文明,较整洁,适用于市区中心或者住宅楼较多的居民区
旋挖成孔法与正循环成孔法	正循环成孔法的施工原理使泥浆在循环以及上升到孔口的速度很慢,因此正循环成孔法成孔的效率大大降低,采用旋挖成孔法的施工效率要远远大于正循环成孔法的施工效率。与此同时,正循环成孔法在施工时,泥浆需要不断循环使用,难免会使施工现场不整洁,采用旋挖成孔法施工时,施工现场比较文明,较整洁
旋挖成孔法与反循环成孔法	旋挖成孔法适用广泛,适用于各种地层,然而反循环成孔法需要在一定静水压力的前提下才可以进行钻孔施工,施工场地受限。与此同时,反循环成孔法在施工时,泥浆需要不断循环使用,难免会使施工现场不整洁,采用旋挖成孔法施工时,施工现场比较文明,更加环保

2. 钢护筒埋设

1)钢护筒的作用

在钻孔施工前需埋设护筒,埋设护筒的目的在于可以一定程度保证成孔的垂直度以及对成孔桩径的控制。与此同时,可以有效地阻止地表水渗入孔内,防止孔内静水压力的平衡被破坏。

2)钢护筒的埋设要求

(1)钢护筒埋设时,要尽量保证护筒的中心线与桩孔的中心线基本在一条直线上,除非设计有其他特定要求,钻孔灌注桩孔中心位置允许偏差不应超过50 mm,钢护筒的倾斜度不大于1%,护筒底部和四周所填黏质土必须分层夯实。

(2)钢护筒的埋设高度要高于地面0.3 m。如果孔内有承压水存在,护筒高度需要高出稳定后的承压水位2 m以上。

(3)护筒的埋置深度需根据设计要求或桩位的水文地质情况确定。

3. 钻孔施工工艺

1)钻孔前准备

(1)桩位点测放后,先采用十字线方式来确定钢护筒的位置,然后进行桩位点的复核,再进行钢护筒的埋设。

(2)接着进行钻机定位,要检验钻机基础底部是否牢固,校正钻头的垂直度,符合要求后开始钻孔。

2)钻孔施工

(1)成孔时,通常采用电子控制以及人工观察的方式来保证桩成孔的垂直度。

(2)在钻孔施工过程中,需根据施工现场的地质条件来确定钻孔钻进的速度,如果由硬地层向软地层进行钻孔施工,可以适当提升钻孔的速度;如果由软地层向硬地层进行钻孔施工,要适当放慢速度;当遇到砂层时,要适当增加泥浆比重和黏度,采用慢转速、慢钻进的方式进行施工。

(3)钻孔前,需对泥浆的性能指标进行复核,保证泥浆的质量满足要求,如果泥浆指标出现问题,找出原因并及时调整。

4. 泥浆护壁工艺

1)泥浆护壁的施工原理

泥浆护壁是指将一定相对密度的泥浆放入孔内,由于静水压力在孔壁形成一层泥皮,可以有效保护孔壁,防止坍孔。在砂类土、砾石土、卵石土、黏砂土夹层中钻孔必须采用泥浆护壁。

2)泥浆性能要求

钻孔灌注桩在成孔阶段施工时,对泥浆比重有着严格的要求,泥浆指标如表3.5所示,在施工时,要随时进行泥浆指标的检测,一旦发现不满足要求,要及时作出调整。

表 3.5 泥浆性能指标

成孔方法	施工阶段	相对密度	黏度/s	含砂率/(%)
旋挖	初始配置	1.05~1.10	17~19	≤3
	钻进过程	1.04~1.09	17~22	≤3

5. 钢筋笼制作与吊装

1)钢筋笼制作

(1)钢筋笼在施工现场采用加强箍成型法进行制作,加强箍要布置在主筋的内侧,应标明主筋位置,主筋采用双面焊,焊接长度大于 $10d$,钢筋骨架型号、位置安放必须准确。钢筋笼的制作需满足施工图纸设计和《公路桥涵地基与基础设计规范》(JTG 3363—2019)的要求。

(2)钢筋笼外侧设置控制保护层厚度的垫块,顶端应设置吊环,钢筋笼制作完成后,需对钢筋笼的直径、钢筋间距以及垂直度进行复核,保证制作的钢筋笼符合设计要求。

2)钢筋笼吊装工艺

(1)钢筋笼在施工现场运输和吊装时,要防止钢筋笼发生变形,在安装时要对准孔位,缓缓下放,不要碰到孔壁,到达设计位置后应立即固定。钢筋笼安装采用小型吊运机具或起重机吊装就位。

(2)钢筋笼放置入孔后,对下放的钢筋笼进行加固处理,保证其位置符合设计以及规范的要求。对钢筋笼进行加固,可以有效防止后期安装导管、清孔及灌注混凝土时出现钢筋笼上浮与偏移的现象。

(3)钢筋笼吊装普遍采用双吊点法起吊,吊筋型号及数量应该经过验算,在吊装时采用 25 t 的吊车配合施工,吊筋应布置在加强箍上,采用双面焊牢牢焊在钢筋笼的主筋上,吊筋的另一端需焊接成圆环方便吊运。

6. 清孔施工工艺

1) 清孔的主要形式

清孔工艺是钻孔灌注桩施工中非常重要的一个环节,清孔的质量直接决定着灌注桩成桩质量。钻孔灌注桩清孔主要有正循环清孔、泵吸反循环清孔以及气举反循环清孔三种方法。三种清孔方法的工艺原理和优缺点如表3.6所示。

表3.6 清孔工艺原理以及优缺点

清孔工艺	工艺原理	优 缺 点
正循环清孔工艺	正循环清孔法是目前最简单的清孔方法,采用泥浆泵向桩底高压注入新鲜泥浆,使孔底的沉渣浮起,随着泥浆的上升,在压力的作用下沉渣随着上升的泥浆一起从护筒顶部的预留口溢出。在施工过程中必须严格控制孔内泥浆的上升速度,泥浆上升的速度越快,清孔的效果越好	清孔效果好,施工简单、造价低、安全性较好;但是清孔时间太长,难以满足一些沉渣要求高的工程
泵吸反循环清孔工艺	利用大功率泥浆泵的抽吸作用,在导管内腔形成负压,在外界大气压的作用下,处于导管与孔壁之间泥浆和孔底沉渣流向孔底,被吸入导管内腔并排出孔外	清孔效果好,清孔速度相对较快,在桥梁工程中得到了广泛的应用;但是由于泥浆泵功率的限制,只能对孔深小于50 m的桩基进行清孔处理,有一定的局限性
气举反循环清孔工艺	在导管的中下部约2/3处放置液气混合器,通过空压机向导管内输入空气,空气经过液气混合器与导管内泥浆混合,形成泥泡,密度降低,导管内外形成负压,在导管外泥浆的压力作用下,孔底沉渣伴随泥浆从导管上口排出	清孔效果最好,清孔速度迅速,但是对于清孔机械设备的要求较高,适用范围有很大的局限性,施工成本相对较高,安全性较差

根据《建筑桩基技术规范》(JGJ 94—2008)的要求,孔底沉渣的厚度应符合下列规定:①端承桩,孔底沉渣厚度要小于50 mm;②摩擦桩,孔底沉渣厚度要小于100 mm;③抗拔、抗水平力桩,孔底沉渣厚度不应大于200 mm。

为了降低沉渣厚度,保证成桩质量,对三根不同的桩分别采取了三种清孔方式(正循环清孔、泵吸反循环清孔、气举反循环清孔)进行清孔,考虑安全性、成渣效果、实用性、经济性等方面,进行详细对比,对比结果如表3.7所示,选择清孔效果最好、最安全实用的方式进行后续旋挖灌注桩的清孔。

表3.7 三种清孔方式对比

对 比	正循环清孔	泵吸反循环清孔	气举反循环清孔
清孔效率	低	一般	高
清孔质量	低	高	高
造价	低	一般	高
安全性	高	高	一般
建议适用	钻孔灌注桩第一次清孔	孔深小于30 m的钻孔灌注桩清孔	桥梁孔深大于30 m的深孔桩

2)沉渣厚度的测量

目前沉渣厚度的检测方法有声呐法、锤球法、电容法和电阻率法。桩基检测的仪器普遍比较昂贵,施工单位往往考虑施工成本的因素,很少采用上述方法进行检测,而普遍采用测绳法对桩基的沉渣厚度进行确定,但是由于人为因素,检测结果有很大的误差。为解决此种情况,可采用测绳+测针/测饼测量法进行测量,首先将测绳捆绑在重3 kg、长300 mm的测锤上,将其放置孔底记录取值;然后将测绳连接在圆钢板中心,放置在同一点位记录取值,沉渣厚度为两次测量的差值。使用该方法可以有效避免人为因素对沉渣结果带来的影响,大大提高了测量精度。

7. 水下混凝土灌注工艺

1)水下混凝土灌注的方法

水下混凝土灌注在施工中普遍采用导管法和泵压法。由于导管法可以随着混凝土的浇筑逐节拆卸导管,施工迅速简便,能适用各种施工条件。目前,施工单位更多采取导管法进行水下混凝土的灌注。采用导管法进行水下混凝土灌注施工时,为了保证灌注混凝土的成桩质量,应注意首批混凝土灌注量、导管的设计要求、导管的连接方式、导管的埋置深度等因素。

2)导管法施工工艺

(1)混凝土初灌量的计算。采用导管法进行水下混凝土灌注施工时,首批混凝土的灌注量是保证成桩质量的重要因素,计算混凝土的初灌量时必须考虑孔底沉渣厚度、导管到孔底的距离、导管的埋置深度以及泥浆比重等因素。首批混凝土的灌注量相对较大,混凝土快速上升很有可能造成钢筋笼出现上浮的现象。因此,在灌注前要对钢筋笼进行加固,防止出现钢筋笼上浮。

灌注首批混凝土计算公式如下:

$$V=\pi D^2(H_1+H_2)/4+\pi l^2 h_1/4 \tag{3.1}$$

式中:V——首批混凝土所需数量,m^3;D——桩孔直径,m;H_1——桩孔底至导管底端间距,一般为0.4 m;H_2——导管初次的埋置深度,m;d——导管内径,m;h_1——桩孔内混凝土达到埋置深度时,导管内混凝土柱平衡导管外(或泥浆)压力所需的高度,m。

(2)连续灌注水下混凝土。水下混凝土在灌注施工的过程中,除非出现特殊情况,否则不能中途停工,必须连续进行灌注。采用测绳法来确定混凝土灌注的深度,根据水下混凝土灌注的深度适时提升并逐级拆卸导管,确保导管的合理埋深。

在后续混凝土的灌注中,要随时测量混凝土的灌注数量,根据计算以及混凝土的灌注深度进行导管的提升。如果出现非连续灌注的情况,可采用窜动导管的方法,导管的提升幅度为30 cm左右,与此同时,要仔细观察孔口返浆的情况,一直到孔口不再返浆。灌注水下混凝土应迅速进行,每根桩的灌注时间不宜超过8 h,防止孔底沉渣过厚以及坍孔事故的发生。

(3)窜动导管的作用。

①加快下批混凝土的灌注速度。假如施工过程中不窜动导管,会使混凝土在导管内留置时间过长,影响混凝土的流动性,与导管内壁的摩擦阻力也会随之加大。因为留置时间过长,泥浆中的大量水分因为惯性全部流入孔内,使许多粗骨料留置在导管中,很有可能造成断桩的情况。

②提高混凝土的密实度和单桩承载力。窜动导管可以有效加大混凝土的流动性,加强桩身与周边地层的有效结合,增大桩周摩擦阻力,同时加大混凝土与钢筋笼的握裹力,这些因素都可提高单桩承载力。

(4)施工中的注意事项。

①灌注混凝土时必须连续施工,不能中断。

②从混凝土搅拌开始,尽量在1.5 h内浇筑完成,特别是炎热的夏季,必须在1 h内浇筑完成。

③随着孔内浇筑混凝土的上升,需逐节快速拆除导管,时间不宜超过15 min。

3)桩顶灌注标高及桩头处理

为保证桩顶的质量,灌注的桩顶标高应比设计标高出1 m左右。当混凝土灌注完成后,根据工程桩的设计要求,即使处理桩头多余的部分,仍需保留0.1~0.2 m,可以节省后期凿除桩头花费的时间。混凝土灌注后要立即拔出护筒。处于地面及桩顶以下的整体式刚性护筒,应在灌注完混凝土后立即拔出;处于地面以上、能拆卸的护筒,须等到混凝土的抗压强度达到5 MPa后进行拆除。

3.3 承台施工

承台(bearing platform)指的是设置于桩基础顶端的传力构件,为承受、分布由墩身传递的荷载,在桩基顶部设置的联结各桩顶的钢筋混凝土平台。高桩承台一般用于港口、码头、海洋工程及桥梁工程。低桩承台一般用于工业与民用房屋建筑物。桩头一般伸入承台0.1 m,并有钢筋锚入承台。承台上再建柱或墩,形成完整的传力体系。

本节以梨东路通道桥承台施工为例,探讨高速公路桥梁承台施工技术。

3.3.1 工程概况

1. 项目概况

梨东路通道桥位于新机场北线高速公路K4+490.5处,跨越梨东路现况地方路,桥梁中线与被交道路夹角为90°,桥梁全长28.66 m,桥梁全宽40.5 m,桥梁上部结构为(1×16)m预应力混凝土空心板;下部结构为重力式桥台,承台接钻孔灌注桩桩基础。

梨东路通道桥承台共计4个,桥台承台长度为20.24 m,宽度为5.5 m,高度为2 m。承台采用C30混凝土,承台的方量为222.6 m³,承台钢筋质量为15.2 t。

2. 技术标准及设计要求

(1)桥梁结构设计基准期:100年。

(2)桥梁设计使用年限:主体结构100年,可更换结构15年。

(3)环境类型:Ⅱ类。

(4)荷载等级:公路——Ⅰ级。

(5)桥梁宽度:桥梁宽度为40.5 m,桥面布置为0.5 m(护栏宽度)+18.25 m(车行道)+0.5 m(安全C值)+2 m(中央分隔带)+0.5 m(安全C值)+18.25 m(车行道)+0.5 m(护栏宽度)。

(6)抗震设防烈度为Ⅷ度,设计基本地震动加速度峰值为0.2g。

(7)桥下净空标准:桥下钥匙头村东路净空不小于4.5 m。

(8)高程坐标系:坐标系统采用北京独立坐标系,高程系统采用北京地方高程系。

(9)现浇预应力混凝土箱梁按全预应力构件设计。

3. 工程水文及地质

该桥承台基坑开挖深度为2.1 m,该土层土质为人工堆积地层:粉土填土层大部分为耕植土。

本工程地处北京市南部,地貌属于冲积扇中下游地层。场区平原区第四系覆盖层厚度大于100 m。线路地势相对较平坦,历经村庄、农田、林地、道路及河道等不同的地貌环境。

北京市大兴区气候的主要特点是四季分明。春季干旱,春季气温回升迅速,月平均气温可升高6~9 ℃,3月平均气温4.5 ℃,4月为13.1 ℃。白天气温高,而夜间辐射冷却较强,气温低,是昼夜温差最大的季节。

风速及风向:全市月平均风速以春季四月份最大,其次是冬、秋季,夏季风速最小,夏季受大陆低气压控制,多为东南风,秋、冬受蒙古高气压控制,多为西北风,寒冷干燥。平均风速2.46 m/s,近十年春季市区最大风速达13.9 m/s,风向NW。

3.3.2 施工工艺控制

施工具体步骤:施工准备→开挖基槽→凿除桩头→桩基检验→铺设基底→绑扎钢筋→立边模→混凝土浇筑→墩柱接触面混凝土凿毛→进入下一工序。

1. 施工放样

承台按坐标法测放,测放前仔细复核设计提供的控制点坐标,先测出地面标高,根据地面标高及承台底标高,确定开挖深度。根据地质情况定出承台基坑开挖边线及放坡坡率,然后使用全站仪放样承台四角坐标,报请监理工程师检测审核。

2. 基坑施工

基坑开挖采用挖掘机施工,挖至距基底 0.3 m 时,应采用人工清底,以免基底土壤被挖掘机挖松扰动。挖出的泥土应集中堆放,距基坑边缘不小于 2 m,并用自卸汽车运至指定地点弃放,不得造成环境污染。基底平面尺寸应比承台尺寸大 1 m,根据本地区天然湿度下的天然坡度,基坑边坡坡率定为 1∶1.25。基坑开挖过程中,如果土质有变化,本地区天然湿度下的天然坡度无法满足边坡稳定性要求,要采取边坡放缓或采用钢管加钢筋铆钉边坡防护,坑顶边与动荷载间应留有不小于 1 m 宽的护道,标高误差控制在 ±50 mm 以内。

在基坑四周挖设 50 cm 宽排水沟,并在坑角设置集水井,用水泵将水排出基坑。基础开挖应做好防水设施并及时浇筑基础,以免基坑暴露过久或受地表水浸泡而影响地基承载力,基础施工完成后不得使基坑长时间受水浸泡。

基坑设置防护栏,防护栏立杆固定筋打入地面深度不少于 0.7 m,防护栏埋设距基坑边缘不小于 0.5 m。具体布置见图 3.1。

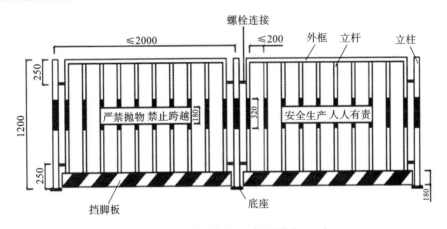

图 3.1　格栅式防护栏尺寸图(单位：cm)

为了保证桩基质量,在浇筑钻孔桩时,都多留有 1 m 的桩头,在承台施工前应予凿除。破除桩头混凝土时应注意不得损伤钢筋。

桩头露出基坑底面 25 cm(10 cm 垫层 + 15 cm 伸入承台),桩头顶面应平整,并露出密实混凝土面,为了使桩头不受损伤,用环切法清理桩头,顶面可用人工清除被风镐凿松的部分。桩头凿至标高后,进行桩基检测,合格后方可进行下道工序的施工。

基底用 C15 素混凝土浇筑 10 cm 厚垫层。表面应平整,顶面标高误差控制在 ±20 mm 以内,以保证钢筋的顺利安装。

垫层浇筑时基坑底部应保证无积水。垫层凝固可以站人后,即可将承台边线精确放样于其上,精度应符合测量规范要求。经监理复核后,方可进入下道工序的施工。

3. 钢筋加工与安装

垫层浇筑 24 h 后即可进行测量放样,画出底板边线、墩身线及钢筋分布线,以保证钢筋的位置准确。钢筋由钢筋加工队在钢筋场统一加工,并进行标识。用钢筋专用运输车运至施工现场,然后进行钢筋绑扎施工,钢筋绑扎后,详细检查钢筋的直径、间距、位置、搭接长度、上下层钢筋的间距及保护层(保护层厚度 5 cm),保护层用高强度砂浆块控制。为避免在浇筑过程中发生变化,钢筋网钢筋相交点应绑牢,相邻绑点用镀锌铅丝绑成八字形。承台钢筋笼采用架立筋进行支设,架立筋为 $\phi 25$ 钢筋,架立筋纵横向间距为 1 m,架立筋水平高度 1 m 处进行水平纵横向焊接连接,确保钢筋笼的稳定。

预埋墩身钢筋并特别注意预埋位置的准确性。绑扎承台钢筋时,必须同时预埋墩台的竖向钢筋,当与承台钢筋位置有冲突时可适当调整承台钢筋间距,但必须保证墩柱预埋钢筋位置准确。桥台预埋钢筋采用搭钢管支架进行固定,钢管支架必须搭设牢固。

钢筋绑扎前钢筋型号应分别堆放,方便钢筋工绑扎。绑扎时不同的钢筋型号对应不同的绑扎位置,钢筋绑扎时扎丝头应朝下或朝里。钢筋数量、间距符合设计图纸要求,严禁偷工减料。钢筋加工允许偏差和检验方法见表 3.8,钢筋安装及钢筋保护层厚度允许偏差和检验方法见表 3.9。

表 3.8 钢筋加工允许偏差和检验方法

序 号	名 称	允许偏差/mm	检验方法
1	受力钢筋全长	±10	
2	弯起钢筋的位置	20	尺量
3	箍筋内径尺寸	±3	

表 3.9 钢筋安装及钢筋保护层厚度允许偏差和检验方法

项次	检查项目		规范规定值或允许偏差/mm	检查方法和频率
1	受力钢筋间距	两排以上排距	±5	尺量;每构件检查 2 个断面
		同排 基础、锚碇、墩台、柱	±20	

续表

项次	检查项目		规范规定值或允许偏差/mm	检查方法和频率
2	箍筋、横向水平钢筋、螺旋筋间距/mm		±10	尺量:每构件检查10个间距
3	钢筋骨架尺寸/mm	长	±10	尺量:按骨架总数30%抽检
		宽、高或直径	±5	
4	保护层厚度	基础、锚碇、墩台	±10	每构件沿模板周边检查5处

4. 模板施工

1）施工要点

承台模板采用拼装式钢模板,模板面板采用 6 mm 厚钢板,模板四周均留有连接螺栓孔,以使各个方向都能够灵活连接。模板的加固采用钢管外支撑进行加固。人工配合汽车吊安装。模板表面应平整光滑,涂有脱模剂。模板安装应符合结构设计的位置要求,允许偏差应符合施工规范要求。在模板安装作业时,专职安全员必须在现场旁站监督,确保施工安全。

2）模板系统受力验算

（1）新浇混凝土对模板的侧压力。模板主要承受混凝土侧压力,本工程混凝土一次最大浇筑高度为 2 m,新浇筑混凝土作用于模板的最大侧压力取下列二式中的较小值：

$$F = 0.22 \gamma_c t_0 \beta_1 \beta_2 V^{\frac{1}{2}} \tag{3.2}$$

$$F = \gamma_c H \tag{3.3}$$

式中:F 为新浇筑混凝土对模板的最大侧压力,kN/m^2;γ_c 为混凝土的重力密度,取 $24 \ kN/m^3$;t_0 为新浇混凝土的初凝时间,取 10 h;β_1 为外加剂影响修正系数,取 1.0;β_2 为混凝土坍落度影响修正系数,取 1.15;V 为混凝土的浇灌速度,取 0.6 m/h;H 为混凝土侧压力计算位置处至新浇混凝土顶面的总高度,取 2 m。

即：

$$F = 0.22 \gamma_c t_0 \beta_1 \beta_2 V^{\frac{1}{2}} = 0.22 \times 24 \times 10 \times 1.0 \times 1.15 \times 0.6^{\frac{1}{2}} \ kN/m^2 = 47.03 \ kN/m^2$$

$$F = \gamma_c H = 24 \times 2 \ kN/m^2 = 48 \ kN/m^2$$

综上所述,混凝土的最大侧压力 $F=47.03\ kN/m^2$。

(2)倾倒混凝土时冲击产生的水平荷载。考虑一台泵车浇筑,倾倒混凝土产生的水平荷载标准值取 $4\ kN/m^2$。

(3)水平总荷载。分别取荷载分项系数 1.2 和 1.4,则作用于模板的水平荷载设计值为 $q_1=(47.03\times1.2+4\times1.4)\ kN/m^2=62\ kN/m^2$。有效压头高度为 $h=F/\gamma_c=62/24\ m=2.585\ m$。

(4)对拉杆验算。拉杆横向间距为 500 mm,竖向间距为 700 mm,拉杆承受的拉力为:

$$P=F\cdot A \quad (3.4)$$

$$A=a\times b \quad (3.5)$$

式中:P 为拉杆承受的拉力,kN;F 为混凝土的侧压力,N/m^2,计算为 $62\ kN/m^2$;A 为拉杆分担的受荷面积,m^2;a 为拉杆的横向间距,m;b 为拉杆的竖向间距,m。

根据以往经验选用 M16 对拉螺栓(容许拉力为 24.5 kN),其容许拉力为 24.5 kN,大于 $F\cdot A=62\times0.5\times0.7\ kN=21.7\ kN$。

综上所述,选用 M16 对拉螺栓,拉杆横向间距为 500 mm,竖向间距为 700 mm;在现场支设过程中,模板外侧用 $\phi42$ 钢管与基坑坡面进行加固支撑,确保模板的稳定。

5. 混凝土施工与养护

1)混凝土施工

(1)承台混凝土采用 C30 混凝土浇筑,采用商混拌和站出料。

(2)本项目混凝土来源都为商品混凝土,商品混凝土站原材料进场后,对原材料的品种、规格、数量以及质量证明书等进行验收核查,并按有关标准的规定取样和复验。经检验合格的原材料方可使用。对于检验不合格的原材料,不得使用。

(3)炎热季节搅拌混凝土时,控制水泥的入搅拌机温度不大于 40 ℃。采取在骨料堆场搭设遮阳棚、采用低温水搅拌混凝土等措施降低混凝土拌和物的温度,或尽可能在傍晚和晚上搅拌混凝土,以保证混凝土的入模温度满足规定要求。

(4)若基坑边缘距模板较远,不能直接倒入承台内,可采用泵车或搭设溜槽浇筑。

(5)混凝土应分层浇筑,每层浇筑厚度不应大于30 cm。每层用插入式振捣棒振捣密实,每次移动的距离不得超过其作用半径的1.5倍,振捣时应避免碰撞模板及墩柱预埋钢筋。振捣密实的标准是混凝土表面停止下沉,无气泡冒出,表面平坦并泛浆。当浇筑顶面有浮浆时,应进行浮浆清理,确保承台顶面混凝土的强度及密实性。

(6)混凝土浇筑应连续进行,并由专人经常检查模板及支撑,防止跑模及胀模现象。当发现有变形及移位时,应及时采取处理措施。

(7)浇筑前要加强抽水,基坑不得有积水。

(8)浇筑时值班技术人员准确填写混凝土浇筑记录。

2)混凝土养护

本项目大部分承台浇筑期间正是夏季高温期间,混凝土失水较快,浇筑完毕后要及时以土工布覆盖,待初凝后应经常洒水,经常保持混凝土表面湿润。养护期不少于7天,在此期间要有专人负责养生工作。

6. 拆模

当混凝土强度达到2.5 MPa以后,即可拆除模板。先拆除周边支撑,最后拆除模板。拆模时应注意防止损伤边角。在拆模作业时,专职安全员必须在现场旁站监督,确保施工安全。

7. 基坑回填

基坑回填必须分层施工,每层回填土厚度压实后不得大于15 cm,并用夯实机具夯实,压实标准可参照路基施工规范要求进行,每层填土均要有密实度检测资料。回填土不得含有泥草、腐殖物。基坑回填要对称分层填筑。

3.3.3 质量控制

1. 品质工程措施

1)品质工程要求

(1)工程质量符合设计要求,满足验标的优良标准,工程外观质量良好。

(2)成立各级品质工程领导小组,开展创优活动,且每次活动有文字记录。

(3)有工程质量管理办法、工程质量检验程序与细则、质量内控标准等各类文件,以及质量创优责任人。

(4)有完整、准确、齐全的内业资料。工程重点部位、隐蔽工程质量有齐全的原始资料,如照片、录像带或光盘等。

(5)有 QC 小组及其开展活动的记录。

(6)特殊工序、关键工序有书面的作业指导书。

2)具体措施

(1)加强质量意识教育,提高全员的创优意识,要求全体员工把工程创优视为企业生存的大事。

(2)开工前,成立以项目经理为组长的创优规划领导小组,完善质量管理组织和配齐质量管理人员。

(3)加强创优工作的领导,项目部负责安排落实抓创优工作的专职或兼职人员,把创优活动与整个施工生产过程有机结合起来。

(4)建立定期和不定期的施工质量检查制度,根据工程进展情况,按相关标准及时进行检验批、分项、分部、单位工程的质量检查验收。

(5)搞好技术培训,加强科技攻关,开展 QC 活动,消除质量通病。

(6)依靠行政、经济手段贯彻执行创优质工程的标准和要求,深入持久地开展创优活动。

(7)加强技术工作,强化方案优化,合理进行施工组织安排,做到标准明确、重点突出、技术交底清楚、施工指导切实具体。

(8)抓好测量及试验基础工作,确保各种原材料符合工程要求,确保工程位置、结构尺寸准确无误。

(9)坚持开工必优、样板先行。施工中保证每个分项工程以优质为标准,全部质量合格,并树立样板项目,以样板工程带动全部工程的实施。

(10)建立激励机制,奖优罚劣,优质优价,鼓励创优。

2.混凝土质量外观控制措施

1)蜂窝预防措施

(1)严格控制混凝土配合比,保证混凝土拌和均匀。

(2)混凝土浇筑时严格控制下料高度不超过 2 m。

(3)充分捣固,做到捣固均匀适当。应分层捣固,其厚度不应超出 30 cm,上下层混凝土应充分连接,捣固时上层插入下层混凝土 5~10 cm。

2)麻面预防措施

(1)保证模板表面干净,不得粘有干硬水泥砂浆等杂物。

(2)浇筑混凝土前,横板应保证全部涂抹脱模剂。

(3)模板拼装要严格,不得有空隙。每层捣固密实,严防漏振,每层混凝土均应捣固至排除气泡为止,并充分与下层混凝土捣固。

(4)模板安装在钢筋安装完成后进行。模板分块吊装安装。模板安装必须稳固牢靠,接缝密实,不得漏浆,如不密实,模板间缝隙应夹胶条或用腻子(油灰)或水泥浆嵌塞严密,严禁贴油毛毡或用塑料纸塞水泥袋堵缝隙。

3)露筋预防措施

(1)浇筑混凝土时应保证钢筋位置和保护层的正确,严格按设计图施作。

(2)保证混凝土具有良好的和易性和准确的配合比。

(3)混凝土捣固时严禁撞击钢筋,在钢筋密集处采用直径小的捣固棒捣固。

(4)要正确掌握拆模时间,防止过早拆模。

4)承台(大体积混凝土)施工控制措施

为了减少大体积混凝土的施工裂缝,在混凝土浇筑时采取以下综合措施降低混凝土入模温度:①尽量用骨料堆底部骨料;②采用已检测合格的饮用水拌和;③高温时段拌和混凝土时加冰块降温;④混凝土运输时加隔热层;⑤在施工条件允许的情况下安排在早上或夜间施工。

承台混凝土采用连续斜面薄层推移式浇筑方法浇筑,每层厚度控制在30 cm以内,以充分利用混凝土层面散热。

混凝土拆模后,及时覆盖洒水,保证覆盖层的湿润,除此以外加强混凝土温度检测,加强养护,控制混凝土内外温差,防止混凝土开裂。

3. 雨季施工保证措施

1)雨季施工组织

(1)成立抗洪防汛领导小组,建立雨季值班制度,责任到人,分片包保。在雨季施工期间定期检查,严格雨季施工"雨前、雨中、雨后"三检制,对发现的问题及时整改。

(2)成立防洪抢险突击队,平时施工作业,雨时防汛抢险。每个施工现场均要备足防汛器材、物资,包括雨衣、雨鞋、铁锹、草袋、水泵等,做到人员设备齐整、措施有力、落实到位,任何人不得随意调用防洪抢险专用物资。

(3)与当地气象水文部门取得联系,及时获得气象预报,掌握汛情,以便合理地安排和指导施工。同时制定现场雨季值班表,建立雨季值班制度,设专人每天收听气象预报,做好记录,有暴雨或大暴雨天气情况,及时通知,值班人员提前做好应急准备。专人负责协调与周边部门、企事业单位的防汛事宜,做到既有分工,又有合作,保证及时排水,减少损失。

(4)编制雨季施工作业指导书,制定防洪抗汛预案,并将其作为雨季施工中的强制性执行文件,严格执行。

(5)雨季及洪水期施工应根据当地气象预报及施工所在地的具体情况,做好施工期间的防洪排涝工作。

(6)在雨季施工时,施工现场应及时排除积水,加强对支架、脚手架和土方工程的检查,防止倾倒和坍塌。对处于洪水可能淹没地带的机械设备、材料等应做好防范措施,施工人员要做好安全撤离的准备。长时间在雨季中作业的工程,应根据条件搭设防雨棚。施工中遇有暴风雨应暂停施工。

(7)雨季时派专人在危险地段值班,重点加强对深基坑、深路堑边坡观测,以及跨河道、邻近公路施工等的安全巡视,并派专人对施作业队排水系统进行检查和清理,确保排水系统通畅。

2)雨季设备、物资的防雨

(1)现场中、小型设备必须按规定加防雨罩或搭防雨棚,机电设备要安装好接地安全装置,机动电闸箱的漏电保护装置应安全可靠;施工电缆、电线尽量埋入地下,外露的电杆、电线采取可靠的固定措施;雨季前对现场设备做绝缘检测。

(2)对停用的机械设备以及钢材、水泥等材料采取遮雨、防潮措施,现场物资的存放台等均应垫高,防止雨水浸泡。

3.4 上部结构施工

桥梁一般由上部结构(桥跨结构)、下部结构(墩台、基础)和附属设施组成。上部结构是线路中断时跨越障碍的主要承重结构,它主要包括承重结构(主梁、支座)和桥面系(桥面铺装、防水和排水设施、伸缩缝、人行道、护栏、灯柱)。上部结构的作用是满足车辆荷载、行人通行,并通过支座将荷载传递给墩台。

3.4.1 桥梁的上部结构的组成和体系

1. 桥梁上部结构的组成

桥梁工程项目建设为一项系统性工程,在桥梁工程上部结构设计中,首先需要了解桥梁工程上部结构组成,具体包括以下三点。

(1)桥面。桥面是供车辆以及行人通行的部分,不同桥梁工程桥面有一定的区别。

(2)桥跨结构。在桥梁工程中,桥跨结构为承重结构,是桥梁工程设计的核心内容,桥跨的跨越幅度、承受作用都会对桥梁工程桥跨结构的构造形式产生较大影响。

(3)支座。桥梁工程支座的作用是将上部结构所产生的支撑反力传递至桥梁工程墩台的中间节点。

2. 桥梁上部结构的体系

在高速公路桥梁工程设计中,上部结构体系主要有以下三种。

(1)拱式体系。拱式体系桥梁工程建设区域的覆盖土层比较薄,如果基岩承载力比较高,则拱式体系桥梁工程可发挥造价低的优势。

(2)先简支后结构连续体系与简支体系。这类桥梁工程上部结构设计方案能够预制装配,同时可进行标准化施工,造价低廉,是高速公路施工中比较常见的形式。常用跨径有 25 m、30 m、40 m 三种,一般预制空心板的跨径在 25 m 以内,建筑高度比较小,被广泛应用于中型桥梁工程、小型桥梁工程项目建设中。另外,T 梁的截面受力合理,经济性能较好,但是,其抗震性以及景观效果比较差,因此,如果桥梁工程建设对于抗震性能的要求比较低,可采用 T 梁结构形式。

(3)连续刚构及连续梁体系。有些桥梁工程需要跨越 U 形深谷,无法采用装配式结构形式,对此,可采用大跨径连续梁体系方案。当桥梁工程桥墩高度在 30 m 以上时,需要注意对墩梁进行加固设计,进而改善桥梁工程上部结构受力。

3.4.2 桥梁上部结构的设计

高速公路桥梁上部结构设计对于桥梁工程质量、安全、经济性以及美观性会产生较大影响,是桥梁工程设计的重点。通过优化桥梁工程上部结构设计,可增加桥梁工程使用寿命。

1. 桥梁上部结构设计原则

1)考虑多方面的因素

桥梁上部结构选型时应当考虑诸多影响因素,包括该桥所在地的自然环境是否恶劣、是否具备地形优势、路线的走向是否可调整、桥梁所在地的地质情况,以及河道是否有通航要求等。具体来说,考虑到桥梁建设所在地区的地势是否平坦、河流水位的深浅程度等因素,如果地势较平坦、水位较浅,可以选择先简支后连续的上部结构,一方面施工工艺较成熟,另一方面可以节约造价;如果地势较陡峭、环境较恶劣、河道有通航要求,则需选用其他结构,如变截面箱梁、双矮塔斜拉桥、下承式钢管混凝土系杆拱等结构。

2)尽量确保结构的统一

桥梁结构在满足使用功能的前提下,力求结构统一,尽可能采用标准跨径,以便设计、施工的标准化,有利于今后的施工组织设计、质量控制及养护管理。除此之外,在上部结构标准跨径的选型中,应注意不同跨径间的比选。

3)设计多个方案

桥梁上部结构选型时,首先应提出多个可供选择的备选方案,然后从桥梁景观效果、施工难易程度、工期要求、施工期间对河道的影响、造价等方面,逐一比较,并结合建梁的建设条件,提出推荐方案。

4)考虑河流流域周边地形条件

桥梁布孔应依照河流流域周边地形条件予以综合考虑,还要参考上下游原本的桥梁布置的孔径情况等,要求在能够通畅排水的前提下,保证结构安全,充分满足排洪的需求。桥梁布孔时还需考虑桥下被交道路情况及路网布局规划;被交道路标准基本按道路路况及规划确定,在纵断面设计时,充分重视被交道路等级规划要求。对有规划的地方道路,按规划标准设计;对上跨或下穿的方案选择,主要根据地形、地貌及被交叉路等级、路况、工程量以及路线纵断面设计等因素确定被交叉路上跨或下穿方案。

5)融入环保理念

把环保理念融入设计中。依照地形以及附近地物特点,桥梁选型和布置孔跨时,应充分考虑桥梁上下部之间的结构协调问题、桥梁和附近环境之间的协调性。设计桥梁时,需要把桥梁的类型、结构和施工方法(包括基础开挖、预制场地)等可能会对附近环境带来的影响纳入考虑范畴,要注重对自然环境的保护,避免由于桥梁的不合理设计而破坏环境。

2. 高速公路桥梁上部结构设计案例

1) 工程概况

本节所引述的是一项高速公路桥梁工程项目,其总长度达到 2.01 km。就现场勘察的情况来看,其地形和地质状况都极为复杂,且区域内的建筑工程又比较多。经综合分析和论证后,应以跨径在 25~30 m 的装配式小箱梁和 40 m 规格的 T 梁为准构造桥梁上部结构。

2) 上部结构设计方案比较

在桥梁上部结构设计过程中,需要对设计方案进行比较分析,对比设计方案的施工便捷性、经济性以及相关的应用优势。以下对方案设计对比要点进行分析。

(1) 施工便利性。

具体来看,小箱梁施工技术操作的过程中既要求内模板平稳放置,同时细节部位的操作难度又颇大。而 T 梁施工工艺相对来说比较成熟,且具备较高的耐久性。

(2) 造价经济。

小箱梁与 T 梁结构的比较分析,主要涉及 25 m、30 m、40 m 三种跨径。就经济效益分析,40 m 规格两者造价相同,25 m、30 m 的小箱梁较之同规格的 T 梁经济实用性更高一些。

(3) 功能使用优势。

通过对桥梁结构功能的综合分析可知,T 梁跨中横隔板的数量较多,这样就使得桥梁工程的外形美观度大打折扣。另外需要注意的是,T 梁跨径的适用性较广。

(4) 结构受力。

比较小箱梁与 T 梁发现,后者单幅一孔拥有较高的整体抗弯刚度。而如果是斜交结构形式的应用状况,则应以 T 梁结构形式具体实施,然而这样就需要设置多个横隔板,因而其抗受力的效果比较显著。由此可见,单片小箱梁在结构稳定性上更有保障,且具有便捷化的施工方式。

(5) 墩高影响。

桥梁墩高是桥梁工程上部结构设计极为重要的参数。如果墩高较大,则应以大跨径上部结构设计为准。

3)上部结构设计方案

高速公路上部结构具体设计的过程中,应按照以下选型原则实施:若墩高在15～35 m,应采用25 m、30 m与以上类型相同的小箱梁结构;如果墩高在35～60 m,宜采用40 m相同规格的结构具体实施;如果墩高超过了60 m,则应采用T梁方案。

3.4.3　桥梁上部结构施工

1. 桥梁上部结构施工方法

桥梁上部结构是桥梁施工中最为重要的部分,它直接影响到施工时间和造价成本,也关系到桥梁作用效果的实现和桥梁结构的稳定性,与桥梁的安全性和美观性息息相关。桥梁上部结构的施工工序较多,因此,施工技术也就呈现出多样化的特点,主要有浇筑法、预制安装法、悬臂施工法、转体施工法、顶推法、移动模架逐孔施工法及横移法。

1)利用浇筑法进行桥梁上部结构施工

浇筑法主要体现在桥梁上部结构支架搭建完成后的浇筑上,工作人员可以根据桥梁上部结构的搭建情况进行浇筑。运用的材料以混凝土为主,当浇筑厚度和强度达到桥梁上部结构施工要求时停止施工,工作人员就可以拆除其周围的保护措施,让桥梁上部结构保持在自然风干的环境中,提高桥梁上部结构的塑性情况,减少因人为操作降低的塑性效果。

工作人员在采用这种方法进行桥梁上部结构施工的时候,要保持好桥梁上部结构浇筑中的主筋状态,浇筑一旦开始就不能中断,否则会影响桥梁上部结构整体性能。还要考虑混凝土的收缩情况,对混凝土的保管要做到位,否则容易增加桥梁上部结构施工中的损耗,还容易因混凝土浇筑塑形问题影响桥梁上部结构施工,进而影响整个工程进度。

利用浇筑法能增加工作人员对桥梁上部结构施工的观察,减少因搭建支架等对桥梁上部结构施工产生的影响。

2)利用预制安装法进行桥梁上部结构施工

该方法的主要表现方式是在桥梁上部结构支架上设置好预制结构,然后再利用架设方法在桥梁上部结构中进行安装。这种方法可以满足不同的安装设备,对桥梁上部结构施工情况可合理选择。

工作人员在利用预制安装法进行桥梁上部结构施工的时候要注意到预制构件的尺寸、质量、构造等。这些要与实际施工情况相符,从而提高工作人员的施工效率。预制安装法对桥梁上部结构施工是一种很有效的方式,为工作人员施工提供了便利,还降低了混凝土收缩对桥梁上部结构施工带来的影响,对桥梁上部结构施工工期有所保障,提高了工作人员的工作效率。当桥梁上部结构出现紧急施工情况时,可以利用预制安装法进行桥梁上部结构施工,以满足工作人员对桥梁上部结构施工的需求。

利用预制安装法进行桥梁上部结构施工给工作人员提供了施工前的准备时间,让桥梁上部结构施工设计可以更合理,缓解了工作人员在施工过程中的体力承受度和人力上的压力。这种预制安装法在材料和安装上都为桥梁上部结构施工节省了资金,缓解了因资金调配不及时拖延工期的情况。

3)利用悬臂施工法进行桥梁上部结构施工

悬臂施工是从桥梁墩开始操作的,利用浇筑梁或者预制梁结构从两边进行拼装。这种方法可以减少施工中支架的利用率,为桥梁上部结构施工节省部分资源。

利用悬臂施工法可以缓解单独使用浇筑法对桥梁上部结构施工带来的成本压力,让桥梁墩承受一部分桥梁上部结构施工的压力和施工过程中受到的作用力,减少施工过程中因受力过大给工程带来的负面影响,保障工期的有效性。悬臂施工法对桥梁上部结构施工也是一种灵活的选择,可以根据施工情况进行调整,选择合适的悬臂施工方式。

利用悬臂施工法进行桥梁上部结构施工可以加快施工进度,让单一的施工方式多元化,使其可以满足更多对桥梁上部结构施工的要求,缓解施工压力,让斜拉桥等都保持在合理的位置,方便悬臂施工调用,减少桥梁上部结构弯曲间距,保持好桥梁上部结构的形态,推动桥梁上部结构施工整体进度。

4)利用转体施工法进行桥梁上部结构施工

转体施工利用的是混凝土的设计强度及其旋转后的构件情况。该方法是将常规支架换成旋转支架,将常规水平轴变为旋转轴,从设计开始提高桥梁上部结构的支撑能力,平衡好施工过程中的稳定性,保障桥梁上部结构施工顺利进行。

工作人员在实施这种操作的时候要根据地形进行选择,将旋转预制构件设置在合理的位置,保护桥梁上部结构施工的稳定性。转体施工法对桥梁上部结构施工实施方案有很好的应用效果,减少了施工设备,降低了操作难度,还为工程施工节约了成本,给工作人员施工带来了便利。转体施工法还降低了高空作业频率,保障了工作人员施工的安全性。该方法从桥梁两端进行,保障了桥梁上部结构的跨度和施工的速度。

5)利用顶推法进行桥梁上部结构施工

这种方法可以保障桥梁上部结构的连接情况,减少施工过程中的噪声,对桥梁各部分的受力情况都有很好的把控。山谷、高桥墩上的桥梁上部结构施工多采用这种方法。

利用顶推法进行桥梁上部结构施工可以帮助工作人员对桥梁上部结构施工中不合理的地方进行调整,保障了桥梁上部结构设计在实际操作中的有效性,让桥梁上部结构施工在正常平稳的状态中进行,减少工作人员在施工中的压力。在桥梁上部结构施工中,工作人员可能没有很多技术经验,对其中出现的问题并不能及时解决。顶推法的使用为工作人员增加了调整时间,缓解了某些技术上的压力,还平衡了桥梁的受力情况,为竣工后的使用做好了准备。

顶推法对桥梁上部结构施工有很好的促进作用,保障了桥梁上部结构施工的节奏,增加了工作人员在施工中的思考时间,让桥梁上部结构施工得到很好的保护,改变了传统施工中的弊端,提高了桥梁上部结构施工质量。顶推法对截面梁有很好的作用,降低了桥梁上部结构施工的预算,让整个工程的费用预算保持在合理的范围内,还为工作人员提供了材料对比时间,让更符合桥梁上部结构施工的材料在足够的时间内被工作人员发现、采买、投入施工,减少浪费资金的情况。

6)利用移动模架逐孔进行桥梁上部结构施工

该方法利用设备从桥梁的一端向另一端按照施工孔逐个进行施工,直到完成。这种施工方式可以不在地面设立支架,对船只通行不造成影响。移动模架在施工中可以被反复利用,减少了桥梁上部结构施工中的设备需求。

利用移动模架逐孔施工可以对桥梁上部结构工程起到有效保护,降低了施工过程对周围环境的影响,工作人员在移动模架逐孔施工中按照操作流程进行,就可以建设出符合需要的桥梁上部结构,体现了施工过程的灵活性。移动模架虽然投资较大,操作较复杂,但是工作人员若能很好地进行操作,对桥梁上部结构施工质量有一个很大的提升。该方法增加了桥梁上部结构施工实施方案的选择性,并且能丰富工作人员的实际操作经验。

7)利用横移法进行桥梁上部结构施工

该方法主要出发点就是在施工前将桥梁上部结构施工的横向移动物固定在桥梁上部结构施工点,保持其位置不变,然后根据桥梁上部结构设计进行施工。

这种方法多见于桥梁上部结构换梁过程中,但对于桥梁上部结构施工也是一种有效的实施方案,为工作人员进行桥梁上部结构施工提供了又一种选择。

利用横移法进行桥梁上部结构施工改善了工作人员单一依靠某种实施方案的情况,为桥梁上部结构施工质量提供了另一种保障。工作人员在实施横移法的时候可以看到它与其他实施方案不同的地方,这种方法可以配合其他方法一起使用,扩大了工作人员在桥梁上部结构施工中的思路,让桥梁上部结构施工不再局限于某个环节、某个实施方案。锻炼了工作人员的操作能力,让他们在桥梁上部结构施工中的技术能力有显著提升。

横移法对混凝土质量有要求,混凝土质量不过关会降低横移法在桥梁上部结构施工中的合理运用,影响竣工后的桥梁使用,也会对桥梁上部结构塑性产生影响,降低桥梁塑性中的应受力、拉伸力等,对桥下船只通航造成安全隐患。工作人员在施工过程中对其要格外用心,注意混凝土的配比、材料等事项,保障横移法在桥梁上部结构中的使用情况,推动桥梁上部结构的发展,体现实施方案的有效性。

2. 桥梁上部结构施工设备

随着公路桥梁建设的持续发展,各国对公路桥梁建设的需求不断增加,对公路桥梁建造质量的要求也越来越高,随之而来的则是施工难度的不断增加。在这种矛盾下要做到安全高效地建设高质量的桥梁,合理选用大型设备显得尤为重要。

1)桥梁上部结构施工设备分类

(1)架桥机。架桥机是将预制好的梁片安装到墩顶预定位置的设备,因其包含提梁用起重设备,因此架桥机属于国家质检总局修订、国务院批准并公布实施的《特种设备目录》规定设备。

(2)移动模架造桥机。移动模架造桥机是一种自带模板,利用墩柱或承台作为支撑基础,对桥梁上部结构进行现场浇筑的施工设备。该设备无起重机构,载荷增加缓慢,因此暂不属于《特种设备目录》规定设备,属非标产品。

(3)拼架机。拼架机是由山东恒堃机械有限公司研发的一种新型设备,既可以用于预制节段梁的拼装架设,也可以用于上部结构梁的现浇。

(4)挂篮。挂篮主要用于上部结构悬臂施工,因其结构简单,受力明确,拆装方便,具有较强的可重复利用性,因此在大跨径主桥施工中应用广泛。

2)各类桥梁上部结构施工设备简介

(1)架桥机。

从应用范围可分为架设公路桥架桥机、常规铁路桥架桥机、客运专线铁路架桥机等几种类型;根据架设箱梁类型可以分为节段拼装架桥机及整孔预制安装架桥机;根据架桥机结构形式又可分为单梁式架桥机、双悬臂式架桥机、双梁式架桥机。

单梁式架桥机的吊臂是悬伸的箱型梁,在箱型梁前端设有1组能折叠的前支腿。在空载状态下,该架桥机利用液压动力系统自行纵移到位后,将前支腿支撑在桥墩顶部,架桥机吊臂呈简支状态。利用主梁尾端特制吊梁小车,将梁片吊起,并沿吊臂前行,到达预定桥位后落梁。

双悬臂式架桥机在1948年引进时,其前后臂均为钢板梁,吊重仅有45 t和80 t两种。后期将该类型架桥机优化为双臂桁架结构,吊重也增加到160 t。该类型架桥机前臂用来吊梁,后臂用来配重平衡,因前后臂无法在水平面内移动,因此对曲线梁适应性差。

双梁式架桥机其吊臂由左右2条箱梁组成并纵向贯通机身后外伸,利用前后2组折叠支腿进行支撑。整套架桥机布置有2台行车,该行车横跨于2条箱梁上,并能沿箱梁纵向移动。吊梁小车安装于行车上,可以实现横桥向移动。在架桥机尾端用吊梁小车起吊梁片后,利用行车纵移,然后利用吊梁小车横移,可实现梁片的准确就位。该类架桥机前后端均可吊梁及落梁,当改变架梁方向时,无须调头,可直接反向施工。为适应曲线架梁,该类架桥机前后臂均可在水平面内摆动。

(2)移动模架造桥机。

根据其结构形式可分为单梁式移动模架、双梁式移动模架;根据其布置形式可分为上行式移动模架、下行式移动模架。

上行式移动模架主要由主梁、鼻梁、上横梁、下挂梁、前支腿、中支腿、中小车、后纵移、内外模板及液压机电系统组成。在空载状态下,利用前支腿、中小车、后纵移的动力系统顶推过孔,就位后,利用中支腿及后纵移支撑进行混凝土浇筑。上横梁及下挂梁均配有相应的液压系统或机械系统,可实现横桥向的开合动作。

下行式移动模架根据其行走方式可分为自行式移动模架、非自行式移动模架。因自行式移动模架适应性较强,其应用范围在不断增加。自行式移动模架主要由主梁、鼻梁、横梁、小车、牛腿、前横梁、中横梁、后横梁、内外模板、液压机电系统组成。该移动模架空载时利用牛腿、小车及后横梁纵移过孔,到位后利用2组牛腿小车支撑进行混凝土浇筑。每套移动模架共配置7台液压系统供应46件油缸动作。

(3)拼架机。

拼架机是一种既可用于预制梁节段拼装式作业又可用于混凝土箱梁现浇作业的新型多用途桥梁上部结构施工机械。该设备将传统节段拼装架桥机吊挂施工转换为底部顶托施工,提高了施工安全性,改善了节段梁体间拼接错台的调整效果,提高了施作功效,是一款拥有完全知识产权及整机发明专利的新型设备。该设备主要由主梁、鼻梁、上横梁、下挂梁、前支腿、中支腿、中小车、后纵移、提升台车等部分组成。在空载状态下,利用前支腿、中小车、后纵移的动力系统顶推纵移过孔,就位后利用中支腿、后纵移支撑开始节段梁拼装。

(4)挂篮。

根据其结构形式可分为桁架式、斜拉式、型钢式及混合式四种。其主要由导梁系统、压重系统、后锚系统、横梁系统、底平台系统及其他辅助系统组成。

3)各类桥梁上部结构施工设备特点

架桥机作为桥梁上部结构预制安装的主要设备,因其架设速度快,所以对配套设备要求较高,如梁场的梁片预制速度、提梁机的提梁速度、运梁车的运输速度及运输距离等。同时,架桥机配套设备较多,所以架桥机整体价格较高,配套投入高,适合在地质条件较好、施工范围较大的客运专线施工。

移动模架作为现浇箱梁施工的主要设备,每套设备适合单个项目15~50跨左右的工程量,可以满足不同跨径、不同宽度的箱梁现浇工作,同时还可以满足小曲线施工。

拼架机作为一种多用途设备,其特点主要在于功能多样化,可以实现一次投入、多次使用的要求,性价比较高。

挂篮作为主桥、拱桥施工的主要设备,主要特点是可以适应不同跨度、不同梁高的施工,工艺简单。

3. 桥梁上部结构施工案例

1)工程概况

某高速公路桥梁全长976.62 m,桥梁全宽33.0 m。横桥向分左、右半幅桥,主桥设计桥型为(65+120+65)m变截面连续梁桥,引桥为30跨现浇连续整体箱梁,分东西两侧。

本标段分两个施工作业面进行现场施工,分别为引桥分项工程作业面和主桥分项工程作业面。

总的施工安排为:在第一个汛期来临之前,将全桥的钻孔灌注桩全部完成,并争取时间完成承台和部分墩身,以保证汛期来临时能够继续进行墩身施工。搭设支架,完成0号块施工,然后用挂篮对称悬浇主桥左幅箱梁直至合龙,再将设备和材料投入主桥右幅箱梁的施工中;两侧引桥用满堂支架全幅平行进行现浇箱梁施工。

2)引桥上部构造施工

(1)地基处理。

地基处理是引桥箱梁满堂支架施工的关键。地基处理方案为:先用推土机将表层耕质土、有机土推出场地,再用重型压路机反复压实3~4次。土基压实后,在其上铺设厚度约30 cm砂砾石,并用重型压路机压实3~4次。

(2)搭设满堂支架、进行支架预压。

在地基处理好后,按照设计的构架尺寸定出脚手架立杆位置,并在横桥向铺设好枕木,便可进行支架搭设,在枕木上放置可调底托座。支架搭设沿桥轴线对称布置,高度通过底托调节,确保立杆底口在同一水平面。起步时按梅花形布置不同高度的立杆,使得相邻立杆接缝不在同一水平面上。支架搭设好后,测量放出几个高程控制点,在顶端立杆上口安装可调顶托,可调顶托用来调整支架高度和拆除模板。架管安装好后,在可调顶托上箱梁底板下方顺桥向布置I10分配梁。

(3)安装模板、支座。

按照设计规范要求安装箱梁侧模、封头模和盆式橡胶支座。表3.10为模板加工质量标准。

表3.10 模板加工质量标准

序号	检查项目	容许偏差/mm	检查部位
1	长度	+0,−1.0	中间及两端
2	宽度	+0,−1.0	中间及两端
3	高度	+0,−1.0	中间及两端
4	模板挠曲	<2.0	长、宽方向
5	拼装模板间接缝	<1.5	1.5 m塞尺不通过
6	相邻模板面错台	<2.0	检查拼接缝
7	相邻模板上口高差	<1.5	检查拼接缝

(4)安装钢筋和预应力材料。

在安装并调整好底模、侧模后,首先绑扎底板钢筋,在绑扎底板钢筋前按设计图纸弹出骨架钢筋墨线,根据弹线布置钢筋,保证钢筋的间距和相对位置。然后绑扎腹板钢筋,安装纵向波纹管并穿束。绑扎钢筋过程中凡是与波纹管冲突的钢筋或将其扳弯,或将其移位,确保波纹管的坐标准确。待底、腹板钢筋及预应力管道完成后,安装内模,再绑扎顶板钢筋及预应力管道。表 3.11 为钢筋安装允许偏差和检验方法。

表 3.11 钢筋安装允许偏差和检验方法

序号	项 目	允许偏差/mm	检验方法
1	桥面主筋间距及位置偏差(拼装后检查)	15	尺量检查不少于5处
2	底板钢筋间距及位置偏差	8	
3	箍筋间距及位置偏差	15	
4	腹板箍筋的不垂直度(偏离垂直位置)	15	
5	混凝土保护层厚度与设计值偏差	+5.0	
6	其他钢筋偏移量	20	

(5)浇筑混凝土。

根据梁体的结构尺寸,连续箱梁混凝土按一次浇筑成型,由每跨梁体从中间向两端浇筑,沿底模在整个横断面以斜坡层向前推进。混凝土浇筑分层进行,每层 30 cm,可充分利用混凝土层面散热,同时便于振捣和保证混凝土的浇筑质量。在前层混凝土初凝之前将次层混凝土浇筑完毕,间隔时间不宜过长,防止产生层间冷缝。为保证支架不超载,混凝土在底板上随时整平,堆积厚度不大于 50 cm,浇筑速度不小于 25 m³/h。

(6)混凝土养生。

现浇箱梁采用土工布养护,洒水养护时,先将混凝土结构的侧面和底面充分湿润,然后再由顶面洒水。对于不能保水养护的部位,拆模后直接在混凝土表面喷涂一层保护膜,这样既可免去养护,又可提高混凝土的视觉效果和混凝土的耐久性。混凝土洒水养护时间不少于 7 d。

(7)预应力张拉、压浆。

箱梁混凝土强度达到设计强度的 90% 之后,龄期不小于 7 d 时,就可以进行预应力束张拉,张拉顺序按照图纸进行,张拉采用双控,张拉控制应力为设计值,实际伸长量与理论伸长量的差值控制在 ±6% 之间,两端张拉的预应力钢束在预应力过程中保持两端伸长量基本一致。张拉完毕后,进行预应力孔道压浆。压浆使用活塞式压浆泵缓慢均匀进行。压浆工作要一气呵成,中间不得停顿。压浆完成后,将锚具周围冲洗干净并对梁体混凝土做凿毛处理,设置钢筋网,并浇筑封锚混凝土。浇筑封锚混凝土时应核对梁体长度,确保梁间缝隙尺寸及伸缩预埋件的安装准确,加强振捣,以确保混凝土质量。

3)主桥上部构造施工

(1)0号块。

主桥0号段采用搭设托架现浇法施工,分两次浇筑成型。托架采用钢管桩支架结合贝雷桁架与型钢组成的现浇平台。底模部分直接铺设I36分配梁,间距75~150 cm,支撑在贝雷桁架上,分配梁与贝雷桁架间设木楔调节支模高度。钢管桩直接支撑在承台上。主梁采用双排单层贝雷梁。在翼板范围搭设满堂脚手架作为翼板的施工平台,脚手架利用I36作为分配梁直接支撑在贝雷桁架上。托架搭设完毕后,先铺设底模、安装支座,再安装腹板外侧模,安装好底、腹板钢筋和预应力管道后,再安装内模。安装顶板钢筋和预应力管道,预埋顶板吊杆孔道和护栏预埋钢筋。顶板模板和钢筋经监理工程师验收合格后,浇筑腹板第二次混凝土和顶板混凝土。待强度达到标准后养生,预应力管道穿束,按照设计图纸和规范要求,进行预应力张拉和压浆。

(2)悬臂梁段和现浇段。

待0号块张拉、压浆完毕后,在梁顶对称整体拼装挂篮。挂篮由轨道、前支座、主桁架、后支座及后反扣轮、后锚系统及前吊横梁、外模及外行走梁、底模系统及下横梁和内模系统组成。

挂篮结构经拼装就位后,安装内模前进行模拟施工工况荷载试验,安装好主纵梁水平方向的横向联系,挂篮试压采用码堆土袋及铺设混凝土试块的方法,然后分级卸载,在加载和卸载过程用精密测量仪器观测变形,再根据实测值推算各梁段挂篮的变形,为施工预拱度提供参考数据。消除非弹性变形,并测量变形值。挂篮悬浇节段混凝土采用一次性浇筑完成,组织两套运输及入模设备严格按两端对称浇筑。

(3)边、中跨合龙段。

根据设计要求,合龙顺序为:先边跨合龙,再中跨合龙;边跨合龙后,解除10号、11号墩的临时固结,进行中跨合龙。合龙段利用挂篮施工。在14号块均完成后,将挂篮底篮的前下横梁挂在外导梁上,拆除前吊横梁吊带,前移至14号块上。将内模导梁通过吊杆挂在已浇另一端的14号块箱梁顶板上,外侧模导梁挂在已浇梁体翼板上,底板下横梁利用手拉葫芦调整水平位置并通过已浇梁体底板吊杆挂住并张紧。合龙段模板安装前,在挂篮侧梁体的14号节段利用水箱配重,使两侧已浇节段顶、底板处于同一水平面。在温度达到设计要求时及时焊接刚性连接,使该跨悬臂梁形成刚性连接。调模完成后,进行钢筋绑扎及管道埋设施工,混凝土浇筑施工时间选在当天气温较低的凌晨,以保证合龙温度在17～21℃。混凝土浇筑前,按照设计要求,对钢束进行临时张拉。梁体混凝土采用混凝土泵车泵送入模、全断面一次浇筑成型,混凝土经养生达到要求后,解除刚性连接,按设计要求张拉预应力束,采用真空压浆工艺进行压浆。节段钢束张拉、压浆完成后,卸除水箱配重物,拆除挂篮,完成体系转换。

3.5 下部结构施工

桥梁下部结构在桥梁施工建设过程中占据重要地位,其施工质量不仅关系着桥梁工程项目整体质量,也对桥梁工程项目施工进度、施工安全、使用效益等存在重要影响。

3.5.1 桥梁下部结构的组成

通常情况下,桥梁下部结构主要由桥梁地基基础、桥梁桥墩、桥梁桥台等构件共同组成。

1. 桥梁地基基础

桥梁地基基础是连接桥梁与地面的重要结构,承载着桥墩、桥台、桥身、桥梁防护建筑以及桥面上的可变荷载,其稳固性、可靠性直接关系着桥梁整体结构的稳定、可靠与安全,是桥梁施工的基础环节,也是桥梁施工的重点内容。

2. 桥墩

桥墩是桥梁上部结构的主要支撑物,主要由石材、钢材、木材、混凝土等材料构成(分为实体式桥墩、桩式桥墩、柱式桥墩、空心式桥墩等类型),能够将桥跨支座之上的力均匀分散地传递给地基基础,同时承受土压力、水压力等多种荷载的冲击,因此在桥梁下部结构施工中,桥墩的刚度、强度具有较高的要求。

3. 桥台

桥台位于桥梁的两端,是有效连接上部结构与路堤的建筑物,能够有效将来自桥梁上部结构的荷载传递到地基基础之外,实现桥头路基的稳定。通常情况下,桥台主要由石材、素混凝土、钢筋混凝土等构成,具有多种类型,包括重力式桥台、组合式桥台、承拉桥台、埋置式桥台、薄壁轻型桥台等。

桥梁下部结构受地质条件、水文条件、自然气候、结构类型等因素影响较大,在设计与施工中应进行综合分析与管控。

3.5.2 桥梁下部结构设计

桥梁下部结构属于桥梁整体承重部位,桥梁下部结构的设计和施工直接关系到整个桥梁的施工成本、施工进度、后期使用安全性等多个方面的内容,必须要提高桥梁下部结构设计的科学合理性,使桥梁下部结构质量得到保证,更好地满足当前交通运输方面的实际需要。

1. 桥梁地基基础设计

高速公路桥梁地基基础可分为桩基础、管柱基础和沉井基础三类。

1)桩基础

根据材料的不同,桩基础可以分为钢筋混凝土桩、预应力管桩和钢桩。根据承台位置,则分为高桩承台基础和低桩承台基础,两种桩基的具体特点如表3.12所示。根据施工方法的差异,分成钻挖孔灌注桩基础和打入桩基础。

表 3.12 高桩承台基础和低桩承台基础的特点

序号	类型	高桩承台基础	低桩承台基础
1	定义	桩基础的承台底面高于地面	桩基础的承台底面低于地面
2	应用领域	桥梁、码头等水运工程	房屋建筑工程
3	桩基类型	仰桩、俯桩、直桩	直桩
4	施工方法	一般用打桩船完成沉桩施工	现场用打桩机打入
5	定位方法	GPS沉桩定位系统、经纬仪前方交会	全站仪或GPS-RKT现场放样

续表

序号	类 型	高桩承台基础	低桩承台基础
6	测量特点	桩固定在船上,受水流、风力、土层的影响,需要设置定位提前量,定位过程也是桩船移动过程,基本无法用棱镜定位;无法直接定位桩中心	施工前,用全站仪或GPS-RTK在现场直接放样桩中心位置
7	精度保证措施	提高控制网的精度;根据桩的仰俯、水流、土层设置不同的提前量;交会角度合理	保证控制网精度;通视情况良好

2)管柱基础

管柱基础属于大直径(直径为1.5～5.8 m,壁厚10～14 cm)的桩基础,一般用在深水、潮汐影响较大的地方。管柱基础的施工是利用大型振动沉桩锤沿导向结构将桩竖向振动下沉到基岩,然后进行护壁施工,再安装钢筋笼及灌注水下混凝土,最后将管柱与基岩牢固连接。

3)沉井基础

沉井基础的基本原理是利用井筒,在其自重的作用下不断下沉,直至达到设计标高。在施工中,先制作好钢筋混凝土沉井底,然后将井底的土壤挖除,使其在自重作用下下沉,当下沉到设计标高后,用混凝土进行封底,并建筑沉井顶盖,随后开始修建墩身,具体如图3.2所示。

2.桥梁桥墩设计

1)桥墩部分的样式

(1)重力式桥墩。重力式桥墩是由石头和混凝土混合在一块建成的实心的物体,因为它的截面很大,并且可以利用水平及垂直的外力,因此施工操作方便,且较为牢固。然而它也有缺点,比如圬工量大、易挡水,这样的桥墩不适合放置在流水速度大或者泥沙多的地方。重力式桥墩通常是实心的,使用的钢筋也较少,很多时候使用混凝土和石头。

(2)轻型桥墩。轻型桥墩圬工量少,基础的工作量轻,可以更快完成工作,加快了工作效率。轻型桥墩分为四种,分别为构架式桥墩、空心式桥墩、桩柱式桥墩以及薄壁式桥墩。构架式桥墩不需要很大的地基,应用广泛;空心式桥墩的外表和重力式桥墩差不多,实际上里面是空的薄壁墩,主要用在高桥墩;桩柱式桥

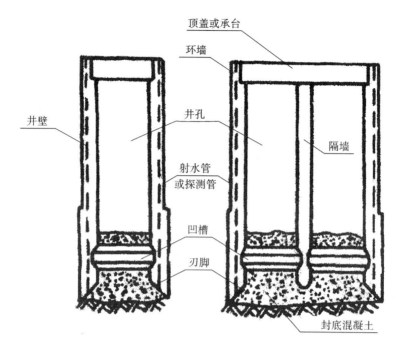

图 3.2 沉井基础示意图

墩可以分成双柱式、单柱式和桩式桥墩,通过把预定的零件接在一起建造,或者在工作地直接浇筑混凝土;薄壁式桥墩是用铰把每一种柔性桥墩和距离不远的刚性桥墩连在一块,形成多跨超静定的构造,刚性桥墩对纵向的水平力有一定的作用,从而使柔性桥墩的受力状况得到很好的改善。下部结构轻型桥墩选型依据如表 3.13 所示。

表 3.13 下部结构轻型桥墩选型依据

桥墩类型	作用特点	适用性
空心式桥墩	基础施工量、圬工体积较小,且施工进度与施工效率均具有一定保障	高桥墩
桩柱式桥墩		由就地灌注混凝土与拼装预制构件组成
薄壁式桥墩		能够借助桥跨结构将各种柔性桥墩与相邻的刚性桥墩连接起来,以形成多跨超静定结构。此结构系统中,刚性桥墩能够用于承担整个桥梁的纵向水平力,进而改善柔性桥墩的受力状况
构架式桥墩		适用范围广泛,对地基的施工环境要求小

2)设计桥墩构造

桥墩一般选用 Y 型薄壁墩和柱式墩。柱式墩可以分成方柱墩及圆柱墩,圆柱墩的外表设计很简单,且其质量能够得到很好的保证,所以大多应用于平原地区,方柱墩具有棱角且其视线较好,外表美观。从受力考虑,如果圆柱墩和方柱墩有相同的截面积,圆柱墩则没有方柱墩的抗弯能力强,方柱墩的受力状况又比圆柱墩好些。然而方柱墩的墩柱及桩基通过桩帽进行连接,若在山区,桥梁地面横坡很陡,会因此加大工作量,使施工难度增大。设计桥墩的时候,应将地理环境、墩的高度和构造样式等结合在一起考虑。Y 型薄壁墩外表好看,然而其施工难度大。若桥墩较高,Y 型薄壁墩工作的时候只用到一套模板和一个支架,若桥墩很矮,桥墩将会较难看,并且工作很难进行,所以其应用较少。Y 型薄壁墩主要用于地面横坡陡峭却需要很多模板的山区环境。

3. 桥梁桥台设计

1)桥台构造样式

(1)轻型桥台。跨越度较小的桥梁一般使用轻型桥台,与小型的桥墩一起应用时孔数不多于 3 个,桥梁整体长度小于 20 m,单孔的跨度不大于 13 m。桥台的台身是竖直的且墙面较薄,其特点主要是体积较小,两边可以建设挡土墙面。桥台下部设置钢筋混凝土支撑梁,上部结构与桥台通过锚栓连接,形成四铰框架构造体系,然后利用两边台面的土压力使系统维持稳定。

(2)埋置式桥台。埋置式桥台是利用把台身埋到锥形护坡里的原理建造的,其桩基形式分为单排和双排两种。该桥台的特点是减小其承受的土压力,并且其台身的体积也随之变小。然而它也有缺点,表现在采用片石及混凝土等保护台身时,容易被洪水冲毁导致台面暴露在外。因此设计的时候应该考虑坡面的强度以及稳定性,必须在精密计算之后才可施工。埋置式桥台主要用在路基填土的高度是 5 m 或者大于 5 m 的场合,能够和跨度在 16~20 m 范围的梁的上部构造结合在一起。

(3)钢筋混凝土薄壁桥台。钢筋混凝土薄壁桥台分为撑墙式、扶壁式及箱式,其构造组成是带扶壁的前墙、侧墙以及水平底板。台顶由竖立墙以及支于扶壁上的水平板构成,用以支承桥跨结构。钢筋混凝土薄壁桥台主要用于填土较低或者河床较窄的软底地基,其结构很复杂,施工时难以操作,且钢筋用量较大。

2)设计桥台的构造

对桥台进行设计的时候,桥梁大多采用重力式 U 型桥台以及桩柱式桥台或者肋板式桥台。设计重力式 U 型桥台的时候需要将地理状况等因素考虑在内,其设计高度应该维持在 10 m 范围,如果台面填土很多或者连接长度超过规定则不应该应用,连接长度需保持在 150 m 范围内,台面填土高度不应该高于 5 m。埋置式肋板台的应用较为广泛,其台面填土高度应该低于 12 m。另外肋板式桥台能够承受的水平荷载很大,并且其水平可抗刚度也较强,因此在软土以及山区建造桥梁时经常被采用。

4. 下部结构设计计算

为了有效降低软土路基对桥梁质量的影响,桥梁的上部结构选择为先简支后连续的结构形式,然而对于整个工程质量影响最大的下部结构的计算过程和步骤则相对复杂,所以下部结构如何进行选择就显得尤为关键,需要全面考虑,由于其不仅仅会影响桥梁造价,对工程的安全性影响也非常大,在实际设计阶段,应该着重计算以下方面。

1)盖梁内力计算

(1)荷载均匀布置时,一般使用的是杠杆计算法。

(2)荷载偏心时,选择的则是偏心受压构件计算方法,两种外部荷载的分布情况不同,要选择较大的内力值进行计算,这种算法可以计算出内部荷载,然而在计算过程中存在一定的不稳定因素。

2)桥墩内力计算

桥墩竖向力计算相对简单,此处忽略,水平力柔性墩计算使用的是柔性墩理论中的集成刚度法。根据不同形式的桥墩结构进行水平力、弯矩的计算,确定各个横截面的具体受力情况。

3)桥台内力计算

桥台除了承受上述桥墩的各个荷载,竖向还受到了土压力、搭板自重等的影响,水平方向上土压力也有所上升。其受到了多方面的影响,设计时还应该充分考虑以下几个方面。

(1)内力计算应注意的问题。

①在对软土路基中的桩基钢筋混凝土薄壁进行计算时,一般需要按照深层结构形式来计算。

②软基路段的桥台一般需要根据路线成正交布置,降低桥台的长度,在合适

的范围内设置伸缩缝,防止使用中混凝土变形给整个系统造成影响,防止出现竖向、斜向的裂缝。

(2)埋置式桥台需要以原地面结构为依据进行计算,对于土质较差的区域,尤其需要进行准确的计算,保证其水平台下的结构不会对整个桩基础造成严重的影响。

(3)桥头沉降量、滑动验算。首先,路基发生大规模的沉降会产生桥头跳车的现象,整个结构形式受到破坏,竖向土压力持续上升,使得整体结构出现损坏或者桩体下沉的情况,整体结构稳定性下降。其次,路基下滑会造成承台土压力下降,如果路基处于河流的位置中,需时刻注意深层的滑动验算,确保整个系统的稳定性达到预期要求。

4)桩筋及桩长设计注意事项

(1)桩基各个截面的配筋,要根据包络图进行合理配置,通常需要在弯矩、荷载最大的地方进行设置,从桩顶一直延伸到下一步固定的位置上,如果施工区域为软土路基,则应该使整体配筋穿过软土结构层,直接深入坚硬的地下层,保证桥梁的稳定性。

(2)软土路基的计算不能按照常规的方式进行,而应该考虑到其具体的受力情况。计算弯矩时,应该使用零点配筋的常规方法,在软土结构中这种方法应该慎重使用,避免各项计算的数据和位置发生错误,造成配筋长度不够的现象,导致结构稳定性下降,影响交通行驶的安全性。

(3)如果桩基在施工中出现了较大的变形量,那么在实际施工中,应该充分考虑整个桩基的受力情况以及土质特性,综合进行受力情况的分析,确保桥梁整体性能。

(4)崇山峻岭之中,很多基层岩石结构都会暴露在边坡上,受到自然环境的侵蚀,导致质量严重下降。在这部分结构中设置桥梁的基础结构部件时,其整体性能也就无法保证。因此在进行桥梁设计时,不仅要考虑经济效益,还应该以安全性作为其主要的指导思想。

3.5.3 桥梁下部结构施工技术

1. 桥梁下部结构施工要求

1)桥台
整体式桥台,包含有主梁端与桥台固结点,桥梁由活动独立墩和盖梁柱组成,台后的路面与填土部分承载了大部分荷载,只有很小部分荷载是通过柔性结构承担的。因此施工过程中必须充分考虑温度变形所造成的不良影响。

2)桩

在桥台梁柱结构部分的施工中,要综合分析横向荷载与土壤结构之间存在的共同影响,如果不能采取合理的施工方案,则必然导致其无法满足桥梁运行要求。因此在桥梁规划阶段需制定合理的桩基施工方案,以缓解因温度效应而引起的塑性影响。

3)引道板

引道板可以起到稳定连接桥台与路基结构的作用,从实际应用中可以发现,在桥梁工程中,路基出现结构沉降问题之后,引道板能起到过渡作用,从而提升车辆行驶的平稳度,并且消除桥梁各个结构之间所存在的冲击影响。引道板还可以对梁端位置中的荷载进行均匀分布,从而避免荷载不均给桥台造成的不良影响,特别是车辆超载所造成的影响。

4)桥墩

桥墩的主要作用是承载桥梁的荷载,同时还能有效控制纵向力与横向力所产生的影响,因此进行桥墩设计时应该充分考虑上部结构中所产生的应力变化,以及下部结构的外力变化。在桥梁上部结构出现伸缩变化之后,墩顶会变形,同时桥墩也会出现弯曲现象,此时应该准确确定上部位移量以及固结状况,从而有效消除桥墩弯曲变形问题。

2. 桥梁下部结构施工技术

下部结构施工有传统的现浇桥墩和近年快速发展的预制拼装两种方式。现浇混凝土是在施工现场由模板支撑浇筑的混凝土,一般是指在结构构件的设计位置,在现场搅拌并浇筑到模板内,经成型、压实、硬化黏土而成的混凝土。预制混凝土是指在工厂或建筑工地(不是最终设计位置)用于制造混凝土产品的混凝土。

1)装配式下部结构施工特点

(1)装配式下部结构施工优点。

①高质。墩柱及盖梁钢筋采用高精度定位胎架绑扎,并在胎架上增加定位钢板,保证主要受力钢筋不变形,同时提高套筒、钢筋及预应力管道(盖梁)的定位精度;场内安装墩柱、盖梁模板及浇筑混凝土,避免高空作业,控制混凝土外观质量和保护层;预制场生产,每个工序的人员配置固定,稳定性较好、专业性较

强,为优质工程奠定基础。

②高效。较传统现浇式施工工艺,装配式桥梁下部结构预制工艺不受现场施工环境影响,可以流水线作业,工期可控,生产效率高;装配式桥梁下部结构采用场内预制、现场拼装的形式,现场安装效率远高于常规现浇式施工(装配式桥梁下部结构每个工作面平均每天可安装4根预制墩柱、2榀预制盖梁),实现了集中预制、工厂化施工,减少了现浇式施工多个作业面投入的人员、模板、现场脚手架、安全爬梯等。

③安全。避免现浇式施工支架搭设产生的安全风险,降低工人长时间高空作业产生的安全风险。

④环保节能。较现浇式施工减少了混凝土浇筑时对现场环境的污染,同时工厂化施工使得现场建筑垃圾大大减少,降低了对周围环境的影响,减少了模板、脚手架等的投入,节约了资源。

(2)装配式下部结构施工缺点。

①费用高。装配式桥梁下部结构施工较现浇式施工增加了预制场站建设费用;装配式桥梁下部结构施工安装增加了连接处的座浆料、连接套筒及灌浆料等材料的投入,较现场浇筑施工增加了预制场至施工现场的运输费和施工现场的安装费。

②运输难度大。装配式预制构件安装为搭积木式施工,模块单元体积偏大、自重大、超高、超宽,运输困难。整体性有待探索,装配式下部结构预制安装施工在桥梁施工领域刚开始试行,处于探索阶段,设计、施工、检测等方面均缺乏依据和有效的检测方法,尤其承台与墩柱之间、墩柱与盖梁之间都是通过套筒连接的,结构物整体刚度和抗冲击能力有待探索。

2)现场浇筑式下部结构施工特点

(1)现场浇筑式下部结构施工优点。

现场浇筑式施工不存在运输吊装作业,不需要大型运输和起重设备,节约施工成本。各工序之间连接整体性好,结构物整体刚度和抗冲击能力强。

(2)现场浇筑式下部结构施工缺点。

①交叉作业多。现场浇筑式施工存在多处交叉作业,包括作业人员、物资、机械设备等。

②进度缓慢。常常受制于施工现场和上一道工序完成情况。

③模板周转率低。工期紧张时需要投入大量模板,造成模板周转次数降低,资源浪费严重。

④质量控制难度大。受现场高空作业限制,实体混凝土外观质量和保护层合格率普遍不高。

⑤现场管理混乱。施工现场存在电力线路私拉乱接、周转材料到处堆放等现象。

⑥环保性差。现场浇筑式施工时建筑垃圾、材料外包装袋等随意丢弃,混凝土养护用水随意排放,污染环境。

预制拼装技术与传统现浇混凝土施工对比如表3.14所示。

表3.14 预制拼装技术与传统现浇混凝土施工对比

序号	对比项	预制拼装	现浇混凝土
1	施工工期	短	长
2	质量保证	好	好
3	施工临时措施	少	多
4	施工作业人员	较少	较多
5	现场施工	方便简易	工序较多
6	对周边环境影响	小	大

3.桥梁下部结构施工案例

1)施工背景

随着城市的发展,公路工程对安全文明施工的要求等级越来越高,现场施工各方的协调工作也越来越多,针对公路桥梁项目的施工要求越来越严。在保证施工质量的前提下,施工现场场容场貌要求整洁,同时还要满足施工工期节点。因此,传统的混凝土现浇施工难以满足现在的发展需要,逐步被预制拼装技术所取代。预制拼装采用工厂化集中制作,在施工现场采用拼装施工,施工现场看不到混凝土罐车、施工脚手平台,现场环境不会因浇筑混凝土遭到污染、破坏。

现以温州市金丽温高速公路东延线工程为例,阐述桥梁下部结构预制拼装技术在公路桥梁项目中的应用。

金丽温高速公路预制构件包括预制立柱、预制盖梁、预制T梁,线路主线长22.046 km,包括全线设置主线桥梁14776.94 m/12座,隧道6419.5 m/3座,茶山枢纽设置甬台温高速公路短隧道315 m/1座,设置匝道短隧道263 m/1座。

全线设置枢纽互通2处、一般互通2处、互通收费站3处、养护工区1处、管理分中心1处、隧道管理站1处以及必要的交通辅助管理用房。同步建设互通连接线1.55 km。项目总投资110亿元,装配式桥梁施工尚属温州地区首例且桥梁工程预制构件占比70%以上。

2)主要施工工艺

主要施工工艺如图3.3所示。

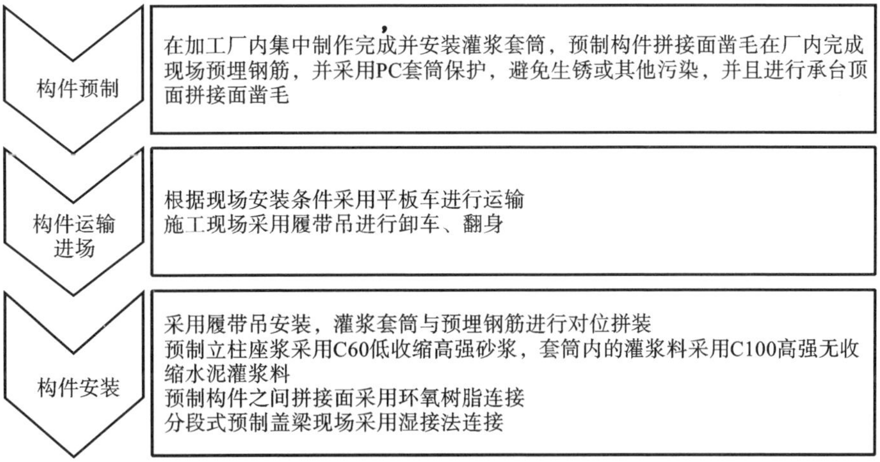

构件预制	在加工厂内集中制作完成并安装灌浆套筒,预制构件拼接面凿毛在厂内完成 现场预埋钢筋,并采用PC套筒保护,避免生锈或其他污染,并且进行承台顶面拼接面凿毛
构件运输进场	根据现场安装条件采用平板车进行运输 施工现场采用履带吊进行卸车、翻身
构件安装	采用履带吊安装,灌浆套筒与预埋钢筋进行对位拼装 预制立柱座浆采用C60低收缩高强砂浆,套筒内的灌浆料采用C100高强无收缩水泥灌浆料 预制构件之间拼接面采用环氧树脂连接 分段式预制盖梁现场采用湿接法连接

图3.3 主要施工工艺

3)预制构件工厂化制作

预制构件厂选址位于温州市大门岛营盘基地,总占地9.3 hm²,其位于温州城区正东边约40 km,东南边乐清湾南端,隔海与台州、玉环、龙湾相望,东南距城区5.5 km。交通便利,具备公路、水路运输条件。水路运输码头满足2000 t级泊位通用泊位和1000 t级重件泊位。

厂区主要分为五大区域:办公生活区、立柱盖梁生产区、堆存区、保障区和码头区。办公生活区位于厂区北侧,总占地约0.533 hm²,主要由1栋办公楼、1栋宿舍楼和1栋食堂组成。立柱盖梁生产区位于厂区北侧,总占地约2.67 hm²,主要由1栋砂石料仓库、1栋钢筋加工车间和1条立柱盖梁生产线组成;立柱盖梁生产线共设置24个立柱台座,10个盖梁台座。堆存区位于厂区南侧,紧邻生产区布置,占地约3.2 hm²。营盘基厂区主要建设内容为1条大型构件生产线、1条钢筋生产线、码头及搅拌站、成品堆场、原材料仓库、气化站、锅炉房、变配电室等辅助设施,总建筑面积37124 m²。

(1)预制构件加工。

预制立柱在预制构件浇筑区域的立柱浇筑台作区进行浇筑,立柱模板采用定型化钢模,模板对拉螺杆采用精轧螺纹钢,钢模外表面进行抛丸喷砂喷漆,立柱模板进场前必须按照相关质量标准进行验收,检查内容主要针对模板的尺寸、拼接缝隙、平整度、垂直度等,验收合格的模板才能使用。

立柱预制步骤如下：①立柱钢筋配料及半成品转运；②立柱模板平躺安装,灌浆套筒定位安装；③立柱钢筋笼整体安装；④立柱模板封模；⑤立柱模板连同钢筋笼一起翻转至竖直；⑥安装带围护浇筑平台进行浇筑（一次性浇筑完成）；⑦拆模养护。

预制盖梁在盖梁台座生产线进行生产,整体模板设计便于拆装,在生产线上通过轨道移动提高安装效率。模板选用10 mm厚钢模板,脱模剂采用高性能脱模剂,模板加工好后进场前必须要按照相关质量标准进行验收,验收合格后方可投入使用。

盖梁预制步骤如下：①钢筋配料及半成品转运；②灌浆套筒定位,钢筋绑扎；③底模、侧模安装到位；④盖梁钢筋笼整体安装；⑤封模；⑥浇筑（一次性浇筑完成）；⑦侧模通过轨道移动至下一个盖梁台座继续生产。

(2)制作精度控制。

①立柱钢筋胎架。立柱钢筋笼于专用胎架（如图3.4所示）上制作加工成型,为保证钢筋笼制作偏差符合要求,应严格控制胎架精度。钢筋下料时严格控制长度,采用自动化切断设备,确保钢筋长度精确,立柱钢筋笼成型采用点焊固定；保护层垫块在出厂前安装到位。

立柱底部预埋套筒和顶部预留钢筋通过定制加工的钢板进行精确限位,以保证安装精度控制在±2 mm范围内。

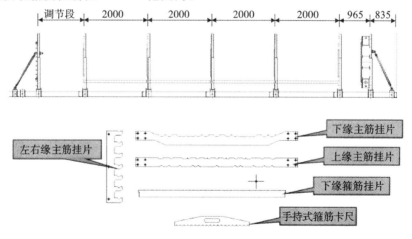

图3.4 立柱钢筋胎架限位示意图(单位:mm)

②盖梁钢筋胎架。盖梁钢筋笼于专用胎架上制作加工成型,为满足盖梁拼装的要求,在胎架底部设置有限位装置对预埋灌浆套筒进行定位,保证安装精度控制在±2 mm 范围内,盖梁钢筋笼成型采用点焊和绑扎。盖梁钢筋成型后安装波纹管定位,保护层垫块和波纹管在出厂前安装到位。

③套筒及预留钢筋安装。根据设计图纸进行灌浆套筒预埋,套筒安装时,可采用定位钢筋将其固定在构件主筋上,套筒与构件柱底模板应垂直;预埋套筒底部可采用橡胶塞进行封堵,防止漏浆,模板拆除后应及时清理橡胶塞,并清空管道,避免后期安装完成时造成堵管。

连接主筋安装时,宜逐根插入灌浆套筒内并进行加固,以及对连接处进行封堵,防止浇筑混凝土时漏浆。

4)预制构件现场安装

(1)现场安装主要流程。

承台拼接面严格按照设计标高控制,凸出位置精细打磨;严格控制预制构件端面平整度。沿预留主筋内边缘进行接触面凿毛,中心位置预留边长为 20 cm 正方形区域不凿毛,凿毛区域应控制好凿毛质量。根据绝对标高,确定每根钢筋的锚固长度,并对高出钢筋进行切割处理。钢筋、灌浆套筒母版同种规格的至少 2 块,预制厂 1 块(定位立柱预埋钢筋及灌浆套筒),桥位施工现场 1 块(用于承台预埋钢筋定位),承台预埋钢筋允许偏差±2 mm,预埋钢筋不允许弯折对位。

立柱与承台拼装前先进行匹配拼装,同时应对外露钢筋进行除锈处理。在承台拼接缝位置,布置不锈钢调节垫块。

(2)安装控制要点。

①应在立柱底面离钢筋约 2 cm 时,调整立柱位置,待立柱稳定后,再下放立柱,将钢筋套入灌浆筒。

②调整立柱倒角位置处支撑板,确保其高程偏差在允许范围内,在立柱底面离砂浆面约 2 cm 时,进行预制立柱中线对位,待立柱中线和承台中线重合后,锁定位置下放立柱至中心垫片上。

③千斤顶应放置在牛腿下方,并靠近内侧,第一次下放时,应根据测量数据调整千斤顶,确保千斤顶受力均匀。

④试吊阶段:采用吊装设备起吊预制构件,下放立柱至中心垫块上,然后放置好千斤顶,将千斤顶调高 4~5 mm,吊机采用分级卸载,分布至 4 个千斤顶上,下放过程中应当心立柱孔壁与预留钢筋发生碰撞,根据测量数据调节千斤顶,先调节偏差较大方向,再调节偏差较小方向,一个方向调整结束,再调节另一方

向,直至垂直度控制在 1 mm 范围内;调整结束后记录千斤顶位置及高度,吊离立柱。

⑤安装阶段:砂浆垫层坐浆料摊铺,安装止浆环,进行第二次立柱下放,并确保四周都有浆液挤出,也可根据浆液挤出过程来判定立柱是否偏位。

⑥安装质量控制影响因素。应根据图 3.5 所示的影响因素进行逐项分析,根据项目安装实例找出主要影响因素进行管控,达到质量控制标准化目的。

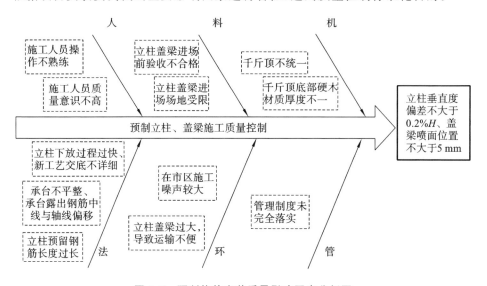

图 3.5　预制构件安装质量影响因素分析图

综上所述,在温州金丽温高速公路东延线工程下部结构的预制拼装施工中,通过在预制厂内集中加工构件,实现了施工工人产业化、专业化、工厂化,构件制作、配送集约化的效果。并且达到了工厂加工制作、运输及现场安装全产业链施工质量可控化、施工过程安全标准化、施工信息数字化、施工周期快速化、施工环境环保化的目标。

3.6　桥面系施工

桥面铺装结构铺设在桥梁梁体表面,直接承受车辆荷载,是桥梁梁体的一个重要组成部分。桥面铺装结构是桥梁梁体的受力层,起到分散荷载的作用且与桥面板一起受力;它也是保护层,避免桥面板过早破坏。

3.6.1 桥面系的组成和分类

以钢筋混凝土和预应力混凝土桥为例,其桥面部分包括桥面铺装、桥面排水设施、桥面伸缩缝、人行道、栏杆和灯柱等构造。

1. 桥面铺装

桥面铺装需保护属于桥梁主梁整体部分的车行道板不受车辆轮胎的直接磨耗,防止主梁遭受雨、雪、污水的渗蚀,并能对车辆轮重的集中荷载起到一定的分布作用。

桥面铺装层直接承受来自上部行车荷载、下部梁体变形和周围环境因素的作用,其受到变形和应力的作用与主梁及桥面板结构形式密切相关。一方面它分散荷载并与桥面板一起承受荷载,另一方面又起到联结各主梁共同受力的作用。它既是保护层又是受力层,应具有足够的强度和良好的整体性,并能满足抗裂、抗冲击、耐磨性能好等各项要求。

概括起来,桥面铺装层应具有以下作用:①在使用年限内,起到完整桥的表面的作用;②提供较好的平整度,保证行车平稳;③防水作用,防止桥梁结构受雨水侵蚀,延长桥梁使用寿命;④分散车辆荷载,并使荷载较均匀地分布到梁上;⑤整体性好,能联系各个梁,并提高梁的共同作用能力。

钢筋混凝土和预应力混凝土梁桥的桥面铺装有下列几种形式。

1)普通水泥混凝土或沥青混凝土铺装

此种铺装用于非严寒地区的小跨径桥梁,通常桥面内可不做专门的防水层,直接在桥面上铺筑 0.05～0.08 m 的普通水泥混凝土或沥青混凝土铺装层(采用与桥面板混凝土相同强度等级的混凝土)。为了防滑和减弱光线反射,混凝土做成粗糙的表面。混凝土铺装的造价低,耐磨性能好,适用于重载交通,但其养生期比沥青种类的铺装时间要长,日后修补也较麻烦。沥青混凝土铺装的重量较小,维修养护也方便,在铺筑后只需几个小时就能通车运营。

2)防水混凝土铺装

此种铺装用于非冻胀地区的桥梁,需做防水时,桥面板上铺筑 0.08～0.1 m 厚的防水混凝土(强度等级不低于桥面板混凝土)作为铺装层。防水混凝土上一般可不另设面层,但为延长桥面的使用年限,宜在上面铺筑 2 cm 厚的沥青表面处治作为可修补的磨耗层。

3)具有贴式或涂料防水层的水泥混凝土或沥青混凝土铺装

在防水要求高,或在桥面板位于结构受拉区可能出现裂纹的桥梁上,往往采用柔性贴式或涂料防水层。贴式防水层设在低强度混凝土的三角垫层上,其做法是:先在垫层上用水泥砂浆抹平,待硬化后在其上涂一层热沥青底层,随即贴上一层油毛毡(或麻袋布、玻璃纤维织物等),上面再涂一层沥青胶砂,贴一层油毛毡,最后再涂一层沥青胶砂。通常这种所谓"三油二毡"的防水层,其厚度为 $1\sim2$ cm。为了保护贴式防水层,不致因铺筑和翻修路面而受到损坏,在防水层上,需用厚约 4 cm 的低强度细集料混凝土作为保护层。等它达到足够强度后,再铺筑沥青混凝土或水泥混凝土路面铺装。

2. 桥面排水设施

钢筋混凝土结构不宜经受湿润或干晒的重复交替作用。渗入混凝土微小的裂纹和大孔隙中的水分在温度低而结冰时,会导致混凝土发生破坏,而且经水浸湿后的钢筋也会锈蚀。桥面铺装应设置防水层,使桥上的雨污水迅速引导排出桥外,提高耐久性。

对于跨线桥和城市桥梁,最好像建筑物那样设置完善的落水管道,将雨、雪、污水排至地面阴沟或下水道内。

排水管也可布置在人行道下面,为此需要在人行道块件(或缘石部分)上留出横向进水孔,并在泄水管周围(除了朝向桥面的一方)设置相应的聚水槽。

目前梁式桥上常用的泄水管道有下列几种形式。

1)铸铁泄水管

铸铁泄水管适用于具有防水层的铺装结构,内径一般为 $10\sim15$ cm,管子下端应伸出行车道板底面以下至少 15 cm。铸铁泄水管使用效果好,但构造复杂,通常做适当的简化改进,例如,采用钢管和钢板的焊接构造,甚至改用塑料泄水管等。

2)钢筋混凝土泄水管

钢筋混凝土泄水管适用于采用防水混凝土的铺装构造。在制作时,可将金属栅板直接作为钢筋混凝土管的端模板,以使焊于板上的短钢筋锚固于混凝土中。这种预制的泄水管构造简单,也可以节约钢材。

3)横向排水管道

对于一些小跨径桥,有时为了简化结构和节省材料,可直接在行车道两侧的路缘石安全带上预留横向孔,采用铁、竹管等将水排出。这种做法构造简单,但因孔道坡度平缓,易于堵塞。

3. 桥面伸缩缝

桥面伸缩缝需要设置在两个梁端之间以及梁端与桥台背墙之间,减小桥跨结构受气温变化、荷载作用、混凝土收缩与徐变等的影响。伸缩缝的构造根据桥梁变形量、车辆荷载而变化,要保证自由变形,还要使车辆平顺通行,防止雨污水、垃圾、泥土等阻塞缝隙。在城市桥梁,设置伸缩缝可减小噪声。

下面介绍几种常用的伸缩缝构造。

1)U 型锌铁皮式伸缩缝

此种伸缩缝以锌铁皮为跨缝材料,常常用在中小跨径的桥梁上(变形量在 2~4 cm,甚至更小)。锌铁皮需要弯成 U 型长条断面,并分两层,上层的弯形部分设有孔径 0.6 cm、孔距 3 cm 的梅花眼,其上放置石棉纤维垫绳,然后用沥青胶填色,当桥面有伸缩时,锌铁皮会随之变形;下层 U 型锌铁皮使雨污水横向排出桥外。

人行道上的伸缩缝通常只使用一层 U 型锌铁皮,其上再填充沥青膏。

2)跨搭钢板式伸缩缝

该类伸缩缝以钢板为跨缝材料,适用于梁端变形量较大(4~6 cm,甚至更大)的情况,其特征为:滑动钢板始终通过橡胶块紧压在护缘角钢上。此种构造可以消除不利的拍击,并且显著减小车辆荷载的冲击影响。

当梁端变形量加大时,可以运用两侧同时滑动的钢板伸缩缝(变形量可达 20~40 cm),或者采用更加完善的梳型齿式钢板伸缩缝。

3)橡胶伸缩缝

橡胶伸缩缝利用不同断面形状的优质橡胶带作为伸缩缝的填嵌材料,此种装置富有弹性、易于胶贴(或胶接),能满足变形的相关要求并能具备防水的效果。

采用橡胶伸缩缝来代替跨搭钢板式伸缩缝,能够显著减小荷载的动力作用,并且避免杂物落入缝内,省去设置排水溜槽,简化接缝构造和安装工艺,节约钢材。

4. 人行道、栏杆和灯柱

1)人行道及安全带

位于城镇和近郊的桥梁均应设置人行道。人行道与行车道平行设置,两者间应有安全隔离措施,不然人行道和路缘石最好高出车行道路面 25~35 cm,以确保行人和行车的安全。

在行人稀少地区可不设人行道,为保障行车安全,可改用宽度和高度均不少于 25 cm 的护轮安全带。

2)栏杆、防撞护栏和灯柱

公路桥梁的栏杆作为一种安全防护设备,应简单实用。其高度按规定不小于 110 cm,有时对于跨径较小且宽度又不大的桥可将栏杆做得矮些(40~60 cm)。

在公路上的钢筋混凝土梁式桥,常采用钢筋混凝土栏杆。

对于城郊的公路以及城市桥梁,为了满足美观要求,往往使栏杆结构带有一定的艺术造型。

对于重要的城市桥梁,在设计栏杆和灯柱时,更应该注意在艺术造型上使其与周围环境和桥型本身相协调。

在不设人行道的高速公路上的桥梁,为了确保行车安全,需要设置钢筋混凝土的或钢制的防撞护栏。

在城市桥上,以及在城郊行人和车辆较多的公路上,都要设置照明设施。照明用灯一般高出车道大约 5 m,灯柱可以设在栏杆扶手处;如果人行道较宽,也可设在靠近路缘石的位置上。

3.6.2 桥面系施工案例

1. 工程概况

某高速公路桥梁为东西向布设,分幅式结构,南幅共有 29 跨,结构长 975.272 m,北幅共有 31 跨,结构长 1030.92 m。单幅桥面标准宽度为 13.25 m,双向六车道。北幅桥主跨为(42+65+42)m 钢结构连续箱梁,南幅桥主跨为(49.116+65+49.116)m 钢结构连续箱梁,其余桥跨均采用了 424 片 30 m 左右和 8 片 37 m 后张法预应力 T 梁结构。

桥面系主要施工内容包括以下方面。

(1)T 梁结构段,包括横隔板、湿接缝、钢筋混凝土防撞护栏(含挂板)、混凝土桥面铺装(含 E7 钢筋网片)、防水层、沥青混凝土桥面铺装、桥面排水泄水孔管安装。

(2)钢箱梁结构段,包括钢筋混凝土防撞护栏(含挂板)、混凝土桥面铺装(含钢筋网安装)、防水层、沥青混凝土桥面铺装。

根据总体计划安排,以及为了给后续工程留足施工时间,桥面系施工工期只有一个月,所以必须要有合理的施工方案才能确保按时按质完成施工任务。

2. 施工技术

1)横隔板、湿接缝施工

(1)钢筋焊接和钢筋制安。

横隔板不是主要受力部分,主要受力部分在主梁上,横隔板起到横向连接的作用,不致使单片主梁独自受力,其主要是让每一跨上的几片梁都同时分担桥上的车辆荷载。两个 T 梁间的横隔板处主要由主筋焊接,在端横隔板处共有 24 根主筋,在中横板处共有 27 根主筋,为确保横隔板间的连接,需将主筋间采用相同直径的钢筋进行两两焊接。横隔板顶部一般为单排主筋,其连接主筋可设在顶部进行焊接,每根主筋对应一根焊接筋,要求双面焊的焊缝长度不小于 $5d$,单面焊的焊缝长度不小于 $10d$。对于横隔板底部钢筋,双排间距较小,难以保证最下面一排主筋连接,因此要求在上排钢筋上加设主连接筋,其焊缝长度同顶部要求。焊接施工时,其连接筋一定注意后期箍筋安装位置及模板安装要求,即考虑混凝土截面尺寸要求。横隔板间的水平筋采取间隔焊接形式(对搭接长度不足处,仍需进行焊接),其双面焊的焊缝长度不小于 $5d$,单面焊的焊缝长度不小于 $10d$。没有焊接的水平筋采用绑丝两两绑扎。箍筋安装时,先测量箍筋外形尺寸,确保成形后混凝土面不露筋。湿接缝间钢筋连接主要采用环形筋将两 T 梁间的翼缘板筋进行焊接,要求每道焊缝长度不小于 $5d$(每侧两道),然后在形成的环形内绑扎水平筋。

(2)模板安装。

横隔板和湿接缝模板主要采用胶合板和方木。其支模和吊模方法见图3.6。采取直径较小的 PVC 管作为拉筋预留洞,在横隔板上主要设在高度方向的 1/4 处和 2/3 处,每处在紧贴预制梁边设两个,拉筋主要用 $\phi 8$ 圆筋,方木规格为 5 cm×10 cm,或采用钢管代替。湿接缝模板主要采用吊模方式,其吊筋一般采用 8 号双股铁丝,钢管作为横担,拉住木模板下方木。

(3)混凝土施工。

横隔板方量小,但钢筋间隙较小,因此在混凝土浇筑前,一般先浇筑一部分高强度砂浆。混凝土先利用泵车输至梁上的混凝土平台上,采用人工铁锹入模。湿接缝混凝土直接采用泵车入模,振捣棒振捣密实,及时进行收面并拉毛。

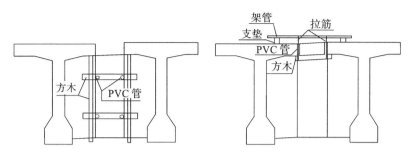

图 3.6 支模和吊模方法

2)钢筋混凝土防撞护栏

钢筋混凝土防撞护栏施工顺序为:桥面上用测量仪器(全站仪)放出桥梁中心线→放出防撞护栏底角线和模板控制线→整型绑扎钢筋→吊车安设模板→自动精平水准仪测定标高→混凝土浇筑。

(1)钢筋作业。

钢筋必须符合技术规范要求,应有质量保证书,每批进场的钢筋要严格按规范规定取样试验合格后方可使用。进行钢筋作业前要对钢筋焊接和焊接头做试验,合格后才可以正式作业。对同一批焊件要随机抽检,确保焊接作业质量。钢筋要按图纸编号顺序挂牌,堆放整齐,堆放场地应有钢筋防锈技术措施。

(2)模板作业。

模板应结构尺寸准确、强度和刚度足够、安装和拆模方便。模板安设要位置准确、稳定牢靠,接缝处粘贴止水胶条(5 mm厚、1 cm宽单面胶条)。模板安装好后在内侧均匀涂刷脱模剂,在混凝土浇筑过程中要有专人值班,关注模板支载情况,发现问题及时处理。待混凝土强度达到规定的强度并征得现场监理工程师的同意后进行拆模工作,拆模不能损坏混凝土。拆下的模板要及时清洗、堆放平顺整齐。

(3)混凝土浇筑。

混凝土浇筑流程为:配合比设计→配合比审批→试验人员搅拌站监督执行配合比→原材料检验和称量→拌和混凝土→试样取样→混凝土运输至现场→坍落度测试→混凝土浇筑。

混凝土浇筑时需要注意的是:①应重点关注水泥的品种和规格是否与出厂证书相符;②要采用一批次混凝土浇筑,以确保颜色一致;③浇筑过程中应由下而上分层浇筑,全面振捣,确保整体均匀、内实外光;④要保证预埋件不遗漏、不偏位;⑤薄膜覆盖、洒水养生。

3) 泄水管安设

泄水管要伸出结构物底面 10～15 cm,用锚锭轨及抱箍等预埋件固定牢靠。泄水管通过纵向及竖向排水管道直接引向地面。

4) 混凝土桥面铺装施工

混凝土桥面铺装沿桥梁纵向按伸缩缝位置分幅施工。施工顺序:浮渣凿除→桥面清洗→测量放样→钢筋网片绑扎→模板安设→钢筋调整→混凝土浇筑→混凝土养生→泄水孔安设。

本桥面混凝土铺装原材料为:武夷牌 P·O42.5R 水泥、中砂、直径 5～30 mm 连续级配碎石。外加剂是高效减水剂。混凝土在商品混凝土拌和站集中搅拌,用混凝土罐车运输至现场。

5) 防水层施工

(1) 施工流程。

杂物、灰渣及浮浆清理→整体桥面清扫→高压吹风除尘→清理验收→涂刷防水涂料→涂刷黏层油→多遍喷涂防水涂料→检验→缺陷处理→验收→养护→沥青混凝土面层施工。

(2) 防水层施作。

因为本桥比较长,桥面防水工程面积比较大,而且工期又特别短(只有一个月),所以选用机械喷涂方法进行施工(采用青岛市润邦化工建材有限公司的 ZL 型桥面防水涂料专用喷涂设备)。机械喷涂的特点是操作灵便、喷涂均匀、喷量可控、质量有保证、施工快速(每小时施工面积大于 2000 m^2)。施工中要确保桥面防水涂料涂布均匀、薄厚一致,喷涂时应根据实时天气情况,每遍喷涂需要间隔 3～4 h(本桥设计要求喷涂 3 遍防水涂料),每遍涂料用量为 500～600 g/m^2。

6) 伸缩装置

伸缩缝主要在沥青混凝土铺装层完成后,由伸缩缝厂家安装。施工中应注意如下几点。

(1) 检查、核对预留槽尺寸和预埋锚固钢筋。如满足设计要求可安装伸缩装置。

(2) 安装伸缩装置之前,按照实时天气条件调整安装时的定位值,并用专用卡具将其固定牢靠。

(3) 安装过程中伸缩装置的中心线必须与桥梁中心线重合,其顶面标高必须与设计标高相同,按照桥面横坡进行定位和焊接作业。

(4)混凝土浇筑前要将间隙填塞好,以免混凝土堵死间隙而影响伸缩。同时要特别注意防止混凝土渗入伸缩装置位移控制箱,也不能将混凝土溅填在密封橡胶带缝中及表面上,一旦出现此现象,应立即清洗,然后进行正常的混凝土养护。

第4章 隧 道 施 工

4.1 隧 道 分 类

隧道指埋置于地层内的工程建筑物,是人类利用地下空间的一种形式。1970年,经济合作与发展组织将隧道定义为"以某种用途、在地面下、用任何方法、按规定形状和尺寸修筑的断面积大于 2 m² 的洞室"。

随着我国道路建设的逐步扩大,公路交通基础设施修建不断向西部进军,由于高速公路线形要求,在无法避免之处需修建隧道,这也是人类向自然界延伸发展空间的必然趋势。因此,我国高速公路通车后建成了不少隧道,尤其是增加了大量长大隧道。目前,我国境内长度前二的隧道分别是西安至安康高速公路秦岭终南山特长隧道(18.02 km)和四川凉山州金平隧道(17.90 km)。高速公路上的隧道不但保证了道路线形,使得行车更加舒适,还缩短了绕道里程,极大地方便了人们的出行生活。

具体来说,隧道有以下十六种分类方式。

(1)按交通需求分类,必须知道为谁服务,分为汽车专用隧道、非机动车专用隧道和混合交通隧道。由项目总体设计确定,基础设施管理者和交通参与者均应遵循。

(2)按行政等级分类,必须明确功能定位,分为国道隧道、省道隧道、县道隧道和乡道隧道,这是《中华人民共和国公路法》的定义。

(3)按技术等级分类,必须明确设计标准,分为高速公路隧道、一级公路隧道、二级公路隧道、三级公路隧道和四级公路隧道等,这是《中华人民共和国公路法》和《公路工程技术标准》的规定。

(4)按地形和社会条件分类,必须熟悉设置目的,按地形和目的一般可分为越岭隧道、山嘴隧道、鸡爪梁峁隧道、傍山隧道和地下隧道。

(5)按岩土条件分类,分为硬质岩隧道(坚硬岩、较坚硬岩)、软质岩(较软岩、软岩、极软岩)隧道和土质隧道。由隧道专业依据岩土专业确定,线路专业配合。极软岩主要是全风化碎石、半成岩,单位造价指标一般高于土质岩。

(6)按水文地质分类,分为水下隧道和水上隧道。由线路专业依据岩土专业确定,隧道专业落实。钻孔终孔后若未测量地下水位,导致施工围岩级别发生变更,设计阶段路线标高变化,可调整围岩岩性和级别。

(7)按通行方向分类,分为双向隧道和单向隧道。由总体设计确定,路线专业配合。双向与单向隧道路线指标要求略有差异,双向曲线隧道均为左转弯隧道,双向洞口均为出口。

(8)按车道数分类,分为单车道隧道、双车道隧道和三车道隧道。由总体设计确定,其他专业配合。

(9)按断面面积分类,分为特大断面隧道(大于 100 m^2,三车道隧道)、大断面隧道(大于 50 m^2,双车道隧道)、中断面隧道(大于 10 m^2,车行横洞)、小断面隧道(大于 3 m^2,人行横洞)和极小断面隧道(不大于 3 m^2,特殊用途)。由隧道设计人员依据总体设计确定,线路等专业配合。

(10)按隧道间距分类,分为分离式隧道、小净距隧道和连拱隧道。两个单向隧道间距标准,主要依据围岩地质条件和开挖断面大小确定,分离式隧道有可能出现纵面分离式隧道。由线路设计参照岩土和隧道专业意见确定。

(11)按埋置深度分类,分为深埋隧道、一般埋深隧道和浅埋隧道。由线路专业参照岩土和隧道专业意见设计,不同埋深的结构设计有差异,浅埋隧道造价指标较高,深埋隧道可能出现岩爆等问题。

(12)按洞内通风方式分类,分为机械通风隧道(常见的轴流风机、射流风机等)和自然通风隧道,或其组合方式。由隧道和交通工程专业设计,总体设计协调。短隧道采用自然通风,中隧道一般也采用自然通风。长隧道一般采用射流风机,高速公路及一级公路长隧道采用机械通风,二级及以下公路隧道长度大于 2000 m 时采用机械通风。特长隧道单向大于 5000 m 或双向大于 3000 m 时,一般需进行通风方案比较,考虑增加横向通风口,可同步考虑功率较大的轴流风机。

(13)按洞外通风方式分类,分为竖井通风隧道、斜井通风隧道和进出口通风隧道,或其组合方式。由隧道和交通工程专业设计,线路总体设计协调。是否设置竖井或斜井,往往与施工方案有关,运营初期或无须斜竖井通风,但工期不满足整体要求。

(14)按照明方式分类,分为照明隧道、自然采光隧道和被动照亮隧道等,电光照明可按光源细分。由交通工程和隧道专业设计,总体设计、路线交安设计配合。特长、长及高速和一级大于 200 m 的中短隧应设照明,二级中隧宜设照明,高速短隧大于 100 m 且不大于 200 m 时,按停车视距通视条件,区分光学长隧和非光学长隧。高速非光学长隧、一级长度小于 200 m 的短隧、二级短隧,可不设照明。三级、四级公路隧道相关规范未明确,可参照二级公路适当放宽。

(15)按隧道交通工程与附属工程配置等级分类,分为A＋、A、B、C、D五个级别。依据隧道长度和设计交通量确定,相关规范给出了分级图和配置表。如单洞双车道,长度大于6000 m时为A＋,长度大于3000 m时不低于A级,长度大于1000 m时不低于B级,长度大于500 m时不低于D级,短隧道不低于C级。

(16)按隧道长度分类,分为特长隧道(大于3000 m)、长隧道(大于1000 m)、中隧道(大于500 m)和短隧道(不大于500 m)。主要由总体设计和线路设计人员确定。

4.2 洞口施工

4.2.1 隧道洞口的定义和类型

1. 隧道洞口的定义

进行隧道洞口设计和施工时,必须努力掌握隧道洞口附近的地形、地下水、气象等自然条件以及房屋、结构物等社会条件,分析其对坡面稳定、气象灾害、景观调和、车辆运行的影响,从而得到经济、安全、合理的隧道洞口结构、施工方法和洞口养护管理措施等。

所谓隧道洞口设计,是包括隧道的洞口段、洞门及其前后一部分线路区间的总体设计。对于每一个特定的隧道,由于所处的地质及线路位置等设计条件不同,故很难明确表示隧道洞口的范围。但为了满足设计和研究隧道洞口问题的需要,参照过去的经验,可以将隧道洞口大致定义为如图4.1所示的范围,而将隧道施工可能影响的坡面和地表的范围称为洞口段。一般将隧道洞口段定义为从洞门向洞内延伸到$(1\sim 2)D$(D为隧道开挖宽度)埋深的范围,而且洞口处至少应保证$2\sim 3$ m的覆盖土。

隧道洞口段不仅受围岩内部条件支配,而且受地形、地质、周边环境及气象等外部条件支配,因此是隧道设计和施工的难点,必须进行深入研究。

2. 隧道洞口段洞门的类型

洞门是在隧道两端修筑的构筑物,是联系洞内衬砌与洞外路堑的支护结构,应确保洞口边仰坡的稳定。

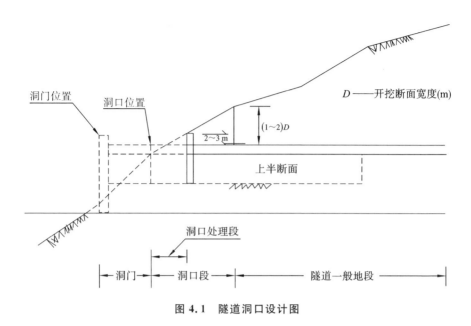

图 4.1　隧道洞口设计图

洞门是隧道的标志性建筑物,形式多样。可依据外形构造、建筑材料及所处地形、地质等将洞门划分为不同类型。现在,我国隧道常用洞门形式有端墙式、翼墙式、柱式、台阶式、削竹式、环框式、遮光棚式等。

1)端墙式洞门

端墙式洞门一般用于地形开阔、Ⅰ～Ⅲ级围岩稳定的地区,不仅可以支护洞口仰坡来确保其稳定,还能把坡面水流集中排出。端墙采用等厚的直墙,直墙圬工体积比其他形式要小,且便于施工。墙身微向后方倾斜,倾斜度约为 1∶0.1,如图 4.2 所示。

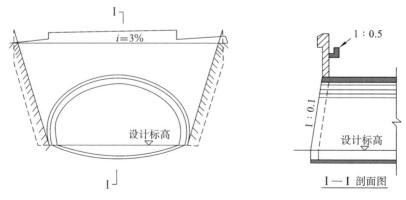

图 4.2　端墙式洞门

2) 翼墙式洞门

当洞门处围岩水平推力较大时,在端墙式洞门处加筑单侧或双侧的翼墙,称为翼墙式洞门,如图 4.3 所示。翼墙与端墙一起作用,来抵抗水平向推力,增强洞门的抗滑动和抗倾覆的能力。Ⅳ级及以下围岩应采用翼墙式洞门。翼墙的正面端墙采用等厚的直墙,向后方微倾,斜度约为 1∶0.1。翼墙前面与端墙垂直,顶面斜度与仰坡坡度一致。

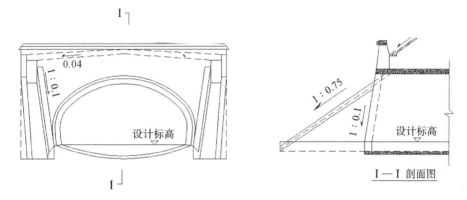

图 4.3 翼墙式洞门

3) 柱式洞门

当地质条件较差,地形较陡,仰坡有可能下滑且受地形、地质条件制约,不能设置翼墙时,可在端墙中部设置两个断面较大的柱墩,以增强端墙的稳定性,如图 4.4 所示。此洞门墙面有凸出线条,比较美观,在城市附近或风景区内适宜采用。对于较长大的隧道,采用柱式洞门比较壮观。

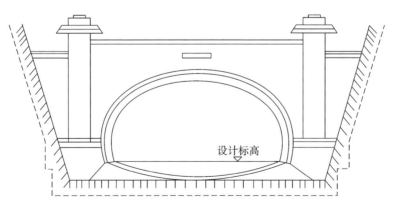

图 4.4 柱式洞门

4) 台阶式洞门

当洞门处于傍山侧坡地区,洞门一侧边坡较高时,为减小仰坡高度及外露坡长,可将端墙一侧顶部改为逐步升级的台阶形式,以适应地形的变化,减少仰坡土石方开挖量,如图4.5所示。

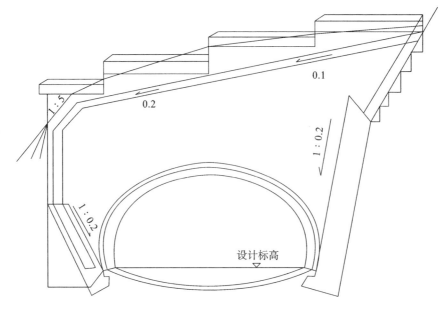

图4.5　台阶式洞门

5)削竹式洞门

隧道洞口段有一节较长的明洞衬砌,由于洞门背后是以回填土为主,当山体的滑推力不大时,可采用削竹式洞门,其名称来源于结构形状类似竹筒被斜向砍断的样子,如图4.6所示。此洞门结构在公路隧道建造中非常常见。削竹式洞门的特点:洞口仰坡开挖量小,有利于山体的稳定,减少对植被的破坏,能够保护

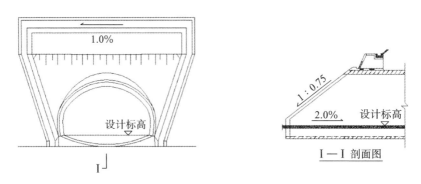

图4.6　削竹式洞门

环境,各类围岩级别均可采用。使用条件为比较对称且不太陡峭的地形。

6)环框式洞门

当洞口岩层坚硬而稳定(Ⅰ级围岩),地形陡峻且无排水要求时,可设置一种不承载的简单洞口环框。它能起到加固洞口和减少雨后滴水的作用。环框微向后倾,其倾斜度与顶上的仰坡一致,使仰坡上流下的水从洞口正面淌下,如图4.7所示。

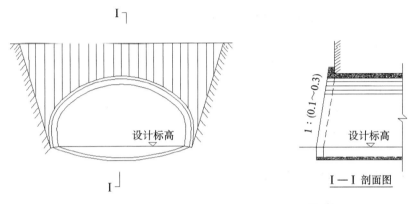

图4.7　环框式洞门

7)遮光棚式洞门

当洞外需要设置遮光棚时,其入口外伸很远。遮光构造物有开放式和封闭式之分,前者遮光板之间是透空的,后者则用透光材料将前者透空部分封闭。形状上又有喇叭式与棚式之分。遮光棚式洞门如图4.8所示。

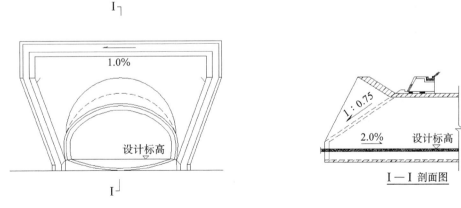

图4.8　遮光棚式洞门

4.2.2 隧道洞口段施工原则

隧道洞口段围岩一般较破碎、松散且风化严重,地质条件较差,因此合理选择洞口位置显得非常重要。《公路隧道施工技术规范》(JTG/T 3660—2020)给出了隧道洞口位置的一般规定:隧道洞口位置应根据地形、地质条件,结合环境保护、洞外工程、施工条件及运营要求等,通过经济、技术对比后确定;隧道洞口位置应尽量避开沟谷地形和傍山地形,以及滑坡、崩塌、泥石流等不良地质地段,避免洞口出现较大偏压受力状态。当无法避开不良地质区时,应对滑坡进行处理,对危石应进行清除或锚固,对泥石流地区采取延伸洞口、设置明洞或支挡构造等防护措施。

如果采用传统施工方法,隧道洞口段仰坡会因刷坡挖坡过多,造成围岩破碎、损伤,破坏洞口段岩体平衡,引起山体及边仰坡滑坡、塌方,给隧道施工带来安全隐患。为此,《公路隧道施工技术规范规范》(JTG/T 3660—2020)中明确规定:隧道应遵循"早进洞、晚出洞"的原则,不得大挖大刷,确保边仰坡的稳定。

1. 隧道洞内施工原则

隧道洞口段围岩风化程度比较高,在开挖过程中经常遇到破碎、松散、浅埋、偏压等不良地质情况,所以《公路隧道施工技术规范》(JTG/T 3660—2020)中规定:在隧道洞口段施工要坚持"管超前、严注浆、短进尺、强支护、早封闭、勤量测"18字方针。此外,隧道洞口段开挖采用人工配合机械开挖,需要爆破时采用光面爆破和弱爆破,以减小对隧道洞口段围岩的扰动。

2. 隧道洞外施工原则

隧道洞外施工对整个隧道及边仰坡的稳定起着至关重要的作用,因此隧道洞外施工应遵循以下原则,避免发生隧道塌方及仰坡滑坡事故。

(1)在隧道洞口进洞前,将洞口段的围岩物理力学强度、地形地质状况调查清楚,对可能发生地质灾害的区段应做好预防和应急措施,确保隧道洞口段施工作业人员的安全。

(2)根据隧道洞口段岩体的含水情况、地下水径流情况以及该地区降雨情况,在隧道洞口段修建防排水沟,以处理地表水的疏通,实时监测地下水水位变化并做好防排水措施。

(3)全面考虑影响施工的各因素,科学合理编制施工方案,避免破坏山体和植被的完整性,保护自然环境和绿色施工。

4.2.3　隧道洞口段开挖方法

隧道洞口段施工的基本原则是:施工中应少扰动围岩,尽快施作初期支护,及时量测和反馈,并使断面及早封闭。根据我国的隧道施工经验,可扼要地概括为"少扰动、早喷锚、勤量测、紧封闭"。具体地说,无论用钻爆还是单臂掘进机开挖,必须严格控制,达到成型好、对地层扰动最小的目标,对开挖暴露面及时进行地质描述和喷锚加固,施工全过程应在对周边位移的监控下进行,并及时反馈、修正设计和施工方法。在软弱围岩地段应使断面及早闭合。

1.隧道洞口段基本施工方法

隧道洞口段基本施工方法应根据施工条件、围岩类别、埋置深度、断面大小、坡面情况以及环境条件等,并考虑安全、经济、工期等要求进行选择。选择施工方法时,应以安全为前提,综合考虑隧道工程地质及水文条件、断面尺寸、埋置深度、施工机械装备、工期和经济的可行性等。当因隧道施工对周围环境产生不利影响时,亦应把环境条件作为选择施工方法的因素之一。同时应考虑围岩变化时施工方法的适应性及其变更的可能性,以免造成工程失误和增加不必要的投资。

1)全断面法

全断面法全称为"全断面一次开挖法",即按隧道设计断面轮廓一次开挖成形的方法。

全断面法施工工序如图 4.9 所示:①全断面开挖;②锚喷支护,施作初次衬砌;③模筑二次衬砌混凝土。

全断面法适用于Ⅰ～Ⅲ级围岩隧道,采用光面爆破施工。其优点是有较大的作业空间,可采用大型配套机械化作业,施工速度快,工序少且干扰小,爆破对围岩的扰动次数少,有利于围岩稳定。其缺点是每一个循环工作量大,对开挖、出渣、运输及支护能力要求高,钻爆设计和控制爆破作业难度大。

2)台阶法

台阶法是最常用的施工方法,多用于Ⅳ、Ⅴ级围岩。它采用上半断面和下半断面分别开挖的方式,随着台阶长度的改变,可用于所有地层。依台阶的长度不同,它分为长台阶法、短台阶法和超短台阶法三种。

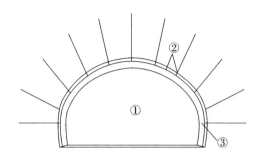
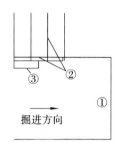

图 4.9 全断面施工方法示意图

台阶法施工工序如图 4.10 所示:①上半断面开挖;②上部拱部锚喷初次衬砌支护;③下半断面开挖;④边墙锚喷初次衬砌支护;⑤模筑二次衬砌混凝土。

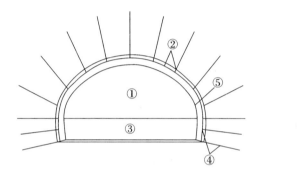
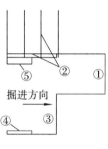

图 4.10 台阶施工方法示意图

(1)长台阶法。

如图 4.11(a)所示,长台阶法上、下开挖断面相距较远,一般上台阶超前 50 m 以上或大于 5 倍洞宽。施工时,上、下部可进行平行作业。当隧道较短时,可先将上半断面全部挖通以后,再进行下半断面施工,习惯上又称为"半断面法"。

(2)短台阶法。

如图 4.11(b)所示,短台阶法也是分成上、下两个断面开挖,一般上台阶长度小于 5 倍但大于 1~1.5 倍洞宽,上下断面也可以采用平行作业。短台阶法能尽早闭合支护结构,改善初期支护的受力条件。遇到软弱围岩时应采取辅助施工措施稳定开挖面,以保证施工安全。

(3)超短台阶法。

如图 4.11(c)所示,此方法适用于在软弱地层中开挖,也用于膨胀性围岩及土质地层。为了稳定围岩,要求尽快形成初期闭合支护,上台阶只能超前 3~5 m,故采用交替作业,施工速度较慢。在软岩中采用超短台阶法施工时,应注意开挖面的稳定性,必要时可对围岩采用预加固或预支护措施,如打入水平超前小导管等。

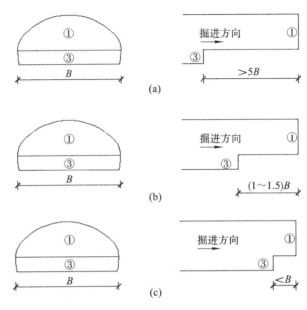

图 4.11 台阶法

3)环形开挖预留核心土法

环形开挖预留核心土法,适用于土质或易坍塌的软弱围岩。上部留核心土可支挡开挖工作面,增强工作面的稳定,核心土及下部开挖在拱部初期支护之后进行,施工安全性较好。一般环形开挖进尺为 0.5~1.0 m。

环形开挖预留核心土法施工工序如图 4.12 所示:①上部弧形导坑开挖;②拱部锚喷初期衬砌支护;③下部边墙开挖;④边墙部锚喷初期衬砌支护;⑤中部核心土开挖;⑥灌注底部仰拱;⑦模筑洞周二次衬砌。

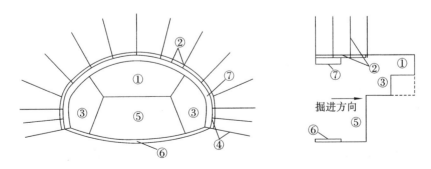

图 4.12 环形预留核心土法施工方法示意图

环形开挖预留核心土法的优点:台阶的长度可以加长,减少了施工干扰,加快了施工速度,且比侧壁导坑法的机械化程度高。缺点是核心土增强了开挖面的稳定,但围岩受多次扰动且断面分块多,支护结构封闭迟,导致围岩变形增大,应通过预支护和辅助措施来保证开挖面及前方岩体的稳定。

4)单侧壁导坑法

单侧壁导坑法的开挖和支护顺序如图 4.13 所示:①侧壁导坑开挖;②侧壁导坑锚喷初期衬砌支护及设置中壁墙临时支撑;③后行部分上台阶开挖;④后行部分上台阶锚喷初期衬砌支护;⑤后行部分下台阶开挖;⑥后行部分下台阶锚喷初期衬砌支护;⑦拆除中壁墙;⑧灌注底部仰拱;⑨模筑洞周二次衬砌。

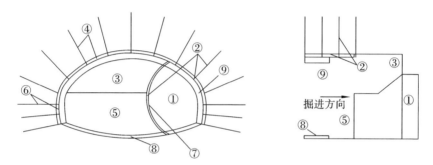

图 4.13 单侧壁导坑法施工示意图

单侧壁导坑法适用于围岩稳定性差、隧道跨度大、地表沉陷难于控制的地段。侧壁导坑尺寸过小,则开挖稳定性的作用不明显,且不利于施工机械开展工作;如过大,侧壁导坑的稳定性降低,需增强临时支护,会导致工程成本和工作量增加。因此,侧壁导坑的宽度不宜超过 0.5 倍洞宽,高度以到起拱线为宜。

单侧壁导坑法的优点是能形成闭合支护的侧壁导坑,减小断面的跨度,避免大跨度开挖造成的不利影响,明显提高围岩的稳定性。其缺点是需施作侧壁导坑的内侧支护,增加了工程造价和工程量。

5)双侧壁导坑法

双侧壁导坑法适用于围岩稳定性差、隧道跨度大或需要严格控制地表沉降的地段。导坑宽度应小于断面最大宽度的1/3。左、右侧导坑应错开开挖,以避免在同一断面上开挖而不利于围岩稳定,错开的距离应根据开挖一侧导坑的围岩应力重分布的影响不至波及另一侧导坑的原则确定,一般取 7~10 m。

双侧壁导坑法的开挖和支护顺序如图 4.14 所示:①侧壁导坑开挖;②侧壁导坑锚喷初期衬砌支护及设置中壁墙临时支撑;③后行部分上台阶开挖;④后行

部分上台阶锚喷初期衬砌支护;⑤后行部分下台阶开挖;⑥拆除中壁墙;⑦灌注底部仰拱;⑧模筑洞周二次衬砌。

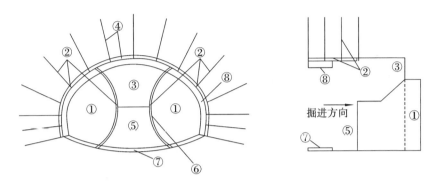

图 4.14 双侧壁导坑法施工方法示意图

6)其他施工方法

其他施工方法包括中隔壁法(又称 CD 法)和交叉中隔壁法(又称 CRD 法)。两者都适用于软弱地层,能够有效控制地表沉降,主要用于城市地铁施工中。因交叉中隔壁法造价高,故在山岭隧道中很少用,但在特殊情况下,也可考虑采用此方法,如隧道洞口段施工。

综上所述,现将隧道各开挖方法的优缺点列于表4.1。

表 4.1 隧道各开挖方法的优缺点

施工方法	结构与适用地层	沉降	工期	降水	初期支护拆除量	造价
全断面法	地层好,跨度不大于 8 m	一般	最短	好	无	低
台阶法	地层较差,跨度不大于 10 m	一般	短	好	无	低
环形开挖预留核心土法	地层差,跨度不大于 12 m	一般	短	好	无	低
单侧壁导坑法	地层差,跨度不大于 14 m	较大	较短	好	小	低
双侧壁导坑法	地层差,小跨度,连续使用可扩大跨度	大	长	效果差	大	高
中隔壁法(CD 法)	地层差,跨度不大于 18 m	较大	较短	好	小	偏高

2. 隧道洞口段的进洞方式

《公路隧道设计细则》(JTG/T D70—2010)提供了几种可供选择的隧道进洞方式,现分别叙述如下。

1)贴壁进洞法

首先清除洞口上方地表的危石,对进洞坡面进行防护后,依托钢拱架辅助超前小导管或锚杆实施进洞。此方法适用于进洞面山坡较为陡峭、地质条件相对较好的Ⅰ~Ⅲ级石质围岩。

2)套拱加短管棚进洞法

沿隧道开挖轮廓线外钻孔打入短管棚,钢管环向间距为30~40 cm,长度为10~15 m,外插角为3°~5°,管径采用$\phi76$或$\phi89$,管内应注浆,对岩体进行加固。管棚端头宜外露1 m左右,直接浇筑在混凝土套拱内,待套拱达到一定强度后开挖进洞。此方法适用于岩质较破碎的Ⅰ~Ⅲ级围岩洞口。

3)套拱加长管棚进洞法

先修筑套拱,利用套拱内预埋的导向管钻管棚孔(环向间距为40~50 cm),长管棚采用20~40 m长、$\phi108$或$\phi127$的钢管高压注浆固结岩体,在管棚的保护下进洞。此方法适用于Ⅴ~Ⅵ级围岩或存在偏压等特殊情况。

4)地表锚杆(或小导管注浆)预加固进洞法

需先确定隧道土体松动范围,利用锚杆或小导管的剪切抗力效应和悬吊效果,控制地表沉降,提高工作面自稳性,使围岩具备成拱自承能力,暗挖进洞,在开挖时需辅助超前支护或设置套拱,应以喷锚、钢筋网与钢拱架配合支护。此方法适用于洞口段覆盖较浅、地层破碎或有偏压地形的洞口。

3. 隧道洞口段支护手段

隧道支护体系由超前支护、初期支护和二次衬砌构成。初期支护一般由锚杆、喷射混凝土、钢拱架、钢筋网等及其组合构成,作为永久承载结构的一部分,与围岩一同组成隧道的承载体系。初期支护是为了控制围岩应力释放和变形,增加结构安全度。超前支护形式有超前锚杆、超前小导管、管棚、喷射混凝土封闭开挖工作面、预留核心土及临时仰拱封底等。当遇到开挖工作面不稳定,或地表沉降过大时,为确保掌子面稳定,应采取超前支护措施对围岩进行预加固。

1)锚喷支护结构

锚喷支护是由锚杆、钢筋网、钢拱架、喷射混凝土等组成的一种支护方法,具有灵活性、及时性、密贴性等优点,它是建立在岩石力学基础之上的现代支护方法。其原理为:锚杆与喷射混凝土支护相结合,设计与施工以理论为指导。锚喷支护是以现场监测手段为依据的施工方法,故具有广阔的发展前景。

(1)钢拱架。

钢拱架主要用于围岩条件较差或地面沉降有严格要求的隧道工程。隧道初期衬砌一般都会架设钢拱架。隧道工程中常用的钢拱架有钢筋格栅钢拱架、U型钢拱架、H型钢拱架和工字钢型钢拱架等类型。超前支护地段可使用超前锚杆、超前小导管、超前大管棚等焊接在钢拱架上配合支护,钢拱架作为其尾部支点。

FLAC3D数值模拟中,钢拱架可采用曲梁单元,考虑到软件的局限性,故不再划分单元,而是采用等效的方法来考虑钢拱架,即将钢拱架的弹性模量折算给喷射混凝土,其计算方法为

$$E = E_0 + \frac{E_g \times S_g}{S_c} \quad (4.1)$$

式中:E 为折算后的混凝土弹性模量;E_0 为原混凝土的弹性模量;E_g 为钢材弹性模量;S_g 为钢拱架或钢筋网截面面积;S_c 为混凝土截面面积。

(2)锚杆。

在隧道施工中,锚杆是常用的锚固方法之一。锚杆由金属或其他具有高抗拉性能的材料制成。锚杆支护原理为将锚杆安装在围岩或其他土体结构中,以起到改善围岩受力状态,加固其稳定性的作用。锚杆的力学作用如下。

①"悬吊"作用。"悬吊"作用就是把洞壁上具有裂隙、节理的不稳定岩体或个别可能发生掉落或滑落的危岩,用锚杆与稳定围岩紧密联结在一起,这样可将不稳定的岩体重量传递给坚固岩体。锚杆主要用于加固局部失稳的岩体。

②支撑围岩作用。支撑围岩作用主要表现在锚杆能够约束围岩变形,可以向围岩施加压力,从而使洞室内表面附近的围岩由二轴应力状态转化为三轴应力状态,控制围岩强度恶化。

③"组合梁"作用。"组合梁"作用是针对水平或缓倾斜的层状围岩,通过锚杆将若干层层状围岩联结在一起,增加层间摩阻力。

④挤压加固围岩作用。挤压加固围岩表现为通过系统锚杆,可使围岩体中节理裂隙、破裂面或软弱岩体紧压在一起,增大锚固区围岩的 c(内聚力)、φ(内摩擦角)值,有利于裂隙岩体和松动岩体形成整体。

(3) 钢筋网。

钢筋网主要用于提高岩石的柔性和抗剪性,不仅能够防止膨胀性围岩的剥落,还能够提高土砂围岩和软岩的附着力。钢筋网支护与喷射混凝土同时施工。钢筋网具体的作用机理如下。

①由于钢筋网的作用,喷层混凝土应力分布较均匀,围岩变形能够得到改善,隧道锚喷支护整体性能增强,围岩将不会发生局部破坏。

②由于钢筋网的作用,喷层混凝土柔性增强。

③由于钢筋网的作用,喷层混凝土与钢筋网共同承受拉力和剪力,承载力得到提高。

④由于钢筋网的作用,组合拱的质量和岩体中的环向力都能得到提高,增强支承能力。

⑤由于钢筋网的作用,支护抗动载能力得以提高。

⑥钢筋网会使出现收缩裂缝的状况和裂缝数量减少,能够控制裂缝宽度。

(4)喷射混凝土。

喷射混凝土是用喷射机将以适当比例混合并掺有快速凝结剂的粗细骨料混凝土喷到隧道围岩的表面,并迅速凝固形成具有一定承载力的薄层。由于高速喷射,混凝土颗粒受到强烈的冲击,混凝土被振捣密实,具有致密的结构和较好的物理力学性能。喷射混凝土具有封闭围岩岩面以防止其风化、充填围岩裂隙以加固围岩的作用,与围岩一起承受荷载。喷射混凝土除用于隧道工程外,还广泛应用于地面工程的边坡和基坑防护。

相较于普通混凝土,喷射混凝土的优势体现在如下几个方面。

①支撑围岩。喷射混凝土能与围岩紧贴,能把喷层表面的应力传递给围岩,使围岩处于三向受力状态,防止围岩破坏。喷射混凝土还可以利用自身的抗冲切能力来阻止不稳定岩体的塌落。

②填平补强围岩。喷射混凝土能够迅速进入围岩裂隙,通过填充使岩层面黏结在一起,最终起到咬合、镶嵌岩块、改善围岩应力集中的作用。

③阻止围岩松动。高速喷射到岩面上的混凝土层,具有很高的黏结力和较高的早期强度,混凝土层与围岩紧密结合,能够及早提供支护抗力,从而阻止围岩松动破坏。

④施工方便。喷射混凝土施工时无须支模板与拱架,施工工艺简单,操作简单方便,机械化程度高。

2) 二次衬砌结构

按照现代隧道支护理论,二次衬砌是保证隧道在使用中稳定、耐久,作为安全储备的工程结构。二次衬砌是在围岩与支护结构基本稳定后施作的,为确保质量,二次衬砌施工按先仰拱、后墙拱,即由下到上的顺序连续施工。沿隧道纵向应分段施工,每段长度一般为 9~12 m。

二次衬砌通常采用钢筋混凝土或素混凝土材料。二次衬砌的质量好坏直接影响整个隧道的工程质量和运行安全。二次衬砌在Ⅲ级围岩及以上时按安全储备设计,在Ⅲ级围岩及以下时按承载(后期围岩压力)结构设计,均应符合构造要求。

3) 超前支护结构

(1) 管棚。

当隧道位于松软破碎地层,或浅埋隧道要求控制地表沉降量,或在很差的地质条件下进洞时,均可以采用管棚进行预加固。管棚的承载能力比超前锚杆(或超前小导管)强,技术复杂,造价高。

管棚注浆有两种方式:一种是通过管壁上的注浆管向地层内注浆,既加固地层又增加了钢管刚度;另一种是只为了加固钢管刚度,向钢管内注浆,还可以在管内放入钢筋笼再注入混凝土。

管棚施工时,应与钢拱架一起使用,先沿隧道开挖工作面的拱部,钻一排扇形孔眼,孔径比管棚管径大 20~30 mm,钻孔外插角为 1°~2°,孔间距为 30~50 cm。将钢管插入钻孔内形成管棚,前后两排管棚搭接长度不小于 3.0 m。管棚的钢管应架设在钢拱架上,并焊接牢固。

(2) 地表锚喷预加固。

浅埋隧道洞口段,覆土层较薄,可能会发生边挖边塌的现象,导致进洞非常困难。偏压隧道洞口段,经常一侧边坡开挖过高,形成不稳定边坡,对施工和运营构成威胁。对于上述情况,采用地表锚喷预加固,有助于进洞顺利进行,从而改善边坡,使得边坡开挖高度降低。

地表锚喷预加固类型与加固方法如下。

① 洞口边仰坡表层预加固。先按照设计的边坡刷坡,然后沿坡面喷射混凝土,必要时可以加设钢筋网。此方法适用于松软的砂土质坡面加固,可防止表层的剥落与滑塌。

② 洞门上方陡坎加固和仰坡加固。如果岩体较软弱,可以往陡坎中打入水平锚杆(或小导管),锚杆的布置宽度跟隧道跨度一致,可喷射混凝土将陡坎封

闭,必要时加设钢筋网。

③洞口浅埋段预加固。当洞口段围岩软弱,坡面比较平缓,隧道覆盖层浅,洞口开挖后地层不能自稳时,可采用锚杆加固,最好是将锚杆伸到衬砌拱圈外,从而增加锚杆锁固围岩的能力。

4.2.4 隧道洞口施工案例

1. 工程概况

某高速公路隧道为中长型隧道,ZK14+590～ZK15+687为左线,长1097 m,K14+571～K15+676为右线,长1105 m。洞门采用了端墙式结构,为了保证隧道的稳定性和安全性,需在洞口设置长36 m的大管棚。隧道所处地质环境较为复杂,断面净空面达82.8～141.7 m²,Ⅲ级围岩占整个隧道的21%。

2. 高速公路隧道洞口段加固技术

随着我国社会经济的快速发展,地区间的联系越来越密切,高速公路和隧道的里程增加,对隧道洞口的安全性和稳定性需要予以重视。当前关于公路路线设计的研究较多,但关于隧道出入口的研究较少。在实际施工中,为了保证工程质量、安全和后期运行稳定,必须重视隧道洞口段地质问题和围岩加固技术的应用。

1)洞口土方和锚网喷的施工

施工过程中要提前对洞口土方进行刷坡处理。为了防止雨水冲刷洞口坡面,在施工时需先对边仰坡放线,之后在坡顶设置截水沟,按照从上到下的顺序分层开挖,同时做好防护工作。在工具的选择上,利用风钻机对软石打眼,利用挖掘机开挖土方。根据土石稳定性进一步确定坡度,如果有需要应设置分级台阶,同时选取合适的位置设置好位移和沉降观测点,以便顺利地观测边坡。开挖边仰坡过程中,可以利用锚网喷封闭暴露的围岩,在此之前需预留出梅花形疏水孔,利用钻孔直径为50 mm、长3.5 m的风钻机进行钻孔。清理好钻孔后插入直径为50 mm的PVC管,同时保证有10 cm处于外部。混凝土施工后开展锚管施工工作,该工序中,选取长3 m、直径为42 mm的无缝钢管,尾端安装垫板后在钢管上钻溢浆孔。锚管按梅花形布置,需保持1.5 m×1.5 m的间距。钢筋网尺寸为20 cm×20 cm,原料为直径8 mm的钢筋。

2)预支护施工

超前小导管在预支护施工中被广泛应用。本工程在注浆加固中利用钢拱架和小导管相互配合。封闭隧道洞口边仰坡后,贴着洞面安装钢拱架。小导管的安装则需要通过钢拱架腹部到达围岩,在两者的共同作用下形成预支护体系。之后将浆液注入小导管中,待管壁开始溢浆则表明完成了对地表空隙的注浆。

在大管棚的作用下完成混凝土钢筋护拱的施工。首先测量纵横断面,再开挖轮廓线。为了增强洞口的稳定性,必须做好预支护施工。一般需要一个 50 cm 的三榀型钢拱架与钢筋焊接为一体,经长约 100 cm 的导向钢管安装在钢支撑上。为了形成导向墙,在混凝土的浇筑下形成导向管和钢支撑,再利用 C20 混凝土浇筑周围仰坡面。钢管在丝扣的作用下连接在一起,利用机械对管棚钢管进行顶进。为了使导向管与钢管连接得更加紧密,首先要提前设置好排气孔、进浆孔,其次将注浆压力设置为 2～3 MPa,水泥浆水灰比在 1∶1 左右,最后用刚速凝的水泥将其堵塞。排气孔与注浆孔的尺寸如图 4.15 所示。

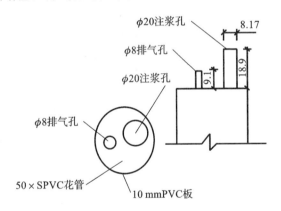

图 4.15 排气孔与注浆孔的尺寸(单位:mm)

3)预注浆施工

为了提升洞口围岩的稳定性,应加固洞口表面,尤其要注意对含水层的处理。首先在隧道洞顶建立一个成拱壳,为了防止塌孔,采用地表注浆的方式一次性注浆。如果坍塌较为严重,应在注浆水灰比为 1∶1 的情况下以分段前进的方式注浆。有些区域不能采用地表注浆方式的,可以利用超前帷幕注浆法加固地表。洞面整修之后需开挖 1.5 m,同时浇筑高度约为 2 m 的浆墙。在这一过程中,为了保证开挖的稳定,应按 1.5 m×1.5 m 的间距呈梅花形布孔。将玻璃纤维锚杆和软弱地层结合为一体,同时岩上注浆段的钻孔深度维持相同高度,从而在保证工程进度的前提下使开挖面更加稳定。

进洞后立即修筑洞门,再对隧道边坡、阳坡进行施工,最后设置排水设施。如果前期采用的预支护技术对于隧道洞口安全性的保障度较低,可采取其他措施,如水平旋喷超前支护、喷射混凝土封闭开挖掌子面以及临时竖向支撑等。

3. 高速公路隧道洞口段开挖技术

开挖过程中必须保障施工安全,因此要合理选择开挖方式。在洞口施工时,如果采用全断面爆破法会极大地干扰围岩,大概率会发生坍塌,因此尽量避免使用该方法,最好采用双侧壁导坑法或预留核心土台阶法。对于Ⅳ级和Ⅴ级软弱围岩,一般采取预留核心土台阶法。该方法需设置 3~5 m 的台阶,利用风钻机钻孔弱爆破的方式开挖上台阶,采用预留核心土台阶法开挖下台阶。开挖工作面则利用弱爆破的方法,以 0.8~1.5 m 循环进尺。图 4.16 为预留核心土上下台阶施工示意图。

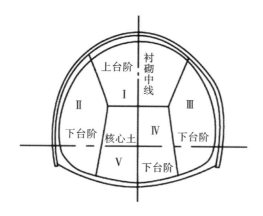

图 4.16　预留核心土上下台阶施工示意图

对于不稳定的洞口段围岩,可采用双侧壁导坑法施工。先开挖隧道两侧导坑,长度一般大于 5 m,具体可根据现场实际情况确定。施工时为了维持洞口段的稳定,需在开挖导坑 5 m 以后再开挖正洞上部。利用松动爆破的方法开挖侧壁导坑,该过程采用挖掘机和人工相结合的施工方法。有些部分可能需要用到爆破施工,但为了避免影响地层应尽量少使用该方法。

提前进行监控测量工作布置,随时监测支护的变化,并时刻关注地质预报。为了避免支护基底软化,在临时设置的排水沟内部铺砌抹面。双侧壁导坑的施工流程为:超前地质预报→清理施工现场、测量放线→施作超前支护、注浆→开挖左侧导坑上台阶,进尺同钢架间距(开挖右侧导坑上台阶,进尺同钢架间距)→

喷混凝土封闭岩面→施作洞身锚杆→架立钢架、临时钢架和横撑→锚喷支护,闭合成环→开挖左侧导坑下台阶,进尺同钢架间距(开挖右侧导坑下台阶,进尺同钢架间距)→架设周边钢架,设底部横撑→施作锚喷支护→一次开挖核心土上下台阶→喷混凝土,闭合成环→开挖仰拱→拆除临时钢架(5～6 m)、浇筑仰拱→浇筑填充混凝土→制作防水层→浇筑二次衬砌。

综合考虑洞口围岩的受力情况和工程的地质状况,合理选择洞口浅埋段施工方案。

4. 地质超前预报

为了获取地质超前预报,可使用现代化物探技术如 T 红外线探测、TSP,或者使用常规方法如超前支护钻孔、地质调查分析法,在特殊情况下还可以使用超前钻孔法。通过上述方法得到预报结果之后,认真验证和对比各个结果,以便获取更加准确的地质情况。在此之后,针对地质情况制定具体的措施,以保证施工安全。具体而言,对于间距为 100～200 m 的地质检测,可采用 TSP 超期地质预报仪进行;而对于地质比较特殊的地方,特别是含水量丰富的地区,需要采用红外线探测法,一般间距在 20～30 m。

4.3 洞身开挖与支护

4.3.1 公路隧道洞身开挖与支护方式

1. 公路隧道洞身开挖方式

在公路隧道施工过程中,开挖方式的不同对围岩稳定有着重要的影响。故在选择公路隧道开挖方式时,应根据隧道的实际地质情况、岩石的坚硬程度、不同开挖方式对围岩的扰动程度、设备能力、支护条件等相关因素进行综合考虑,选适当的开挖方法。综上考虑,公路隧道采用钻爆开挖较为经济并且经常被采用,它具有适应性强、开挖成本低等特点,尤其适用于坚硬岩石隧道、破碎岩体隧道及中短隧道的施工。虽然岩石掘进机在国外很多长隧道中已经获得应用,但相较于岩石掘进机作业而言,钻爆法具有独特的优越性,在今后一定时间内,钻爆法开挖将继续扮演公路隧道开挖的重要角色。在钻爆法施工过程中,应该做好相适应的钻爆设计,采用先进的爆破技术,尽量减少对围岩的扰动。

根据隧道开挖断面情形,洞身开挖法主要分为全断面开挖法、台阶开挖法和分部开挖法三大种类。根据隧道的围岩分级情况,一般Ⅱ级以上围岩适合采用全断面开挖方法;Ⅲ级围岩岩石也比较稳定,所以一般根据实际地质情况选用全断面法,个别大断面或者局部围岩较破碎的情况下采取上下台阶法进行施工。Ⅵ级、Ⅴ级围岩相比Ⅲ级围岩来说,其稳定性较差,岩石比较破碎。所以,在选择开挖方法的时候,一般依据具体地质情况选用上下台阶法、两台阶预留核心土法、CD法或者CRD法进行隧道开挖。Ⅴ级、Ⅵ级围岩自稳能力更差,岩石更加破碎。所以,同样按照具体工程地质情况,选用CRD法、CD法或者双侧壁导坑法进行隧道的洞身开挖作业。在Ⅱ、Ⅲ级围岩地段,公路隧道断面较大时,采用中导洞超前预留光面爆破法进行施工。

2.公路隧道洞身支护方式

公路隧道的开挖,打破了地层结构的最初应力平衡,造成围岩应力的释放以及开挖后洞室的变形,过量变形会导致岩石松动,更严重的情况就是坍塌。在开挖成型后的洞室周边,施作钢、混凝土等支撑物,向洞室周边提供抗力、控制围岩变形,这种开挖后的隧道内支撑体系,称为隧道洞身支护。隧道洞身支护可以简单分为两种:自支护与人工支护。自支护的意思是围岩本体所具有的抵抗外力的能力,而人工支护可以解释为在围岩自支护能力不足的情况下,采用人工干预的支护方法。目前隧道施工的人工支护一般又分为两大类:一次支护(初期支护和超前预支护)和二次衬砌支护。

初期支护一般由锚杆、喷射混凝土、钢架、钢筋网等多种措施进行组合,形成最后的初期支护措施。在公路隧道施工过程中,当遇到自支护能力不好的围岩时,有必要采取合适的预支护措施,它包括超前锚杆、超前小导管注浆、超前小钢管、管棚、围岩注浆等。以上措施的选用应视具体地质情况,综合经济因素进行分析,选用合适的单个或多个组合的支护措施。

比较常用的二次衬砌支护的形式有以下三种:整体式衬砌支护、复合式衬砌支护和喷锚衬砌支护。在选择二次衬砌支护形式时,应充分考虑与围岩等级情况、作业能力、开挖作业方法等各方面因素相适应。

4.3.2　公路隧道洞身开挖与支护施工作业过程

1. 公路隧道洞身开挖施工作业

应根据隧道的实际地质情况、岩石的坚硬程度、不同开挖方式对围岩的扰动程度、设备能力、支护条件等相关因素进行综合考虑,选用适当的洞身开挖方法。

公路隧道洞身开挖采用新奥法施工,其洞身开挖施工工序顺序为:测量开挖轮廓线→布置炮眼→钻炮眼→人工装药→爆破→通风降尘→清危→出渣。隧道洞身开挖施工工序流程图见图 4.17。

全断面开挖法,是将全部设计断面一次开挖成型,再进行二次衬砌支护。其主要施工工序是:使用钻孔台车,首先全断面一次钻孔,并进行人工装药连线,随即将钻孔台车退至安全位置,然后爆破,通风降尘后,爆破人员进入隧道进行清危作业,结束后开始出渣作业。出渣结束后,装渣机械将钻孔台车再推进至掌子面前的指定位置,开始进入下一钻孔作业循环。该方法具有开挖工作面大,有利于大型机械设备进行机械化施工作业,提高钻爆施工效率,爆破对围岩扰动不大,成洞迅速的优点,主要适用于围岩较好的隧道施工。全断面开挖法将是隧道工程施工方法的发展趋势。

钻爆开挖前,为了减少超挖和控制对围岩的扰动,应先进行钻爆设计。钻爆设计的内容包括:炮眼的布孔图、数目、炮眼深度与角度、填装炸药的数量、引爆方式及爆破次序等。钻爆施工依据钻爆设计钻孔、人工装药和爆破,按照钻爆设计要求选择效益较高的钻孔机械设备进行作业。

钻孔结束后,进行人工装药作业。每循环炸药消耗量与开挖进尺、掌子面面积、岩石强度、药卷直径等因素有着直接的关系,一般情况下,炸药消耗量是依据"炸药比量"来决定的,炸药比量指开挖每方岩石所需的炸药用量。

人工装药结束后,将雷管根据钻爆设计的要求进行连接,然后引爆。爆破方式有光面爆破法和预裂爆破法,硬度较大的岩石适合使用光面爆破,软岩比较适合预裂爆破。分部开挖时,可使用预留光面层光面爆破。除预裂爆破的周边眼最先引爆外,在同一个开挖断面上,都是按照由内向外逐层引爆的顺序,这一功能是由迟发雷管完成的。

爆破结束后,采用通风降尘,爆破人员进入掌子面前进行瞎炮处理和找顶工作,然后开始出渣作业。

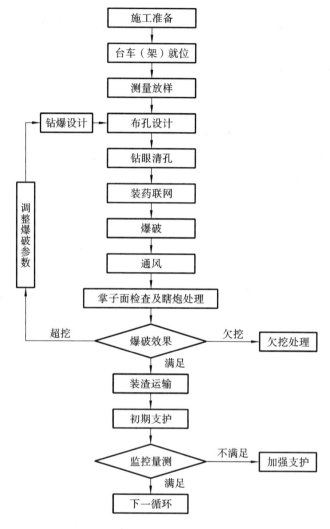

图 4.17 隧道洞身开挖施工工序流程图

2.隧道出渣施工作业

在隧道开挖过程中,装渣运输作业是影响隧道施工效率的一个关键环节。出渣作业包括装渣、运渣和卸渣。出渣施工水平的高低,决定了它在整个开挖作业循环中所占的时间比例(一般在 2/5～3/5 之间)。所以,装渣运输能力严重影响着隧道施工的进度。在选择出渣方式时,必须综合考虑隧道开挖断面大小、围岩地质条件、每循环开挖的石渣量、机械配套作业能力、经济性以及工期的要求等相关因素,使用高效的出渣机械设备进行出渣作业,其装渣能力应与每循环爆破后的石渣量和自卸汽车标准容量相匹配。自卸汽车出渣量等于每循环爆破后的石渣量,可按公式(4.2)计算

$$Z = R \cdot P \cdot L_0 \cdot S \tag{4.2}$$

式中:Z 为每循环爆破后石渣量,m³;R 为岩体松胀系数;P 为超挖系数,依据爆破质量而定,一般取 1.15~1.25;L_0 为设计循环进尺,m;S 为掌子面面积,m²。

装渣机械的选择宜满足能在隧道洞身开挖施工中发挥高效率的要求,一般选用机动灵活的侧翻式装载机及挖掘机。隧道出渣作业中运输方式的选择,应综合考虑隧道长度、开挖方法、出渣量大小、机械设备等因素后决定。一般出渣作业的洞内运输方式可分为两种:有轨式和无轨式。通常选用与装载机相配合的自卸汽车作为运渣机械。

一般采用挖掘机、装载机配合自卸汽车的出渣方式。挖掘机扒渣,装载机按一定的工作方式将石渣装入自卸汽车,自卸汽车将石渣运送到指定的场所进行卸渣,最后返回等待装渣。

3. 隧道洞身支护施工作业

1)初期支护

初期支护一般由锚杆、喷射混凝土、钢架、钢筋网等多种措施组合而成。

锚喷支护是目前常用的一种围岩支护方式,采用锚喷支护可以充分发挥围岩的自承能力,并有效利用洞内的净空,既提高了作业的安全性,又提高了作业效率。锚喷支护与以往传统支撑方式不同,开挖轮廓面一经形成,便可立即进行支护,随时挖随时喷射混凝土。在喷射混凝土时,根据围岩的情况,还可以配置钢筋网和钢拱架,进而可以很好地建成与围岩紧密连接的支护结构。

湿喷支护是一种先进的支护技术。它是使用混凝土喷射机械,在喷嘴处将混合料与一定配合比的速凝剂混合后,快速喷射到开挖轮廓面上,混合料快速凝固,形成对围岩起到支撑作用的支护结构体。

在欧美国家,湿喷支护方法已经得到广泛应用,并且已成为全球喷射混凝土技术的发展趋势。在国内,干喷混凝土支护也将被湿喷混凝土支护的方法所取代。

喷射混凝土施工前,应检查开挖轮廓面的超欠挖情况,清除杂物和较松动的岩石。根据岩面潮湿程度调整水灰比,填坪短节钢筋,用来标记初期支护喷射混合料的厚度。同时,采用高压风、高压水对受喷面进行清洗。湿喷作业时,拌和

站依据设计的配合比拌和混合料,水泥混合料运输车将拌和好的混合料运送到湿喷料斗中,湿喷机开始喷射混合料;喷射混合料时,应分段、分区进行,按先墙后拱、由上而下的顺序地进行喷射,喷射时应保持适当的压送压力和一定的喷射厚度,使喷嘴与喷射面有适当的距离,并保持垂直。通常多采用分层喷射(一般分2~3层),分层喷射间隔时间应恰当。一般情况下,要求在初喷结束后再进行复喷,喷射后需要对混凝土进行养护。喷射混凝土施工工艺流程如图4.18所示。

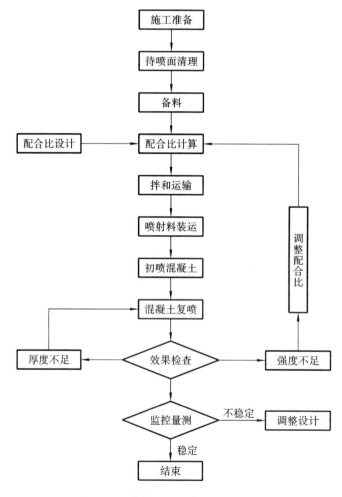

图4.18 喷射混凝土施工工艺流程图

2)二次衬砌

隧道洞身开挖经过喷射混凝土施作后,在对隧道设计时,考虑到投入使用的隧道运营年限很长,通常要采用混凝土或钢筋混凝土进行内层二次衬砌支护,来确保隧道长久、稳定、安全、美观。同时,二次衬砌也是进行安全储备的一种工程举措。

鉴于隧道地质状况复杂,特别是在稳定性较差的岩体中,仅仅通过工程类比方式就进行二次衬砌施工设计,很难保证衬砌结构可靠、合理。依据当今支护理论和新奥法施工准则,二次衬砌是在围岩或围岩加初期支护混凝土强度满足二次衬砌支护要求后及时施作的。此时,隧道已基本成型,为保证二次衬砌施工质量,多数情况下使用顺作法,即从下往上,按先墙后拱的顺序连续灌注混合料。

二次衬砌支护施作工序较多,主要有小边墙施工、挂防水板、结构钢筋的铺装(在Ⅴ、Ⅳ级围岩中)和浇筑二衬水泥混合料。施工顺序为:监控量测→确定衬砌支护施作时间→衬砌支护施工前准备→台车就位→刷脱模剂→防水层铺设→绑扎钢筋(Ⅱ、Ⅲ级围岩不施作此项)→止水带的施作(条)→预埋件安装→灌注混凝土→脱模→二衬模板台车退出→养护。

二次衬砌支护进行配套机械化施工,自行式全液压二衬模板台车全断面一次衬砌成型,自行式全液压二衬模板台车长 12 m。洞外设有大型水泥混合料拌和站,采用混合料搅拌运输车运送,二衬现场使用混凝土输送泵泵送混合料入模。

4.3.3 隧道洞身开挖与支护施工案例

1. 工程概况

某高速公路隧道左右线分别长 2474 m、2490 m,地质条件较差(隧道围岩Ⅲ级占 67.6%,Ⅳ级占 16.7%,Ⅴ级占 15.7%),开挖支护距离长,洞口段埋深程度较浅,全部的隧道洞渣均作为路基填料。

2. 隧道工程施工方案分析

开挖方案需参考施工区域,不同的施工区域采取不同的施工方法。例如,洞口加强段、浅埋段及断层地段适合采用短台阶分部法,初期支护需要重点关注的是封闭问题,在施工过程中,机械和人工的施工进度为每循环进尺 0.5~1.0 m。下台阶采用左右交错开挖。

采用台阶法实施开挖作业时,上台阶与下台阶的开挖工作需要注意的关键点不同,前者需要一次成型,后者需要左右交错,但上、下台阶均需要采取光面爆破;光面爆破Ⅲ级围岩后,使用全断面法。紧急停车带地段、车行横洞和人行横洞等区域,先进行光面爆破后再开挖,施工过程中主要采取台阶法与全断面两种方法。施工过程中应该保证每个步骤符合标准。

3. 隧道洞身开挖施工

1)开挖方法及步骤

隧道洞身开挖包括超前支护施工和初期支护施工。超前小导管主要采用YT28风机,超前支护采用MKG-5S型管棚钻机,注浆设备采用HFV-5D。

(1)针对施工区域选取不同的开挖方法,洞口加强段、浅埋段及断层地段采用短台阶分部法开挖,台阶长度大于6 m,每循环进尺控制在0.5～1.0 m,主要由人工或机械开挖,初期支护要注重封闭问题。采用左右交错方法开挖下台阶(或拉中槽,两侧留台阶土),及时完成初期支护。

(2)按照循环进尺2.0～3.0 m的频率采用台阶法开挖Ⅳ级围岩。

(3)按照循环进尺3.0～4.0 m的频率开挖Ⅲ级围岩地段,光面爆破采用全断面方法,钻孔台车钻孔。

(4)紧急停车带地段循环进尺2 m,用侧壁导坑台阶法开挖;行车横洞、行人横洞进行光面爆破,用风动凿岩机钻孔,开挖频率按照循环进尺2～3 m。行人横洞利用装载机进行人工出渣,自卸车将堆放在主洞的渣运输至弃渣场。

2)光面爆破

(1)爆破设计。

光面爆破主要采用2号岩石硝酸铵类炸药。炸药按照间隔在周边眼不耦合装药,斜眼掏槽。底眼及有水地段炸药的药卷直径:周边眼$\phi 20$,辅助眼$\phi 32$(台车钻孔$\phi 50$)。采用非电毫秒雷管起爆(跳段使用),火雷管引爆。

(2)施工要点。

①放样布眼:钻眼前测量人员用红油漆标记炮眼的位置,将偏差控制在5 cm范围内,确保精准度。开挖主要参考平面的中线和轮廓线。

②开眼:确保钻孔的精准度。主要参考炮眼布置图定位,除了钻杆要与隧道轴线呈平行状态,还要将偏差控制在规定范围之内。

③钻眼四周有精准的外插角:用自制的多功能钻孔台车钻眼,两茬炮交界处台阶误差控制在10 cm范围内。

④清孔:装药前将炮眼里的石屑处理干净,用炮钩向炮眼中输入高压风,确保设备直径小于炮眼直径。

⑤装药:堵塞炮眼的炮泥长度大于 20 cm,装药量严格遵循炮眼设计图,自上而下分片分组操作。

⑥联结起爆网络:联结起爆网络时,杜绝导爆管发生打结和拉细的情况,并且确保起爆网络的精确程度,采用黑色的胶布包裹引爆雷管。

⑦瞎炮的处理:检查瞎炮的原因。如果是孔外的导爆管损坏,那么去除导爆管损坏的部分,再重新连接导爆管。

⑧其他注意事项:在具体施工过程中,结合现场的监测结果,可根据情况使用临时竖向支撑等方式,对开挖的方式与支护的参数进行合理调整与修改,并结合具体的情况做二次衬砌,保障现场施工的安全。

施工过程中需要严格遵循超前支管,注浆严密,进尺短,爆破程度轻,及时测量相关参数,尽早封闭等要求。同时,尽早预测地质情况,设计合理的方案,确保测量数据在可控范围内;严密观察开挖面围岩的情况,强化测量洞径周围掌子面的相关参数,准确记录测量结果,并对信息进行及时反馈,为后期的调整与修改工作提供可靠依据;结合监测结果,合理确定二次衬砌的施工时间,确保结构处于安全状态。开挖的孔径与相关标准可根据现场施工情况进行合理的调整,并确保人员与机械设备的调度合理。此外,还需注意钢架的稳固性,确保现场施工的安全。

4. 隧道洞身开挖初期支护

1)超前大管棚施工

(1)施工方法。

超前大管棚采用节长 3 m、6 m 的 φ108 热轧无缝钢管,导向端呈尖形,壁厚 8 mm。管壁按照梅花形钻孔,孔径为 8 mm,孔间隔为 25 cm。钻孔主要采用管棚专用钻机,清孔作业需要高压风设备,顶管推至孔底按照 1∶1 注水泥砂浆,注浆量达到设计要求后立即停止注浆,注浆压力最初为 0.5~1.0 MPa,最终为 2.0 MPa。

(2)施工工艺。

①精确测量固定后的钻机,标记钻孔位置。

②钻机开孔时以较低的速度钻深 20 cm 后,恢复正常钻速。

③当第一节钻杆钻入岩层尾部剩余 20~30 cm 时,立即停止钻进。固定钻

杆后,以较低的速度实施反向钻进。将钻机与钻杆分离后,按照导轨的路线缓慢退回至初始位置,然后人工装入连接套,准备第二节钻杆,准备工作达标后,再将钻机以较低的速度推进至第一根钻杆的尾部。

④更换钻杆时检查钻杆的弯曲程度、损伤情况、中心水孔畅通问题等,及时更换不符合要求的钻杆。

⑤引导孔直径比管棚外径宽 15~20 mm。

⑥钻孔深度符合标准,将钻机退至初始位置,拆除钻杆装置。

⑦钻进工作结合大孔引导和棚管技术,引导孔的直径大于棚管的直径。钻出引导孔后,借助钻机的冲击和推力,将安有工作管头的棚管沿引导孔钻进至孔底。

⑧将钢管顶进连接套安装在钻机上,保持与管棚直径相符。

⑨在钻机上安装钢管,仔细对准引导孔后,保持较低的速度完成推进作业,冲击压力与推进压力分别控制在 18~20 MPa、4.0~6.0 MPa。

⑩推进第一根钢管直至孔外留有 30~40 cm 后,开动钻机反转,钻机退回原位前脱离顶进连接套与钢管,然后人工安装第二节钢管并对正,以较缓慢的速度推进钻机,人工持链钳将两节钢管连成一体。

2)超前小导管施工

超前小导管的导向端主要呈尖形,采用 $\phi 50$ 的钢管。导管壁的厚度达 5 mm。管壁上按照梅花形钻孔,孔径为 8 mm,孔间距为 25 cm。采用气腿式风动凿岩机钻孔,清孔作业需要高压风设备,顶管推至孔底后注水泥砂浆。

3)系统锚杆、钢筋网及拱架施工

(1)锚杆。系统锚杆主要采取中空注浆锚杆和早强砂浆锚杆,人工安装,采用风动凿岩机钻孔。

(2)钢筋网。结合断面开挖的具体形状,在现场或者场外规定地点制作网片。如果现场为比较规则的断面,并且断面比较平整,可在场外制作网片,现场完成拼接工作;如果现场为形状不一的断面,具有较大的起伏,需要在现场制作网片,并完成拼接工作,安装时必须与岩壁紧贴,预留保护层厚度。采用简易台架做挂网作业。

该隧道主要采用规格为 20 cm×20 cm 的 $\phi 8$ 钢筋网,洞外分块加工,洞内铺挂。为了避免喷混凝土时出现激烈的晃动,降低回弹率,需要与锚杆、钢拱架焊接牢固。

(3)加工钢拱架、PS格构梁。

①在洞外分段加工钢拱架、PS格构梁,用冷弯机械加工钢拱架。在制作PS格构梁的过程中,需要利用平台,同时借助电焊将锁脚锚杆与钢拱架、PS格构梁牢固,掌子面主要在人工与装载机相互配合的情况下安装完成。

②施工方法。用混凝土喷射机逐层喷射,每一层喷射的混凝土厚度达5~8 cm。采用自动计量拌和站在洞外拌和混凝土后,将混凝土输送运料。

③施工工艺。喷射混凝土时严格控制喷射厚度,保证喷头与喷面之间互相垂直,同时将距离控制在0.8~1.2 m。在施工过程中,技术人员需要调节风压系统,通常压力值为0.5 MPa,并且风量需超过10 m³/min。喷初期支护钢拱架、钢筋网时,喷头的状态一定要处于倾斜状态。施工时主要按照不同区域、不同路段完成,主要采取"S"形。

4.4 二次衬砌

在隧道结构中,隧道衬砌的作用在于承受围岩和地下水压力以及支护结构自重,有效防止围岩向隧道内变形和风化,保证隧道的稳定性和运营的安全性。在一些工程中,隧道衬砌还具有承受化学侵蚀和冻害影响等的功能。因此,确保衬砌施工的质量是保证隧道使用年限的关键。

在公路隧道施工中,二次衬砌是一种作为安全储备的重要工程措施。二次衬砌是使用混凝土等材料修建的内层衬砌,应做到内实外美,颜色均匀,表面圆顺,无锈迹和麻面。二次衬砌对隧道的内壁能够起到有效的加固支护作用,保证隧道在运营使用中的稳定、安全、美观。

4.4.1 二次衬砌的作用

和初期衬砌相比,二次衬砌对隧道工程质量的影响更大,当支护和衬砌之间存在空隙,或者初期衬砌混凝土密实度不够时,就会导致隧道拱部的围岩产生压力,并呈马鞍形分布。简而言之,就是拱顶比较小,但拱腰会大幅度增加,甚至会在拱顶附近产生衬砌外侧拉力。当支护和衬砌紧密粘贴在一起时,可以为径向力和切向力的传递提供良好的条件,也就可以进行整体结构验算。两层间设有防水层时,按组合结构验算,只传递径向荷载。

围岩级别不同,二次衬砌也不尽相同。就一级稳定性围岩而言,由于其结构比较稳定,在具体施工建设中,围岩和初期支护的变形系数比较小,因此,在一级围岩施工中,二次衬砌基本上不需要承受围岩的压力,此时二次衬砌的主要作用是防水和安全储备,以及增加隧道施工的美观性。而对于二级硬质围岩而言,虽然围岩和初期支护的变形系数比较小,二次衬砌所承受围岩的压力比较小,但在具体施工建设中,考虑到锚杆钢筋锈蚀情况,以及初期支护的质量不稳定性,进行二次衬砌的主要目的是增加支护衬砌的安全性。

4.4.2 隧道衬砌结构类型

在隧道工程中,应按设计和施工要求,合理选择适用的衬砌结构,确保隧道的使用年限。在隧道施工中,常用的衬砌结构主要有五种类型,分别为喷锚衬砌、整体衬砌、复合衬砌、装配式衬砌和连拱式衬砌。常见的衬砌类型及使用范围分别如表4.2所示。

表4.2 常见的衬砌类型及使用范围

	类型	使用范围
洞身衬砌结构	喷锚衬砌	洞身采用喷锚衬砌,加固围岩,控制变形,防止松动失稳
	整体衬砌	三级及其以下公路隧道,在Ⅰ、Ⅱ、Ⅲ级围岩条件下,隧道洞口段应采用复合式衬砌或整体式衬砌
	复合衬砌	高速公路、一级公路和二级公路的隧道应采用复合式衬砌
	装配式衬砌	目前基本限于使用盾构法施工的城市地下铁道中
	连拱式衬砌	适用于个别特殊情况

1. 喷锚衬砌

喷射混凝土是利用空压机将混凝土混合料直接喷射到隧道围岩表面上,确保岩面实现有效封闭,加固和填充效果显著。该法的特点在于充分发挥围岩自身的承载性能,通过显著提升其整体性来避免围岩应力的集中,防止出现变形、掉块和坍塌等现象。

锚杆是一种锚固在岩体内部的杆状体钢筋,与岩体融为一体,起到加固围岩、维护围岩稳定的作用。利用锚杆的悬吊作用、组合拱作用、减跨作用、挤压加固作用,将围岩中的节理、裂隙连成一体,提高围岩的整体性,改善围岩的力学性能,从而发挥围岩的自承能力。锚杆支护对硬质围岩和软质围岩都能起到良好的支护效果。

2. 整体式衬砌

整体式衬砌是一种比较传统的支护结构形式。该法的特点在于不考虑围岩自身的承载性能，对于地层、围岩等的变形主要通过衬砌结构来承担，确保衬砌结构具有显著的刚度来支撑围岩，承受其压力。

整体式衬砌采用就地整体模筑混凝土衬砌，可设计为等截面或变截面，通过在隧道内架立模板、拱架，然后浇筑混凝土而成。该法适用于不同的地质条件，在我国隧道工程中广泛使用。

3. 复合式衬砌

复合式衬砌主要由初期支护、二次衬砌和中间防水层等结构组成。该法适合多种地质条件，技术较为成熟，是我国目前在公路隧道施工中采用较多的衬砌结构形式。

在初期支护中，喷锚支护是一种有效、及时的支护方式。该法具有柔性特征，使得其在一定程度上具有随围岩变形而变形的特点，这对发挥围岩自身的承载性能具有重要意义。在二次衬砌中，一般选择使用刚度较大、整体性好和外观平顺的钢筋混凝土衬砌。为确保隧道的稳定、安全和美观，在二次衬砌施工中，衬砌截面应符合连接圆顺、等厚的要求，仰拱厚度宜与拱墙厚度相同。

在隧道衬砌结构施工中，为确保隧道运营的安全和长久，应预留一定的围岩变形来释放集中的部分应力，以将衬砌所承受的变形压力降至最低。预留变形量的大小应根据围岩地质条件，采用工程类比法确定。

4. 装配式衬砌

装配式衬砌目前基本限于在使用盾构法施工的城市地下铁道中应用。该法是先将衬砌批量生产，再运入坑道拼装成型。其特点在于组装成型后即可承受荷载，不需要进行养生，能够有效缩短工期，克服了整体式混凝土衬砌在灌注后不能立即承受围岩压力，必须经过养生，施工进度受影响的缺点。但该法需要坑道内具有足够的拼装空间，制备构件尺寸要求具有一定的精度，接缝多导致防水困难。

5. 连拱式衬砌

该法的特点在于将两隧道间相邻的边墙连成一个整体，一般是使用钢筋混凝土结构来代替两隧道之间的岩体，是一种双洞拱墙相连的结构形式。

在公路隧道中,复合式衬砌是较常用的衬砌结构,二次衬砌是对围岩施加的二次刚性支护。随着我国经济持续稳定地发展,高速公路隧道工程对二次衬砌质量提出更高的要求,特别是防水等级必须达到一级防水。二次衬砌不仅必须满足结构安全使用、美观的要求,还不允许渗水,表面无湿渍,且必须具有强度高、耐久性好等性能。

4.4.3 二次衬砌施工条件分析

在隧道工程施工建设中,科学合理地应用二次衬砌施工工艺,具有加固支护、优化路线防排水系统、美化外观以及方便设置通信、照明、监测等设施的作用,同时可以有效适应现代化高速公路隧道建设的要求。

(1)二次衬砌通常在围岩与初期支护变形基本稳定的条件下开展。

(2)遇到隧道洞口、浅埋、围岩松散等情况应该尽量早期进行二次衬砌,提高衬砌结构质量。

(3)二次衬砌的作业段初期支护、防水层、环纵向排水需要达到性能标准,且防水层表面粉尘全部清理。

(4)防水板铺设施工需要超前二次衬砌作业。

(5)二次衬砌实施前,进行隧道各个部分尺寸检查,达到设计标准。

(6)仰拱的填充层与铺底的结构找平层已经结束施工;合理进行地下水引排处理;施工缝根据设计要求进行必要处理。

(7)二次衬砌施工范围内照明、给排水、电力系统符合施工需要,通风状态满足工程安全性标准。

4.4.4 二次衬砌施工案例

1. 工程概况

广东某高速公路某隧道为分离式双洞隧道,设计时速 80 km/h,设计荷载为公路Ⅰ级,其中右洞 2615 m,左洞 2653 m,平均长度 2634 m,洞身围岩级别以Ⅲ~Ⅳ级为主,进出口段围岩级别为Ⅳ~Ⅴ级,隧道二次衬砌的混凝土强度为 C30。

2. 二次衬砌施工技术要点

1)初期支护检查

工程初期支护采用钢筋网+钢拱架+C25 喷射混凝土形式。初支完成后,在满足相应围岩下二衬至掌子面规范要求的距离后开始施工二衬。二衬施工前先用隧道断面仪检查断面尺寸,确保初支断面和二衬厚度满足设计要求。同时检查隧道初支面平整度,凹陷部分补喷平整,以防防水板挂紧后二衬混凝土无法紧贴至初支面,造成二衬脱空;凿除凸出部分,防止凸出部分侵入二衬范围,影响二衬厚度。外露锚杆采用氧气乙炔割除,切割断面与初支面齐平,切口需平整,不得留有尖刺及刀片状斜切口,防止刺破防水板造成二衬渗水。

2)防水层施工

在初支变形基本稳定后开始防水层施工,按设计要求每隔 6 m 安装环向打孔波纹管,渗水较大处适当加密;现场测量波纹管长度,波纹管连接采用套接,严禁对接,套接长度不小于 10 cm;波纹管外缠绕一层无纺土工布,用铁丝绑扎牢固后采用射钉枪固定在初支面上;波纹管两端连接拱脚纵向排水管,保证排水顺畅。土工布沿初支面环向满铺安装,用水泥钉固定于初支面上,水泥钉间距 50~100 cm,拱顶适当加密,土工布搭接处采用水泥钉固定,搭接长度不小于 10 cm。土工布安装完成后用水泥钉固定耐热衬垫,耐热衬垫间距拱顶 50~80 cm,边墙 50~100 cm,在防水板焊接处纵向间距为 50 cm。EVA 防水板采用热贴铺挂工艺,防水板用热风焊枪固定于耐热衬垫上。防水板采用双缝自动爬焊机焊接,搭接宽度不小于 10 cm。焊接前通过试验确定最佳焊接温度和行走速度,焊接处防水板应平顺、无褶皱,焊接时应严格控制吹风时间,焊机应连续行走,不得停留,严禁过焊烧穿、烧焦防水板,焊接牢固。防水板底部需反包纵向排水管,防止拱脚渗水影响电缆沟正常使用。

3)钢筋安装

由于隧道洞内施工场地有限,钢筋均在施工场地外的定型化钢筋加工厂加工与制作完成后再运至隧道洞内安装。直径不小于 25 mm 的钢筋采用机械连接,其他钢筋可采用焊接。机械连接的钢筋采用砂轮锯切割,每个接头车丝完成并经通规、止规检测合格后立即套上丝头保护帽,再运至现场安装。钢筋连接时采用扳手拧紧,连接处应无完整的丝扣外露,并用力矩扳手检查拧紧程度。钢筋焊接前需将焊接端弯曲一定角度,以确保焊接后两段钢筋在同一直线上,焊缝应饱满平整,严禁出现焊缝凹陷、过焊烧蚀现象。根据设计间距安装第一层环向钢筋,在防水板凸出位置安装保护层垫块,以保证钢筋保护层厚度。水平筋采用铁丝绑扎于环向钢筋上,要求每个交叉点绑扎牢固,不得漏绑,同一断面钢筋接头数不多于 50%,相邻钢筋接头错开距离不小于 50 cm。架立筋安装前采用隧道断面仪检测并调整架立筋高度,在隧道的拱顶、起拱线和边墙等位置分别安装

5 道架立筋。第二层环向钢筋焊接于架立筋上,先根据设计间距每隔 10 根安装环向筋,使两层钢筋与架立筋固定,然后再安装其他环向筋及水平筋。两层钢筋安装完成后及时安装连接筋,每根连接筋必须勾住两层钢筋网的交叉点并用铁丝绑扎牢固。钢筋安装过程中不得损坏防水板,以防后期二衬渗水。钢筋安装完成后及时安装止水带并做好固定措施,以确保后期连接处的止水效果。

4)二衬台车安装

钢轨应铺设在平整的调平层上,铺设完的钢轨需平整直顺,并用钢筋卡扣固定于调平层上,两条钢轨中心线与隧道纵轴线在同一个垂直断面上。二衬台车通过钢轨前行至待浇筑二衬位置,通过测量调整台车准确位置,关闭行走电机,用木楔固定 4 个制动轮;启动液压油泵,调整台车自带液压油缸使台车模板升至拱顶位置,然后锁紧油缸上固定螺栓,确保台车模板高程准确;启动调心油缸,使台车中心线与隧道中轴线位于同一直线上;操作边模油缸,使两边侧模外伸直至二衬边墙位置。台车精确就位后关闭所有液压泵电源,固定所有油缸,防止油缸跑位,造成模板位置不准确。台车就位后及时安装底梁支撑螺旋千斤顶及侧模螺旋千斤顶,使台车及侧模受力通过螺旋千斤顶传递。底梁支撑螺旋千斤顶应落在坚实处,当落在钢轨上时需采取固定措施,防止螺旋千斤顶滑脱;当落在调平层上时需采用钢板垫平,防止螺旋千斤顶陷入调平层造成台车下沉;同时安装左右底梁斜撑,防止二衬浇筑过程中台车向内挤压造成侧模跑位。台车安装过程中需严格控制台车模板与前一板二衬搭接情况,搭接长度不小于 10 cm。台车安装完成后安装端头封堵模板,固定止水带。为了更好地观察混凝土灌注情况,端头模板先安装两侧边墙部分,随着混凝土灌注进度逐步往上安装剩余模板,直至全部安装完成。

5)混凝土浇筑

混凝土浇筑过程中混凝土不得直接冲击防水板,也不得通过台车模板流入,应通过输送管末端接上的溜槽放入二衬内。混凝土由下至上、左右交替浇筑,左右边墙浇筑高差不大于 50 cm,应从同排 3 个窗口依次分层浇筑,每层浇筑高度不大于 50 cm;浇筑应连续,每浇筑完一层采用振捣棒振捣,振捣应从两侧边墙对称作业,确保台车对称受力,防止出现偏移现象。当混凝土浇筑至距窗口 50 cm 时关闭窗口,接长输送管至上一排窗口浇筑。边墙混凝土浇筑时可放缓浇筑速度,使拱顶混凝土浇筑时边墙混凝土达到初凝,减轻台车受力。起拱线以上衬砌浇筑采用高流动性混凝土,采用振捣棒配合附着式振动器振捣,混凝土输送及振捣过程中需注意保护接线盒等预埋件,防止其松动、跑位。拱顶混凝土浇筑时将输送管接到浇筑孔,直接泵送混凝土,并开启附着式高频振捣器振捣;严格控制拱顶混凝土输送间断时间,要求间断时间不大于 20 min,避免混凝土初凝导致泵送不连续,从而出现二衬脱空现象。封顶混凝土采用补偿型混凝土,混凝土由顶模中心封顶器注入拱顶,待水泥浆从挡头板上的观察孔溢出,则表示封顶成功。

3. 二次衬砌脱空预防措施

(1)欠挖部分采用破碎锤凿除,欠挖较大时采用二次爆破措施,加强爆破质量控制,保证爆破面平整。凹陷部分采用 C25 喷射混凝土补平。初支完成后平整度需满足设计规范要求,以防凹凸不平造成二衬背后脱空。

(2)加强 EVA 防水板安装质量控制,按照部位不同耐热衬垫固定点间距如下:底部 1.0~1.5 m,边墙 0.8~1.0 m,拱部 0.5~0.8 m,布设形状呈梅花形。EVA 防水板的实际铺设长度与初支基面的弧长之间的比值为 10∶8,严格控制防水板铺设松紧程度,避免边墙混凝土浇筑时拉扯上部防水板,使得防水板过于绷紧而出现崩裂或脱落现象,导致二衬出现局部脱空。

(3)端头位置模板的缝隙采用泡沫胶填堵密实,台车和拱脚位置与上一板二衬模板缝隙则采用土工布填堵密实,确保混凝土浇筑时模板的板缝无漏浆现象发生,确保二衬不因漏浆出现脱空。

(4)二衬浇筑过程中需保证混凝土浇筑连续性,拱顶混凝土浇筑时尽量不间断,避免因局部混凝土初凝造成混凝土无法泵送到位,导致二衬脱空。在下坡隧道二衬混凝土浇筑时,由于端头位置混凝土提前浇筑完成,二衬内的空气被挤压到另一侧,容易出现拱顶空腔现象,因此,应提前预埋排气管,将另一侧空气排出,使得混凝土浇筑饱满密实。

4.5 防排水施工

4.5.1 地下水类型及其对隧道的影响

埋藏在地表下面土中空隙、岩石空隙和裂隙中的水,称为地下水。

地下水广泛存在于地下岩土体中,与人类工程活动尤其是隧道工程与地下工程关系密切。地下水与岩土体的相互作用会使岩土体的强度和稳定性降低,进而导致一些不良地质的发生,如滑坡、岩溶、地基沉陷、翻浆等,给工程的建筑和正常使用造成危害。地下水的存在不仅可能造成施工困难，还会不同程度地降低围岩强度及岩体的稳定性，给工程留下安全隐患，而地下水渗透容易造成隧道的渗漏，目前隧道的渗漏水已成为隧道运营期间的主要病害。

因此，了解地下水环境，对隧道工程，尤其是隧道工程防排水的设计与施工具有重要的作用和意义。

1. 隧道地下水的贮存形式

隧道地下水按其贮存形式可分为基岩裂隙水、岩溶水和孔隙水。

1) 基岩裂隙水

裂隙水是埋藏于基岩裂隙中的地下水。岩石裂隙的发育情况决定地下水的分布情况和能否富集。在裂隙发育的地方，含水丰富；裂隙不发育的地方，含水甚少。所以在同一构造单元或同一地段内，含水性和富水性有很大变化，形成裂隙水聚集的不均匀性。裂隙，特别是构造裂隙的发育具有方向性，在某些方向上裂隙的张开程度和连通性比较好，导水性强、水力联系好，常成为地下水径流的主要通道。在另一些方向上裂隙闭合，导水性差，水力联系也差，径流不畅通。所以裂隙岩石的导水性呈现出明显的各向异性。裂隙水是山区广泛分布的地下水类型，与道路工程、隧道工程、桥梁工程关系密切。

(1) 裂隙水的埋藏类型。

根据埋藏情况，可将裂隙水划分为面状裂隙水、层状裂隙水和脉状裂隙水三种。

①面状裂隙水。面状裂隙水埋藏在各种基岩表层的风化裂隙中，又称为风化裂隙水。风化裂隙水透水性的强弱，视岩石风化程度、风化层物质组成等而异，极不均匀。有些强风化带，因富含黏土物质，含水性和透水性反而减弱。

风化裂隙水的水量，随岩性、地形等而变。同一地区，砂岩地段比泥岩地段水量多，同一岩性地区，由分水岭至河谷，水量逐渐增加。风化裂隙水分布的下界取决于分化带的深度。风化裂隙的数量及张开程度随深度而减少，一般在微风化带其性质近似于隔水层。

②层状裂隙水。层状裂隙水是埋藏在成岩裂隙和构造裂隙中的地下水，其分布一般与岩层的分布一致，因而常有一定的成层性。层状裂隙水在不同的部位和不同的方向上，因裂缝的密度、张开程度和连通性有差异，其透水性和涌水量有较大的差别，具有不均匀的特点。

层状裂隙水的分布受岩层产状的控制，在岩层出露的浅部可形成潜水，在地下深处埋藏在隔水层之间可形成承压水。层状裂隙水的水质受埋深控制。一般在浅部主要为重碳酸盐型,向下逐渐过渡为硫酸盐型,到深部为氯化物型。总矿化度也随深度增加而增大。

③脉状裂隙水。脉状裂隙水埋藏于构造裂隙中,主要特征为:沿断裂带呈脉状分布,长度和深度远比宽度大,具有一定的方向性;可切穿不同时代、不同岩性的地层,并可通过不同的构造部位,因而导致含水带内地下水分布不均匀;地下水的补给源较远,循环深度较大,水量、水位较稳定,有些地段具有承压性。脉状裂隙水一般水量比较丰富,常常是良好的供水水源,但对隧道工程往往造成危害,如突然产生涌水事故等。

(2)裂隙水的富集条件。

某些部位地下水聚集,形成水量较丰富的富集区,而在另一些部位地下水相对分散,形成水量甚少的贫水区。地下水富集区的形成,必须具备三个条件:有较多的储水空间;有充足的补给水源;有良好的汇水条件。

形成裂隙水富集的三个条件主要受岩性、构造、地貌等因素的影响。不同岩性,裂隙发育程度有差异,因而富水性不同。不同构造部位,裂隙发育程度有差异,因而导水性和富水性也不同。褶曲轴部裂隙较其他部位发育,往往是富水的地方。断裂多次活动的部位,岩石破碎、裂隙发育,有利于地下水的富集。不同地貌部位,地下水的补给、汇聚条件不同,岩石裂隙发育程度不同,因而富水性不同。盆地、洼地、谷地常常构成富水的有利条件。

2)岩溶水

岩溶水是储存和运动于岩溶含水介质的地下水,所以,研究岩溶水赋存的首要问题是分析岩溶含水介质的形成和形态特征。

(1)岩溶介质的形成条件。

岩溶介质形成必须具备以下四个条件。

①岩石的可溶性。岩溶的形成首先必须具备可溶性的岩石,包括分布最广的碳酸岩类、卤岩类岩石。

②水的侵蚀性。纯水对碳酸岩的溶解是很微弱的,但当水中有CO_2时,才会对碳酸岩的溶解有明显的作用。所以,水的侵蚀性是岩溶介质形成的另一个必要条件。

③岩石的透水性。可溶岩如果透水性很差,甚至不透水,那么侵蚀性水与岩石的接触面有限,仍然不能产生岩溶。所以,岩石具有孔隙,尤其是裂隙是岩溶形成的必要条件。

④水的流动性。如果地下水流动很缓慢,呈停滞状态,那么,停滞的水很快就会变成饱和溶液而失去侵蚀能力。因此,水的流动性成为岩溶形成的又一个必要条件。

(2)岩溶水的赋存特征。

岩溶水赋存的最大特点是在空间和时间上的极不均匀。

在空间上,岩溶水赋存沿剖面一般分为四个水动力带。

①垂直入渗带:位于地下水最高水位以上的包气带,主要赋存垂直下渗暂时性水流,岩溶以垂直形态的溶隙、落水洞为主。

②垂直水平交替带:位于地下水最高水位与最低水位之间的季节变动带,主要赋存垂直下渗和水平流动的暂时性水流,枯水期以前者为主,丰水期以后者为主。岩溶以垂直和水平形态兼有,常形成间歇性地下暗河。

③水平循环带:位于地下水最低水位以下的饱水带,赋存的地下水流向当地最低侵蚀基准面,岩溶以水平发育的溶洞、暗河为主。

④深循环带:位于局部侵蚀基准面以下的深部,地下水在水头压力的作用下向远处的区域性基准面缓慢流动,岩溶以细小的溶隙和溶孔为主。

在平面上,一般可分为三个区。

①垂直入渗区:位于远离河谷的分水岭地区,多发育漏斗、落水洞等垂直岩溶,降水入渗后作垂直运动,地下水水位埋深较大。

②水平运移区:位于河流中游地区,赋存的地下水水流分散,无统一的水位,因此,岩溶发育成水平管道,连通性较差。

③集中排泄区:位于河流下游及河谷地区,以水平岩溶为主,溶蚀作用强烈,岩溶含水介质的渗透具有较强的非均质性和各向异性,赋存的地下水水流集中,形成统一的水位,以及集中排泄的岩溶大泉。另外,在平面上断裂构造发育带、背斜轴部,以及地表水体或岩溶大泉排泄区等岩溶水赋存很丰富。

在时间上,特别是在南方,岩溶水的水位、水量变化幅度大,变化频率高,反映出赋存的岩溶水的水位、水量在时间上明显的不均匀性:雨季水位较高,流量大,而旱季水位较低,流量小。综合分析,岩溶水的主要赋存特点是时间和空间上的不均匀性,渗透的非均质性和各向异性,以及降水灌水式的补给,管道、暗河式的径流,地下河系式的集中排泄。因此,岩溶地区隧道突水成为一个危害很大、研究困难的问题。

3)孔隙水

孔隙水主要赋存在松散沉积物中,随着沉积物的类型、地质结构、地貌形态以及地形位置的不同,孔隙水的分布显示出一定的差异性,如洪积物中赋存的孔隙水一般较丰富,地下径流较强;河谷冲积物中赋存的孔隙水的富积程度与含水层的位置关系密切,一般在河道中的冲积物中孔隙水较丰富。然而,无论孔隙水分布差异如何,它渗透的非均质性和各向异性远不如裂隙水和岩溶水,基本可以认为其渗透为均质各向同性。隧道大多分布在山区的基岩地区,所以,孔隙水对隧道的危害相对较小,但是,孔隙含水介质为松散沉积物,释放后具有压密的特性,常形成地面下沉或塌陷。

2. 地下水对隧道工程的不良影响

地下水的存在可能引起隧道围岩产生溶解、溶蚀、冲刷、软化,或静水压力及膨胀压力,改变围岩的物理、化学性质,从而降低围岩的强度和稳定性,对隧道结构构成威胁。地下水的存在,给施工带来较大困难,不仅增大施工难度,还可能带来安全隐患。侵蚀性地下水会对衬砌结构造成侵蚀破坏,影响隧道工程结构的耐久性;渗漏的地下水会恶化隧道的运营环境,降低隧道服务质量,增加隧道的维护费用。

1)地下水对隧道围岩的不良影响

地下水的存在可能使隧道所处的围岩条件发生改变。当围岩为软弱岩体时,地下水对软弱围岩的影响比对完整性较好的硬岩的影响更显著。软岩在地下水的冲刷或进入细微裂隙时,会使岩石产生软化或泥化,从而降低岩体的强度,使岩石呈不稳定的状态,易出现塑性变形或崩解,引起塌方。对破碎的围岩来说,由于围岩中饱含地下水,裂隙水压力增大,从而增加了围岩的自重荷载,更加促进了破碎围岩发生塌方的可能。

当围岩为含膨胀性矿物的膨胀岩或岩盐、石膏岩等膨胀性岩体时,在地下水存在的条件下,则易产生吸水膨胀现象,含水越多,围岩产生膨胀愈严重。由于膨胀围岩的强度会显著降低,将造成隧道支护结构下沉或在膨胀压力作用下发生破坏,隧道底部在围岩压力和膨胀力的作用下将发生底膨现象,隧道临空面岩体风干脱水而产生收缩裂缝。在湿陷性黄土地区修建的隧道,地下水活动的影响更为显著。一方面,黄土中存在的溶洞、陷穴可能使隧道发生基础下沉或冒顶危险。另一方面,黄土在干燥时很坚固,承载力很高,隧道施工也可以顺利进行,而一旦浸水,将呈现不同程度的湿陷性,发生下沉现象,使开挖后的围岩迅速丧失自稳能力,如果支护措施满足不了变化后的情况,极易造成坍塌。当围岩存在软弱结构面时,软弱结构面的强度决定着岩体整体强度和稳定性。而地下水的活动能将软弱结构面中的物质软化、泥化,使得结构面的抗剪强度和稳定性降低,摩阻力和内聚力减少,进一步影响围岩稳定性。

2)地下水对隧道结构的影响

地下水对隧道结构的影响除了地下水可能产生较大的静水压力、动水压力,侵蚀性地下水对隧道结构的影响也不可忽视。由于混凝土是多孔的、固液气三相共存的非均质材料,其所处环境的某些侵蚀性物质很容易进入混凝土内部,与混凝土、钢筋发生各种物理、化学反应,从而引发混凝土的破坏,影响混凝土结构的耐久性,降低工程结构的使用年限。常见的溶入地下水的侵蚀性物质有硫化物型、硫酸盐型、氯化物型、碳酸盐型物质,以及这几种物质的组合形式。

3)地下水对隧道运营环境的影响

地下水除了影响隧道围岩的强度和稳定性,对隧道衬砌结构产生腐蚀作用,还会通过混凝土损伤部位、施工缝、变形缝等薄弱部位进入隧道,对隧道运营环境造成影响。

(1)造成隧道内部环境潮湿,给人以不舒服的感觉。

(2)恶化隧道行车环境,造成路面湿滑,降低汽车轮胎与地面的摩阻力,影响行车安全。隧道内部的水雾也使得空气能见度降低,给行车构成威胁。当发生冻害时,对行车环境的影响更为严峻。

(3)对隧道内的电气设施造成不良影响。渗漏水将影响隧道内安装的各种电气设备,降低它们的使用效率与使用寿命,增加了相应的维护费用。同时,隧道渗漏水可能引发火灾等其他灾害性事故。

4.5.2 公路隧道防排水结构形式

1.公路隧道排水结构

隧道的排水与隧道的防水具有同样重要的地位。从围岩渗出的地下水经环向排水管进入纵向排水管,最后汇集,通过横向排水管排入路面边沟。环向排水盲管、纵向排水管以及横向排水管共同构成隧道排水体系。

环向排水盲管一般由涂塑弹簧外裹玻璃纤维布组成,它是围岩与初支及初支与防水板之间的渗水通道。当隧道开挖,围岩的渗水情况比较严重时,就需要在围岩与初支以及初支与防水板之间铺设环向排水盲管。当围岩的渗水较少或者没有渗水时,可以减少环向排水盲管的间距,或者不设置环向排水盲管。

纵向排水管有弹簧排水管和带孔透水管两种常见的形式,一般沿隧道纵向设置在衬砌底部外侧。环向排水盲管汇集的岩面渗水流向底部纵向排水管,最后通过横向排水管排到路面边沟。

横向排水管位于衬砌基础和路面下部,与隧道的轴线垂直布设,是连接纵向排水管与排水边沟的排水构件。

2. 公路隧道防水结构

公路隧道常见的防水结构形式为单一衬砌防水、复合衬砌防水、排水法防水、注浆防水。

1) 单一衬砌防水

20 世纪 60 年代发明的新奥法隧道施工方法从岩土力学原理出发,充分发挥围岩的自承能力和开挖面的空间约束作用,在此基础上形成了围岩、喷射混凝土、锚杆共同受力的承载体。单喷混凝土衬砌隧道可以认为是新奥法隧道进一步延伸的形式。在北欧许多国家推广的挪威法施工的隧道就是单一衬砌结构,单一衬砌结构由锚杆、湿喷高性能混凝土以及钢支架/钢筋网/纤维组成,同时为了提高衬砌混凝土的抗渗性和密实度而加上各种外加剂。施工具有厚度一次成型的特点,没有施工缝,不设沉降缝,达到了很高的防水和结构牢固效果。我国目前仅在低等级公路隧道中使用单一衬砌结构,高速公路隧道中并不多见。单一衬砌分为内防水型和外防水型两种形式,如图 4.19 所示。

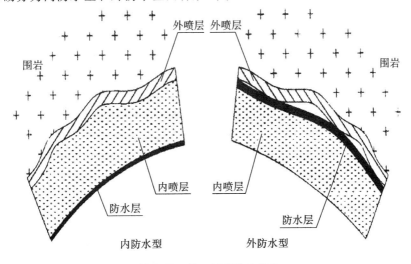

图 4.19 单一衬砌防水做法

2)复合衬砌防水

随着新奥法施工方法的逐渐完善和不断改进,复合式衬砌成了隧道施工的基本形式。由于它具有先进合理、防水可靠的优点,在国内外修建的隧道中得到了广泛的应用。根据相关资料显示,日本已经把复合衬砌防水技术作为修建水底隧道、长大隧道以及某些穿越特殊地质的山岭隧道的主要防水手段,如东京湾渡海公路隧道、北陆新干线一间濑隧道等。我国于1981年在衡广复线大瑶山隧道、南岭隧道首次应用该项防水技术,由于其价格相对低廉,安装质量可检测,在我国的公路隧道建设中得到了广泛的使用。

复合式衬砌由一次支护、二次模筑自防水混凝土以及防水层组成(如图4.20所示)。防水层通常采用 PVC、ECB、EVA、LDPE、HDPE 等高分子材质。复合衬砌的防水层设在初支喷射混凝土与二次衬砌自防水混凝土之间,表面光滑,除具备防水功能外,它还能在初支喷射混凝土与二衬之间起缓冲作用,减小它们之间的约束应力,防止二次衬砌产生裂缝。复合衬砌除了初期支护、防水板以及二次衬砌自防水混凝土,一般还与透水管和环向排水管共同组成防排水系统,充分发挥防水作用。受施工工艺和施工环境的影响,复合衬砌也存在许多问题,如一次支护难以保护、防水板铺设基面平整度要求高、防水板搭接焊接工艺要求高等。

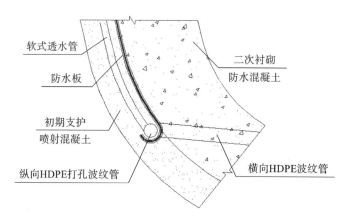

图4.20 复合衬砌防水做法

3)排水法防水

隧道的开挖破坏了原址处的地下水平衡,随着时间的推移在隧道衬砌的后方会积聚大量的水,如果这些水不及时排出,将对隧道衬砌形成较大的水压力。所以除了考虑隧道防水,还要考虑导排水结构的设计。隧道的导排水结构主要包括支护后导流系统和整体导排水系统,通常情况下这种排水法防水很少单独使用,主要与其他防水方法结合使用。

4) 注浆防水

当隧道通过破碎带、断层等不良地层以及裂隙发育的富水地层时,国内外均采用超前、环向或帷幕等注浆方法,对围岩进行堵水及加固。注浆能提高隧道围岩的整体性,常作为隧道施工期间岩面渗水的有效预防措施,是一种隧道防水的辅助措施。搞好围岩注浆防水不仅能防止隧道在运营期间发生渗漏,而且改善了隧道的施工环境,实现了"干施工",保证了隧道的施工质量。

目前,我国大多数公路隧道常采用多种防水方式结合来进行防水处理,按综合治理防排水的原则,对隧道从围岩到初期支护再到二次衬砌进行全方位防排水处理,力求营造一个干净舒适的行车环境。隧道结构一般设置三道防水措施:第一道是使用初期支护加软式透水管和环向排水管导排地下水,背后注浆隔离地下水;第二道是设置复合防水层;第三道是自防水二次衬砌,并对施工缝、沉降缝、变形缝等做专门的处理。公路隧道结构典型防排水方式如图4.21所示。

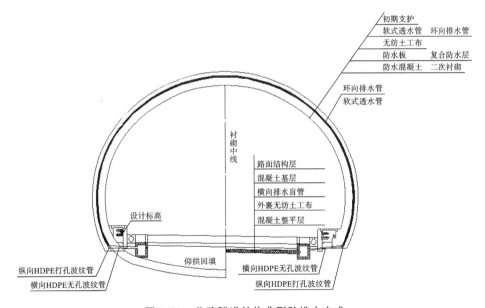

图 4.21 公路隧道结构典型防排水方式

4.5.3　隧道防排水施工

1. 工程概况

天峨(黔桂界)至北海高速公路(巴马至平果段)主线路线长 56.90 km,其中巴马 23.49 km、东兰 4.11 km、大化 29.3 km。工程主线严格参照高速标准公路要求建设,整体长达 14349.25 m,其中技术复杂大桥 1808 m/2 座,普通大桥 12541.25 m/25 座;隧道 15248.5 m/15 座;枢纽互通 3 处,落地互通 2 处;服务区 2 处。

2. 排水管施工

1)环向盲管的设置

环向盲管采取 $\phi 50$ 单壁打孔波纹管,首次支护作业完成后检测混凝土表面,如果表面发现裂缝应及时安设排水半管,以避免初期支护作业发生漏水现象。根据实际情况调整、灵活布置排水半管的间距,一般间距保持在 5 m 以下,其布置方向为纵向,但是在漏水位置会采取树枝状。

2)排水半管(环向盲管)的施工

拱架位置极易出现渗水情况,所以在围岩周围的位置进行喷射务必做到紧密严实。排水半管的布置一般在初期支护喷射后开展。铺设时按照隧道的方向放样,每两个的距离相隔 5 m 以内,沿拱腰至拱脚环向 5 m 间距打设直径为 30 mm 的引水孔,倾角大于 3°,拱脚段孔深不小于 1 m,拱腰段不小于 0.7 m,在引水孔中设置 PVC$\phi 30$ 塑料引水花管,然后将半圆排水管沿喷射混凝土表面环向覆盖在引水花管出口上,采用 2 cm 射钉将半圆排水管锚固在喷射混凝土表面,并立即用 2 cm 厚凝灰浆包裹固定。半管下端深入纵向排水盲沟(HDPE$\phi 200$ 中心排水管)不小于 10 cm。排水半管作业完成后及时布置防水材料。

3)纵、横向排水管

纵、横向排水管都会采用 HDPE$\phi 100$ 排水管。其工艺顺序一般为:首先开展支护喷射,然后安装排水管,再布设防水材料。排水管在隧道拱脚两边铺设,并且在其上方设 4 cm 左右的反滤层,然后将其封闭裹实。排水管主道用到的包裹材料多为土工布和防水板,但在隧道出入口所用材料有所不同,以 SAC 硬泡聚氨酯为主,并且选用的厚度为 2 cm,这样可以有效保持排水管内的温度,避免在出入口出现冻结情况。

纵向排水管的孔眼一般留在上方,将间距控制在 10 cm 左右,直径约为 7 cm,布设时隧道两边一致。安装完毕后及时检查,为了使排水管的水准确进入检查孔,先将此处开再开始检查。检查孔和纵向排水管管底保留一定间距,具体在 30 cm 以上为宜。

横向排水管和纵向排水管在两侧的布设尽量对称,横向排水管彼此的间距为 50 m 且和纵向检查孔对应。在仰拱封闭和仰拱填充时预埋穿进中心排水管(沟)上部的 3～5 cm 碎石反滤层中。在排水沟的周围安设一些检查井,彼此间隔保持在 200 m,在中心检查沟和中心检查管相连的部位设置有一个检查井,至洞口中心检查管范围内不设置中心检查沟。所有管道以及隧道出入口位置采取保温处理措施,避免冷冻现象的出现。

4)中心排水沟(管)、路缘边沟施工

中心排水管设计为长度 1.99 m、壁厚 8 cm 的 C25 预制钢筋混凝土管。预制时,上半面环向预留 5 个 $\phi 10$ 泄水孔,纵向排距为 20 cm。

中心排水管施工工艺:中心排水管的安装严格根据纵坡标高的要求铺设,及时检测确保其足够稳定结实,对接口处开始浇筑衔接时保证衔接处的每一面已处理干净。用沥青麻絮填塞,然后浇筑 C10 素混凝土基座。安装完毕后在上方用砂砾、碎石等进行填实处理。

中心排水沟设计为 C25 钢筋混凝土盖板沟,沟身为 C25 素混凝土,盖板采取预制安装,沟身采取现浇。沟身宽 80 cm、沟高 78 cm,横向在沟壁两侧上下各设 $\phi 20$ 泄水孔两个,沟壁外侧从顶向下 49 cm 设粒径 3～5 cm 碎石反滤层,泄水孔纵向间距 10 m。

3. 防水板的铺设与固定

1)施工准备

(1)洞外准备:检验防水板质量,用铅笔画焊接线及拱顶分中线,按每循环设计长度截取,对称卷起备用。

(2)洞内准备:铺设台架行走轨道;施工时采用两个作业台架,一个用于基面处理,一个用于铺挂土工布和挂防水板。

(3)断面量测:测量断面,对隧道净空展开量测检查,对个别欠挖部位作出处理,以满足净空要求,同时准确测放拱顶分中线。

(4)基面处理:检查初期支护后断面的尺寸,修补初支表面,将钢筋网、管道等尖锐物凸出部分,先切断,然后用锤铆平切并用砂浆填塞、抹砂浆素灰。锚杆有凸出部位时,螺头顶预留 5 mm 切断后用塑料帽处理。如果喷射混凝土表面凹凸不平,在超过 3 cm 的凹面处补喷,确保铺设表面圆顺及保证防水层与喷层密贴。

2)土工布铺设

注意水泥浆渗入的问题,用射钉枪钉水泥钉,把 $350 g/m^2$ 土工布和热熔衬垫锚固在初期支护喷射混凝土表面上,水泥钉长度不小于 50 mm,热熔衬垫布置时平均拱顶 3~4 点$/m^2$,边墙 2~3 点$/m^2$,使土工布和热熔衬垫牢靠固定在喷射混凝土上,如图 4.22 所示。土工布铺设时幅与幅之间的搭接长度不小于 10 cm,接缝与衬砌混凝土施工缝错开 0.5~1.0 m。

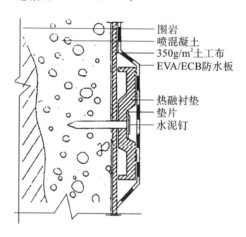

图 4.22 土工布铺设

在防水板的周围进行热熔处理,尤其是与塑料的连接处须通过手动的方式加强两者间的黏结力,这样有助于提升固定效果。防水板搭接完成后检查接缝以及焊点,确定作业处密实规整,如发现有虚焊等不达标作业现象,使用焊塑枪等工具进行补救处理。若检查确定无误后或者已对存在问题解决后再开始后续作业。具体工艺如下。

(1)铺设前精确放样,弹出标准线开展试铺后确定防水板一环的尺寸,尽量减少接头。

(2)防水板在洞外平整已硬化的场地逐幅加工成隧道开挖断面幅长的整幅,下料加工防水板时考虑接头布置形式和接头尺寸。

(3)整体式铺设防水板时,将防水板从台车顶左、右对称沿隧道轮廓展开,用齐头短木棒将防水板沿隧道轮廓撑开,防水板铺设采用从下向上的顺序铺设(实铺长度与弧长的比值约为10∶8)。单张连续铺设防水板时从洞顶向两侧逐张铺设。

(4)用手动专用熔接器将防水板热熔在衬垫上,黏结剥离强度不得小于防水板的抗拉强度;两幅防水板的搭接宽度不小于100 mm。环向铺设时,下部防水板应压住上部防水板。防水板之间的搭接缝按照设计采用双焊缝,用手动专用熔接器或爬焊机热熔焊接,细部处理或修补采用手持焊枪,单条焊缝的有效焊接宽度不小于25 mm,焊接严密,不得焊焦、焊穿。

(5)土工布和防水板铺设时,在仰拱预埋钢筋上部便于操作处分成上下两部分,两部分分别铺设,下半部分在安放纵向排水管前铺设,铺设时先将下半部分反向铺钉在喷射混凝土表面,将保温材料包裹后的纵向排水管安放在防水板和土工布之上,将半圆水管穿放进纵向排水管不小于10 cm,再在纵向排水管上填塞3~5 cm碎石反滤层,将土工布向上反包纵向排水管,使其上部与土工布搭接,并使土工布与碎石反滤层和喷射混凝土表面密贴,最后将下半部分防水板向上反包并与上半部分防水板焊接成整体,反包时留有余量,使防水板与土工布密贴。

3)止水带

总体要求:安装位置正确,线型圆顺,无破损。止水带安装要求:一环只能有一处接头,搭接长度须超过5 cm;接头位置尽量避开拐角处,如需在此安装须设置成圆弧形,使用到的橡胶止水带和钢边止水带都要注意其大小,根据需求做出最优选择。使用止水带时避免出现孔洞,造成渗水,搭接时保留足够的宽度,至少为10 cm。背贴式止水带应与防水板焊接牢固,在混凝土浇筑前,背贴式止水带应沿施工缝位置铺设,止水带中线与施工缝重合,止水带两边与防水板焊接,位置偏差应不大于1 cm。

4.6 辅助工程施工

4.6.1 逃生救援通道

目前国内外隧道建设中,经常采用的逃生救援通道有四种类型:双管隧道间的横向联络通道作为逃生救援通道;在隧道车道板下设置逃生通道;将服务隧道作为逃生救援通道;将竖井作为逃生救援通道。

1. 横向联络通道逃生救援方式

横向联络通道施工多以冻结法、钻爆法为主,其中在软土地区多采用冻结法,在矿山法施工的隧道中多采用钻爆法。

横向联络通道逃生救援方式可视作服务通道逃生救援方式的一种简化。火灾发生时,两管主隧道应及时封闭、禁止通行,疏散人员由横向联络通道进入另一主隧道,撤至安全区。横向联络通道疏散效率高、速度快,而且通风较顺畅,但开横向联络通道对原隧道的受力结构不利,在结构上形成缺陷,特别是无法满足抗震的要求,而且裂缝较易纵向展开。与服务通道相比,横向联络通道的造价低,但在软土地区施工难度高,使用冻结法时,极易产生流砂、管涌现象,且火灾发生时对相邻隧道通行有较大影响。

2. 车道板下式逃生救援方式

车道板下式逃生救援通道则利用隧道车道板下富余空间建造逃生救援通道,火灾发生时,通过滑梯、楼梯等方式进入逃生通道疏散。人员可从安全口,经安全通道进行长距离疏散。入口通行量较小,疏散能力、通道空间尺寸受隧道直径影响较大,通风条件略差,逃生路径长,占用一定侧向宽度。不过,火灾发生时,人员疏散对相邻隧道没有影响。

随着隧道直径增大与双层隧道的应用,原本受隧道直径所制约的疏散能力也随着空间尺寸的增大而得到改善,而且施工难度低、建造成本低,逐渐被大量应用于隧道设计中。日本东京湾隧道设计过程中,考虑到隧道在软土中的埋深达到 60 m,地震工况下两管隧道会由于变形不一致,在连接通道与圆隧道交接位置产生应力集中而导致结构损坏,因此取消了连接通道,取而代之采用了车道板下式逃生救援方式。隧道内每隔 300 m 设置逃生滑梯,充分利用盾构法隧道车道层下的空间,形成人员疏散通道,疏散通道内有救援车可将乘行人员送至安全区域。

3. 服务隧道逃生救援方式

服务隧道在特长公路隧道的施工期间可作为了解地质情况,预先处理不良地质、超前排水及涌水的通道,一般在山岭隧道中运用较多。在运营时期,服务隧道通过横向联络通道与相邻双管主隧道相连通,可作为躲避火灾的紧急避难坑道。此外还可以作为检修车道,便于管理人员日常维护。由于其需要增加大量工程费用,结构相对其他方式比较复杂,经常用于岩石隧道中。

4. 隧道竖井逃生救援方式

隧道竖井主要应用在覆土较薄的城市隧道或山岭隧道中,可直接向地面疏散,一般与隧道通风井同时修建,根据一定的间隔建设数个竖井,便于在特长隧道中迅速撤离危险区,不过通行量较小,疏散速度慢。此外竖井施工过程对周围环境影响较大,排出的废土废渣也需妥善处理。其基本施工方法主要有全断面法、导坑扩挖法、中心扩孔法等。

法国 A86 公路隧道设置了体外避难室,间距 400 m,还设置了直接到地面的疏散楼梯,间距 1200 m。

5. 四种逃生方式对比分析

四种逃生方式各有利弊,也各有其适用条件。服务隧道通行能力最佳,不过由于工程造价高,而且多应用于硬岩地区,应用限制较大。隧道横向联络通道的疏散能力较强,目前在设计中采用这种逃生通道设计的隧道最多,不过,开横向联络通道对原隧道的受力结构不利,在结构上形成缺陷,地质条件较差的情况下应慎重选择。而随着隧道直径增大与双层隧道的应用,原本受隧道直径所制约的车道板下式通道的疏散能力也得到改善,而且其施工难度低、建造成本低,逐渐被大量应用于隧道设计中。隧道竖井逃生通道由于其通行能力制约,而较少被采用,只能作为辅助逃生方式。四种逃生方式的对比情况见表 4.3。

表 4.3 四种逃生方式对比表

逃生方式	通行能力	逃生路径	施工难度	造价	对相邻隧道的影响	通风效果	设置间距
服务隧道	最高	短	一般	高	较小	较好	—
横向联络通道	较高	短	在水下软土地区施工有难度	较高	较大	较好	100～500 m 不等
车道板下式通道	较低	较长	无	最低	无	差	60～80 m
隧道竖井	最低	最长	较易	较高	无	差	1000 m 以上

4.6.2 逃生通道设置案例

为加强南涪高速公路 LJ9 施工段陈家湾隧道施工安全管理,确保隧道掘进过程中施工人员的人身安全,特制定本实施方案。

1.适用范围

本方案适用于陈家湾左右幅隧道掘进、初支施工,要求隧道施工时在整个 V 级围岩地段必须预先设置逃生通道及救生管道,以确保隧道掘进初支及初支沉降段处治的过程中施工人员的人身安全。

在隧道的掌子面开挖、喷锚、支护及仰拱部位的开挖,浇筑混凝土的过程中,尤其是在沉降段处治处,均必须确保逃生通道的完好,救生管道设置到位,并随着掌子面的不断掘进向前移动。

2.材质及设置要求

(1)逃生通道所用管材可采用 $\phi 800$ 的承插钢管(或 $\phi 800$ 耐压波纹塑料管),管节长度为 $6\sim 8$ m,壁厚不小于 10 mm,管节间可采用直径大于逃生管道 10 cm 的套管连接,每端连接 1 m,采用橡胶圈或木楔临时固定。为保证管道承受坍塌体的压力,对采用的材质管材,必须确保其承压能力和连接处的牢固,并经实验室具体实验后,方可用于隧道中。

(2)施工现场应根据隧道围岩、掘进开挖方式等情况备足管道和连接材料,除整节管道外,应同时备足 1 m、2 m、3 m 短节管道、转接接头(135°)等。

(3)管道须经加工方可使用,各单位可结合材质及现场实际情况分别进行加工,要求连接简单、牢固、紧密可靠,且在地面做好临时固定措施,施工时管口可加临时封道,并易于打开和封闭。

(4)逃生通道设置起点为最新施作好的二衬端头处,距二衬端头距离不得大于 5 m,从衬砌工作面布置至距离开挖面 20 m 以内的适当位置,管道沿着初期支护的一侧向掌子面铺设,管内预留工作绳,方便逃生、抢险、联络和传输各种药品,承插钢管纵向连接可采用链条等措施,防止坍塌时将钢管冲脱。

(5)逃生通道在二衬台车移动就位过程中,临时拆移时应逐节拆除,严禁一次拆除到位,以随时确保逃生管道的使用。

(6)逃生通道在经过掘进台阶时,应顺延台阶布置,可安装 135°转接接头顺延,其管道架空高度和长度以不影响施工并便于开启逃生窗口为宜。

(7)利用风水管作为紧急救生管道,应紧跟掌子面,末端距掌子面距离不得大于 5 m,且在管口附近配备醒目的工具箱。箱内存放应急电筒、活动扳手、锤子、钢钎等应急工具,便于遇紧急情况时打开风水管法兰盘,开通救生管道,及时输送水和食物。

(8)设置的逃生通道应平整、干燥、顺畅,不得作应急逃生以外用途。

(9)掌子面应同时放置应急食物箱和救护箱,应急食物箱须存放 10 人左右一天所需的方便面、饼干、矿泉水等食物;救护箱内备包扎纱布、消毒药水、常见外伤用药等。

(10)应急抢险救援时应利用预设的逃生通道和救生管道迅速与被困人员取得联系,当预设的逃生通道失效时,应立即钻设救生管道进行联系和输送食物,钻进工艺采用跟管钻进,跟进套管必须采用专用地质套管。

3.逃生时注意事项

(1)当发生紧急情况时,由值班安全员按响随身携带的遥控报警器,发出警报的命令,由洞内带班人员和安全值班安全员共同组织、指挥洞内作业人员紧急向洞外撤离。严禁其他人随意按响报警器。

(2)洞内作业人员听到警报后,在带班人员和安全值班员的指挥下,有秩序地向洞外撤离,避免发生拥挤、踩踏现象,造成不必要的伤亡和耽误逃生时间。

(3)当报警器响起后,严禁洞内逗留,立即撤离,撤离时严禁拥挤。

(4)为预防隧道坍塌,进洞人员除进出洞登记,每班人员原则上不超过 6 人,特危险地方不超过 3 人;所有人员必须按要求戴好安全帽。

(5)撤离时必须听从安全员的指导及现场带班人员的指挥,严禁盲目撤离。

(6)撤离时严禁携带任何重型物品。

(7)撤离至洞外时严禁在洞口逗留、停步,当撤离至安全范围之后方可停步。

(8)撤离至洞外后,由洞外安全员指导、组织、接应洞内撤离人员,洞口值班员要清点出洞人员,对受伤人员及时送往现场医务室进行治疗,并组织洞外人员转移。

4.6.3 通风施工

通风是隧道施工的重要作业工序,也是隧道安全施工的关键环节。合理的通风系统、理想的通风效果是隧道施工速度(掘进循环周期)、质量安全和人员身心健康的重要保证。

1. 隧道施工通风理论与方法

1)隧道施工通风的目的

(1)隧道施工作业环境特点。

隧道在施工阶段,施工人员作业环境通常很差,主要表现在以下两个方面。

①洞内空间狭小。铁路隧道(尤其是单线铁路隧道)断面较小,施工机械较多,洞内作业空间有限,交通组织(车辆进出)困难。

②洞内空气污浊。隧道在施工过程中,只有正洞进出口、横洞或斜(竖)进口、导洞进口与外界大气连通,人员和机具密集的掌子面处于洞子尽头(断头)。洞内空气难以形成自然环流或对流,通常须借助通风设施进行人工通风,才能保证作业人员和机械设备对氧气的需求。

隧道施工期间洞内空气污染物主要是粉尘和有毒有害气体。

a.粉尘。粉尘是在施工中产生的悬浮在空气中的固体微小颗粒,主要来源于爆破释放的炮烟、喷射混凝土产生的灰尘、钻孔凿岩产生的岩粉、弃渣装运及车辆造成的扬尘。

b.废气。隧道施工大型机械设备使用较多,是有毒有害气体产生的主要来源。挖掘机、装载机、自卸汽车等,由于燃油氧化不完全、未充分燃烧,排放大量有毒有害气体,其主要成分是CO(一氧化碳)、N_xO_y(氮氧化合物)、H_2S(硫化物)、CH(碳氢化合物)等。

c.有害气体。因隧道所处特殊地质构造,开挖过程使岩层释放出硫化氢、瓦斯等(可燃性)有毒性气体。

(2)隧道施工通风目的。

隧道作业环境空间密闭狭小,空气流通不畅,粉尘及有毒有害气体一旦产生不容易循环排放出去,造成隧道施工环境空气质量超标,不仅危及作业人员健康,还会降低机械效率,增加故障率。机械燃料的利用率降低,不仅浪费资源,加快设备磨损,还会排放大量有毒气体,加剧洞内空气污染程度。

隧道施工通风需要达到以下目的。

①排出污浊空气(粉尘和有毒有害气体),调节洞内温度与风速,给施工人员提供良好的作业环境,保证施工人员健康。

②提供新鲜空气,从而确保机械燃料燃烧充分。

③排除(起码是稀释)各种有毒有害气体和粉尘,以防发生爆炸,造成重大事故。

总之,施工期隧道洞内空气污浊,不仅直接危害作业人员身心健康,还会大幅降低机械效率,甚至诱发安全事故,最终影响工程的安全、质量、工期和造价。为此,隧道施工通风的目的就是要确保洞内污浊空气能及时排出,同时为洞内提供足量的新鲜空气。

(3)隧道施工通风控制条件。

隧道施工通风控制条件是隧道施工通风专项方案的重要组成部分,也是风量计算的依据和施工作业环境的标准。《铁路隧道设计规范》(TB10003—2016)、《高速铁路隧道工程施工技术指南》(铁建设[2010]241号)等规范中均有相应要求。因具体隧道所处地质特征、气候条件、工程特点等影响因素不同,相应指标要求会各有侧重、略有调整。隧道施工通风控制条件一般包括以下各项。

①氧气含量。空气中氧气含量按体积计一般不得低于20%;高原地区氧气含量不得低于18%。

②粉尘浓度。每立方米空气中粉尘允许浓度:含有10%以上游离二氧化硅的粉尘不得大于2 mg;含有10%以下游离二氧化硅的粉尘不大于4 mg。

③有害气体浓度。a.一氧化碳:不得大于30 mg/m³;施工人员进入工作面检查时,浓度可为100 mg/m³,但工作时间不得大于30 min。b.二氧化碳:按体积计不超过0.5%。c.氮氧化物:换算成二氧化氮浓度应控制在5 mg/m³以下。d.瓦斯:瓦斯工区在任何时间、任何地点的浓度都不得超过0.5%。

④洞内气温。隧道内气温不得超过28 ℃。

⑤洞内噪声。隧道内噪声不得大于90 dB。

⑥新鲜空气供应量。隧道施工通风应能提供洞内各项作业所需最小风量。每人供应新鲜空气量,不应低于3 m³/min。内燃机械作业时,供风量不宜小于3 m³/(min·kW)。在低瓦斯工区不应低于4 m³/min。

⑦洞内风速。隧道施工时,洞内风速全断面开挖时不应小于0.15 m/s,分部开挖坑道内不应小于0.25 m/s。任何情况下均不应大于6 m/s。瓦斯隧道施工通风风速不应小于1 m/s。

2)隧道施工常用通风方式

隧道施工通风方式应根据其所处的地理环境(地形地貌)、风道通风长度、隧道断面面积、掘进方法(钻爆或盾构)、机具设备配置、有害气体浓度以及辅助坑道设置情况等因素确定,并编制隧道施工通风专项方案。凿岩钻孔、爆破、出渣、运输、喷锚、衬砌等工序施工时均应进行通风。新鲜空气送达地点是各工序作业面。

风机、风道以及气流回路构成隧道通风系统。隧道通风系统按照供风作用范围可分为全面通风和局部通风;按供风来源和工作动力可分为机械通风和自然通风。机械通风又可分为管道通风和巷道通风。

(1)自然通风。

自然通风是利用洞室内外的温差或风压差造成自然风流循环来实现通风的一种方式,包括竖井通风、斜井通风,其原理为竖(斜)井的烟囱效应。

自然通风方式一般适用于岩层无有害气体,隧道长度50～300 m以内的短直隧道,具有成本低、无设备噪声、节能环保且不占用施工空间的优点。自然通风效果容易受气候条件影响,所以隧道施工中完全依赖于自然通风的情况是很少的,绝大多数隧道都采用强制性机械通风。

(2)管道通风。

管道通风属于机械通风,以风机作为通风动力。风机的高速旋转产生的风压强迫管道内的空气流动,以达到通风的目的。管道通风适用于粉尘、有害气体浓度较高的空间。当采用自然通风不能达到满意效果时,应通过机械强制作用来解决通风问题。管道通风根据隧道内空气流向的不同,可分为压入式、抽出式及混合式三种。

①压入式通风。

压入式通风利用安装在洞口外,空气清洁且易于流通之处的通风机把新鲜空气经风筒压入工作面,污浊空气沿隧道排出洞外,形成人为的空气对流,达到通风目的。

作业面爆破产生的烟尘通过射流的紊流扩散和卷吸作用,与压入式风流掺混并随风流方向移动。风流有效射程是风筒出口到射流转向的最长距离,因此风筒出口距离作业面不能大于有效射程。风流有效射程以外,作业面会形成循环涡流,不利通风除尘,但距离过近也会影响安全作业和人员健康。

压入式通风的优点是有效射程大,作业面得到的新鲜空气气流较大,风速较高,冲淡和排出炮烟的作用强、效果好,能够在较短时间内完成通风作业,尽早进入下一工作循环。风筒既可是金属风筒,亦可使用柔性风筒。由于风筒内的风压比风筒外大,风筒的漏风对巷道炮烟及瓦斯等有毒气体排出有益。压入式通风由于排出爆破粉尘所需风量大,通风耗时长,影响掘进速度。回风流通过全洞会污染整个隧道,污染范围大,对后续锚杆搭设、二次混凝土衬砌、防水层施作有一定影响。

通风距离过长、风力不足时,一般采用风机串联达到增压目的,但风机串联总风阻大、等积孔小,通风动力费用高,且风量不能调节,风量利用率低,易发生故障,安全性差。单一的压入式通风因隧道掘进纵深增大,通风距离增长,缺点会愈加明显。压入式通风是目前隧道施工通风主要方式。实践证明,隧道独头掘进达到 3 km,压入式通风仍能够保证隧道空气质量达标。

压入式通风需注意,通风机安装位置应与洞口保持一定距离,一般应大于 30 m。风筒出口应与工作面保持一定距离,一般小于 15 m;若距离超过,可能产生通风死角,导致通风效果差,通风效率降低。

②抽出式通风。

抽出式通风利用安装在开挖作业面附近的通风机,经风筒把工作面的炮烟及污浊空气抽出。此时工作面形成负压,隧道内外由于压差的作用产生空气流动,作业面处污浊空气经风筒吸出,新鲜风流由洞口沿隧道流入,形成对流,达到通风目的。

抽出式通风从风筒吸口到风流吸入的最远距离,即风流转向点的距离为有效吸程。

风筒吸口处风速最大,转向点处风速最小。因抽出式通风较压入式通风克服通风阻力更大,抽出式通风风量小,有效吸程也较小。风筒吸口距作业面不应大于有效吸程。风流有效吸程以外,作业面炮烟无法吸出,达不到通风除尘的目的。故风筒吸口应尽量靠近作业面,只要不影响施工作业即可。

抽出式通风的优点在于有效吸程内排烟效果好,排除炮烟所需的风量小,且回风流不污染隧道;开挖面附近炮烟和污浊空气能直接由风管排出,洞内其他作业面不受影响;爆破时人员只需撤到安全距离,无须撤离整个掘进巷道,往返时间短;排烟的巷道长度为工作面至风筒吸入口的长度,故排烟时间短,有利于提高掘进速度。缺点是新鲜空气由洞口流至工作面需要较长时间,到掌子面时空气已不够新鲜;有效吸程很短,超出有效吸程的炮烟及有毒有害气体通风效果差;污风风流通过风筒由风机排出,一旦电路漏电产生火花,有引起爆炸的危险,安全性差;由于风管内为负压,不能采用软管,一般采用刚性硬质风筒或带金属骨架的胶皮风筒;一旦炮烟扩散,很难由一个吸风口抽出,会在洞内滞留。

使用抽出式通风方式,风管口至开挖面距离太大易产生风流死角,影响通风效果;太小又容易遭爆破损坏。风管末端距离工作面一般不超过 10 m。抽出式通风方式适用于长度在 400 m 以内的独头巷道;采用胶皮风筒时,可将风机置于洞内,炮烟由里向外压出;采用金属风筒时,风机可置于洞口将废气吸出。瓦斯隧道内一般不采用抽出式通风,也不适宜长距离通风。

③混合式通风。

压入与抽出两种通风方式相比较,压入式比抽出式安全性高、有效作业距离长、排出炮烟粉尘效率高;抽出式比压入式的隧道整体环境更好,有效吸程内排出炮烟时间更短。两种通风方式各有利弊,但压入式通风因风速高、风量足、通风作业效率和安全可靠性高的特点,得到更为广泛的应用。

混合式通风为压入式通风与抽出式通风的综合运用,在掌子面附近采用压入式通风,将新鲜风流经风筒送入作业面;其后部采用抽出式通风,工作面炮烟和污浊空气经风筒抽出洞外,从而达到快速降尘的目的。

混合式通风分为长压短抽、长抽短压和长抽长压三种布置方式。

a.长压短抽布置方式。长压短抽以压入式通风为主进行通风循环。压入通风机风量大于抽出通风机风量,压抽风量比为2.5∶1～5∶1.5。长压短抽适用于有毒有害气体浓度高的隧道,掌子面若瓦斯涌出量大,可迅速冲淡稀释,保障作业安全。

b.长抽短压布置方式。长抽短压以抽出式通风为主进行通风循环。抽出式风机的风量大于压入式风机的风量,抽压风量比为3∶1～5∶1。长抽短压适用于有害气体浓度较低和粉尘浓度较大的隧道,能够实现爆破粉尘的快速排出,但须严格控制和避免压入式风机产生循环风。

c.长抽长压布置方式。压入式和抽出式风机分别安装在掘进巷道的两侧或上下部,沿隧道全长布置两套风筒。压入式风机风筒口距掘进作业面距离小于风流有效射程,抽出式风机风筒口距掘进工作面距离小于有效吸程。

混合式通风集合了压入、抽出两种通风方式的优点,工作面通风能力更强,通风效果好,掘进巷道不受污浊空气污染、粉尘浓度低,卫生条件好,适用于大断面长距离隧道通风。缺点是增加了一套通风设备,布置复杂且所需洞内空间大,维修养护工作量大;抽出式风机安设在回风风流中,安全性差。

为提高混合式通风效果,应注意以下问题:为防止在作业面附近形成涡流和炮烟扩散,两台风机以抽出为主,压入为辅,抽出风量应比压入风量大20%～30%。压入、抽出两台风机须同时启动。抽出风管与压入风管应布置在洞室两侧。抽出在上,压入在下,风口布置位置最小要错开30 m,以免在洞内形成风流短路。当一组通风机向前移动,另一组通风管路应相应接长。

(3)巷道通风。

巷道通风是利用辅助坑道作为通风的进风或出风管路的通风方式。在开挖长大隧道时,为了缩短通风距离,利用隧道正洞和平行导坑、斜井、竖井等辅助坑道,组成整体或几个局部通风循环,从而达到通风目的。

巷道通风能够缩短局部通风距离,减少用电消耗,减少了主通风道的通风压力,不必铺设长距离通风管道,经济效益明显。巷道通风把相邻隧道正洞、导坑用作回风巷,通风所需能耗最小。条件具备时,优先采用巷道通风方法。

巷道通风作为辅助通风方式常用于解决长大隧道独头掘进通风问题。巷道通风适用于有平行导坑的长大隧道,通过横通道使正洞与平行导坑组成一个完整的风流循环系统。巷道通风利用整个坑道作为风道,断面大、阻力小、可供应较大的风量。两条平行(且有横通道联系)的单线铁路隧道正洞也适用巷道通风。

巷道通风方式最初用于公路运营通风和矿井通风,后经不断改良和发展,逐步用于长大铁路隧道施工通风。大秦线军都山隧道出口段双线隧道充分利用横通道安设风机,取消平行导坑口设置的大型主风机。随着新的横通道的开挖,风机跟进前移,在洞口到横通道间实施巷道通风,在超前区域实施风管式通风。云桂铁路石林特长岩溶隧道引入空气射流技术,将射流风机和轴流风机组合使用,由射流风机的卷吸升压作用来控制风向、风速,引导风流纵向流动,在无轨运输条件的长大隧道中,有效解决了独头掘进通风技术难题。

(4)风道通风。

风道通风是利用隧道成洞隔出一条通风管道,以减少风管长度的通风方式。风道断面大小和形状依据施工特点及排风需要而定,适用于隧道比较长,又无平行导坑可利用的隧道。

风道通风的优点是风流通过断面大、风量大,整体漏风率低;节省风管及铺设成本。缺点为中隔板为刚性材料,如安装铺设防漏措施不到位,会造成漏风、污风循环,影响通风效果。

2. 通风施工案例

1)工程概况

工程为龙镇高速公路 T1 合同段,全长 13.803 km,设计速度 80 km/h,为双向四车道高速公路。在公路施工中,需进行张基屯特长隧道施工,隧道横穿高大山体及煤系地层,最大埋深 476 m,为分离式隧道。隧道左线桩号为 ZK40+112~ZK43+411,长 3299 m,右线桩号为 YK40+120~YK43+435,长 3315 m。

隧道施工过程中,需要进行钻爆施工。但是隧道将穿越煤系地层,施工区煤炭资源丰富,煤层与隧道斜交,开挖过程中会揭露煤层,所以施工过程中始终有瓦斯溢出。考虑到隧道为半圆形空间,风流流场差异较大,因此还要结合隧道施工中风流分布规律进行瓦斯通风技术的应用,以确保隧道施工安全。

2)高速公路隧道施工中瓦斯通风技术的应用

(1)应用条件分析。

工程位于滇东高原向黔中高原过渡的倾斜地带,隶属镇雄县泼机镇管辖,拥有较高地势,地形陡峻。年平均气温 12.9 ℃,气候类型属高原温带气候。根据周围煤矿鉴定等级可知,矿井相对瓦斯涌出量达 24.4~27.6 m³/t,瓦斯含量 4.38 m³/t,所以可以判断隧道施工区域为高瓦斯区域。按照隧道施工安全通风标准,如表 4.4 所示,施工现场空气氧气含量按体积不得小于 20%考虑。在装药爆破的过程中,工作面装药爆破前瓦斯浓度不超出 1.0%,隧道总回风流瓦斯浓度不超出 0.75%,洞口风流瓦斯浓度不超出 0.5%。施工阶段,如果开挖面瓦斯浓度超出 1.5%,需要立即进行人员撤离,加强隧道通风。此外,隧道通风最小风量应为每人 4 m³/min,通风风速至少为 1 m/s。结合工程所处地质条件可知,工程需要采用瓦斯通风技术确保施工安全。

表 4.4　公路隧道施工安全通风标准

内容	洞口风流瓦斯浓度	装药爆破风流瓦斯浓度	隧道总回风流瓦斯浓度
标准	≤0.5%	≤1.0%	≤0.75%

(2)技术应用策略。

在具体应用瓦斯通风技术的过程中,还应针对工程施工情况引入数学理论,对公路隧道施工产生的瓦斯风险展开量化分析,确定施工通风的风量、风速,实现对隧道施工中风机设备的科学选配,避免隧道中出现瓦斯超限、积聚等问题。结合工程实际情况可知,工程在隧道工作面采用瓦斯通风技术,对施工中的通风进行安全测试时,需要在测定点进行三次测风,并确保测量误差不超出 5%。风流的射流有效射程与掘进工作面的大小、形状、风口位置等有关,需要利用式(4.3)进行巷道边界条件下风流有效射程 L_s 计算。式(4.3)中,S 为巷道断面,结合工程情况可知掘进工作面风流有效射程在 29~35 m 范围内,而隧道断面尺寸为 29 m,可以采用压入式通风方法,在洞门进行主风机的安装,从而将新鲜空气压入隧道内。空气由正洞流入,将洞内污浊空气挤出洞内,可以形成循环风流。在隧道正洞进口,可以采用巷道通风方式,利用风筒压入式方法实现工作面通风,构成排风巷道。利用大功率通风机从封闭洞口抽风,可以向隧道掌子面压出污浊空气,从而使洞内形成负压。

$$L_s = 45\sqrt{S} \tag{4.3}$$

(3)通风设备选定。

在实际施工过程中,还应做好通风设备的选定,加强隧道内瓦斯监测,从而为隧道施工提供安全保障。结合隧道断面尺寸和送风长度,可以确定风管。在风管材质选择上,还应加强新型材料设备的选用,如采用新型PVC软风管,从而使设备的施工作业效率得到提高。

在风机选择上,还应结合隧道对风压和供风量的需求确定。利用式(4.4),将管路长度、管径和性能参数代入,可以得到风机特性曲线和管网阻力曲线相交点。

$$Q_0 = \frac{7.18}{t}\sqrt[3]{A(F\times L)^2} \tag{4.4}$$

在风机设备选择上,结合相交点可以得知风机的供风量和工作静压要求。表4.5为工程采用的通风机的参数标准。

表4.5 工程通风机应用参数标准

风机	型号	风量/(m³/min)	功率/kW	风压/Pa
射流风机	SSFN₀6.510	出口风速33.8 m/s	30	平行导坑四台
	SDF(B)₀6.5	800	37×2	3600
轴流风机	SDF(C)-N011	1000~1980	37×2	610~4100
	SDF(C)-N011	690~1345	37×2	295~1900
	SDF(C)-N011	540~1006	37×2	160~1095
	SDF(B)-N010	1200	37×2	3500

(4)瓦斯通风管理。

完成通风设备选择后,还应加强隧道瓦斯通风管理,从而通过灵活运用瓦斯通风技术确保隧道通风安全。结合工程实际情况,还要在风机出口位置的10~20 m处进行U型压力管的安装,以便通过监测确定风机工作压力和风管管路的情况。如果压力管的示数较大,说明管路拥有较大的风阻,风机过载运行。为避免风机的电机被烧毁,还应停机进行管路处理。显示的数值较小时,说明掌子面通风效果未能达到设计水平,管路出现破损问题。针对这一情况,还要及时进行管路检修,确保隧道供风正常。

为避免出现污风循环现象,还应使风机与隧道洞口保持一定距离,至少达到

30 m。针对单线正洞,应确保风管出口距离掌子面不超出 30 m,确保有害气体和粉尘能够及时排走。针对平行导坑,需要确保风管出口距离掌子面不超出 15 m,才能使有害气体得到及时排出。

考虑到不同作业区将采用不同的工序,拥有不同的供风要求,同时彼此间也存在一定的联系,还要实施动态管理。具体来讲,就是可以进行多级变速风机档位的调节,以便通过调节供风量实现电能节约,并满足作业面需求。在风管安装的过程中,为减小管路阻力,还要做到平、顺、直,从而使掌子面拥有足够的风量。在风管使用的过程中,则要加强管路巡视,确保管路正常供风。

4.6.4 电气设备施工

随着时代的飞速发展,我国道路基础建设的速度也有了显著的加快。而高速公路,往往是连接城市与城市之间的大动脉。在某些特殊地区,因为地形地势等特殊地理关系,经常有山体挡在高速公路建设方向上,这时就不得不打通山体隧道。而隧道中电气工程的建设则是非常重要的一个环节。

1. 施工前的准备

1)技术准备

在高速公路隧道建设前,应对用于控制协调施工进度以及作为验收依据的详细工作计划进行编制,标出相关规范。

2)施工人员准备

(1)高速公路隧道工程作为一项具有综合性和复杂性的大型工程,在管理人员方面,需要大量具有坚实的基础理论知识以及丰富的实践经验的人员来组成管理班子。

(2)在劳动力方面,因为高速公路隧道的建设工程量往往较大,所以为了不耽误工程进度,还需要大量的劳动力资源。

3)机器的准备

在机器的准备上主要分为两点:①高度精密的仪器,例如光纤熔接仪、串行数据分析仪等;②大量的车辆工具,例如叉车、工具车等。

4)工程材料准备

在隧道工程建设过程中,所需电气材料往往巨大,并且对质量也有着严格要求,所以在材料的选择上应该充分考虑这些因素,并且应制定采购计划,给采购人员充分的采购时间。

2. 高速公路隧道电气安装工程施工方法

1) 埋设基础型钢

基础型钢的埋设工作应与土建工作配合施工,按照施工前设计的标高固定,并且需要矫正水平度(水平度误差应不大于1/1000,全长误差不大于5 mm)。同时,出于安全考虑,在连接点不少于两处的情况下,应使用镀锌扁钢与接地网相连。

2) 安装高压配电柜及仪表盘

在实际施工过程中,安装配电柜以及仪表盘时,需要注意以下几点。

(1) 在室内的基建工程(如装饰、地坪等)完成后,才能进行高压配电柜以及仪表盘的安装。

(2) 在高压配电柜以及仪表盘的安装过程中,需要保持连接牢固、紧密,且与地面垂直,误差应≤(配电柜高×1.5‰),仪表盘的连接缝隙应小于2 mm。

(3) 在高压配电柜以及仪表盘安装时,应反复检查接地线是否良好,以免发生意外时造成配电柜以及仪表盘的烧毁,甚至造成人员伤亡。

(4) 在高压配电柜以及仪表盘安装地点的选择问题上,应避开高振动地区,如果实在无法避免,则应在采购材料时标注,购买防振的电气元件以及仪表单元。

(5) 在安装走线过程中,高压配电柜、仪表盘的电源进线、母线的连接方式以及相色标示都应与国际通用标准一致,特别是在低压双投电源柜中,保持近线电源的对应性也是极为重要的。

(6) 高压配电柜以及仪表盘的母线安装要严格符合GB 50149—2010的技术标准。

(7) 在对二次回路及送电功能进行初次审查时,应严格按照接线图、元件布置图等进行检查,在检查无误后接着检查各节点接线是否牢固。同时要求在送电前的绝缘电阻检测电阻值必须大于5 MΩ。之后进行试通电,并测试每段电路的功能。

3) 动力及照明设备配电箱的安装

为了保持隧道建设过程中电气设备的良好运行及隧道中始终能保持充分的照明,配电箱的安装显得尤为重要,所以基于实际的配电箱安装,应该注意以下两点。

(1) 为保证落地式动力柜的平稳,应将其安装在槽钢上,使其更加牢固。如果该配电柜已经存在基础型钢,则只需要用螺栓或金属膨胀螺栓进行稳定即可。在固定好落地式动力柜之后,应检查其是否安全接地,并且动力柜的安装位置应与图纸中相符,应保证电线在柜内的进出孔高于地面 10 cm。

(2)在照明配电箱安装之前,应将配电箱分解开来,并将各元件保存好。之后将箱体嵌入之前设计好的孔洞之中,保证进出箱体的线管安装在箱体的上下两侧,露出长度应小于 5 mm,箱体的垂直偏差应小于 3 mm。将电线穿引完以后,检查接地情况,若无误,将箱体元件复位,进行接线工作。

4)管线施工

在高速公路隧道工程的电气工程中,管线的铺设一直都是重点,其在需要保持线路良好畅通的同时,还需要保证不会在铺设过程中有所损坏。所以在管线施工的过程中,有以下几点需要注意。

(1)在一般的设计要求下,HBB 玻璃钢管或者镀锌管是最为常见的电缆保护管。在使用镀锌管时,以丝接作为管与管之间的主要连接方式。接地安全方面,在镀锌管的接头处使用跨焊导体的方式也是较为普遍的。而在 HBB 玻璃钢管作为保护管时,连接处应注意加密封圈,接地安全方面主要是铺设地扁钢作为接地作用。

(2)在使用 HBB 玻璃钢管作为电缆保护管时,在电缆沟中应设置管垫,并小心浇筑混凝土保护;浇筑过程中不要损坏玻璃钢管或造成其在管垫上的移位。

(3)在使用镀锌管作为电缆保护管时,需保证管体的接地良好,跨焊导体的电阻需小于 4 Ω,且镀锌保护管的弯曲半径必须≥6D(D 为电缆管的外径)。

(4)在电缆保护管进行穿线前,应将管内的杂物清除干净,避免损伤电缆的绝缘层。在穿线过程中,要保持人工拖曳,切不可用机器强制牵扯电缆,以免造成电缆的断裂与变形。

(5)在电缆铺设完毕之后,须在地面上放置电缆桩,指示出电缆在电缆沟中的具体走向。

5)电缆的桥架以及线槽的安装

(1)在电缆桥架的组装过程中,要求桥架的水平误差不大于 5 mm,中心偏差不大于 5 mm,同时安装稳定、牢固。

(2)在利用支架进行桥架的固定时,需要严格按照要求规范进行施工。

(3)在桥架以及支架用螺栓固定时,应选择同一厂家生产的配套的 M12 金属膨胀螺栓。

(4)为保证工程的进度,在桥架铺设完成后,桥架盖可以先拆下进行统一保管,在电缆铺设完毕时再将桥架盖安装上。

(5) 在安装线槽时应保证其的牢固性,且避免与其他设备发生碰撞。

(6) 在隧道外需要安装电缆桥架的地点主要是河或山的峡谷两侧,由于跨度较大,所以隧道外的桥架安装的重点同样是安装牢固。

6) 电缆敷设

电缆敷设包括从电缆的选择到安装过程的一系列要求,主要分为以下几点。

(1) 在施工前对敷设计划要有整体的规划,包括用什么电缆、需要哪些机具、材料等,不仅如此,在垂直桥架上敷设电缆的过程中还需要安装脚手架,并给安装人员配备通信工具。

(2) 在电缆使用前,一定要多次检查电缆的型号、绝缘层有无破损等情况,并将电缆的合格证统一收好。

(3) 在已经埋好的电缆保护管内进行敷设电缆时,首先要将保护管内的杂物及毛刺清除,以免刮伤电缆的保护绝缘层,并且须在保护管具有一定强度后,再进行电缆的敷设。

(4) 为确保施工安全,在进行电缆敷设时,施工人员的走向、机具的放置都要求根据电缆的走向、重量等问题进行安排,并且在敷设电缆时要接受统一指挥。

(5) 在同一电缆沟内或同一桥架内的电缆敷设时应遵循先下后上、先里后外的敷设规则。

(6) 在电缆敷设前,必须保证电缆的绝缘层无丝毫破损,且其绝缘电阻在 5 $M\Omega$ 以上。

(7) 为了便于后期维护,在电缆敷设时应挂标号牌,并保证电缆的敷设整齐美观、间距一致。

(8) 在电缆敷设时,根据要求,必须设定一定长度的余量,同时在控缆时,一定要尽量避免中间有接头。

(9) 在制作电缆头时,首先要保证其整齐牢固,其次要对电缆头进行搪锡处理。

7) 防雷的接地工作

因为高速公路的隧道往往位于距离市区较远的山中,所以一旦山体被雷击中导致电路故障,救援工作往往不能及时进行,所以防护工作就显得尤为重要。

(1) 防雷的接地工程应结合土建施工统一进行,在进行接地设施安装前,要先对土质进行检测,确定接地设施的安装位置及数量。如果检测结果显示接地电阻超标,则应该迅速安装接地设施或采取降阻措施。

(2)防雷工作采用的是避雷针或者在避雷塔上安装保护器的措施。同时,在确保防雷性能良好的同时,更加不能忽视避雷针或避雷塔安装的牢固性。

(3)接地线一般会使用镀锌扁钢作为材料,接地体则会采用镀锌角钢。这两者的运用方式都应该符合规范要求。

8)隧道内电气设备及灯具的安装

一个完整高速公路隧道电气施工工程的最后阶段,就是将电气设备及灯具安装到指定位置上,这时同样也不能马虎,电气设备及灯具的安装过程中主要需要注意以下几点。

(1)隧道内的电气设备在安装时应保证支架稳定、牢固。其配置的暗插座及开关的盖板应紧紧闭合,灯具的开关工作应正常。

(2)照明配电箱的安装位置要预先设定好,并保证照明配电箱的内部部件齐全、切口整齐,排线规律,无缠线、绞线,箱体无破损,箱门开合无阻碍,回路编号齐全。

(3)为保证隧道内照明质量,需在安装灯具后,及时调整其灯光的角度。

(4)在使用高杆灯时要按照厂家要求严格制造安装,并在组装完成后一次性吊装固定。应选择具有良好防雷措施的高杆灯。

第 5 章　高速公路附属工程

5.1　交通标志

5.1.1　施工路段交通特性分析

1. 施工路段道路基本特性

一般情况下,施工作业区各区段布置状况如图 5.1 所示。

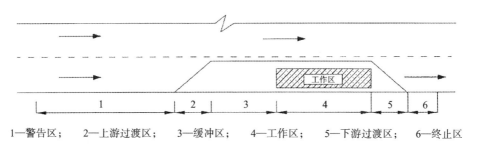

1—警告区；　2—上游过渡区；　3—缓冲区；　4—工作区；　5—下游过渡区；　6—终止区

图 5.1　高速公路施工作业区段划分图

影响高速公路通行条件的因素复杂多样,下面对常见的因素进行分析。

1)道路周边环境

高速公路改扩建施工过程中,为减少施工车辆与社会车辆之间的干扰,需拆除高速公路原有围栏修建便道,破坏了高速公路封闭的环境,不免会有人为节省时间横穿高速路,不仅不能保证穿越人员的人身安全,而且严重干扰了道路行车及施工的进行。

2)道路的线形

平、竖曲线的半径是车辆途经此区域时安全速度大小的重要影响因素。高速公路改扩建期间,车辆驶过施工区域时,需借助对向车道行驶,变道时的行驶速度很大程度上取决于车辆的转弯半径。速度过低,影响后车行驶造成堵塞现象;速度过高,离心力过大对行车安全不利。

3) 车道的数量以及宽度

正常情况下,高速公路车道宽度为 3.75 m,且车道数越多,驾驶员心理压力越小。高速公路改扩建期间,施工区占用道路资源,为协调施工与运营车辆之间的关系,需对车道宽度进行压缩(小车车道 3.5 m,大车车道 3.75 m),不仅增加了驾驶员的心理压力,而且降低了道路的通行能力。

4) 路侧净空

路侧净空越宽,车辆运行安全系数越高。高速公路改扩建期间,车道宽度的压缩及护栏的内移势必会降低路侧净空,对驾驶员心理及道路通行能力造成负面影响。

5) 交通标志、标线

交通标志、标线是指能够提供给驾驶员驾驶信息的图案、文字、标记等,其目的在于实现交通安全管理。高速公路上交通标志一般设置在路肩或者中央分隔带上,标线画在路面表面。高速公路改扩建施工时,标志会被临时拆除,路面铣刨时也会破坏其上面的标线,造成了施工过程中标志、标线缺失的现象,为行车安全埋下了隐患。所以,在施工过程中应注意临时标志、标线的设置,确保驾驶员获取信息的完整性。

2. 施工路段驾驶员交通特性

1) 驾驶员信息需要量

为确保行车安全,驾驶员除应观察周边行车环境(如周边车辆运行状态、标志标线、障碍物等)外,还应核查自己车辆的状态(如仪表的显示等)。

研究表明,驾驶员注意力与环境信息的多样化及目标的密集程度相关。高速公路改扩建施工中,标志的拆除、标线被覆盖等都会减少驾驶员信息的获取量,增加交通事故发生的可能性;过多信号标志的设置,超越了驾驶员单位时间内信息处理能力,使驾驶员产生疲劳感,同样可能引发交通事故。因此,交通标志的设置应以提供适量信息为原则。驾驶员行车过程中信息供给与信息需求的关系模型如图 5.2 所示。

图 5.2 驾驶员行车过程中信息供给与信息需求的关系模型图

2) 驾驶员的心理特性

驾驶员生理和心理因素在引发交通事故的种种因素中占有同等重要的地位。注意力是心理素质的一种体现,心理素质较强的人,受外界无关因素的影响较弱。高速公路改扩建期间,干扰驾驶人员驾驶的因素较多,大脑皮层控制正确驾驶的区域兴奋度降低,反应及调节能力减弱,增加了交通事故发生的概率。

3) 驾驶行为的三阶段

途经高速公路改扩建作业区,面对行车环境变化时,驾驶员驾驶过程可划为调整、稳定和恢复三个阶段。

(1) 调整阶段。车辆行驶至施工预告段、上游过渡段区域时,由于交通环境的变化,交通流处于紊乱状态,驾驶员需根据各种标志及周边环境所提供的信息,调整自身驾驶行为。

(2) 稳定阶段。当车辆行驶至缓冲区及施工区范围时,车流基本处于稳定状态,驾驶员动作比较平缓,但仍需随时做好防范意外发生的状况。

(3) 恢复阶段。车辆驶至下游过渡段及终止区时,交通运行条件逐步恢复,交通流逐步恢复至正常状态。车辆驾驶过程实际上是驾驶员对信息感知、判断及决策的过程,在此我们可以将驾驶行为(B)表示为驾驶员(D)、汽车(A)、道路交通环境(E)之间的函数模型,即 $B=f(D,A,E)$。

4) 驾驶员反应特性

驾驶员反应特性可用反应时间和反应动作精准度来衡量。根据刺激数量的不同,可将驾驶员的反应分为简单和复杂两种反应状况。简单反应是驾驶员在单一刺激下做出的相应反应;复杂反应则是在多种刺激的情况下,驾驶员对其进行决策,在多种选择中选取一种做出相应的动作。刺激数量不同,反应时间不同,反应距离也就不相同。

5.1.2 施工作业区划分及交通标志设置类别

1. 施工作业区划分

高速公路在施工时,为了保证给道路使用者和施工工人提供最大的安全保护,施工作业区应分为警告区、上游过渡区、缓冲区、工作区、下游过渡区和终止区六个区域。

1)警告区

警告区是从施工作业区起点设置的施工标志至上游过渡区之间的路段,用以警告车辆驾驶员已进入施工作业路段,要按交通标志调整行车状态。它的设置目的是提示前方道路施工,使驾驶员注意交通环境变化情况,并且要使驾驶员在到达工作区之前有足够的时间改变他们的行车状态,以便及时采取相应措施。警告区在施工作业区的六个分区中地位是最重要的,区内应设置施工标志、限制速度标志和车道变窄标志等。

2)上游过渡区

上游过渡区是保证车辆平稳地从封闭车道的上游横向过渡到缓冲区旁边非封闭车道的路段。当施工作业区包含一条或多条车道时,需要封闭车道或路肩紧急停车带,必须设置过渡区。目的是防止车辆在改变车道时发生突变,使车流的变化缓和平滑,过渡区的设置保证了车辆变换车道时的安全。

3)缓冲区

缓冲区是上游过渡区到施工工作区之间的路段。它的设置目的是给判断失误的驾驶员提供缓冲路段,避免驾驶员直接从上游过渡区闯入施工工作区,造成人员伤亡和设备的损坏。即缓冲区给失误车辆留有调整状态的余地,在车辆到达工作区之前采取制动措施,避免发生更严重的事故。从这种意义上说缓冲区给施工人员和驾驶员上了一种保险。因此,在缓冲区内一般不准堆放东西,也不准施工作业人员在内活动或工作,它就是一块空地。此外,在过渡区与缓冲区之间可以设置防冲撞装置,以加强防护作用。

4)工作区

工作区是道路施工作业的场所,也是作业人员工作、停放施工机械或车辆、堆放建筑材料的地方。为了保证安全,工作区与开放交通的车道之间必须设置明显的隔离装置。同时工作区的布置还要考虑到为工程车辆提供安全的进口和出口。

5)下游过渡区

下游过渡区是保证车辆平稳地从工作区旁边的车道横向过渡到正常行驶车道的路段。下游过渡区如果设置得当,将有利于平滑交通,一般情况下其设置长度只要能保证车辆有足够的行驶距离来调整行车状态即可。《公路养护安全作业规程》(JTG H30—2015)中规定,下游过渡区最小长度宜取 30 m。

6)终止区

终止区是让通过或绕过施工工作区路段的车辆调整行车状态的路段。终止区末端应设有解除所设限制的交通标志,目的是让驾驶员明白已经通过了施工作业路段,并恢复正常的行车状态。

2. 施工作业区交通标志设置类别

作业区交通标志设于作业区或作业区前方,用于提示和管理交通。根据需要,作业区设置的标志一般有指示标志、道路施工安全标志、警告标志和禁令标志等。《道路交通标志和标线》中规定指示标志包括作业区预告标志、施工道口合流标志和车距确认标志;道路施工安全标志包括前方施工、道路施工、锥形路标、施工路栏、向左右改道、道路封闭、左道封闭、右道封闭及中间封闭、车辆慢行和移动性施工标志等;警告标志包括道路施工、道路变窄及施工道口标志;禁令标志包括限速标志和禁止超车标志。交通标志作为一种交通安全设施,能够保障车辆安全、畅通行驶,通过向道路使用者提供运行路线、给予指示、警告或禁令等信息,达到组织、管理、引导交通行为的目的。

5.1.3 交通标志设计原则与原理

1. 交通标志设计原则

研究结果显示,设计符合人机工效学原理的交通标志需符合三项原则:相容性原则、熟悉性原则以及标准化原则。

1)相容性原则

相容性原则是空间相容性、概念相容性和自然表现性的结合,并且由驾驶员去感知标志的作用。一个有着较高兼容性的交通标志,可以简单地将交通信息传递给驾驶员,并且可以影响驾驶员的操作。相容性与合理性两者之间的相关性表明如果呈现出的交通标志符号与驾驶员有所关联或者与现实事物有物理上的相似性,它将很容易被驾驶员理解。

创造一个国际性标准的相容交通标志是十分困难的,因为驾驶员的文化差异会影响他们的判断识别。

总之,相容性要求标志内容真实、无文化局限性,尽量不设置与驾驶人员文化差异大的交通标志。这样的标志符号会影响其真实性,不能反映现实,并且不能让驾驶员理解其表达的含义。

2)熟悉性原则

熟悉性原则涉及驾驶员遇到各种交通标志的频率。交通标志使用频率是不一样的,而且各个国家对交通标志的使用频率没有统计资料,因此没有国际性交通标志使用频率的标准。

研究结果表明,理解水平和熟悉程度之间有着紧密而积极的联系。当一个标志频繁出现,司机有更多的机会去注意它,并存储关于这个交通标志的信息。这时,驾驶员更容易去遵循标志所表达的意思。

3)标准化原则

为了保持交通标志的连续性,标准化原则基于标志的形状、颜色和内容作出了相应的规定。

对比以色列和美国的标准,部分标志的形状和颜色是相似的。但是,警告标志差异很大,以色列警告标志被设计成棱角分明的等边三角形,并有红色边框、白色的背景,而大多数的美国警告标志是菱形边框、黄色背景。

这一系列结果证明了交通标志的三个人机工效学原理紧密联系,即标志理解概率与相容性原则、熟悉性原则和标准化原则之间的联系。更重要的是,这些参数之间存在着线性回归关系。虽然,三个人机工效学原理对交通标志的理解水平影响较小,但是其每一项原则都与理解水平有着紧密的联系。根据人机工效学原理所设计的交通标志,更容易被驾驶员理解。总之,根据人机工效学原理设计的交通标志可以提高本地和外地驾驶员对交通标志的理解水平,同时,理解水平的提高可以有效减少交通事故的发生。

2. 交通标志设计要求

施工作业区交通标志内容设计具体反映了交通信息状况。交通标志版面是由文字、图符、颜色、形状等构成的,施工作业区交通标志版面设计可以理解为在有限的版面空间里,根据交通信息状况的需要将内容进行合理的组合安排。如果内容安排得当、条理清晰,就会使版面有序、清晰。这样既可以使交通标志信息表达方便,又能给驾驶员带来视觉上的美感。

目前,我国施工作业区的交通标志主要由禁令标志、警告标志以及指示标志组成,施工作业区内大部分都是禁令标志和警告标志,但指示标志同样重要,它与锥形桩共同引导车流,使车辆按规定交通组织方式穿过施工作业区,指示标志还可以使大货车提前分流,避免驶入施工作业区,造成施工作业区交通拥挤,从而增加其他车型的行驶时间,影响施工作业区的通过率。施工作业区交通标志设置要求如下。

(1)施工作业区交通标志以确保交通畅通、行车安全和养护施工人员安全为目的,结合道路线形、施工作业区交通组织方式、交通状况等情况,根据施工作业区的长度合理设置不同种类的交通标志。

(2)整体考虑交通标志的布局,避免施工作业区交通标志传递信息不足或者传递信息过量。

(3)充分考虑驾驶人员的驾驶特性,在行驶状态下车速对视觉的影响,以及驾驶员的反应时间和距离的关系,合理安排施工作业区交通标志的前置距离以及交通标志之间的配合距离。

(4)交通标志设置角度要醒目,避免因角度而使驾驶人员无法认读交通标志。

(5)施工作业区交通标志相对比较密集,向驾驶人员传递信息要准确清楚,避免重复、复杂的交通标志出现。

(6)施工作业区交通标志应满足相应规范中的反光要求,使交通标志在夜间使用时不受太大影响。

(7)定期对交通标志进行检查,避免交通标志被污染,致使交通标志无法传递信息,达到其应有的作用。

5.1.4　昌樟高速公路改扩建施工作业区交通设施优化

以昌樟高速公路改扩建工程为例,介绍实际工程中交通标志的设置及优化应用。

1. 警告区

(1)设置道路施工标志,提醒驾驶员前方施工。
(2)设置道路封闭、改道标志,提示驾驶员做好变道准备。
(3)行车距离标志,一般布置2组,位置在作业区预告标志后300 m处,提示驾驶员注意跟车距离。
(4)导向、合流标志,提醒驾驶员注意行车方向及合流车辆。
(5)导向箭头及文字提示。

2. 过渡区

(1)限速标志,提醒驾驶员即将进入施工路段,减速慢行。
(2)左、右侧变窄标志,提醒驾驶员前方道路变窄,根据实际情况,可多次设置。

(3)路段封闭、禁止超车标志,提示前方道路封闭,禁止跨越、超车。

(4)下游过渡区终点设置解除禁止超车标志,提示驾驶员在确保安全的情况下可以超车。

3.缓冲区

连接过渡区与施工区的区段,需设置导流线,指导车辆运行轨迹。

4.施工区

(1)设置水马等隔离设施。

(2)施工部分设置禁止驶入标志。

(3)禁止超车及限速标志,根据具体情况可多次设置。

(4)车道实线,警告驾驶员禁止变道。

5.终止区

设置解除限速标志,恢复路段上交通标志、标线。以下为项目路段具体标志优化应用。

(1)禁令标志:只设置主路限速标志,上跨桥施工时可根据需要设置限高及限速标志。

(2)指路标志:将路边指路标志转移至中央分隔带处,主要包括出口距离、服务区指示、收费站指示、车流分合诱导标志等。

(3)施工标志:配合路栏、锥形交通路标、夜间施工警告灯使用,吸引驾驶员注意力。

(4)警告标志:根据实际情况对警告标志进行转移、合并。

同时,在中央分隔带增设事故报警号码公示牌,为紧急情况报警提供方便。

5.2 照明系统

随着人类社会的不断发展与进步,高速公路的作用越来越突出,因此高速公路的建设和发展相当重要。在高速公路的建设中,照明系统的选取和设计极为重要。高速公路车辆的行驶速度较快,只有具有良好适宜性并且符合路况的照明系统,才能保证车辆在高速公路上安全平稳地行驶,保持正常的运行秩序。照明系统是高速公路的基本构成元素,也是车辆运输安全的重要保障,构建舒适、智能、完善的照明系统既能营造良好的出行环境,也能降低交通事故发生率。

5.2.1 高速公路照明的类型

高速公路作为提供大众服务的交通便捷的快速通道,十几年来得到国家、地方政府和民间投资的大力扶持,已由20年前的零里程发展到现在的70多万千米。高速公路照明不断对经济性、节能性、环保性等方面提出新的要求,相应沿线配置的照明设施也可谓精彩纷呈。随着科技的进步,新工艺、新技术层出不穷。

我国现有的高速公路大多作为经营性公路,为改善人们良好的行驶环境和引车上路,许多经营场所都需要各式照明或诱导支持,如收费站(所)、互通匝道、大型桥涵、隧道、服务区等,主要为实现和改善照明、警示、提示、引导、结算、安全等功能,而灯源又分有源和无源,如无源道灯、匝道反光膜诱导、护栏反光标、地面玻璃微珠反光漆等。

为实现照明功能,高速公路应用的灯具种类可谓繁多,如收费站(所)常用LED集束光源、霓虹灯、广告灯、大棚灯、路灯、隧道灯、航标灯、防雾灯、交通指挥灯、庭院灯、草坪灯、牌照识别地灯、导向箭头灯、限速牌、情报LED告示板等;对应的灯源种类也十分丰富,几乎涵盖市场上所有照明灯具,主要灯源有白炽灯、自汞灯、高压钠灯、金属卤素、阴极灯、高频无极灯、LED灯和最新出品的高压线灯等。无源灯特指无市电电源供给的灯光,通常是指被过往车辆大灯反射而获得的诱导照明指示。

5.2.2 高速公路照明系统设计总原则

高速公路照明系统的设计是一项专业性很强的工作,国际照明委员会出版了较多的著作,说明了公路照明系统设计的一些原则以及标准,我国也结合国内高速公路建设的实际情况,出台了一些相关的标准。

总体来说,通常每一个高速公路照明系统的设计都应该符合"经济、合理、高效"的总设计原则。具体来说,公路照明系统的设计都应该遵照且符合以下几项总的设计原则:①首先要确保车辆的行车安全;②符合高效节能的环保理念,照明体系应根据实际情况采用节能灯具;③整个照明系统的控制方式要合理,做好相关的成本控制。

5.2.3 高速公路照明系统施工实例

1. 项目概况

杭州市时代大道改建工程项目位于杭州市滨江区与萧山区的区界,项目起点、终点桩号分别为 K0+134、K6+717,总长为 6.583 km。整个项目起始于时代大道,结束于绕城高速与时代大道的交叉点,跨越义桥镇、萧山区等多个区域。时代大道现为地面道路,需要改建为上下两层道路。上层高架道路标准断面宽为 25.5 m,下层地面道路标准断面宽为 60.5 m,高架道路及地面道路均采用双向六车道一级公路兼顾城市道路功能标准,设计速度为 80 km/h。

该项目共设 1 个施工标段,即第 ZM-1 施工标段,主要施工内容为桩号 K0+134~K6+717 内的变配电设备安装,道路照明设备安装,景观照明设备安装,管道、手孔井及附属设施等的施工完成、试运行,缺陷责任期的缺陷修复及保修期的保修,等等。根据工程的施工要求和特点,照明系统的安装、调试及变配电系统的调试是工程施工的重点环节。

2. 重点环节的施工方案

为了和后续项目沿线周边地块功能相匹配,该项目沿线上下两层均设置路灯照明。结合该工程各路段道路的横断面布置图、路幅宽度等,高架道路照明布灯形式采用双侧对称布置方式,高架匝道采用单侧布置方式;地面道路根据施工特点,采用双侧对称布置和单侧布置相结合的方式。该工程道路照明采用 LED 路灯作为照明光源,路灯配电箱接线需要注意负荷平衡。

1)照明系统安装要求

(1)灯具的安装。

①灯具安装用的支座吊钩、预埋件、金属膨胀螺栓需敷设牢固,在吊架上安装的灯具应有可靠支撑。②成排灯具中心线允许偏差 5 cm,并列安装高度差小于 0.5 m。③支撑系统可防振动,并能承受所支撑的设备和支撑系统本身重量的 3 倍。

(2)电气设备的安装。

①电气设备的接地(接零)措施和其他安全要求必须符合施工规范规定。②确保配电箱规范安装,安装前确保位置精准、设备齐全、切口平整。③箱内线路清晰、有序,回路编号齐全、正确。

（3）灯具的接线。

①灯具的馈线电缆的型号、截面积根据灯具的用途、供电线路的长短及工作电流大小经复核后选定。②合理设置接线盒,主要设在分支电缆与干线电缆终端交汇处,接线盒内部做好接线低端、接线板的连接,接线盒达到标准要求中的 IP65 防水防尘等级,电缆与接线盒的连接处采用防水电缆密封装置密封。

2）照明系统电缆线路的安装

（1）全部电缆用坚固的电缆盘运输,运输前做好电缆盘的检查工作,确保端头密封完整,避免运输中电缆受外力积压受损。装卸时要采用吊车卸载,避免电缆直接滚动。放置时要确保电缆盘平稳,存储时平放,若需滚动松紧电缆,要顺着源头方向滚动,这样可以确保整体紧凑,不至于松动。当从电缆盘上割下一段电缆时,其端头及电缆盘上剩下电缆的端头需要立即密封,以防潮气侵入。

（2）所有电缆均选用铜芯电缆。使用绞合铜导体可以满足现行有关国家标准的要求。

（3）在混合绝缘护套材料的成分时,需要确保工艺的质量,以满足物理电气性能的要求,确保在规范要求的操作环境下使用时不降低品质。

（4）电缆穿保护管主要起保护电缆的作用,使用电缆穿保护管时,需要掌握一定的技术,这样才能在确保质量的同时保障穿管效率。一般来讲,当保护管长度不足 30 m 时,所选保护管的内径应为电缆外径的 2.5 倍；保护管长度在 30 m 以上时,管内径应不小于电缆外径的 3 倍。保护管有 1 个弯曲时,管内径应不小于电缆外径的 2.5 倍；有 2 个弯曲时,管内径应不小于电缆外径的 3 倍。在敷设电缆的过程中,应做好备用电缆的留用,在直埋电缆全长上留少量裕度,并做好波浪敷设。

3）照明系统调试

照明系统安装完毕后,应调整每个灯具的投射角以使配光均匀,并对整个照明系统进行分项检测和调试。其中,单机调试是指对某一照明回路进行试验、接电和试运行,单机调试的步骤如下：

（1）检查灯具的安装是否合格,调整灯具的投光角度；

（2）检查电气连接是否可靠；

（3）通电试验,检查各供电回路是否正确。

4）变配电系统调试

（1）系统调试注意事项。

①模拟调试。模拟调试以不带电调试为主。模拟调试采取模拟系统,以正

式状态下的数据为准,通过控制电源二次回路信息的输入,可以在故障动作前提下检测变配电系统的性能。

②带电调试。在正式进行带电调试前,需要让系统在空载状态下试运行24 h,在确定没有故障的情况下可以进行带电调试。带电调试24~72 h后,若依旧没有问题,则可以交付。

③负载调试。负债调试是交付前的重要调试工作,只有调试不存在问题,才能予以交付。一般状况下,在负载调试前需要进行24 h的空载运行,在正常状况下停电进行设备检测,没有问题后通电进行负载调试,在试运行24~72 h后观察结果,若无问题且设备正常,可以予以交付。

(2)系统调试程序。

①调试准备工作。调试前需要检测相关试验设备,以确保设备的安全性、稳定性,一般需要测试二次回路保护装置、继电保护装置、绝缘电阻等设备。在测试二次保护装置时,可以使用额定电流进行测试,需要判定空气开关等设备的灵敏性及其是否满足运行需求。

②试送电运行。安装好照明、动力设备后,需要进行试送电前的准备工作,包括环境、物资、技术、组织等的准备。

环境准备:电气系统试运行对周围环境要求较高,因为一旦环境不符合标准,就会对试验结果产生影响,甚至影响系统安全。因此,在试运行前需要做好电气设备周围杂物、灰尘的清理,避免非工作人员进入场地。

物资准备:工具设备是试送电运行的必备物资,在试验前必须做好相关准备工作,确认试运行所需物资的数量、质量,如做好灭火器材、测试仪器表等物资的准备。

技术准备:在试送电运行中,需要检测运行状况,利用技术检测试运行设备,确定设备运行是否正常、符合要求。此外,要根据技术检测结果,制订对应的方案,并做好技术分析、评估,送电通知等工作。

组织准备:主要是做好人事、工作方面的安排,以确保试送电工作能够在各部门、人员协调配合下有序开展。因为试送电运行涉及诸多事项,所以还需要做好施工负责人、技术人员、监理人员等人员的具体安排。在试送电运行前,需要做好前期检查工作,确保各项工作有序开展,为试运行提供良好运行环境。

③电力系统试运行结束后,详细记录,为竣工验收提供完整的数据资料;同时,要做好防雷接地测试工作,并做好记录。

3. 高速公路照明工程的质量保证措施

1)施工准备阶段

高速公路照明工程施工是一项系统、复杂的工程,任何一项工作不到位都会影响整个工程的质量与安全,因此在施工前必须做好准备工作。首先,做好施工区域环境的调查,调查对象包括水文、地质、气候等因素,数据越完善,越有利于后期工程的开展。其次,做好施工前的技术准备和设计准备工作,尤其是要强化施工单位与设计单位之间的交流,确保施工的精准化、效率化。最后,做好岗前培训,提高人员素质和业务水平,确保施工人员熟悉施工的细节和要点。

2)设计阶段

在联合设计阶段,需要确定系统设备的型号、设备的功能和技术指标,确保设备的兼容性。应该选择性价比较高的产品、设备,积极采用新设备、新技术,构建高效机电系统,确保设备的整体完整性、功能适用性及档次。

3)设备采购供应阶段

设备材料关系着照明系统的构建质量和运行安全,在采购灯杆、灯具、电缆等主要设备材料前需要报审厂商的资质及产品合格证、检测报告等,严格把控质量关卡,并做好测试工作,保障采购产品使用前的质量。应避免设备材料在运输、搬运过程中发生损害;应根据设备对仓储条件的不同要求分别放置设备,做好设备材料仓储过程中的防护工作和设备材料的储备工作,以满足工程施工的需要。设备材料的质量控制流程如图5.3所示。

4)施工阶段的首件工程

施工阶段需要严格执行质量检测制度,由专业工程师对施工质量进行检测;需要明确施工中各主体的责任,以增强施工人员的主体意识,更好地确保施工质量;要做好质检人员的培训工作,切实提高质检人员的业务素质,提高质量检测的精准性和效率;选择先进的质检设备,明确质检指标,并制订对应的解决措施,切实保障工程的施工质量。在施工过程中,需要做好首件工程,对易引起质量问题的施工工艺、工序的交接和人员、机械、仪表进行控制。首件工程包括首件工程方案编制、审批,首件工程交底,首件工程实施,首件工程验收、总结等程序。通过实施首件工程,能够有效把握施工中存在的隐患,更好地应对施工问题,降低施工中可能面临的损失,规避返工问题的发生。首件工程的质量控制必须遵循预防为主、防治结合的原则,做好先导试点工作,及时处理发现的质量问题。对于没有经过认可的工程,必须做好认证,否则不能全面施工。

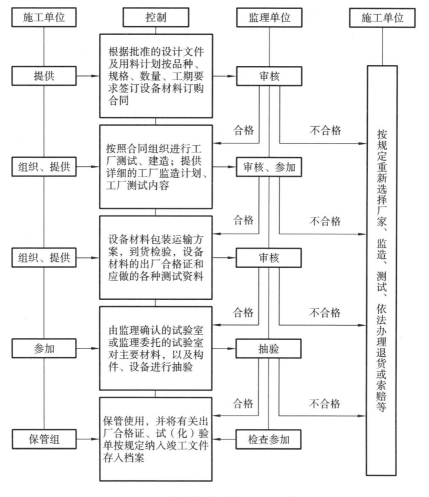

图 5.3 设备材料质量控制流程示意图

(1)施工工艺控制。在施工工艺控制方面,必须遵循行业规范,明确验收标准,这样才能最大限度地确保施工工艺的有效落实。需要做好施工关键环节、施工材料、工序的验证,确保施工规范化、标准化。

(2)工序质量控制。工序质量影响施工质量,工序管理必须遵循对应的施工流程和质量控制流程,做好产品质量管理。工序质量控制流程图如图 5.4 所示。需要严格按照工序进行质量检测,一旦发现质量问题,应及时处理,并遵循"三不放过"原则,通过发现问题、解决问题,为每个环节工序的质量提供有效保障。

5)施工验收阶段

工程质量验收是一个系统性工程,既需要检验外部质量,又需要检验内部质量,以确保整个工程符合设计要求和验收标准。施工质量验收阶段十分关键,每个环节都会影响最终的项目质量,只有把控每一环节的质量,才能保障最终项目质量符合规范。为此,需要有计划、有步骤、有重点地做好隐蔽工程验收、检验批验收、分项工程验收、分部工程验收、单位工程验收和整个项目竣工验收过程的质量控制。

针对施工过程中的隐蔽工程,需要在班组自检合格的基础上,做好质量验收前的准备工作,让业主、监理工程师验收,并对验收信息进行登记管理,形成规范文件。工程结束后,项目部需要组织自检,相关公司应该组织项目部及相关人员进行

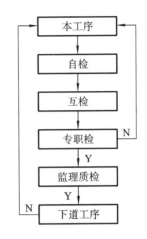

图 5.4 工序质量控制流程图

检查、评定,确保其符合验收标准及业主要求。验收合格后,报业主、监理工程师验收,并做好已完工程的保护工作。

5.3 防撞护栏

高等级公路具有行车速度快、车流量大等特点,因此为了确保公路的行车安全,避免出现安全事故,应设置安全设施。防撞护栏作为安全设施的重要组成部分,对公路交通的安全起着非常重要的作用。防撞护栏主要设置在高速公路或者一级公路的桥梁和各级公路的高路堤、桥头引道、极限最小半径、陡坡等地段上。根据不同的情况,可以将防撞护栏分成路侧护栏和中央分隔带护栏。根据受力特性的不同,可以将防撞护栏分成刚性护栏、半刚性护栏以及柔性护栏。混凝土防撞护栏具有安全性高、整体性好、维修方便等特点,能有效确保行车的安全性和舒适性。

5.3.1 防撞护栏的种类

1. 防撞护栏的功能

公路防撞护栏是一种设置于公路两侧或中央分隔带的安全防护设施。其具有减轻失控车辆司机及乘客所受的伤害、保护路侧行人及建筑物的安全、诱导驾

驶员视线、增加行车安全感和美化公路环境的作用。

高速公路防撞护栏应具备阻挡功能、缓冲功能和导向功能：①具有足够的强度和刚度以阻挡碰撞车辆穿越护栏；②具有足够的韧性和变形吸能能力，能吸收强大的碰撞冲击能量，减轻事故的伤害；③具有使碰撞车辆向行车方向顺利导出并恢复运行的能力。近年来，高速公路防撞护栏不仅考虑防护性能，也注重适用、经济、耐久和美观性能。高速公路护栏还应具有视线诱导功能，保障驾驶人员良好的行车舒适感；施工便捷、维修成本低、防锈蚀性和防暴晒性能优良；外形简洁、新颖美观，与公路整体景观风格一致，具有美化、装饰等作用。

2. 护栏的分类

护栏是一种纵向吸能结构，通过自体变形或车辆爬高来吸收碰撞能量，从而改变车辆行驶方向、阻止车辆越出路外或进入对向车道、最大限度地减少对乘员的伤害。根据碰撞后的变形程度，护栏可分为刚性护栏、半刚性护栏和柔性护栏，其主要代表形式分别为混凝土护栏、波形梁护栏和缆索护栏。

(1) 刚性护栏(混凝土护栏)。

刚性护栏是一种基本不变形的护栏结构。对刚性护栏来说，主要通过车轮转动角的改变，车体变位、变形，以及车辆与护栏、车辆与地面的摩擦来吸收碰撞能量。在碰撞过程中，车辆变形程度取决于其自身的刚度、碰撞能量和碰撞作用时间。当车辆的碰撞角度较大时，往往造成比较严重的后果。刚性护栏主要设置在需严格阻止车辆越出路外，以免引起二次事故的路段。它对保障乘员安全性的要求略低。刚性护栏按不同结构又可分为混凝土墙式护栏、混凝土梁柱式护栏及组合式护栏。它的主要代表形式是混凝土墙式护栏。

(2) 半刚性护栏(波形梁护栏)。

半刚性护栏是一种连续的梁柱结构。它是通过车辆与护栏间的摩擦、车辆与地面间的摩擦及车辆、土基和护栏本身产生一定量的弹、塑性变形(以护栏系统的变形为主)吸收碰撞能量，延长碰撞过程的作用时间来降低车辆速度，并迫使失控车辆改变行驶方向，恢复到正常的行驶方向，从而确保乘员安全和减少车辆损坏。半刚性护栏主要设置在需要着重保护乘员安全的路段。梁柱式半刚性护栏按结构不同又可分为 W 型波形梁护栏、三波波形梁护栏、管梁护栏、箱梁护栏等。它们均具有一定的刚度和韧性，主要通过横梁、立柱和土基的变形吸收碰撞能量，损坏部件容易更换，具有一定的视线诱导作用，外形美观。从国内外实际应用情况看，波形梁护栏的应用最广泛。

(3)柔性护栏(缆索护栏)。

柔性护栏是一种具有较大缓冲能力的韧性护栏,是与刚性护栏相对应的另一极端形式。缆索护栏是柔性护栏的主要代表,是用数根施加初张力的缆索固定于立柱上而组成的护栏,主要依靠缆索的拉应力来抵抗汽车的碰撞,吸收碰撞能量。缆索在弹性范围内工作,几乎不需要更换。这种护栏形式美观,汽车行驶时没有压迫感,但视线诱导效果差,中间端柱破坏后维修工作量很大,多数应用在对环境质量要求较高的地方。在我国的北方地区,春季风沙、冬季大雪,使用柔性护栏可以减少清扫工作量,提高道路通行能力,具有一定的社会效益和经济效益。

3. 护栏的比较

不同形式的护栏,性能不同。在选择护栏形式时,应针对每条高速公路的具体情况,充分比较各种护栏的性能,分析行驶安全感、压迫感、视线引导、舒适性等,并考虑与公路周围环境的协调,结合经济性、施工条件及维修等因素,在综合分析的基础上确定。下面就混凝土护栏、波形梁护栏和缆索护栏进行定性及定量比较,结果如表 5.1 所示。

表 5.1 护栏性能比较表

比较指标	护栏形式		
	混凝土护栏	波形梁护栏	缆索护栏
使用性能	碰撞后对司乘人员的损害均很大	对中小型车的碰撞效果较好	在危险路段不能使司乘人员产生安全感
视线诱导效果	差	好	差
与防眩设施配合	好	好	差
与通信管道配合	较好	较好	较好
小半径平曲线路段的适应性	不能	能	不能
施工难易	易	易	难
维修费用	低	较高	高

混凝土护栏主要靠自重来阻挡车辆跨越,利用专门设计的断面使失控车辆与之碰撞后爬高并转向,吸收能量,标准给出的最大动态变形量为 100 mm。混凝土护栏防止车辆越出路(桥)外的效果好,适用于窄的中央分隔带,但它几乎不变形,吸收碰撞能量效果差,当失控车辆以较大的驶入角与护栏发生碰撞时,对

失控车辆和乘员的损害均很大。使用这种护栏时,乘客的安全感和舒适性较差,并有较强的行驶压迫感。因此,只在桥梁、挡土墙和一些危险陡坡路段路侧设置。

波形梁护栏具有一定的刚度和柔性,利用土基、立柱、波形梁的变形吸收碰撞能量,并迫使失控车辆改变方向,具有较好的视线诱导功能,能与道路线形相协调、外形美观,可在小半径弯道上使用,损坏处容易更换。标准给出的半刚性双波波形梁护栏和三波波形梁护栏最大动态变形量分别为 1000 mm 和 750 mm。

对于重心高的车辆,即便是在护栏满足规范容许的最大变形量情形下,当车辆碰撞护栏后,亦可能侧翻越过护栏。波形梁护栏由于存在横向变位大、防护能力较低等问题,不太适应大量重型车辆的公路通行现状,在实际使用中多次发生车辆冲过中央分隔带护栏酿成重大伤亡的恶性事故。波形梁护栏还存在由于施工的原因造成立柱附近土压力不够而引起的护栏强度不能满足要求的情况。

缆索护栏对车辆的包容性好,对大尺寸车辆有较好的引导作用,设置条件宽,对车辆的减速力度小;车辆碰撞时缆索在弹性范围内工作,可以重复使用,容易修复。但缆索护栏施工复杂,端部立柱损坏后修理困难,不适在小半径曲线路段使用,同时它的视线诱导性差,架设长度短时不经济。

4. 防撞护栏的设计条件

护栏的设计条件决定了车辆与护栏碰撞时产生的冲撞力大小及车辆与护栏相互作用的特性。车辆质量(标准车型)、碰撞速度和碰撞角度是设计条件的三大要素。我国的护栏设计条件见表 5.2,世界主要国家的护栏设计条件见表 5.3。

表 5.2 推荐的我国护栏设计条件

车型	车辆质量/kg	碰撞速度/(km/h)	碰撞角度/(°)
小汽车	2000	80	20
卡车	10000	60	15

表 5.3 世界主要国家的护栏设计条件

国家	车辆质量/kg	碰撞速度/(km/h)	碰撞角度/(°)	碰撞能量/J
美国	2040	96	25	12.95×10^4
	18000	96	15	42.87×10^4

续表

国家	车辆质量/kg	碰撞速度/(km/h)	碰撞角度/(°)	碰撞能量/J
英国	1500	113	20	8.64×10^4
法国	1500	80	30	9.26×10^4
	13000	65	20	24.79×10^4
日本	14000	60	15	13.02×10^4
		40		5.79×10^4
		35		4.43×10^4
德国	1000	100	20	4.51×10^4
	10000	70		22.11×10^4
意大利	1500	113	20	8.64×10^4
	20000	70		44.23×10^4
瑞典	2000	96	25	12.70×10^4
中国	2000	80	20	5.78×10^4
	10000	60	15	9.30×10^4

5.3.2 防护撞栏施工案例

1. 工程概况

本工程为某广东高速公路施工建设项目。在这条高速公路的某一段，由于是下坡加上拐弯，视线情况不是很好。最近几年，这条路段经常发生交通安全事故。经过专家讨论和研究，决定在这一路段安装双面钢筋混凝土墙式防撞护栏。表5.4为混凝土墙式防撞护栏的主要设计参数。墙式护栏中央空隙采用天然砂砾进行回填，同时在其顶部安装防眩板和导向标志。

表 5.4 混凝土墙式防撞护栏的主要设计参数

设计长度	护栏下部基础埋深	护栏上部高度	结构混凝土等级
1163 m	60 cm	94 cm	C30

2. 混凝土墙式防撞护栏的选用

在本工程中，原先已在路段中设置了波形梁护栏，这种护栏为半刚性护栏。

但是在该急弯陡坡处,由于行车速度过快,事故车辆经常从上行线冲断波形梁护栏,闯入下行线,从而引发交通事故,影响下行线的通行。因此决定在中央分隔带处设置双面钢筋混凝土墙式防撞护栏,这样可以有效避免车辆穿过中央分隔带,进入对向车道,从而避免出现二次安全事故。混凝土墙式防撞护栏的设置能给开车司机带来较强的压迫感,从而迫使他们降低车速。

3. 混凝土防撞护栏的施工技术要点

1)施工工艺流程

为了有效地提高混凝土防撞护栏施工质量,在本工程中,对混凝土防撞护栏的施工采取严格控制,细化每个施工环节,本工程所采取的具体的施工工艺流程为:模板制作—测量放线—钢筋骨架制作—模板安装—混凝土的拌和、浇筑、拆模。

2)模板制作

在整个混凝土防撞护栏的施工中,模板工程是有效地确保防撞护栏各部尺寸和外观质量的根本。由于钢模板具有刚度大、平整度好、不易变形等特点,在使用的过程中不会发生变形,因此此项工程采用钢模板的施工工艺,这样能够有效确保防撞护栏混凝土表面的平整度。当进行钢模板的制作时,应结合本实际工程的具体情况,选择合适的材料和结构。此项工程的模板的正面采用普通钢板,具体尺寸为 1.5 m×0.94 m。横肋和纵肋采用槽钢,槽钢之间的间距为 0.3 m,采用焊接的方式将其固定在钢板上。模板之间采用螺栓连接。在进行模板的制作时,应严格确保尺寸的正确,同时边缘顺直,所使用的钢板表面应确保平整度满足要求。

3)测量放线

在测量放线之前,应先将路段中央分隔带处的原波形钢板护栏拆除,同时一并拆除路缘石、绿化带等,接着进行混凝土防撞护栏基础的开挖。然后应进行测量放线和标高的测量工作。在直线段,应每间隔 10 m 设置一个控制点,在曲线段,可以适当加密控制点,每隔 5 m 设置一个。接着应对预埋钢筋的位置进行检查,确保精确度。钢筋导向骨架绑扎完成之后,应根据测量的标高和设计标高来对模板进行找平。在完成钢模板和混凝土的施工时,都要进行测量和复核,复核主要是对防撞护栏的线形进行测量复核,这样能更好地进行施工。

4)钢筋骨架制作

制作钢筋骨架时,应严格根据设计图纸的要求进行。采用绑扎的方式将护栏的钢筋和预埋钢筋进行捆扎,把它们连接在一起,这里要强调一点,要把所有的钢筋交叉点都绑扎起来。必要时可以在钢筋与模板之间设置垫块,这样可以有效确保混凝土保护层的厚度。垫块应与钢筋绑在一起。在正式进行钢筋绑扎之前,应先根据设计图纸的内容在模板上将预埋件的位置标示出来,接着即可根据要求进行预埋件的安装。在安装过程中重点应确保位置准确,绑扎牢固。在泄水孔接口处,应采用胶带将其缠牢,这样可以有效避免混凝土在浇筑时渗入管内。

5)安装模板

在模板安装施工之前,应先在模板上刷涂一层脱模剂,这样有利于施工完成之后的脱模作业。根据测量点位弹出模板边线,模板的安装应沿着边线进行。在安装过程中采用水准仪进行模板标高的测量控制,以确保位置精确。模板之间采用螺栓连接的方式,两侧模板之间则采用拉杆进行连接。底面采用道钉将其固定在路面上。为了确保模板的稳定,应在外侧模板上设置斜撑。在模板上存在的任何缝隙均应进行封堵处理,模板主要缝隙封堵方式见表5.5。当模板安装完成之后,应对模板的断面尺寸进行检查,确保满足偏差要求。

表5.5 模板主要缝隙封堵方式

缝隙位置	螺栓孔	模板底部与路面的接触面	模板与模板之间的缝隙
封堵方式	海绵封堵	砂浆封堵	橡胶条封堵

6)混凝土的拌和、浇筑、拆模

(1)混凝土的拌和。

为了有效确保工程的施工质量和进度,本工程采用商品混凝土。经过配合比设计,确定的混凝土配合比为水∶水泥∶细集料∶粗集料∶减水剂＝0.41∶1∶1.94∶2.68∶0.019。本工程所采用的水泥为42.5级普通硅酸盐水泥。混凝土的坍落度应控制在12~18 cm。当混凝土拌和完成之后,采用搅拌运输车将其运输到施工现场,在运输过程中应保持混凝土连续搅拌。

(2)混凝土的浇筑。

本工程混凝土的浇筑采用分层施工的方式,一共分成3层。当进行第一层混凝土的浇筑时,施工至护栏斜边下角变点,当进行第二层混凝土的浇筑时,施工至斜边上角变点,当进行第三层混凝土的浇筑时,施工至护栏顶部。

混凝土在浇筑时,应确保布料均匀。混凝土的振捣采用插入式振捣棒,按照严格控制振捣时间和方法的要求进行振捣施工。振捣棒的移动间距应控制在

1.5 倍的作用半径范围之内。在振捣过程中,振捣棒与模板之间的间距应控制在 5~10 cm。振捣棒应插入下层混凝土 5~10 cm 的深度,这样可以确保两层之间的有效连接。在每个部位进行振捣时,应确保振捣密实,其具体的密实标准为:混凝土停止下沉,不再出现气泡,同时表面泛浆。当混凝土全部浇筑完成之后,其顶面应进行三次收浆处理。第一次收浆采用木抹子抹平,第二次收浆采用铁抹子抹平,第三次收浆采用铁抹子用力轧光,其施工时间应安排在混凝土初凝时。

(3)拆模。

根据气温和混凝土的强度确定拆模的施工,一般情况下,当气温达到 30 ℃、混凝土强度达到 30 MPa 时,对于不承重构件 4~6 h 即可开始进行拆模处理。拆模完成之后,应采用掺加白水泥的水泥浆对混凝土表面上的气泡进行封堵。完成之后,在混凝土上覆盖一层草帘,并进行洒水养护。养护的时间应控制在 7 d 以上。养护完成之后,应对施工成型的混凝土防撞护栏进行全面检测,如发现问题应及时采取措施进行整改。

7)混凝土表面蜂窝麻面的控制

(1)在商品混凝土的生产过程中,要求生产厂商严格按照设计配合比进行施工,同时在混凝土中添加消泡剂,改善混凝土的和易性。

(2)严格控制混凝土的运输时间,运输车辆全程的行驶时间应控制在 30 min 以内。

(3)采用优质的脱模剂,在进行混凝土的分层浇筑时,应将每层混凝土的厚度控制在 30 cm。

(4)在进行混凝土振捣时,应严格控制振捣时间。一般情况下振捣时间控制在 10 s。振捣棒往上提时慢速提动约用 15s 时间振实并排气,提升不宜过快,以确保混凝土中气泡完全排除。

(5)复振和辅振。每间隔 20 min 的时间即可进行一次重复振捣,同时在模板外侧采用振动棒进行辅助振捣。

5.4 环境保护

环境保护是我国的一项基本国策。随着我国国民经济的蓬勃发展,高速公路建设步伐越来越快。近年来,我国高速公路总里程不断增长,汽车保有量持续增加,高速公路在国民经济综合运输体系中的位置愈来愈重要。伴随着高速公路的飞速发展,公路污染、公路对周边环境影响等问题也凸显出来。

如何面对高速公路建设产生的环境问题,如何按照现阶段我国实际情况,分析高速公路建设各阶段对环境的作用与影响,采取何种措施减少或杜绝高速公路环境污染、恢复路域生态,这是摆在广大公路建设者面前的一项长期而艰巨的任务。

5.4.1 高速公路环境保护

1. 环境与环境保护的定义

环境是指人类和生物生存的空间。《中华人民共和国环境保护法》对环境的定义是:环境是指影响人类生存和发展的各种天然的和经过人工改造的自然因素的总体,包括大气、水、土地、矿藏、森林、草原、野生动物、野生植物、水生生物、名胜古迹、风景游览区、温泉、疗养区、自然保护区、生活居住区等。按照环境的自然和社会属性分类,环境包括自然环境和社会环境。

环境保护是指人类有意识地保护自然资源并使其得到合理的利用;防止自然环境受到污染和破坏;对受到污染和破坏的环境必须做好综合治理,以创造出适合人类生活、工作的环境。

1989 年 5 月,联合国环境署第 15 届理事会通过了《关于可持续发展的声明》,明确提出了可持续发展与环境保护的关系,认为要实现可持续发展就必须维护和改善人类赖以生存和发展的自然环境。

2. 高速公路环境保护内容

高速公路环境保护是基于生态可持续发展原则,调节与控制"公路工程与路域环境"对立统一关系的发生与发展。高速公路环境保护由两项基本工作组成:一是分析因修建公路而对环境产生各种影响及其影响的程度和范围,根据需要采取专门的环境保护措施,积极开展环境保护的有关工作;二是在高速公路的设计、施工及运营管理过程中,注意凸显高速公路各组成部分的环保功能,使高速公路在发挥运输功能的同时,对沿线环境的负影响降至最低。

3. 高速公路环境问题

环境问题是指环境中出现的不利于人类生存和发展的各种现象。公路建设必然影响环境,尤其是高速公路建设,其施工、营运期造成的环境问题会更严重。

高速公路建设将造成如下环境问题：

(1)选线不当会破坏沿线生态环境；

(2)防护不当会造成水土流失，如坡面侵蚀与泥沙沉淀等；

(3)高速公路带状延伸会破坏路域自然风貌，造成环境损失；

(4)高速公路施工造成环境污染；

(5)高速公路通车营运期间，车辆对沿线造成污染。

4. 高速公路环保功能

一般情况下，一条公路如果严格按照现行公路工程设计标准及《公路环境保护设计规范》进行设计，按公路工程施工技术规范进行施工，就可以起到对路域自然环境的保护作用，并能够对社会环境进行调整和完善。

高速公路各组成部分的环保功能归纳如下。

(1)路基工程在施工及竣工后，结合造地还田与疏导排水，各部分相互协调配套，可使工程稳定坚固，外观顺适优美，能起到防止水土流失的作用。

(2)路面工程对路基起保护作用，同时也起着防尘、防水，保护公路沿线环境不被污染的作用。

(3)桥梁涵洞工程设计与施工中重视对公路路域景观环境的影响，可起到美化环境的作用。

(4)排水工程对公路工程的整体性和稳固性有特殊的作用，可以防止路基路面水及水中含有的油污、有害元素直接进入农田，避免耕地淹没、土壤污染。

(5)防护工程确保了路基稳定，减少了水土流失，直接起到了环境保护作用。该工程与环保的关系最为密切。

(6)其他工程(通常包括公路与公路、公路与铁路的平面交叉和立体交叉，公路工程的沿线设施，公路养护管理用房屋及场、厂建筑物，以及公路绿化等)，特别是公路绿化，是国土绿化的重要组成部分，不仅可以有效地改善行车环境，还可以起到美化路容、优化环境的作用。

5.4.2 基于生态环境保护的高速公路工程实例

高速公路是促进区域经济发展的重要因素，是现代社会快速发展的基础。在省际、城际建设高速公路，是实现各区域相互联系、取长补短发展的重要途径，也是实现区域互补经济发展目标的重要方法。但是，高速公路建设会对工程建设周边环境造成一定影响，不符合可持续发展观中生态、经济并行发展的要求。

随着我国高速公路工程建设规模的扩展,高速公路施工带来的生态环境影响也成了不可忽视的重要问题。

1. 工程概况

某高速公路工程建设于石灰岩分布广泛、喀斯特地貌发育区域,拟建地褶皱构造发育、沟壑交叉纵横、地形起伏较大,地表有分散岩体,岩石破碎,风化性质强,地质条件较差。该工程是省际交通网络建设的重要构成部分,同时连接有两条国家级高速公路,整体为东西横向走向,对于沿线区域经济发展有重要带动作用。工程规划里程约为 175 km,沿途共穿越 4 次国道、7 次河流,有 45 处隧道、151 处桥梁、200 余处涵洞、19 处立交,同时涵盖停车场建设、服务区建设、养护工区建设等。

2. 高速公路建设对生态环境的影响

在可持续发展观理念指导下,为避免工程建设对周边环境造成过大影响,施工前行政主管部门组织施工方、设计方、监理方对施工可能对生态环境构成的影响进行了分析,具体如下。

1) 主体线路建设对沿线生态环境的影响

主体线路施工是对沿线生态环境影响最大的因素,主要表现为高速公路占地影响,根据项目可行性研究报告分析,本高速公路工程估计有 1050 公顷永久占地,其中 30% 为农田占用,工程建设需要考虑到国家当前所落实的农田保护政策。土壤侵蚀是仅次于占地的第二大影响要素,高速公路建设需要保持有一定的坡度,拟建地为石灰岩分布广泛、喀斯特地貌发育区域,区域地表起伏相对较大,部分路段土石方施工量极大,据初步统计,拟建地土石方挖深超过 30 m 的共有 16 处,其中最大挖深为 59 m,施工过程中采用的削坡等方式,可能导致原有土壤生态体系被破坏,有一定崩塌、滑坡隐患。并且,施工过程中的开挖、回填行为,直接破坏了工程拟建地表面植被,减小了拟建地沿线的植物覆盖面积,导致拟建地周边生物多样性、植被多样性受影响,并对当地动物迁徙有阻隔影响。本工程建设基本实现了"全面机械化",工程中所用载重车辆、大型机械设备,在施工中会产生明显的噪声。

2) 立交、桥涵建设对沿线生态环境的影响

立交、桥涵建设因占地面积不大,所以从长远的角度看,并不会对当地的动、植物构成影响,但在施工过程中,立交、桥涵建设会使用大量的重型机械设备,临

时占地面积相对较大,且会产生较为突出的噪声,对沿线的动物生存和湿生植物生长产生较大影响。151处桥梁、200余处涵洞还可能会对沿线水体造成影响,导致地表水体污染,主要污染源为桥梁、涵洞、立交建设过程中重型机械设备排出的含油污水、施工人员产生的生活污水、钻孔工作产出的高悬浮物质污水。

3)隧道工程建设对沿线生态环境的影响

本工程共计45处隧道,隧道长度在全路段中占比较大,隧道施工对沿线生态环境最突出的影响为,施工导致地质条件、地形地貌改变,提高滑坡、崩塌等地质灾害的发生概率。地质勘查报告显示,拟建地隧道附近的岩层主要为花岗片麻岩,岩层断裂构造不发育,表现出一定的稳定性,且多数隧道的建设埋深加大,故施工不会对顶部山体造成过大的影响。因此,主要施工影响几乎全部集中在隧道入口、出口处,在建设的过程中,挖方、渣土运输等对附近的野生植物、动物的影响不言而喻。

4)服务区、临时设施建设对沿线生态环境的影响

服务区建设会永久占用原土地,服务区在建设期间、运营期间的人员活动密集,污水排出量较大,且服务区远离城市污水处理设施,生活污水处理困难,容易导致周边水体受到污染。在施工过程中存在较多的历史占地,施工便道、原料拌和场地等临时设施若在施工过程中管理不到位,会对周边植物、动物等形成严重影响。因本工程地处山区,气候条件良好,植物条件优越,临时用地可能会破坏原生态基础。

3. 基于生态环境保护的高速公路施工方法

1)施工预设方案优化

(1)路线秉承"少占地、少拆迁、少污染"的原则进行优化,并规避生态作用突出的天然林;道路坡度尽量顺应原有地形地貌优化,减少工程中的土石方施工,并在施工过程中严格控制填方、挖方量。

(2)沿线绿化根据原有地形地貌优化,减少原设计方案中的外来树种,增加当地本土树种,并形成多样化的植物布局,道路中央增加1.3 m常绿灌木。

(3)根据当地气象部门提供的数据,优化施工组织设计,调整施工时间,施工避开雨季以及当地汛期,避免施工过程中路基受到水土流失等情况的影响,同时综合利用排水沟、边沟等设施,实现路面有效排水,避免施工对周围水体造成影响;施工前由工程师对施工人员、技术人员、现场管理人员进行统一培训,让现场人员具有辨识当地珍稀植物、动物的能力,同时提高现场人员的生态保护意识,

在施工过程中发现相关动植物,立即停止施工并上报。

(4)对各个作业面所用施工设备、施工工艺进行优化,优先选用低噪声的机械设备、施工工艺,在野生动物活动频繁地区,调整爆破施工时间、方式,避免爆破施工对周边动植物产生过大影响。

(5)施工过程中严格控制路基开挖方法、土石料采集方法,尽可能减少渣土外运,实现"挖填平衡"。

(6)针对工程中墒情、肥力良好的土层,林区采用剥离 20 cm 的标准,农田采用剥离 25 cm 的标准,在剥离后运送至附近渣土堆放点、取土场,在后期绿化、土地表层治理过程中应用。

(7)施工过程中在各个土堆、土坡坡脚设置临时拦挡设施,避免施工过程中造成水土过度流失的情况。

2)实际施工优化

(1)桥涵、立交施工优化。

桥涵、立交施工过程中,以设计标准控制涵洞宽度,并在桥涵、立交下方种植适应性好的草本植物,避免桥涵、立交阻隔野生动物迁徙,立交施工除注意平面绿化,还应实现立体绿化施工,以原有构造为基础形成一个完善的立体绿化体系,匝道内以灌木为主,以其他生态效益良好的植物为辅。大跨度桥梁施工尽量选择在枯水期进行,避免桥梁施工过度影响拟建地水网循环。

(2)隧道工程施工优化。

隧道工程施工前根据实际情况对地层进行深入勘察,力求隧道工程建设规避"大断层"以及具有滑坡隐患的地段,隧道口施工若存在泥石流、滑坡风险,秉承"先治理、后施工"的原则进行处理,同时在林区边缘增加绿化带,避免噪声、灯光等对动植物造成严重影响。隧道工程施工完成后,尽快恢复周边植物体系,以尽可能减小隧道工程建设对于原生态体系的不良影响。

(3)服务区、临时设施施工优化。

施工现场根据原地形地貌设置临时渣土场,充分利用工程沿线的废弃地、荒坡等,选择最大限度节约土地、保护耕地的施工方案;施工现场施工便道合理优化,秉承"大间距、少布设"的原则,施工便道尽可能靠近高速公路设计线路,以减少施工对生态环境的影响;针对临时设施建设占地,在拆除临时设施后,尽快种植灌木、草本植物;服务区建设形式利用 BIM 技术模拟,根据原有地形地貌优化,以减少削坡等施工行为。

5.4.3 环境保护工程实例

1. 工程概况

为缓解日益增大的交通压力,解决沿线城市快速发展给国道干线带来的诸多问题,南京市交通运输局决定建设 312 国道(仙隐北路—绕越高速段)快速化改造工程。但本项目的建设运营对环境、空气和地表水均会产生一定的不利影响,营运期交通噪声对道路沿线居民区产生的不利影响是重点关注的环境问题。因此,需对这些环境问题进行分析探讨,并做出具体合理的管理对策。

2. 高速公路隧道段环境影响分析

1)噪声

(1)在桥梁施工中,如钻机、挖掘机、发电机、龙门吊、振动棒、附着式制动器、平板振捣器、钢筋弯曲机、切断机、电焊机、空压机等施工机械作业,还有木工机具、模板拼装、脚手架和支架的拆装等施工作业发出的噪声严重扰民。

(2)在路基土方施工中,除以上有关机械噪声外,还有平地机、振动机、压路机等机械噪声和振动力,与附近房屋发生共振,甚至造成个别房屋出现裂缝。

(3)在路面施工中,沥青拌和机、沥青摊铺机、大型振动压路机、轮胎压路机、扫地车等产生的噪声,干扰了沿线居民的正常生活和休息。

(4)营运期公路上行驶的小、中、大型车辆的自然交通量(辆/h)及平均辐射声级(dB)。

2)大气污染物

公路施工过程中大气污染源主要为扬尘和沥青烟气以及运营期机动车排放的尾气(NO_2、CO、THC)等。其中扬尘污染主要来源于筑路材料运输、装卸、堆放以及在物料拌和站拌和的过程;沥青烟气主要来源于路面施工阶段的沥青摊铺过程,产生以 THC、TSP 和 BaP 为主的污染物;同时污水管道、河道清淤过程中产生的恶臭,对周边环境敏感点都有影响。

3)水污染物

水污染物包括施工废水、营地生活污水,以及混凝土制备过程中产生的砂石料冲洗废水,车辆、机械设备冲洗废水,施工机械跑、冒、滴、漏的污油及露天机械受雨水冲刷等产生的少量含油污水。

老桥拆除对地表水体的影响主要包括:建筑垃圾、防治扬尘的喷洒水携带颗粒物落入水中。

桥梁工程对地表水体的影响主要包括：桩基施工中制拌的泥浆、泥渣泄漏，涉水桥墩施工会对河流进行扰动，造成施工区域附近水中固体悬浮物浓度增大，影响水体水质。

营运期水环境污染源主要是降雨冲刷路面产生的路面(桥面)径流污水等。影响路面(桥面)径流污染物浓度的因素众多，包括降雨量、降雨时间、与车流量有关的路面(桥面)及空气污染程度、路面(桥面)宽度等。各种因素的随机性强、偶然性大，典型的路面(桥面)雨水污染物浓度也就较难确定。

4）固体废弃物

固体废弃物主要为老路拆迁的建筑垃圾；施工营地的生活垃圾；老路挖方、河塘淤泥及清表土等施工的废弃土方；桥梁桩基施工时产生钻渣、泥浆以及承台开挖时产生的废弃土石方。

5）其他方面污染

如冬季使用的防冻剂产生的氨气，电气焊产生的强光和废气，施工中挖断煤气管道导致的煤气泄漏。项目营运期运输事故风险，主要是运输危险化学品以外的其他危险品车辆发生交通事故造成泄漏等污染周围的空气，甚至存在不安全因素。

6）施工环境污染问题对社会、经济造成的主要影响

(1)各种机器产生的噪声影响沿线居民、当地政府的正常生活办公，当地居民要求施工现场暂停施工，严重影响工程的顺利进行。

(2)灰尘的飞扬影响沿线生活、办公环境，当地居民要求施工现场暂停施工。

(3)各种有毒、有害物质在施工时或者雨后淌到鱼塘、农田里，影响其生长，居民阻止施工。

(4)修路占有土地或房屋拆迁资金不到位，居民阻止施工。

(5)地方政府、业主和施工单位对外协调不到位，致使工程不能顺利进行，造成工期延期。

3. 高速公路施工环境管理措施分析

1）设计单位对施工环境的管理

(1)路线优化：涉及拆迁的路段，设计期应进一步论证，以减少工程拆迁安置以及交通噪声和汽车尾气排放对敏感点的影响。

(2)合理布置施工营地、施工场地和施工便道：禁止在生态红线管控区范围

内设置大型施工营地和施工场地；施工场地应进行防风、防渗、排水设计，减少施工作业的污染物排放；施工便道应利用现有公路及公路永久用地范围内区域，避让居民小区，并且不得使用村中道路及周边小区周边道路。

(3)工程设计：初步设计和施工图设计阶段，在技术经济可行的情况下，应优先选用降噪沥青混凝土作为路面材料，减轻公路运营期的交通噪声影响。

(4)设置独立、完备、畅通的道路排水系统：不同路段通过排水沟或者雨水收集管排入现有的市政雨水管网；尽量使路基、路面径流水不直接排入沿线水体，最大限度减缓水污染影响。

(5)保护土地资源：做好工程土方平衡方案；在路基边坡防护设计中综合采用石砌护坡、植草护坡等多种防护；优先考虑将路基永久占地和其他永久占地设计成临时用地，减少临时占地数量。

2)施工单位对施工环境的管理

(1)在施工前，认真而严格地制定本项目施工组织设计与技术方案，对其中存在的问题与不合理内容进行更正与调整，同时需要深层次地制定切实可行的环境保护措施。施工前需要实地踏勘原设计与变更的取、弃土场，了解实际地形地貌，制定出切实有效的环保措施。

(2)不断改进管理制度，制定切实可行的管理措施，提高管理效率。施工项目部需要成立环境保护管理组织，设立专职环保员，对环境保护工作的进度与质量进行经常性的检查、跟踪、反馈、纠正与调整。

(3)遵守有关法律、法规，阶段性进行生产管理岗前培训教育工作，开展专项防治、整治系列活动，减少一切矛盾的激化。

(4)在各分部分项工程竣工结算完成后，对相关环境保护的合同条款与技术档案资料进行及时整理，对环境保护工作的成功经验与问题进行总结，作为下一个工程环保工作的指导性、指标性文件。

3)施工环境管理的具体措施

(1)声环境管理措施。

①施工操作人员的自身行为保护。

②尽量采用低噪声机械设备。施工过程中应经常对设备进行维修保养，避免设备故障而导致噪声增强现象的发生。

③施工区域与沿线居民点之间设置围挡减小施工噪声，在距离敏感点300 m范围内禁止夜间施工。项目确需夜间施工的，需向当地生态环境保护机构提出夜间施工申请，在获得生态环境保护机构的夜间施工许可后，方可开展规

定时间和区域内的夜间施工作业,并在施工前向附近居民公告施工时间。施工车辆应减速慢行,禁止鸣笛。

④加强施工期噪声监测,发现施工噪声超标并对附近居民点产生影响,应及时采取有效的噪声污染防治措施。

(2)大气环境管理措施。

①施工便道的路基应夯实,配备洒水车给路面定期洒水,保证道路表面密实、湿润,防止产生扬尘;经过敏感点附近的施工便道表面应使用拆迁碎砖石或钢板铺盖以减少起尘量;物料运输采用密闭方式,运输车辆的车厢应配备顶棚或遮盖物,运输路线尽量避开居民集中居住区。

②散装物料的堆场四周设置围挡防风,控制堆垛的堆存高度小于 5 m;采取定期洒水措施,并配备篷布、密目防尘网遮盖;不宜洒水的物料贮存在三面封闭的堆场内,上部设置防雨顶棚。

③沥青摊铺时选择大气扩散条件好的时段,减轻摊铺时烟气对沿线敏感点的影响。

④加强公路路面、交通设施的养护管理,保障道路畅通,提升道路的整体服务水平,使行驶的机动车保持良好的工况从而减少污染物排放。

⑤加强机动车管理,实施机动车尾气排放检查制度,限制尾气排放超标的机动车通行。

(3)水资源环境管理措施。

①施工废弃物不能随便倾倒,尤其是河道和池塘部位,应倾倒在指定位置。

②生产和生活废水不得排入河、池塘中。施工期生活污水经地埋式一体化生化处理设施处理后回用于周边绿化,不外排。施工场地内设置截水沟、平流沉淀池、清水池和泥浆沉淀池。泥浆沉淀池用于桥梁桩基施工产生的泥浆的自然干化处理,泥浆水分自然蒸发,无排放。

③设置生活垃圾临时堆放点,施工过程中产生的生活垃圾应定点存放,定期由环卫部门清运,严禁乱丢乱弃;严禁向沿线的任何水体倾倒残余燃油、机油、生活垃圾、施工废水和生活污水;加强对施工人员的教育,加强施工人员的环境保护意识。

(4)固体废弃物管理措施。

①施工营地设置生活垃圾集中收集点,由环卫部门定期清运处理;废弃土方、桥梁桩基钻渣、拆迁建筑垃圾运送至城管部门指定土场统一处理。

②固体废物的运输车辆应配备顶棚或遮盖物,装运过程中应对装载物进行

适量洒水,采取湿法操作;运输桥梁桩基钻渣的车辆车厢应具有较好的密封性,不得有渗漏现象。固体废物的运输路线尽量避开集中居住区。

(5)生态环境管理措施。

①严禁将大型集中施工场地、施工营地设置在国家森林公园二级管控区范围内;在生态红线区,设置宽10~20 m施工作业带,限制施工人员、机械的作业范围。

②在项目施工前期应进行生态保护教育,自觉树立保护生态和保护植被的意识。后期对公路中央分隔带、公路红线范围内进行植草、种植乔灌木绿化植物,形成一定的生态绿地。

③在营运初期,雨季来临时需要对植草防护的边坡采取覆盖薄膜等防护措施,防止暴雨冲刷导致植物脱落,失去防护功能。

第 6 章　高速公路施工安全管理

近年来我国经济快速健康发展,对高速公路工程的需求也在不断增长。同时高速公路施工安全是衡量一个国家高速公路交通运输现代化建设水平的重要标志,也是一个国家国民经济社会发展的必然产物。高速公路项目施工安全风险管理作为施工项目运营管理过程中的一个非常重要的环节,必须有切实可行的管理方法,必须能够及时预测施工过程中可能出现的风险,然后对其进行重点关注,以便形成一个明确的层次,有相应的处理应对措施,从而保证高速公路项目施工过程中不发生较大的损失,因此对此类问题的研究意义重大。

6.1　高速公路施工安全管理概述

6.1.1　高速公路施工安全管理的特殊性

当前我国正处于经济转型发展的重要战略时期,高速公路建设也随之进入快速发展阶段。自第一条高速公路建成至今,中国高速公路里程已超过美国,位居世界第一,2015 年年底我国高速公路总里程达到 12.3 万千米。而快步伐的高速公路施工建设,随之带来的繁重的工程建设任务以及工程本身的高危险性,使得我国高速公路工程面临的建设任务十分艰巨,安全问题更为突出。如 2011 年 5 月,韶赣高速公路韶关市曲江区马坝互通立交收尾工程突然发生坍塌事故,造成 7 人死亡、1 人受伤。2012 年 5 月湖南省在建的炎汝高速八面山隧道内发生爆炸事故,造成 20 人当场死亡、1 人重伤、1 人轻伤。基于这些事故案例,高速公路建设项目施工安全问题已经引起了社会各界的高度重视。而高速公路建设项目之所以应特别重视施工管理,不断完善安全管理措施,是因为高速公路施工安全管理具有如下特殊性。

1. 露天作业,受自然条件干扰影响大

高速公路施工不同于建筑及隧道等其他行业,其作业是露天作业,施工场地呈现出多样性,施工危险源分布较广且难以控制,故作业环境常常带有不确定性,如在暴雨、冰雪、冰雹等恶劣气候干扰下,施工过程中泥石流、道路塌陷、护坡倾塌等重大事故随时都可能爆发。

2. 高空作业、地下作业环境特殊

高速公路施工过程中有时伴有电线杆移除等高空作业,它是所有道路建设中对施工人员安全性威胁较大、事故发生伤亡率较高的工序之一。首先作业环境距地面两米以上,工作斜面通常大于 $40°$,且工作面如受天气影响,常有湿滑、震荡的现象发生。其复杂性会给施工人员造成一定的心理负担,一旦恶劣天气的影响加大或者施工操作失误,那么高处坠落的事故就会随之发生。不仅如此,高速公路施工还涉及隧道涵洞作业等地下作业,而随着施工里程的持续增加,地下作业的场地也会随之改变,其中作业环境一般表现为工作面狭窄、工作照明差、场地扬尘多等。其中,对施工人员安全产生极大威胁的因素莫过于施工地质条件难以预测,施工支护如有差错,后果不堪设想。鉴于此,高处及地下作业的个人安全防护工作及监护工作在整个施工流程安全管理中占有重要地位,其应结合工程自身施工特点及施工环境,制定相应的安全防护措施和安全应急预案,并贯彻落实及检查改进。

3. 多工种混合作业,相互配合不易协调

高速公路施工是若干工种交叉作业,交叉作业的工序相互影响彼此的作业条件及安全状况。譬如高处作业中有材料散落,那就可能对地下作业人员造成高处坠物伤害,同时各个工种因环境、工序、人员的影响难以协调沟通,故易引起事故。

4. 临时工程繁杂,安全隐患易被忽视

临时工程是指"在工程项目的施工建造过程中,为保证工序的有序进行而必须实施的独项临时性建设工程",如:临时房屋的砌筑;临时电路系统的架设与维护等。临时工程通常琐碎零星,使用时间较短,易造成施工人员安全管理意识上的淡薄,引起安全管理上的疏忽,进而引发事故。

5. 工程机械繁多,常无防护且运转无规律

高速公路工程混杂,工序繁多,故需求的机械种类也比较多,比如挖土机、压路机、推土机、挂篮施工设备、架桥机等。其中有机械伤害隐患的一般是指施工现场对钢筋原材料进行加工的切断机、弯曲机,以及电焊机、混凝土搅拌机、各种气瓶及手持电动工具等,这些施工机具在施工现场中通常缺乏防护装置,且二次运转无规律,容易引发施工人员机械伤害事故。

6. 使用的材料量大、型号多

高速公路在施工过程中对材料的需求量比较大,而所需材料中包含了炸药、雷管这些危险性高的爆破材料。诸如此类危险物品一旦在质量控制、施工、仓储上存在问题,那么工程实体的质量及施工人员的安全将受到重大的影响。

总之,高速公路(尤其是山区高速公路)通常建设投入高,施工周期长,地质地貌复杂,自然条件变化难以预计,工程责任主体繁多,专业工种冗杂,施工中大量使用雷管、炸药等化学危险品,施工隐患较多且易被忽视,施工安全管理工作较为棘手,稍有不慎就容易造成人员伤亡和财产损失。故当前施工项目迫切需要相关安全技术的支撑,以准确衡量项目安全生产状况,辨识具有重大隐患的危险源,制订相关应对方案,对危险源实施严格控制及定期检查,进而达到预防安全事故发生或者降低安全事故发生概率的目的。而当今我国对交通建设项目的安全监察及管理还处于摸索阶段,即使近几年我国有关高速公路建设的法律法规以及施工技术规范、安全管理规程等都有了一定的突破发展,但随着我国高速公路施工向着"规模更大,难度更高,技术更精"的方向发展,比如超大跨径桥梁、高桥隧比公路等,这些工程在高速公路施工安全管理方面的要求更为严苛,所需建立的施工安全管理标准及制度更为详细、严格,这也就使得我国高速公路施工管理面临新的挑战。

6.1.2 高速公路施工安全管理理论

1. 高速公路施工安全管理的概念与内容

1)施工安全管理的概念

高速公路施工安全管理是指通过科学的组织、合理的施工安排,确保高速公路施工作业专业化、规范化、标准化,尽可能降低施工安全生产事故的发生概率,保障施工作业人员生命财产安全。高速公路施工安全管理具有行业主管部门的监督管理与施工企业的安全管理两层含义,前者是广义层面的施工安全管理,后者则是狭义层面的施工安全管理。行业主管部门的监督管理主要是指国家或地方层面根据高速公路施工特征,为确保施工安全出台的相关技术规范、规章制度与政策文件,并要求施工企业严格执行。施工企业安全管理主要是指在施工过程中,通过加强施工作业人员的安全培训、规范机械设施设备的使用与管理、优化施工作业环境、加强施工组织管理等,切实保障高速公路施工安全,减小施工安全事故的发生。

2)施工安全管理的内容

根据已有的研究成果及高速公路建设工程实际情况,施工安全管理的内容主要包括人、设备、环境与管理措施四个方面,即通过加强施工作业人员的安全培训教育,提升安全意识,规范施工行为,强化施工机械设施设备的使用与管理,优化施工作业环境,完善施工安全管理制度,提升高速公路施工安全管理水平,减小施工安全事故发生概率。

2.高速公路施工安全事故

1)高速公路施工安全事故内涵

事故是指人们在从事某项活动中,某种外界或内部因素的影响,导致该项活动偏离原有计划或预期,并造成一定的人员伤亡或财产损失的意外事件。对高速公路建设工程而言,施工安全事故是指在高速公路施工过程中,受到施工作业人员、施工机械设施(设备)、施工作业环境及施工组织管理等内外部因素的影响,导致高速公路施工不能按照原计划或原有预期进行,并造成施工作业人员伤亡或财产损失的意外事件。

2)高速公路施工安全事故特点

高速公路施工安全事故并不是偶然发生的,其发生具有内在机理,典型特点如下。

(1)突发性。施工作业人员、施工机械设施(设备)、施工作业环境与施工组织管理四者均衡发展方能保证施工安全;若四者发展不均衡,达到一定的界限则会瞬间引发施工安全事故,并很可能以点带面,呈迅速扩大趋势。

(2)危害性。施工安全事故往往是在瞬间发生的,并对施工现场内的施工作业人员或施工机械设施(设备)等造成一定的损害,重则威胁施工作业人员的生命安全,轻则造成一定的经济损失。

(3)潜伏性。施工作业人员、施工机械设施(设备)、施工作业环境与施工组织管理四者失衡并不一定立即引发施工安全事故,只有四者失衡达到一定的界限,才会诱发施工安全事故。

(4)紧急性。高速公路施工安全事故的紧急性是指事故一旦发生,往往伴随着人员伤亡或财产损失,必须在短时间内根据事故实际情况紧急启动应急预案,控制事态恶性发展,防止引发二次伤害事故。

(5)可预防性。从理论上来说,只要在高速公路施工前通过有效的管理措施,消除施工过程中可能存在的安全隐患,有计划、有组织地对施工过程进行控制与管理,就能消除或减少安全事故的发生。

3)高速公路施工安全事故分类

高速公路建设工程施工难度大、内容复杂、施工工艺步骤多、施工周期长等典型特征,导致施工过程中存在较多的潜在安全风险,不仅给高速公路施工带来严峻挑战,而且使得施工安全管理工作量成倍增加。主要施工安全事故类型见表6.1。

表6.1 高速公路建设工程施工安全事故类型

类别	事故成因
高处坠落	重物从高架桥、桥梁立柱、脚手架、起重机上坠落,造成伤害事故
施工坍塌	桥梁在建设过程中由于质量或其他意外情况坍塌;高填土边坡防护不到位,导致滑坡、坍塌;隧道开挖过程中由于质量问题或其他意外情况导致坍塌
物体打击	施工现场物料管理不当,导致物体高空坠落伤人,施工机械设备操作不当,造成施工作业人员受伤;脚手架等在拆除过程中,从高处滑落伤人
起重伤害	大型施工机械设施设备在起重过程中,由于意外或操作不当,发生侧翻、倾斜事故
触电	现场专业化、标准化管理不到位,导致电线老化、机电设备漏电,造成伤害事故
机具伤害	施工机械设施设备在工作过程中,存在视野盲区,造成对施工作业人员的伤害
车辆伤害	施工作业区内渣土车或其他车辆由于操作失误或注意力不集中,冲撞施工作业人员

近年来,国家对建设工程施工安全管理问题越来越重视,并根据历年施工安全事故,编制了《全国高速公路建设安全事故通报》(以下简称《通报》)。《通报》指出,高速公路在建设过程中,不同施工阶段所发生的事故类型有所区别。其中桥梁施工与隧道施工发生事故的频率最高,占高速公路施工安全事故的比例超

过60%,主要由于隧道与桥梁施工工艺复杂,施工难度较大,存在的潜在风险源较多,容易诱发事故,如图6.1所示。

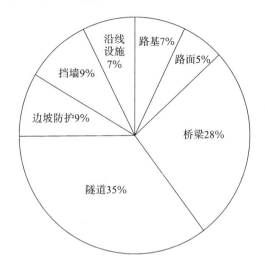

图6.1 2014—2019年高速公路建设工程安全事故空间分布特征

根据《通报》发布的数据可以看出,高处坠落事故与施工坍塌事故发生频率最高,占高速公路建设工程施工安全事故的60%,其主要原因是施工现场机械设施(设备)、物料管理措施不到位,安全防护资源配备不足,施工作业人员操作不当,如图6.2所示。因此,为减少或避免类似事故的发生,应加强对施工现场的管理,减少潜在风险源。

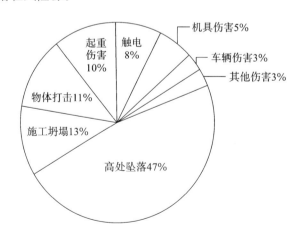

图6.2 2014—2019年高速公路施工安全事故类型分布特征

4)高速公路施工安全事故等级

安全生产事故根据造成的人员伤亡与财产损失,可分为不同的级别。对高速公路建设工程而言,施工安全事故可以参考《生产安全事故报告和调查处理条例》划分为四个等级,不同等级施工安全事故对应的人员伤亡与财产损失范围见表6.2。

表6.2 不同等级高速公路施工安全事故人员伤亡与财产损失范围表

级别	类型	颜色	死亡	重伤	经济损失
一级	特别重大事故	红色	30人以上	100人以上	1亿元以上
二级	重大事故	橙色	10~30人	50~100人	5000万~1亿
三级	较大事故	黄色	3~10人	10~50人	1000万~5000万
四级	一般事故	蓝色	3人以下	10人以下	1000万以下

5)高速公路施工安全事故成因

高速公路施工安全事故主要是由于施工作业人员、施工机械设施(设备)、施工作业环境与施工组织管理措施四者之间发展失衡造成的,当四者之间的失衡达到一定限度,再受到外界或施工作业区内部各潜在风险源的触发,就会导致施工安全事故发生。在制定施工安全保障措施时,历年或类似建设工程施工安全事故成因分析是关键,只有挖掘出导致施工安全事故发生的根本原因,才能有针对性地制定改善措施,以此确保"人、车、环境、管理"四者失衡不进一步扩大,减小事故发生的可能性。因此,综合考虑指标数据的可得性及施工安全事故的本质,重点从"人、车、环境、管理"四个方面论证施工安全事故的发生发展机理,为下文施工安全管理风险评级与改善对策的制定作铺垫。

(1)施工作业人员的因素。

施工作业人员作为高速公路施工的重要参与者与建设任务的执行者,其在施工过程中的不安全行为是导致施工安全事故的关键影响因素之一。研究表明,90%以上的施工安全事故是施工作业人员的失误或操作不当引起的,因此,厘清施工作业人员与施工安全事故之间的潜在关系,是避免或减少施工安全事故发生的关键。从已有施工安全事故数据来看,施工作业人员的不安全行为主要包括安全意识淡薄、不遵守施工作业管理条例、操作不当、麻痹大意等。为减少施工安全事故的发生,施工企业在进场施工前,应加强对施工作业人员的安全培训,提升施工作业人员的安全意识与施工专业化水平,同时在施工过程中应强化监督管理,及时发现问题,及时纠正。

(2)机械设施(设备)的因素。

高速公路建设工程一般属于大型的建设项目,其建设难度与施工量比较大,往往需要多种类、多功能的机械设施(设备)共同参与。在施工过程中,除人为因素的影响,机械设施(设备)的不安全状态也是导致施工安全事故发生的主要原因之一。施工机械设施(设备)的不安全状态主要包括施工机械连续超负荷运转,导致施工机械运行状态不良、老化;施工作业人员未定期对施工机械设施(设备)进行检修、保养,导致机械设备运行状态不良;施工现场防护设施(设备)配备不完善;施工材料堆放不规范等。因此,施工企业在进场施工前,应明确施工机械设施(设备)的施工要求,制定详细的管理制度与操作规程,严格要求施工作业人员落实到位,同时加强施工现场的监督指导,确保施工机械设施(设备)始终处于良好状态,减少施工安全事故的发生。

(3)施工作业环境的因素。

对高速公路建设工程而言,施工作业环境主要包括工程所在地的自然环境与施工作业区内部的环境,其中自然环境是不可控制的,如暴雨等恶劣天气;施工作业区内部环境的混乱则是施工企业管理不当或施工作业人员对管理制度执行不到位造成的。无论是自然环境,还是施工作业区内部的环境,都可能诱发"人的不安全行为与物的不安全状态",如暴雨容易诱发山体滑坡、泥石流、工地塌方、边坡塌陷等施工安全事故;施工作业区施工机械设施(设备)乱停乱放、施工材料不按规定堆放、施工噪声大、施工区粉尘含量超标、灯光照明亮度不足等,都可能影响施工作业人员的不安全行为,进而诱发施工安全事故。因此,施工企业一方面应加强对施工区所在地自然环境的监测,做到及时预警;另一方面应制定完善的施工作业区管理制度,加强施工作业区除尘降噪设施的配置,优化施工作业环境,减少施工作业环境对"人的不安全行为与物的不安全状态"的影响。

(4)组织管理的因素。

对高速公路施工安全事故而言,施工作业人员的不安全行为、施工机械设施(设备)的不安全状态及复杂的施工作业环境均可以通过施工组织管理措施进行改善。由此可知,施工组织管理措施是决定施工安全事故发生与否的关键,为减少施工安全事故发生的频率,施工企业需要在施工前制定完善的施工安全管理制度、加强对施工作业人员安全培训教育,同时在施工过程中加强监督检查,确保各项安全管理制度落实到位,以此提升施工作业专业化、标准化水平,减少施工安全事故的发生。

综上所述,"人、车、环境、管理"是造成高速公路施工作业安全事故的关键原因,在制定施工安全管理改善对策时,需从以上四个方面着手,通过全面性、体系化的管理措施,切实提升高速公路施工安全管理水平,减少施工安全事故的发生。

6.2 高速公路施工安全管理制度

6.2.1 安全管理目标及基本要求

1. 安全管理目标

贯彻落实"预防为主、安全第一"的基本方针,以"安全为了生产、生产必须安全"为指导,严格按照安全技术操作要求和安全技术交底书安排施工;做到安全生产,保持职工队伍的稳定,保证施工生产稳步、有序地进行,从而创造良好的施工生产环境。

因此,高速公路施工的安全目标是:①无人身重伤及以上事故;②年负伤频率低于10‰;③无等级火警事故;④无机械及行车事故。

2. 安全生产管理基本要求

安全生产管理要求要做到以下几点:
(1)安全文明施工,包括现场设置、平面布置及材料设备的保管存放;
(2)做好消防工作,具有完善的消防器材的日常管理制度、材料仓库防火管理制度、木工作业棚(场)防火管理制度等;
(3)严格执行安全操作规程汇编对作业安全操作技术的要求;
(4)注意施工现场防火;
(5)保障施工人员的劳动用品;
(6)对职工进行安全素质教育;
(7)针对不同的突发状况,制定系统完整的应急预案措施。

6.2.2 安全管理组织及职责

1. 安全管理组织机构

项目经理是负责安全生产的第一责任人,项目部应建立以项目经理为组长,技术负责人、质检负责人为副组长的安全领导小组,组织机构如图6.3所示。项目部设立安全生产科,由安全生产科负责本标段工程项目的安全管理及监察工作,各工程队设立专职安检员,自上而下形成严密的安全生产保证体系,对施工生产全过程实施安全监控。

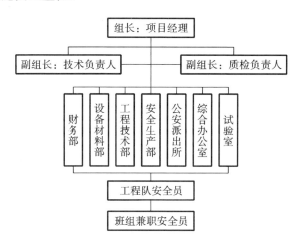

图6.3 安全生产管理小组组织机构

2. 安全职责分配

安全管理工作是一项复杂的综合性工作,仅仅依靠某一个部门或某一部分人是很难完成的,因此有必要明确规定各职能部门、各级人员在安全管理工作中承担相应的职责、任务和权限。

1)安全生产部职责

(1)在项目经理、总工程师及质检负责人的领导组织下,全面贯彻落实本项目部的工程安全和质量方针。

(2)对安全管理工作的实施、落实情况负全责,定期组织现场突击抽查和随机安全检查,对违章操作、有违安全生产规定的现象及时进行纠正和制止。

(3)对工伤事故进行统计及分析,并对所发事故作报告。

(4)制止违章指挥及违章作业的行为,遇有严重险情或有重大安全隐患时,有权暂停生产,并立即报告领导,以对其及时进行处理。

2)工程建设部安全职责

(1)对于涉及施工生产过程的相关技术问题,工程建设部要负安全责任。

(2)及时编制审批施工组织设计、施工方案,使安全第一的理念始终贯穿施工组织设计、施工方案、施工流程。

（3）对新材料、新工艺、新设备、新技术等"四新"制定相应的安全操作规程和安全措施。

（4）参加不定期的安全检查工作，并负责对查出的隐患提出技术整改方案，同时检查落实情况。

（5）参与调查伤亡事故和重大未遂事故发生的原因，并针对事故的原因提出能避免事故再次发生的技术措施。

（6）不仅要检查月、旬生产计划，更要检查安全措施的执行情况。

（7）在排除生产障碍时，要贯彻"安全第一"的理念，遇到生产与安全发生矛盾时，生产要服从于安全，不得违章冒险开展作业。

3）设备材料部安全职责

（1）制定出设备使用的安全措施，以保证起重设备、机电、锅炉及受压容器的安全运行。并负责制定各种设备安全技术操作标准，会同技术部门对严重危及职工安全的机械设备提出技术改进措施，并组织实施。

（2）负责对起重设备、机电设备和其他设备的操作人员，以及锅炉、受压容器的运行人员定期进行培训，执行持证上岗制度。

（3）严格执行机械、电器、锅炉、起重设备、高压容器的安全操作规程和安全运行制度，严肃处理违章作业人员，并对发生事故的机电设备认真进行调查分析。

（4）购入施工机具及附件时必须有出厂合格证，施工队使用时必须符合安全操作要求。

（5）对已批准的安全设施所用材料，设备材料部要及时给予供应。

（6）经常对所属职工进行安全教育，增强部门职员的安全意识。

4）试验室安全职责

（1）积极开展组织试验机构的安全生产工作。

（2）定期落实试验室的安全技术措施的执行情况。

（3）加强对试验仪器的管理，对"工程合同"中涉及安全生产职责的制定情况进行审核，并负责对分包方的安全资质进行审查和考核。

（4）经常对现场进行检查，协助安全技术人员和各级领导解决安全生产问题。

（5）参加伤亡事故的调查处理工作，从专业的技术角度出发，对事故发生的原因进行专业分析并提出合理的整改意见。

5)财务部职责

(1)使用专车提款,为确保安全,还要保证有两人以上并有公安或保安随从。

(2)要采取加固措施加固坚实财务室的门窗,而且财务室要有职工驻守,使用专用的保险柜储存现金和有价证券,并且加强防盗、防火工作。

(3)会计主管负责财务安全的检查工作,保管好会计的各种档案、材料、印章等,保证各种档案完整无缺,如有问题立即上报相关领导。

(4)总之,财务人员要加强责任观念,为单位安全达标努力,保证国家财产万无一失。

6)专职安全员的职责

(1)负责有关安全技术交底、施工现场安全监督检查和安全措施的落实工作。

(2)落实安全生产的方针、政策、法律、法规、标准、制度及上级指示,监督检查工作场所的施工安全,制止违纪违法行为。

(3)参与安全技术措施编制及修订,督促检查安全技术交底的落实情况。

(4)做好工地日常安全巡查工作,发现安全隐患及时处理,有严重隐患时有权暂停生产,并及时向队领导报告。

(5)配合上级部门组织开展安全活动,促进安全管理达标。

(6)配合有关部门做好防暑、防寒保暖工作,防止食物中毒及煤气中毒的发生,保证职工的健康及安全。

(7)及时上传、下达有关安全文件,准确上报安全月报及工伤事故统计。

(8)负责建立作业队内容翔实、资料齐全的安全管理台账。

(9)参加调查分析工伤及未遂事故事件。

7)兼职安全员安全职责

(1)负责分管的安全生产工作,持证上岗。

(2)协助班组长做好施工过程的安全检查工作并做好记录。

(3)负责本班组的安全工具、设施、标志器材的维修保养,保持其完好有效。

(4)及时处理事故隐患,及时上报不能处理的危险因素。

(5)对违章作业进行制止,可抵制和越级报告违章指挥行为。

(6)对现场发生的事故要及时组织抢救。

8)现场生产一线操作人员安全职责

严格遵守操作规程进行作业,做好自我保护措施。

6.2.3 安全生产管理制度

1. 安全检查制度

(1)根据安全检查的时间差异及目标、要求,进行不定期的安全检查和定期安全检查。

(2)根据安全领导小组安排的日期、地点进行定期的安全大巡查。分别对定期检查与日常检查进行记录,并在检查后进行总结分析,写检查报告。

(3)经常性开展安全生产检查,安全值班人员要进行日常的巡回安全检查。管理人员在开展生产工作的同时必须抓紧安全生产检查工作。

(4)分管安全的负责人负责组织检查工作,相关职能部门参加;及时深入施工工地现场进行检查,善于发现安全问题,及时消除安全隐患。

(5)安全检查计划要详细制定,做到有准备、有目的、有整改、有处理、有总结。

2. 安全标志管理制度

(1)项目经理部经理,全面负责项目经理部安全标志的使用管理工作。

(2)施工现场安全标志的使用管理办法按照《安全标志及其使用导则》(GB 2894—2008)严格执行;施工路基、隧道、桥涵安全标志的使用管理工作,按照《中华人民共和国道路交通管理条例》中"道路交通标志"章节执行。

(3)遵照《安全标志及其使用导则》中的规定进行对安全标志的选用、设置、维修。其他部位所需的安全标志,要先确定安全标志的性质,再按照《安全标志及其使用导则》中的有关规定进行制作、安装、使用。

(4)在道路、作业场所、设施、设备设置明显标志,在施工及危险地段设置警示标志;定期检查各种标志,对损坏的标志及时进行更换。

3. 文明施工制度

(1)实施工点挂牌施工。在工地进口处设置工点标牌,写明工程项目名称、承建范围、开竣工时间、工程规模、项目负责人、现场技术负责人等。

(2)按照施工组织设计中的总体平面布置图规划好施工现场的布局,做到井然有序、布局合理。

(3)对项目驻地的生产区和生活区进行分片规划,合理布局用房位置,使其符合便利、防火、环保和卫生要求。

(4)施工场地中各种材料分类码放整齐,挂设标识牌,牌上写清所标识材料的产地、规格、使用部位等。

4. 安全生产会议制度

为了全面加强安全生产管理工作,防止安全事故的发生,做到防患于未然,项目经理部特制定了如下会议制度。

1)定期安全生产会

(1)旬安全主题会:坚持每月每旬召开安全生产大会,会议由项目经理全面主持,总结出安全工作要点和安全防范重点部署,研究解决安全问题可能发生的部位。主管检查部门要做安全会议纪要。

(2)安全生产大会:项目经理部坚持每月召开安全生产大会,全面分析、总结及安排布置安全管理工作,宣传贯彻安全生产相关的法规、方针和目标等。

(3)月度安全例会分析制度。

①定期召开月度安全会议,进行对本月安全生产形势的总结、分析和评价,对第二个月的安全生产工作的安排和部署,确定影响安全的关键因素。

②项目经理部举行的月度安全会议与月生产计划会议合并召开,对每月的安全工作进行总结、部署,对决定安全生产的重大问题作研究、决策。

2)不定期安全生产会

(1)安全生产技术交底会:根据施工生产进度和实际需要,对关系重大安全生产的保障措施进行安全生产技术交底。

(2)安全生产专题会:针对不同季节的不同防范措施,适时组织召开安全生产专题会议。

(3)安全生产事故分析会:根据事故的发生情况,及时召开安全生产事故分析会议,对事故单位进行批评教育,同时警示其他单位,以防止类似事故再次发生。

(4)安全生产现场会:根据工作计划,适时举办安全管理评选评优活动,定期在项目部召开安全生产大会,全体动员,提高安全生产管理水平。

5. 安全事故报告制度

(1)贯彻落实国家、交通运输部的职工伤亡事故报告制度。在伤亡事故发生后24小时内将事故情况逐级向上级主管部门报告;一旦发生重大伤亡安全事故,要立即向上级主管部门及当地的劳动部门、检察机关汇报,并及时通知项目甲方代表。当发生急性中毒事件时,及时向卫生部门报告。任何单位不能以任何理由谎报、拖延报告或隐瞒不报。

(2)普通事故由监理签署意见后报告业主核备。当有人员重伤及更严重的安全事故时,要照程序处理并及时报告经理部。

(3)在事故处理过程中,要坚持"四不放过"(事故责任者和员工未受到教育不放过;事故原因不清楚不放过;未制定防范事故的措施不放过;事故责任者未处理不放过)的原则。

(4)要认真调查事故原因及分析事故性质,并严肃处理责任单位和责任人。

(5)发生伤亡事故后,迅速采取应急救援预案,对人员和财产进行抢救,以防止事故扩大,并对事故现场做好保护工作,对现场拍照、录像,做出书面记录。

6. 施工安全奖惩制度

为加强全员安全生产意识,建设安全标准化工地,提升施工安全管理平台水平,确保人身安全、行车安全和施工安全,应制订安全奖惩制度。

(1)对有较强的责任心且足够重视生产安全、严格遵守安全施工规范标准的员工进行通报表扬及物质奖励。对克服事故隐患、避免安全事故发生的单位或个人,要对其进行表扬嘉奖。对当事管理者,将重视生产安全生产作为个人管理业绩记入档案,对于参建员工,优先上岗并对其重点培养。

(2)对于工程中存在安全事故隐患责任人,责令停工一天,要求反省并写书面检讨,分析隐患原因,提出纠正措施,真正做到"安全问题无小事"。对于安全事故的责任人及单位领导,要严肃处理,视情节严重程度处以停工反省、罚款、停职反省甚至予以下岗、撤职处理。

(3)严格执行安全生产考核制度,对职工定期进行考核,及时兑现。要用经济杠杆的作用,让参建员工自觉、主动参与安全生产,由此促进施工安全管理水平的提高。

7. 防护用品管理制度

(1)要求施工单位严格根据有关规定及实际需要,将防护用品配备完善。

(2)购置的各类防护用品,必须要有出厂合格证。防护用品的购置一律到县市级劳动防护用品商店,杜绝购置三无产品。

(3)定期对防护用品做性能破坏试验,不准穿戴失效或损坏的防护用品上岗。

（4）施工人员根据现场环境和作业情况要求穿戴相应防护用品，所穿戴防护用品不符合规定者，不准其进入施工现场。

8. 职业安全、健康管理制度

（1）强化安全生产责任制的落实，将安全工作落实至每个班组和每个人，以确保每个员工都熟悉现场的安全状况，熟悉安全操作细则，明确所负安全责任，使其进行作业时小心谨慎，进而夯实安全工作的基础。

（2）增强安全意识，深化安全教育。在施工前制定详细的作业安全技术措施，在工序开工前，向相关部门对安全操作细则作技术交底，在施工后总结经验和教训，对作业安全技术措施制定改进对策。严格遵守"安全第一"的原则，做到"预防为主，防治结合"。

（3）严格落实"以人为本，改善劳动条件，加强劳动保护"的规定，贯彻"预防为主"的工作指导方针，积极改善劳动条件，将职业危害减少到最低直至消除，预防职业病害的发生。

（4）给每位工作人员配备足够的劳保防护物品，及时发放符合质量标准的防暑、防寒、防尘、防职业病等劳动保护用品。

（5）按建设单位相关施工人员劳动保护用品的规定发放普通劳保防护用品。按国家相关药品、保健食品的规定执行药品、保健食品的发放工作。根据特定工种的要求将生产中必不可少的安全帽、绝缘护品、安全带、防尘口罩、防毒面具等普通劳保防护用品配备齐全。

（6）核子密度仪的操作人员必须持证上岗，必须严格遵守测试规程，建立使用、保管、运输、维护制度。

（7）要做好酷暑炎热季节的防暑降温工作，防暑药品和饮品要配足；调整露天野外作业的作息时间，改善作业环境条件。尽量采用机械化施工，每天的工作时间要严格控制好。

（8）倒班人员的休息环境及休息时间要有保障，保证工作人员有良好的健康状态，从而使施工人员有足够的安全作业精力。

（9）对职工要进行每年一次的身体健康检查。

9. 起重机械使用管理制度

（1）要求起重设备的操作人员持证上岗。

（2）操作人员在使用时起重设备时必须密切和指挥人员配合，在开始操作之前,需先得到指挥人员的指挥信号,且在操作前必须鸣笛。

(3)操作人员有权拒绝指挥人员错误的指令。当发现指挥信号不准或错误时,操作人员可拒绝操作动作。

(4)操作人员也要听从非指挥人员发出的危险信号。

(5)施工中遇到恶劣天气如大雪、大雾、大雨天气及六级以上风力时,要将悬臂降到安全位置,将保护装置锁紧,停止起重作业,做好防范措施。

(6)所有的自行动臂式起重机,如因工作需要临时加长臂杆,要先由主管技术部门提出安全的技术改装方案,经批准后再实施。

(7)操作人员在操作各种起重机械作业时必须遵守"十不吊"和"七禁止"制度。

10. 生产、生活区防火制度

(1)全面树立全员防火意识,熟悉火灾的基本知识,掌握火灾中的自救方法,做到随时发现、随时杜绝火灾隐患,全面贯彻"安全第一、预防为主"的指导思想。

(2)按规定配备灭火器,要求所有人熟悉灭火器的性能和使用方法。

(3)设置蓄水池,保证蓄水池中存水过半,且在附近放置运水工具。

(4)电线绝缘情况要经常检查,避免因电线绝缘不良引起火灾事故。

(5)对于易燃物品,要分类进行堆放,且堆放位置不能受明火影响,防止火患。

(6)作业完毕后要及时切断电源、熄灭火种。

(7)不准在施工作业现场吸烟,以防止意外情况的发生。

(8)所有用电线路由电工统一根据设计布置,不得私自乱接。

(9)严禁使用大功率电器(如电炉等),宿舍内禁止明火。

(10)严格管理食堂做饭使用的明火,用后立即熄灭,并按规定使用煤气罐。

11. 治安、消防管理制度

(1)贯彻"谁施工、谁负责"的原则。项目要设立专职消防员,由专职消防员来负责消防、治安及项目的安全保卫工作,实行"协同作战,分片包干"。在施工中与地方政府、公安机关主动进行联系,协调配合,共同解决好施工干扰、路地纠纷、治安防范和消防等工作。

(2)及时向现场保卫机构和当地公安机关报告工程区域内所发生的各类案件,并积极配合。

(3)加强管理施工现场的大型设备、贵重物资及重要器材,有关制度要严格执行,设置防护设施及报警设备,防止物资被哄抢、盗窃和破坏。

(4)按规定为驻地、施工现场和关键部位配备足够的消防器材,定期检查使其处于完好状态。

(5)项目经理部要建立防火领导组和消防队、义务消防队。

(6)要在明显的地点设置灭火器,以便于人们取用,且不影响安全疏散。

12. 安全生产技术交底制度

(1)和工程施工技术交底工作需要执行分级交底管理制度一样,安全技术交底工作也要执行分级交底管理制度。

(2)由项目经理部总工程师组织单位工程安全技术交底,项目经理部施工技术管理室、机械物资室、安全质量室等参加组织,向各工点负责人及技术负责人等进行安全生产技术交底。

(3)项目部的专业工程师对施工项目的作业人员进行单位工程、分部工程的安全技术交底,并监督、检查领工员、班组组长等向施工作业班组成员进行安全技术交底的落实情况。

(4)各施工作业班组进行分部分项工程的安全技术交底工作由各专业工程师及技术员完成,工程师及技术员同时还要监督、指导其安全操作。

(5)安全技术交底要做到全面、详尽、安全、可行,即把书面、口头和施工现场技术交底相结合。

(6)按照规定程序执行安全技术交底书面交底签字制度,存档以备查验。

13. 安全生产教育培训制度

安全教育的主要形式有三级安全教育、专项施工安全技能教育、专职安全员的安全培训以及经常性的安全教育等。

1)三级安全教育

(1)入场安全教育培训。

必须对新进场的工作人员进行入场前的安全生产教育培训,使新员工安全培训普及率达到100%。新入场员工的教育培训主要包括以下内容:

①本单位安全生产的要求,介绍单位安全生产方面的规定,学习相关文件,了解安全生产的重大作用;

②介绍项目经理部区域内防范重点和特殊危险地点;

③对新员工进行用电安全及机械操作安全知识等方面的教育培训；

④向其讲解安全技术知识和防范措施、伤亡事故发生的原因及事故教训等，使其从反面了解安全生产的重要性。

(2)入队安全教育培训。

经入场教育培训合格后的施工人员方可分配到各工程队，另外还需再进行本队的安全教育培训，入队安全教育培训普及率也要达到100%。

入队安全教育培训的主要内容包括：

①本工程的概况、生产任务概况、主要设备的特点、生产工艺流程、安全生产规程、安全生产管理组织形式；

②本工程项目经理部管辖范围内的有毒、有害、高危的作业环境，以及需要严格遵守的安全事项。

2)专项施工安全技能教育

对于从事各类专项施工任务的施工人员，如桥梁、隧道、高空、深基坑、水面、危险吊装作业等，可根据不同工作项目的施工特点及防范重点，在上岗前进行专项施工安全教育和技能培训，提高施工人员的安全防范意识。

3)专职安全员的安全培训

项目经理部专职安全检查人员和管理人员，必须经过专业的教育和培训，通过国家地方和主管部门的考试，获得相关部门颁发的安全检查人员上岗证后，才能从事安全检查和管理工作。

4)经常性的安全教育

各部门必须经常对所属员工开展安全教育工作，把安全生产放到第一位，做到安全生产警钟长鸣。

经常性安全教育可按下列形式进行：

①积极开展安全工作活动日，进行安全检查、安全教育以及安全装置的维护工作；

②各班组坚持每天的工前、工中和工后安全教育，检查安全操作过程、说明安全注意事项、讲评安全生产情况；

③召开事故现场会，分析事故原因，确认事故责任人，吸取教训并制定防止事故再次发生的措施；

④鼓励工人对安全技术进行学习并组织其交流，做好安全生产宣传，提醒人们时刻注意安全生产；

⑤总结事故发生的规律，进行有针对性的安全教育。

14. 特种作业人员及设备管理制度

1) 特种作业人员管理

(1) 特种作业人员的日常管理。

① 从各单位自身特点及实情出发,对特种作业人员实施动态管理,建立、健全个人档案、台账,并积极申报、培训、领证、复审的组织工作以及日常检查工作,保证所有特种作业人员持证上岗,且上岗证书均有效。

② 安全质量室不定期对本单位的特种作业人员的持证上岗情况进行检查,以保证他们的持证上岗率及证书有效率。

(2) 特种作业人员奖惩。

① 在安全生产及预防事故方面表现突出的特种作业人员,所在单位给予奖励并在其操作证作出记录。

② 对违章作业或造成事故者,企业技术质量部门视事故情节轻重,有权扣证1至12个月,单位给予经济处罚或行政处分,甚至追究刑事责任。

2) 特种设备管理

(1) 特种设备,是指危险性较大甚至涉及生命安全的锅炉设备、压力管道、压力容器、起重机械、运输索道、电梯等设备,还包括自行设计制造的大型专用设备,如特种设备附属的安全保护装置、安全附件和其他与安全保护装置有关系的设施。

(2) 按照规定,要对所有特种设备建立设备管理台账或档案,做到对检验到期的设备等及时进行安全检验及维护,以确保各类特种设备具有良好的使用状况,不出现带病作业等情况。

(3) 为确保所有特种设备的使用安全,使用前要制定详细、完整且适用的安全操作规程及安全注意事项,并配以明显的安全警示标志等。

15. 专项施工安全措施设计制度

针对武罐高速公路施工特点,重点控制性工程情况,组织工程部、机械物资部等相关部门和人员,编制专项的安全施工方案,确保施工安全、设备安全和人员安全。要编制专项施工安全措施的项目主要有:武罐高速土建二标项目的控制工程、重点工程,1000 m以上的桥梁(或特殊结构大桥、深水基础桥梁)、隧道、不良地质路基、土石方大于100万立方米的站场的单位工程等,以及专用的大型制梁设备、架梁设备、运梁设备、移动模架造桥机等,隧道专用施工设备,大型混凝土施工机械设备等。

6.3 风险源的识别与风险评估

6.3.1 高速公路施工安全风险源识别

1. 施工安全风险源的概念

1) 风险源的基本内涵

风险源是指造成某种意外事件发生的源头,即某一相对独立的系统,其外部或内部某一因素的变化,可能导致系统发生意外,并造成系统内人员伤亡或财产损失,该因素即被视为系统的风险源。对施工安全事故而言,风险源就是诱发事故的本质原因,只有找到风险源,并制定有针对性的改善措施,才能有效降低施工安全事故发生的概率。

2) 风险源的基本要素

根据风险源对安全事故的影响及安全事故的发生规律,其具有以下要素。

(1) 潜在风险性。主要是风险源在外界条件触发后,可能会产生安全事故,并造成人员伤亡或财产损失,不同的风险源所造成的结果也不尽相同。

(2) 存在条件。主要指风险源所处的外部环境及外部环境作用下风险源所处的状态。如风险源所在系统的外部环境,如温度、湿度、天气、地质地貌等,以及在管理制度、人为操作等外界作用下所处的状态。

(3) 触发因素。主要指能够触发风险源,导致风险源发生改变,并超出系统的承受范围,引发安全事故的因素。主要包括人为因素、设施设备因素、环境因素及管理因素,具体见表 6.3。

表 6.3　安全事故风险源触发因素

类　别	内　容
人为因素	主要指作业人员的不安全行为:违规操作、安全意识淡薄、操作失误等
设施设备因素	主要是指物的不安全状态:设施设备故障、未定期保养、长时间负荷、老化等
环境因素	主要指自然环境与作业区内部环境:恶劣天气、物料乱堆乱放、噪声、粉尘等

续表

类别	内容
管理因素	主要是安全管理制度：培训教育制度、安全生产细则、人员与物料管理制度等

2. 高速公路施工安全风险源致灾机理

1）能量意外释放致灾机理

20世纪60年代，吉布森根据能量守恒定律，结合安全事故的形成机理，提出事故是由于能量的意外释放导致的，主要是系统中某一因素受到另一因素的诱导，瞬间释放能量，导致系统内其他因素或整个系统受到伤害。哈登结合吉布森的研究成果，重点就安全生产事故的形成机理进行研究，认为安全生产事故的发生，主要是由于某一处的能量意外释放，转移到了另外一处，另外一处无法承受转移的能量，就造成了伤害事故。能量转移伤害事故分为两类：一类是能量转移过程中，超出了受体的承受范围，瞬间造成受体伤害事故，如爆炸、火灾等；另一类是能量转移过程中，未超出受体的承受范围，但会造成受体受到干扰或一定程度的损伤，如中毒、受伤等。

在日常生活中，根据能量守恒定律，人们逐渐掌握了能量的转移规律，并逐步学会如何使用能量的转移，为日常生产、生活服务，如生火做饭，主要是通过燃料的燃烧，在人为干预下，将燃料燃烧释放的能量用于烹饪等活动。但在能量转移过程中，如果能量不受人们的控制与引导，就会产生事故，如汽车爆炸、日本福岛核泄漏等，给人们的生命和财产安全造成巨大损失。能量释放导致事故发生的机理模型如图6.4所示。

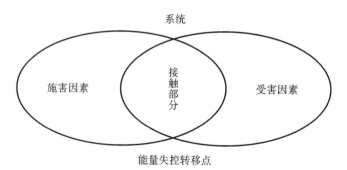

图6.4 能量释放导致事故发生的机理模型

根据能量意外释放导致事故的发生机理,对高速公路施工安全事故而言,主要是由于施工过程中风险源所承载的能量,在导火索的作用下,风险源所承载的能量瞬间释放,导致施工现场的施工作业人员、施工机械设施设备或高速公路主体受到损坏。按照能量意外释放理论,高速公路施工安全事故主要有以下几种表现形式。

(1) 施工所需原材料所存在的风险性。

与传统施工工艺相比,当前高速公路建设施工工艺与施工技术较为成熟,"遇山开隧、遇水架桥"等施工模式已属常见。如在隧道开挖过程中,往往需要炸药,而炸药的运输、储存、使用都有严格要求,但由于施工作业环境混乱,不确定因素较多,受外界因素影响,造成炸药爆炸,导致人员伤亡或财产损失。如在钢筋切割焊接过程中,需要氧气瓶、乙炔瓶等,二者均储存能量巨大的可燃气体,一旦出现泄漏,遇到明火极易发生爆炸,造成施工作业人员受伤与物体损坏。因此,应加强对施工现场原材料的管理,重点关注风险较高的原材料,严格按照施工作业安全管理制度执行落实,避免或减少因原材料意外引发的施工安全事故。

(2) 高空施工作业物体坠落能量集聚风险。

从近年来的高速公路建设工程可以看出,高速公路的桥隧比越来越高,尤其是山区高速、涉水高速,在施工过程中往往需要高空作业。在施工过程中,由于施工作业人员的操作失误、施工物料未按照要求摆放或其他原因,造成物体高空坠落,极易造成能量集聚,若下方施工作业人员未配置有效的安全防护设备,容易造成伤亡事故。

(3) 高速公路施工现场电源设备漏电风险。

电力能源是高速公路施工过程重要的能源之一,能够为众多施工机械设施设备提供动力。但施工现场的电气设备多是阶段性临时作业,再加上高速公路建设工程施工周期较长,容易造成电气设备与线路老化,引起漏电事故,造成施工作业人员伤亡。为避免漏电等施工安全事故的发生,一方面要严格执行高速公路施工安全管理制度,科学合理布设线路,避免电线乱拉乱扯;另一方面要加强对施工现场电力系统的监督检查,及时发现问题,及时改善。

2) 事故轨迹交叉理论模型

20 世纪 60 年代,日本劳动省在研究安全生产事故时,提出事故轨迹交叉理论模型。该模型认为,安全生产人员与物是安全生产活动的重要参与者,也是安全生产事故的主要影响因素,其中安全生产人员的不安全行为与物的不安全状态是导致安全生产事故发生的关键原因。根据安全生产事故轨迹交叉理论,在安全生产活动中,人与物具有各自的轨迹线,但由于人的不安全行为或物的不安全状态的影响,导致人与物的轨迹线发生接触或交叉,进而造成安全生产事故。理论模型如图6.5所示。

图6.5 安全生产事故轨迹交叉理论模型

根据轨迹交叉理论描述的安全生产事故产生机理,导致事故发生的前提条件是人的不安全行为与物的不安全状态的轨迹线发生交叉。因此,为有效避免安全事故的发生,只需避免两者轨迹线在某一时空发生交叉:一是通过加强对安全生产人员的管理,避免产生人的不安全行为;二是加强对安全生产活动中物的管理,避免产生物的不安全状态;三是同时对安全生产活动中的人与物加强控制,避免二者产生交叉;四是采取隔离保护措施,将人的不安全行为与物的不安全状态进行隔离,避免二者交叉,以避免安全生产事故的发生。基本措施如图6.6~图6.9所示。

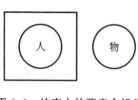

图6.6 约束人的不安全行为

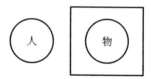

图6.7 消除物的不安全状态

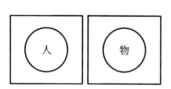

图6.8 同时控制人和物的不安全状态

图6.9 采取隔离保护措施

3)事故因果连锁反应机理

美国学者海因里希认为安全事故的发生,是由人、物、环境及管理措施共同作用的结果,其中管理措施会诱发人的不安全行为与物的不安全状态、环境的恶化;环境的恶化会进一步影响人的不安全行为与物的不安全状态;人的不安全行为会导致物的不安全状态。四者之间相互作用、相互影响,这就是事故因果连锁理论。伯德(Frank Bird)结合已有的研究成果,根据安全生产事故发生发展的规律,提出事故发生的逻辑关系:管理失误→环境变化→诱发人的不安全行为与物的不安全状态→安全生产事故→人员伤亡或财产损失,如图6.10所示。根据事故发生的逻辑关系,一切问题的根源在于安全生产管理,管理措施不当导致安全生产环境恶化,进而诱发人的不安全行为与物的不安全状态,两者共同作用导致安全事故的发生,造成人员伤害或财产损失。

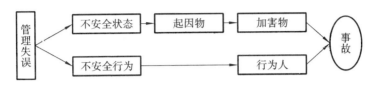

图 6.10　因果连锁理论模型

对高速公路建设施工而言,施工安全管理制度不完善,缺少对施工现场的管理与监督,施工作业区原材料乱堆乱放、施工机械乱停乱放,施工作业人员所处环境复杂多变,施工作业人员安全意识淡薄(如未佩戴安全帽),很可能会导致施工安全事故的发生,造成施工作业人员受到伤害或财产受到损失。

3. 高速公路施工安全风险源辨识

1)风险源识别依据与原则

(1)高速公路施工风险源识别依据。

高速公路施工涉及范围广、施工周期长,在施工过程中遇到的风险源相对较多,如何识别高速公路施工过程中的风险源,是施工企业进场前必须要做的工作之一。风险源的识别主要依据国家法律法规与相关标准规范,具体见表6.4。

表 6.4　风险源识别的主要依据与说明

依　据	说　明
工程设计材料	主要指高速公路建设工程从规划、勘察、设计、施工到交付运营之前的各项报告、图纸等材料
国家相关法律法规、标准规范	主要指国家发布的相关施工安全法律法规与政策文件,如《公路工程施工安全技术规范》《中华人民共和国安全生产法》《建设工程安全生产管理条例》等
施工标准化管理制度	主要指施工企业为保证施工安全实施所制定的安全管理制度与标准化施工关键流程

续表

依　据	说　明
施工现场监督检查	主要是指在施工过程中,高速公路建设业主、行业管理者及施工企业自身在对施工现场进行监督检查时识别的风险源
已有研究成果的相关经验	主要是已有的施工经验与已有研究成果中识别的风险源

(2)高速公路施工风险源识别原则。

①共性原则。尽管高速公路建设工程复杂多变、建设难度大,不同高速公路建设工程都有自身独有的特征,但对高速公路建设工程而言,其施工工艺与施工流程基本相同,在同一施工节点、采用相似的施工工艺,其所面临的风险源也相似。

②科学性原则。针对高速公路建设工程而言,风险源的识别方法基本是按照安全管理理论执行的,根据安全管理理论掌握风险源的发生发展机理,并制定有效的预防措施,才能有效减少施工安全事故。

③系统性原则。高速公路建设工程施工过程涉及多个施工节点,需要采用多项施工工艺,在不同的施工节点、不同的施工工艺条件下,会产生不同的施工风险,因此施工风险源的识别要具备系统性,深入挖掘施工安全风险源,以便对其进行控制。

2)施工安全风险源全过程识别

高速公路建设工程施工涉及路基施工、路面施工、桥梁隧道施工、标志标线施工、绿化施工等内容,各项施工工序又存在先后顺序,如何有效识别出高速公路建设工程施工安全风险源,是确保施工安全的关键。本书将高速公路建设工程施工流程划分为施工前、施工中与施工后三个阶段,分别对三个阶段所面临的安全风险源进行辨识,以便对风险源进行控制,减少施工安全事故。

(1)施工进场前的风险源识别。

施工前的安全风险源识别主要是指根据国家相关安全生产法律法规、政策文件及标准规范,对高速公路建设工程的勘察设计文件、施工图设计文件及施工安全保障措施等材料进行审查与分析,筛选出可能存在的风险节点与风险源,初步形成施工安全风险清单。针对风险清单中的风险源,制定各类风险源控制与预防措施,特别是存在重大隐患的施工节点、施工内容与施工工艺,要求设计单位进行整改,如此反复循环,直至所有风险源均被识别出来,并具备有针对性的预防措施。施工前风险源识别流程如图 6.11 所示。

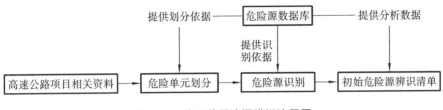

图 6.11 施工前风险源辨识流程图

(2)施工进行中的风险源识别。

高速公路建设工程施工进行中的风险源识别主要是根据施工前的风险清单,由行业管理者、高速公路业主及施工企业安全管理部门负责对施工现场进行监督检查,根据监督检查结果,对风险清单进行补充完善,制定新的施工安全风险清单,在此基础上,完善风险控制与管理对策,以期提升施工安全管理能力与管理水平。施工中风险源识别流程如图 6.12 所示。

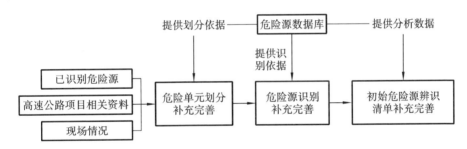

图 6.12 施工中风险源辨识流程图

(3)施工完成后的风险源识别。

施工完成后的风险源识别主要是高速公路建设工程施工完成后,结合施工过程中的风险清单、施工安全事故明细数据等,总结分析,将风险清单中未考虑到的情况纳入风险清单中,形成最新的风险清单,并根据风险清单制定详细的预防与控制对策,形成施工安全管理制度,并在以后的工程建设施工中付诸实施,以期减少施工安全事故。施工后风险源识别流程如图 6.13 所示。

高速公路施工过程中的风险源并不是一成不变的,按照施工前、施工进行中与施工完成后三步,在动态变换过程中对风险源进行识别,一方面能够确保识别的风险源具有系统性,以免漏掉潜在风险源,另一方面通过反复校验,能够确保制定的风险源控制与预防对策的有效性。

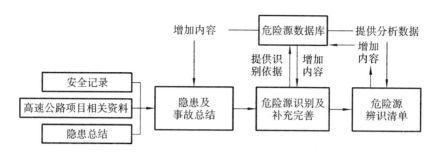

图 6.13　施工后风险源辨识流程图

6.3.2　高速公路施工安全风险评估

1. 风险概述

1）风险的基本概念

A. H. Mowbray（1995）、C. A. Williams（1985）、March 和 Shapira、Brnmiley、Markowitz 和 Sharp 分别阐述了各自对风险的认识。A. H. Mowbray(1995)称风险为不确定性；C. A. Williams（1985）将风险定义为在给定的条件和某一特定的时期，未来结果的变动；March 和 Shapira 认为风险是事物可能结果的不确定性，可由收益分布的方差测度；Brnmiley 认为风险是公司收入流的不确定性；Markowitz 和 Sharp 等将证券投资的风险定义为该证券资产的各种可能收益率的变动程度，并用收益率的方差来度量证券投资的风险，通过量化风险的概念改变投资大众对风险的认识。由于方差计算的方便性，风险的这种定义在实际中得到了广泛的应用。

2）风险的构成要素

（1）致险因素。

致险因素是指引起或增加风险事故发生的机会或扩大损失幅度的条件，它是造成事故发生的潜在内部因素。按照致险因素的性质，可将其分为有形和无形两类。

（2）致险事故。

致险事故（也称为风险事故）是指直接导致人身伤害或财产损失的事故。就单一事件来讲，直接造成损失即为致险事故，间接造成事故即为致险因素。

(3)损失。

在风险管理中,损失是无意的经济折损,可分为直接损失和间接损失。直接损失指的是财产本身的损失和风险事故造成的人身伤害。这种类型的损失也被称为重大损失。间接损失指的是直接损失导致的其他损失,包括收入损失、额外费用损失和责任损失。在风险管理中,损失通常分为四类:重大损失、额外成本损失、收入损失和负债损失。

3)风险的产生机理

风险事故直接由风险因子导致,引发风险损失,进而形成风险。风险因素、风险事件及风险损失是风险的三个核心因素,其中致险因子为风险事件和风险因素,致险因子是导致风险损失的直接原因,即产生风险,如图 6.14 所示。

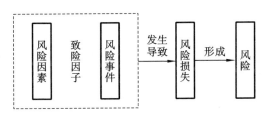

图 6.14 风险产生流程图

2. 风险评估的基本原理

1)相关性原理

相关性是指在一个系统中,其属性、特征与事故和职业危害之间存在着因果的相关性。

(1)系统基本特征。

系统是一个由相互联系、相互作用、相互依赖、相互制约的若干要素或部分组成的具有特定功能的有机整体。其普遍特征为目的性、相关性、适应性、层次性、集合性、整体性。

(2)相关关系。

系统的总体目标是由各级单元和系统组合而成的,各级系统和单元之间的关系密不可分。因此,在评估过程中,只有找到关系,建立相关模型,方能正确评估系统的安全性。系统的结构可用式(6.1)表达

$$E = \max f(X, R, C) \tag{6.1}$$

式中:E——最优结合效应;X——构成系统的一组要素集,即构成系统的所有元素;R——系统组件之间的关系,即系统元素之间的所有关系;C——系统组件要

素及其关系在每个阶层上可能的分布形式；$f(X,R,C)$——X,R,C 的效果结合函数。

通过分析要素集 X、关系集 R 以及层次分布形式 C，进而发现整个系统特性。为了使系统整体效果达到最佳，通过对上述三者进行最优结合，最终得出最优的结合效应 E。

系统的安全性评估是找到最合理的 X,R 和 C 的组合，即在相应的系统目标集合环境因子约束集中找到具有最优组合效应 E 的系统结构形式的条件，得出能够提供最安全的系统的集成方式。

因此，在进行安全风险评估之前，我们应该研究与系统安全相关的系统组件、元素之间的相互关系，以及它们在系统各个层面的分布。

（3）因果关系。

事故和各种事故原因之间存在相关性，表现为依赖性和因果关系。风险因素是原因，事故是结果，各类因素的综合作用形成事故。研究各因素的特性、变化规律、影响力以及结果，由因果关系来挖掘其内部相关性，进而分析出应对方法。通过对以往数据、经典案例及其他数据资料进行评估，寻求事故发展进程和构建数学模型，评估将取得更好的结果，并更接近真实的系统。评估得越好，结果越准确。

2）类推与惯性原理

类推原理是人们经常使用的逻辑思维方法，通常用于引入新知识。它基于两种类型的对象可能具有类似属性，从对象的已知属性推演到其他对象同样具有类似属性。

惯性原理可以表示为：不受任何外力（或组合外力为 0）的物体将保持静止或以恒定速度移动。一切运动从过去到将来都是连续发展的过程，并称之为惯性。惯性可用作研究未来发展趋势。

3）量变到质变原理

量变到质变的辩证关系是：①事物的发展总是从数量的变化开始，量变是质变的必然准备，质变是量变的必然结果；②质的变化为新的量的变化开辟了道路，使事物能够在新的质的基础上开始新的量变；③事物的发展就是由量的变化到质的变化，在新的质的基础上，又开始新的量变，如此循环往复。

从量变到质变的规律存在于发展及变革的过程中。因此安全因素在系统中也要经过量变到质变的过程，评估系统安全性需要科学运用该理论。

3. 风险评估的基本流程

1）风险辨识

风险管理在安全评估的过程中首先要进行的就是风险识别。准确地识别风险才能有效地提出改善意见和措施。感知风险和分析风险是风险识别过程中的两个步骤，感知风险即初步识别风险，在感知风险的基础上进一步寻找引发事故的基本要素，是风险识别的关键所在。通过对以往经验和感知的分析进行风险识别，同时总结风险事故及数据，并进行必要的专家访谈，及时发现潜在风险。风险的动态性使得风险识别过程是一个持续的过程，要求对风险状况时刻关注。

依照风险辨识的定义，首先收集施工工程资料并明确风险评估的风险系统主体，进而细化风险辨识的程序，找到造成损失的潜在因素并预估可能事故，据此编制包括事故种类及风险源的风险清单。

风险辨识首先需明确分析对象并界定辨识范围，其次简化对象系统，最终进行数据测量，并且可以使用更合适的方法来识别系统的风险，相应的步骤如图6.15所示。

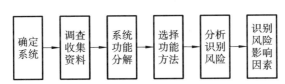

图 6.15 风险识别程序

2）风险分析

风险分析是对公路工程建设项目施工过程中可能造成的失误和带来的经济损失所进行的估计。

风险通常是指由主观不可控因素引起的，事先估测与实际结果存在较大偏差的经济损失。造成这些偏差的原因可能是对于相关因素和有关未来条件缺乏足够的情报信息，无法做出准确的估计，或者由于考虑不充分而产生的预期和实际影响之间的差异。进行风险分析有助于确定因素变化对安全的影响程度，并有助于确定技术或施工对特定因素的敏感性。如果因素在一定范围内变化且影响不大，则对这些因素不敏感；如果一个因素稍有变化，就会引起很大的变化，那么对这个因素就非常敏感了。了解在特定条件下风险对这些因素的敏感性，有助于做出正确的判断。对于风险分析采用的分析方法，包括故障树分析法、鱼刺图法等。

3) 风险估测

通过风险估测能够算出准确性较高的损失概率,而估测损失度能够有效预测产生的损害后果。然后关注损害后果严重的风险,而不必过多地投入对施工安全产生轻微影响的风险。风险评估中要解决的两个问题是损失的可能性和损失的严重程度,最终目标是为风险决策提供信息。对于公路工程中可能发生的风险可以进行一般风险估测和重大风险估测。

(1)一般风险估测。

由于风险源的相对性和系统性,可以定量判断风险估测的结果,现阶段没有较为统一的标准,所采用的方法为作业条件危险性评估法(LEC法)、安全检查表法等。

(2)重大风险估测。

通过预估事故的严重度和风险发生的可能性,利用风险矩阵法确定重大风险等级来进行重大风险估测。因此重大风险估测可分为可能性估测和严重程度估测。前者综合考虑物资、人员、机械、材料、管理等要素,常用指标体系法、层次分析法、肯特法等;后者主要考虑人员伤亡和经济损失进行定性判断,通过就高不就低原则确定事故严重程度。

4) 风险评价

风险评价综合分析了事故严重度和可能性,结合风险矩阵体系法并采用某种指标定量分析来确定安全风险等级,并提出相应的应对方法。

对于现实建筑工程项目,对具体项目实施风险分析就是进行风险评价,其主要内容包括:风险顺序的确定、系统内在联系的分析、风险关系的确定、不确定性的削减。

其中实施风险评价需要进行以下过程:首先要明确风险评价标准;其次评价风险水平;最后类比风险水平,并判断是否与标准相符。此外风险评价标准具有下列特点:对于不同的建设项目来说,评价的标准也相应不同;风险评价标准与风险评价目标有一定关系;风险评价应具有2个层次的标准。

5) 风险决策

风险决策是风险评估的终极目标,对风险主体辨识、分析、估测和评价后,对风险等级作出相应可行性处理方案,通过分析得出最优方案。风险决策最重要的基本准则有下列几点。

(1)根据评估结果选择与风险主体相符的最优方案。

(2)以风险应对能力为基础,考虑施工工程是否有能力采用风险处理方案应对风险。

(3)以风险承受能力为前提,考虑主体是否能够承受应对风险的处理方案。以最大限度降低发生风险事故的概率为目标进行风险决策,并提出合理的应对办法,降低施工过程中所产生的危害和损失。

其中风险决策方法包括以下各项。

(1)风险躲避。利用一些手段防止风险的发生。

(2)风险转移。采取一定措施来转移风险。一方面可以转移风险源,另一方面可以转移风险损失。

(3)风险缓解。最大限度降低风险后果,保证其严重度在可接受范围内。

(4)风险自留。项目投资者承担风险损失。

(5)风险利用。风险利用仅对投机风险适用。这意味着我们有时不得不冒一些风险。

按照风险决策原则,得出相应风险应对决策表,见表6.5。根据此表可针对风险评估结果进行处理方案的选择。

表6.5 风险应对决策表

风险等级	施工方案决策建议	风险应对建议
极低风险	接受方案	宜选择接受风险、储备风险或预防风险;情况严重需减轻风险
低风险	若主体风险承受能力或应对能力较弱,可选择放弃方案	选择预防风险、减轻风险、接受风险、储备风险或其他组合,注意监控风险;情况严重需转移风险
中风险	若主体能够承受一定风险,则接受方案;不然需要谨慎决策,可考虑放弃方案	选择转移风险;或采用减轻风险、接受风险、预防风险等策略及其组合,最大限度降低风险;实施施工风险监控
高风险	若主体承受风险能力较强,则接受方案;不然放弃	回避风险,转移风险;采用预防风险、减轻风险等决策尽力降低风险,并结合多种策略,提升施工风险监控水平
极高风险	放弃应对	回避风险

6.4 应急管理

6.4.1 应急管理理论

1. 应急管理

应急管理是为了降低突发灾难性事件的危害,基于对造成突发事件的原因、突发事件发生和发展过程以及所产生的负面影响的科学分析,有效集成社会各方面的资源,运用技术手段和管理方法,对突发事件进行有效的监测、控制和处理的过程。

在突发事件应急管理中,主要的参与者有突发事件的处理人员、应急机构和管理组织;不同的区域和等级中,突发事件应急管理中的参与者主要有国际性的和国家级的应急管理组织。在不同等级的应急管理组织中,都要求其应在突发性灾难事件未发生前做到拥有高效的应对措施,使得在突发事件到来时能够最大限度地控制事态的发展和减少突发灾难给生命财产带来的损失。

2. 应急预案

应急预案,是指面对突发事件如自然灾害、重特大事故、环境灾害及人为破坏的应急管理、指挥、救援计划等。

应急预案的主要功能就是在突发事件发生时,应急管理部门或应急管理人员,按照预先设定的流程或者相关领导按照突发事件的现场实际情况,对突发事件采取紧急的应对措施。

我国各应急管理部门目前已经初步制定了由总体应急预案和多种专项应急预案组成的应急预案体系,但是还缺少针对高速公路各类突发事件的应急预案。

6.4.2 高速公路施工应急管理的内容

1. 应急预案体系

项目部应急预案主要由综合应急预案、专项应急预案和现场处置方案构成。
(1)综合应急预案。综合应急预案是项目部应急预案体系的总纲,主要从总体上阐述事故的应急工作原则,包括生产经营单位的应急组织机构及职责、应急预案体系、事故风险描述、预警及信息报告、应急响应、保障措施、应急预案管理等内容。

(2)专项应急预案。专项应急预案是项目部为应对某一类型或某几种类型事故,或者针对重要生产设施、重大危险源、重大活动等内容而制定的应急预案。专项应急预案主要包括事故风险分析、应急指挥机构及职责、处置程序和措施等内容。

(3)现场处置方案。现场处置方案是项目部根据不同事故类别,针对具体的场所、装置或设施所制定的应急处置措施,主要包括事故风险分析、应急工作职责、应急处置和注意事项等内容。项目部根据风险评估、岗位操作规程以及危险性控制措施,组织本单位现场作业人员及相关专业人员共同编制现场处置方案。

2. 应急预案领导机构

指挥部应成立应急救援工作领导小组,常务副指挥长为组长,党工委书记、副指挥长、总工程师为副组长,各业务部门负责人为组员,如图 6.16 所示。应急救援工作领导小组全面负责管段内应急救援的领导工作。

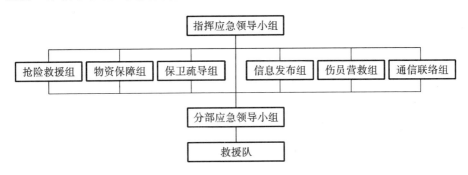

图 6.16 应急预案领导机构图

(1)组长职责:决定是否存在或可能存在重大紧急事故,要求应急服务机构提供帮助并实施场外应急计划,在不受事故影响的地方进行直接控制;复查和评估事故(事件)可能发展的方向,确定其可能的发展过程;指导设施的部分停工,并与领导小组成员的关键人员配合指挥现场人员撤离,并确保任何伤害者都能得到足够的重视;与场外应急机构取得联系以及对紧急情况的记录作业安排;在场(设施)内实行交通管制,协助场外应急机构开展服务工作;在紧急状态结束后,控制受影响地点的恢复,并组织人员参加事故的分析和处理。

(2)副组长职责:评估事故的规模和发展态势,建立应急步骤,确保员工的安全和减少设施及财产损失;如有必要,在救援服务机构来之前直接参与救护活动;安排寻找受伤者及安排非重要人员撤离到集中地带;设立与应急中心的通信联络,为应急服务机构提供建议和信息。

(3)通信联络组职责:确保与最高管理者及外部联系畅通、内外信息反馈迅速;保持通信设施和设备处于良好状态,负责应急过程的记录、整理及对外联络。

(4)技术支持组职责:提出抢险抢修及避免事故扩大的临时应急方案和措施;指导抢险抢修组实施应急方案和措施;修补实施中的应急方案和措施存在的缺陷;绘制事故现场平面图,标明重点部位,向外部救援机构提供准确的抢险救援信息资料。

(5)消防保卫组职责:若事故引发火灾,执行防火方案中应急预案程序;设置事故现场警戒线、岗,维持工地内抢险救护工作的正常运作;保持抢险救援通道通畅,引导抢险救援人员及车辆进入;保护受害人财产;抢救救援结束后,封闭事故现场直到收到明确解除指令。

(6)抢险抢修组职责:实施抢险抢修的应急方案和措施,并不断加以改进;寻找受害者并转移至安全地带;在事故有可能扩大进行抢险抢修或救援时,应注意避免意外伤害;抢险抢修或救援结束后,直接报告最高管理者并对结果进行复查和评估。

(7)医疗救治组职责:在外部救援机构未到达前,对受害者进行必要的抢救;使重度受害者优先得到外部救援机构的救护;协助外部救援机构转送受害者至医疗机构,并指定人员护理受害者。

(8)后勤保障组职责:保障系统内各组人员必需的防护、救护用品及生活物资的供给;提供合格的抢险抢修或救援的物资及设备。

3. 应急原则

(1)统一领导,加强管理。在上级部门统一领导下,建立健全应急管理体制,落实逐级负责制度,保证信息传递快捷、畅通,依据有关法律、法规,加强应急管理,维护参建单位和人员的合法权益,使应对突发事件的工作规范化、制度化、程序化。

(2)居安思危,预防为主。高度重视安全稳定基础工作,坚持预防与应急相结合,做好应对突发事件的各项准备工作。

(3)以人为本,减少危害。切实把保障生命财产安全作为首要任务,最大限度地减少突发事件造成的人员伤亡和财产损失。

(4)快速反应,协同应对。加强以参建单位为主体的突发事件应急处理队伍建设,建立联动协调制度,依靠有关地方政府,充分动员和发挥所有参建单位的作用,形成统一指挥、反应灵敏、协调有序、运转高效的应急管理机制。

4. 组织机构及职责

项目部成立应急事故现场指挥领导小组,负责指挥和协调突发事故的应急救援工作。

应急处理领导小组负责事故的应急管理和处理工作。领导小组下设办公室,办公室设在安全部,负责应急事故处理的日常管理和信息收集工作。

应急领导小组职责:项目部接到发生安全事故信息后,及时到事故现场,负责指挥工地抢救工作,并向救援小组、作业班组负责人下达抢救指令任务,协调各组之间的抢救工作,随时掌握各组最新动态并做出最新决策,第一时间向应急中心指挥部、公司安全科、所在地公安和消防部门等求援或报告灾情。

现场抢险组职责:采取紧急措施,尽一切可能抢救伤员及被困人员,控制事态发展,减小损失。

5. 预防与预警

1)危险源监控及预警

在施工组织设计和各种专项施工方案编制过程中应重点对各种危险源提出相应的预防措施。施工过程中随着工程的开展,不断调整预控方案,将事故消灭在萌芽状态。

事故发生后,施工现场管理人员立即向项目应急救援小组汇报,同时启动应急预案,采取应急措施。

2)信息报告与处理

(1)发现异常情况时,现场施工负责人应立即报告现场指挥领导小组,并通知应急指挥小组成员(安全部和办公室)。项目经理部在第一时间内(0.5 h)电话请示公司相关领导,并在1.5 h内书面报告公司,并在2 h内立即报告业主单位相应部门,并及时更新报告。

(2)事故发生后,项目经理部安全生产领导小组的成员必须在第一时间赶赴现场,投入抢险工作。施工现场的所有人员都必须接受统一指挥,投入抢险工作。

(3)项目经理向应急中心指挥部有关领导报告,报告内容包括发生的时间、地点、伤亡或损失程度、发生单位、简要经过、采取的应急措施等。

(4)根据事故现场情况,撤离人员、设备、物资,项目部将加强与沿线周边的公安机关及派出所联系,以便应对突发事件时取得他们的支持与配合;必要时拨打"120"救护电话、"119"火警电话。

6. 应急响应

1)响应分级

事故发生后,根据事故危害程度、影响范围和项目控制事态的能力,将事故分为三级,分别为特大(Ⅰ级)事故、重大(Ⅱ级)事故和一般(Ⅲ级)事故。一般事故可由项目部利用自身力量,及时抢险自救,减少损失;重大事故要通过项目部和业主单位的资源,有效控制,避免事态进一步恶化;特大事故要通过当地政府部门通力协作,将事故损失控制在一定范围内,避免造成恶劣影响。

2)相应程序

(1)事故发生后,现场指挥小组的所有成员必须第一时间赶赴现场,施工现场的所有施工人员都必须接受统一指挥,投入抢险工作。

(2)事故现场由事故应急救援领导小组组长担任现场总指挥,全面负责事故现场控制、处理工作。组长接到报警后应立即赶赴事故现场,不能及时赶赴现场的,应指派应急救援小组副组长,立即启动应急救援程序,控制事态发展。

(3)各应急救援小组成员在组长的统一指挥下,立即按照各自岗位职责采取措施,开展工作。

3)应急结束

当遇险人员全部得救,事故现场得以控制,环境符合有关标准,导致次生、衍生事故的隐患消除后,经现场应急救援项目经理部确认和批准,现场应急处置工作结束,应急救援队伍撤离现场,由项目经理部会同业主、监理宣布应急工作结束。

事故现场指挥领导小组应编写事故应急救援总结报告,报告内容应包括事故发生时间、事故起因、事故经过、采取的措施、人员伤亡、物资设备损失以及其他各方面造成的社会影响等。报告的内容要真实、详尽,同时事故现场指挥领导小组要积极配合事故调查小组,遵照"四不放过"的原则对事故原因进行分析,并制定相应的纠正措施,认真填写事故报告表、事故调查报告,并及时上报公司和业主。

7. 信息发布

项目书记和办公室主任负责接待和安排新闻媒体,并根据实际情况,及时向周边居民发布安民告示。所发布的信息必须统一口径、客观准确、实事求是,并随事故的进展情况及时更新。

8. 后期处理

事故结束后,由生产项目技术负责人组织进行现场处理,恢复生产秩序;由项目书记负责善后赔偿和职工稳定教育工作;由项目技术负责人对抢险过程和应急救援能力进行评估以及对应急预案进行修订;由项目部办公室负责保险理赔、消除事故影响。

9. 保障措施

(1)项目经理部明确应急救援人员分工及联系方式。

(2)经费准备:项目经理部账户资金至少要划出20万元作为事故应急救援的专项资金,同时要保持一定的现金比例。事故发生后,财务人员要携带足够现金,以便及时购置抢险材料。

10. 培训与演练

(1)培训。项目部应对管理者和现场作业人员进行应急培训,培训方式为安全部召开相应专题会议进行传达学习,重点部分内容邀请业主公司安全部、监理单位、当地安监部门等相关负责人到现场举办讲座。同时,积极和周边城镇、居民搞好共建工作,做好宣传教育。

(2)演练。在可能发生事故前(队伍进场、分项开工以及季节转换等初期),组织员工进行应急演练。演练中应特别注重信息传达及应急预案的启动程序。演练结束后,要及时组织相关人员进行评估、总结,做好持续改进工作。

(3)奖惩。对于预案实施过程中做出突出贡献的先进集体和个人按照相关管理办法给予表彰和奖励。对迟报、谎报、瞒报和漏报重要情况或者应急响应过程中有其他失职、渎职行为的,将对有关责任人给予处分。

在事故得到有效控制后,安全部门要遵照"四不放过"的原则,对事故原因进行分析,并制定相应的纠正措施,认真填写事故报告表、事故调查报告,并及时上报公司和业主。

6.4.3 各类事故应急救援预案和措施

1. 触电事故应急救援措施

1）脱离电源基本方法

（1）将事故现场附近电源开关刀拉下或将电源插头拔掉，以切断电源。

（2）用干燥的绝缘木棒、竹竿、布带等物将电源线从触电者身上拨离或者将触电者拨离电源，必要时可用绝缘工具（如带有绝缘柄的电工钳、木柄斧头以及锄头）切断电源线。

（3）救护人可戴上手套或在手上包缠干燥的衣服、围巾、帽子等绝缘物品拖拽触电者，使之脱离电源。

（4）如果触电者由于痉挛手指紧握导线缠绕在身上，救护人可先用干燥的木板塞进触电者身下使其与地绝缘来隔断入地电流，然后再采取其他办法把电源切断。

（5）如果触电者触及断落在地上的带电高压导线，且尚未确认线路无电之前，救护人员不可进入断线落地点8～10 m范围内，防止跨步电压触电。进入该范围的救护人员应穿上绝缘靴或临时双脚并拢跳跃地接近触电者。触电者脱离带电导线后应迅速将其带至8～10 m以外开始触电急救。只有在确认线路已经无电，才可在触电者离开触电导线后就地急救。

2）使触电者脱离电源时的注意事项

（1）在未采取绝缘措施前，救护人不得直接触及触电者的皮肤和潮湿的衣服。

（2）严禁救护人直接用手推、拉和触摸触电者。

（3）救护人不得采用金属或其他绝缘性能差的物体（如潮湿木棒、布带等）作为救护工具。

（4）在拉拽触电者脱离电源的过程中，救护人宜用单手操作，这样对救护人比较安全。

（5）当触电者位于高位时，应采取措施预防触电者在脱离电源后坠地摔伤或摔死（电击二次伤害）。

（6）夜间发生触电事故时，应考虑切断电源后的临时照明问题，以利救护。

（7）触电者未失去知觉的救护措施：应让触电者在比较干燥、通风暖和的地方静卧休息，并派人严密观察，同时请医生前来或送往医院诊治。

3)现场急救办法

(1)当触电者脱离电源后,应根据触电者的具体情况,迅速采取救护措施。

(2)触电者伤势不重时,应让触电者安静休息,不要走动,严密观察并请医生前来诊治或送往医院。

(3)触电者失去知觉,但心脏跳动和呼吸还存在时,应让触电者舒适、安静地平卧,周围不要围人,使空气流通,解开他的衣服以利呼吸。冷天应注意保暖,同时立即请医生前来或送往医院诊治。若发现触电者呼吸困难或心跳失常,应立即实行人工呼吸及胸外心脏按压。

(4)触电者呼吸困难或发生痉挛时,应在其心跳或呼吸停止后立即做进一步的抢救。

(5)触电者伤势严重,出现"假死"现象(呼吸及心脏停止)时,应立即施行人工呼吸和胸外心脏按压,并速请医生诊治或送往医院。在送往医院途中,不能终止急救工作。人工呼吸和胸外心脏按压方法如下。

①通畅气道。第一,清除口中异物。使触电者仰面躺在平硬的地方,迅速解开其领扣、围巾、紧身衣和裤带。如发现触电者口内有食物、假牙、血块等异物,可将其身体及头部同时侧转,迅速用一只手指或两只手指交叉从口角处插入,从口中取出异物,操作中要注意防止将异物推到咽喉深处。第二,采用仰头抬颏法畅通气道。操作时,救护人用一只手放在触电者前额,另一只手的手指将其颏颌骨向上抬起,两手协同将头部推向后仰,舌根自然随之抬起,气道即可畅通。为使触电者头部后仰,可于其颈部下方垫适量厚度的物品,但严禁用枕头或其他物品垫在触电者头下。

②对口(鼻)人工呼吸。使触电者仰卧,松解衣扣和腰带,清除触电者腔内痰液、呕吐物、血块、泥土等,保持呼吸道通畅。救护人员一手将触电者下颌托起,使其头尽量后仰,另一只手捏住触电者的鼻孔,深吸一口气,对准触电者的口部用力吹气,然后立即离开触电者口部,同时松开捏鼻孔的手。吹气力量要适中,次数以每分钟16～18次为宜。

③胸外心脏按压。将触电者仰卧在地上或硬板床上,救护人员跪或站于触电者一侧,面对触电者,将右手掌置于触电者胸骨下段及剑突部,左手置于右手之上,以上身的重量用力把胸骨下段向后压向脊柱,随后将手腕放松,每分钟挤压60～80次。在进行胸外心脏按压时,宜将触电者头放低以利静脉血回流。若触电者同时伴有呼吸停止,在进行胸外心脏按压时,还应进行人工呼吸。一般每做四次胸外心脏按压就做一次人工呼吸。

2. 物体打击应急救援措施

(1)当发生物体打击事故时,立即打"120"急救电话,详细报告事故发生地点及受伤人数。

(2)当急救中心专业救护人员未到达之前,应马上组织抢救伤者,首先观察伤者的受伤情况、部位、伤害性质,如伤员发生休克,应先处理休克状态。遇呼吸、心跳停止者,应立即进行人工呼吸、胸外心脏按压。处于休克状态的伤员要让其安静、保暖、平卧、少动,并将下肢抬高约20度,尽快送往医院进行抢救治疗。

(3)出现颅脑损伤,必须维持呼吸道通畅。昏迷者应平卧,面部转向一侧,以防舌根下坠或分泌物、呕吐物吸入,发生喉阻塞。有骨折者,应初步固定后再搬运。遇有凹陷骨折、严重的颅底骨折及严重的脑损伤症状,创伤处用消毒的纱布或清洁布等覆盖,用绷带或布条包扎后,及时送往就近有条件的医院治疗。

3. 高处坠落事故应急救援措施

(1)当发生高处坠落事故时,立即致电"120"急救中心,详细报告事故发生地点及受伤人数。

(2)在急救中心专业救护人员未到达之前,应马上组织抢救伤者,首先观察伤者的受伤情况、部位、伤害性质,如伤员发生休克,应先处理休克状态。遇呼吸、心跳停止者,应立即进行人工呼吸、胸外心脏按压。处于休克状态的伤员要让其安静、保暖、平卧、少动,并将下肢抬高约20度,尽快送往医院进行抢救治疗。

(3)出现颅脑损伤,必须维持呼吸道通畅。昏迷者应平卧,面部转向一侧,以防舌根下坠或分泌物、呕吐物吸入,发生喉阻塞。有骨折者,应初步固定后再搬运。遇有凹陷骨折、严重的颅底骨折及严重的脑损伤症状,创伤处用消毒的纱布或清洁布等覆盖,用绷带或布条包扎后,及时送往就近有条件的医院治疗。

(4)发现脊椎受伤者,创伤处用消毒的纱布或清洁布等覆盖,用绷带或布条包扎后,搬运时,将伤者平卧放在帆布担架或硬板上,以免受伤的脊椎移位、断裂造成截瘫,招致伤者死亡。抢救脊椎受伤者,搬运过程中严禁只抬伤者的两肩与两腿或单肩背运。

(5)发现伤者手足骨折,不要盲目搬动伤者,应在骨折部位用夹板把受伤位置临时固定,使断端不再移位或刺伤肌肉、神经或血管。固定方法:以固定骨折处上下关节为原则,可就地取材,如木板、竹头等,在无材料的情况下,上肢可固定在身侧,下肢与腱侧下肢缚在一起。

(6)遇有创伤性出血的伤员,应迅速包扎止血,使伤员保持在头低脚高的卧位,并注意保暖。正确的现场止血处理措施如下。

①一般伤口小的止血法:先用生理盐水冲洗伤口,涂上红汞水,然后盖上消毒纱布,用绷带较紧地包扎。

②加压包扎止血法:用纱布、棉花等做成软垫,放在伤口上再加以包扎,以增强压力达到止血的目的。

③止血带止血法:选择弹性好的橡皮管、橡皮带或三角巾、毛巾、带状布条等,上肢出血结扎在上臂上 1/2 处(靠近心脏位置),下肢出血结扎在大腿上 1/3 处(靠近心脏位置)。结扎时,在止血带与皮肤之间垫上消毒纱布棉垫。每隔 25～40 分钟放松一次,每次放松 0.5～1 分钟。

使用最快的交通工具或其他措施,及时把伤者送往邻近医院抢救,运送途中应尽量减少颠簸。同时,密切注意伤者的呼吸、脉搏、血压及伤口的情况。

4. 中暑事故应急救援措施

(1)迅速将中暑者转移至阴凉通风的地方,解开衣服、脱掉鞋子,让其平卧,头部不要垫高。

(2)用凉水或50%的酒精擦其全身,直到皮肤发红、血管扩张,以促进散热。或者用冰浴降温,也可在中暑者头部、两腋下和腹股沟处放置冰袋降温。在降温过程中必须加强护理,密切观察体温、血压和心脏情况,当肛温降到 38 度左右时,应立即停止降温,以防发生虚脱。

(3)让中暑者补充水分和无机盐类,能饮水的患者应鼓励其喝足凉盐水或其他饮料,不能饮水者,应予以静脉补液,其中生理盐水约占一半。对于热射病者,除非有明显的脱水现象,不宜大量输液以免发生肺水肿、脑水肿。应及时进行呼吸、循环衰竭现象的处理。中暑者应及时在严密观察、精心护理下,送往就近医院抢救。

5. 火灾和爆炸事故的应急救援措施

(1)发生火灾和爆炸时,应迅速扑灭火源和报警,及时疏散有关人员,对伤者进行救治。

(2)火灾发生初期 5 分钟是扑救的最佳时机,救灾人员要及时把握好这一时机,尽快把火扑灭。

(3)在扑救火灾的同时拨打"119"电话报警并及时向上级有关部门及领导报告。

(4)在现场的消防安全管理人员,应立即指挥员工撤离火场附近的可燃物,避免火灾区域扩大。

(5)组织有关人员对事故区域进行保护。

(6)及时指挥、引导员工按预定的线路、方法疏散、撤离事故区域。

(7)发生员工伤亡事故,要马上进行抢救,将伤员撤离危险区域,同时打"120"电话求救。

6.夜间、雨季、台风季节的施工组织措施

1)雨、雾季施工

(1)雨季施工(特别是水上施工)需注意防滑、防电、防雷击,雨天路滑,工程船舶的甲板更滑,且在潮湿情况下更容易引起电器、电缆漏电短路,应采用相应的防护措施和防护工具。

(2)雷雨季节工地必须有足够的避雷装置,雷雨时作业人员应停止施工,避免因"尖端施电""跨步电压"等引起雷击事故。

(3)从气候资料可知雾天很少,但应注意一旦能见度影响船舶航行应立即停止工程船舶的拖航。

2)夜间施工

若工程施工需要组织夜间施工,为了保障施工和人员的安全,应制定以下措施。

(1)坚持"以人为本,安全第一"的原则,认真落实各项安全防护措施。

(2)行车路线设立照明灯,保证路面的亮度;施工现场有充足的照明;操作平台四面设立照明灯;抹面作业使用36V以下的安全电压行灯。

(3)机动车辆的灯具完好齐全,行车时按规定使用指示灯。

(4)门吊运行时按规定鸣示警示灯,起吊前发出警示信号。

(5)作业人员不准在行车路线上作业或停留。

3)台风季节施工

(1)设立防台风领导小组,领导小组的日常工作由专职安全员负责,并组织抢险救援队。

(2)在台风季节由专职安全员负责对台风预报的收听及对台风的移动路线、发展动向进行跟踪。

(3)根据台风动向,调整施工计划,在台风将来临前,启动防台风方案,对工程船舶、施工机具、施工材料、临时设施采取相应措施,尽量减少台风可能造成的损失。

6.5 施工安全管理标准化

6.5.1 施工标准化相关理论

1. 标准化理论

1)标准化概念

国际标准化组织(ISO)的标准化原理委员会(STACO)将"标准"定义为:"标准是由一个公认的机构制定和批准的文件,它对活动或活动的结果规定了规则、导则或特性值,供共同和反复使用,以实现在预定结果领域内最佳秩序的效益。"同时以指南的形式对标准化进行了定义:"标准化是对实际与潜在问题做出统一规定,供共同和重复使用,以在相关领域内获得最佳秩序的效益活动,其中标准化活动由制定、发布和实施标准所构成。"

标准化是制度化的一种形式,也是当前最高形式。国家技术监督局发布的《中华人民共和国标准化法条文解释》对"标准化"的解释是:在经济、技术、科学及管理等社会实践中,对重复性事物和概念通过制定、发布和实施标准,达到统一,以获得最佳秩序和社会效益。《标准化工作指南 第1部分:标准化和相关活动的通用术语》(GB/T 20000.1—2014)将"标准化"定义为"在一定范围内获得最佳秩序,对现实问题或潜在问题制定共同使用和重复使用的条款的活动"。

2)标准化的原理

桑德斯总结了标准化活动的过程,即制定、实施、修订、再实施标准的往复循环的过程,并从目的、方法和作用等方面提出了标准化的七项原理。简而言之,标准化就是一个集制定、发布和实施标准为一体的系统过程,而这个过程具有动态性、相对性、实践性和统一性。

2. 施工标准化理念

1)施工标准化的概念

施工标准化就是借鉴工业生产标准化理念,从整体的角度,系统地整合施工过程中的施工成本控制、施工质量控制、施工进度控制、施工安全管理、信息与档案管理、文明施工、环境保护、队伍管理和合同管理等工作,使其更加系统化、规范化、精细化,以提升施工效率和水平,减少质量安全问题,并形成密切相关、交织科学的施工管理新体系。通过标准化施工,项目管理更加规范、施工场地更加有序、管理流程更加合理、工艺要求更加缜密、施工环境更加优良、项目实施过程的安全生产和文明施工更加到位,项目实施更能充分体现可持续、节约、绿色环保的需求。

2)施工标准化的基本理论

施工标准化的原理包括统一原理、简化原理、协调原理。

施工标准化的统一原理是指:为了保证施工必须的秩序和效率,对施工交付物的形成、功能或其他特性,确定适用于一定时期和一定条件的一致规范,并使这种一致规范与被取代的对象在功能上达到等效。统一的原则是功能等效,从一组对象中选择确定的一致规范,应能包含被取代对象所具备的必要功能;统一是相对的,即任何一种施工规范化技术施工的时间及条件都是相对的,随着时间的推移和施工条件的改变,旧的施工规范化技术就要由新的规范化技术所代替。

简化原理就是为了经济有效地满足需要,对施工标准化对象的结构、形式、规格或其他性能进行筛选提炼,剔除其中多余的、低效能的、可换的环节,精炼并确定出满足全面需要所必要的高效能的环节,保持整体构成精简合理,使之功能效率最高。对施工单位而言,简化的目的是在保证施工过程及交付物满足要求的前提下,达到成本最优。简化的实质不是简单化而是精练化,其结果不是以少替多,而是以少胜多。

协调原理就是为了使施工过程及施工交付物的整体功能达到最优,通过有效的方式协调好施工过程系统内外相关要素之间的关系,确定为建立和保持相互一致、适应或平衡关系所必须具备的条件。对施工单位而言,协调的目的是在保证满足各个强制性要求的前提下,达到成本最优。协调的有效方式包括:有关各方面的协商一致;多因素的综合效果最优化,多因素矛盾的综合平衡等。

3. 施工标准化管理的概念与内涵

1)施工标准化管理的定义

施工标准化管理的实质可以解释为:通过对可重复的施工过程及规律的不断总结,并对如何提高施工效率加以研究后,对相应的施工操作过程制订出的一系列施工操作规则、规范。施工标准化管理的本质作用在于提高施工效率;通过将可重复的施工活动制订成相应的规则和规范,达到减少人、机、料无效消耗,降低组织与组织之间、人与人之间、人与物之间的沟通成本的目的,实现施工效率的整体提升。

施工标准化管理是一项复杂的系统工程,需要建立一整套完整的管理体系,并遵循PDCA的戴明管理模式,建立文件化的管理体系,坚持预防为主、全过程控制、持续改进的指导思想,使施工组织与管理工作在循环往复过程中螺旋上升,实现施工管理水平的持续改进。施工标准化管理的一个重要思想就是要求施工组织按照PDCA循环开展管理工作,周而复始地进行体系所要求的"计划、实施与运行、检查与纠正措施和管理评审"活动,实现持续改进的目标。因此,施工标准化管理主要包含以下两个相互关联的工作。

(1)施工标准化程序的形成过程。施工标准化程序的形成过程包含了标准的研究、制订、实施以及修改等任务。

(2)按标准进行施工过程管理。此阶段涉及人员机械的配置、施工工艺的选择、施工过程控制、对施工标准化管理的过程及结果进行反馈等任务。

因此,施工企业要成功实现施工标准化管理应具备以下三方面的条件。

(1)施工标准化应用的领域应为大量可重复性的施工过程,对于特殊的施工条件、施工环境、施工技术要求,不应推行施工标准化。

(2)对于大量重复性的施工过程,应制订出优异的施工标准,且这种施工标准应不断完善、不断改进。当前社会,建筑领域的施工技术日新月异,因此,施工单位不应墨守成规,而应紧随施工技术进步的步伐,不断改进施工标准化的程序,提高施工效益。

(3)推行施工标准化管理的关键在于:施工企业具有有能力、有意愿且能按标准严格执行的施工人员。所有的施工过程到最后都必须以施工技术人员的操作来实现,因此施工人员的能力、意愿是推行施工标准化的基础和关键。

2)施工标准化管理的过程

根据高速公路施工项目的实际情况,施工标准化管理过程可以划分为五个环节:启动环节、规划环节、执行环节、监控环节、收尾环节。各环节的基本工作描述如下。

启动环节:获得项目授权,定义一个新项目或现有项目的一个新阶段,正式开始对该项目或阶段实施标准化施工管理的过程。

规划环节:明确该项目的施工范围,优化施工目标,为实现施工项目的目标体系而制定行动方案的一组过程。

执行环节:按照施工标准化流程完成施工项目管理计划中确定的工作以实现项目目标体系的一组过程。

监控环节:在标准化施工过程中,跟踪、审查和调整项目实施的进展与绩效,识别必要的计划变更并启动相应变更的一组过程。

收尾环节:为完结所有施工过程的所有活动以正式结束项目或阶段而实施的一组过程。

需要注意的是,在实际施工过程中,各个环节之间的表现不是彼此独立的,往往会以某些方式相互重叠和作用,所以进行标准化划分后,必须正确理解其运作形式。

3)施工标准化管理的对象

按照不同的分类方法,施工项目管理的对象可能被定义成不同的模式,而在施工标准化的管理模式中,应该从共性的基本组成出发进行定义。因此,可以按照"人、机、料、法、环"五大基本生产要素的构成来定义管理对象。五大基本生产要素的分与合,既可从细部详解施工目标、指导计划、分析成因,又可从整体出发构成施工的最终可交付成果。

(1)人(人力资源):也可称作项目干系人,即与施工项目有关的所有人员。在施工标准化管理过程中,人力资源管理不仅包括施工项目的内部人员,还应包括与施工过程相关的业主、监理、设计、项目所在公司的管理人员及职能部门对应人员、可能引进的专家及顾问等外部人员。

(2)机(施工所需各种机械设备):从系统的角度来看,施工标准化管理的机械不仅包括施工所需的各种机械设备,还应包括施工所需的"基础设施"。它是我们进行施工管理、完成施工任务所需要的各种实体工具,同时还包括对其所进行的一切有助于生产的保养、维修维护及更新工作。

(3)料(生产原材料及构件):形成施工交付物的物资部分,应使用合格的或经过处理后能够满足产品要求的原料,避免因原料问题造成产品不合格。

(4)法(施工工艺及方法):构成施工交付物的技术成分,合理的施工工艺能够降低施工成本,提高施工质量水平,因此合理的施工工艺加上正确的生产操作过程是构成合格产品的基础。

(5)环(施工环境):设计施工的全部内外环境的总称,主要有人文环境、自然环境、施工现场安全文明环境。对于现场管理来讲,通过对生产环境的辨识、适应、监控和优化,可以有效规范生产、促进生产、规避风险。

推行施工标准化管理应对施工现场"人、机、料、法、环"五大生产要素的协调、有序管理做出标准化要求,尤其是注重工程施工对周边环境的影响,体现可持续发展观和绿色建筑的管理理念,实现场容场貌的秩序化,进而彻底扭转社会对工程施工现场"脏、乱、差"的传统印象,塑造全新的企业形象。

4)施工标准化管理的理念

对于施工单位而言,实行施工标准化管理的目的是要实现综合效益的最优,而施工标准化能否取得成功的关键要素在于"人"。因此,推行施工标准化管理的核心在于构建"以成本控制为核心的人本管理体系"。

高速公路施工标准化管理是为建立起科学系统的工程建设标准化体系,以科技成就和先进经验的综合成果为基础,依据国家高速公路建设规范要求,结合工程建设实际,对驻地、路基、路面、桥梁、隧道、房建、机电、绿化等工程,制定并执行统一的质量、安全、进度、环保和廉政风险等控制标准,并在同一项目中重复使用的管理规则,以保证工程建设质量、安全,实现经济效益、社会效益、环境效益的有机统一。推行高速施工标准化的目的是要达到综合效益最优的目标,因此,整个施工标准化管理的核心应围绕"成本最优"来展开。对于高速公路的施工而言,往往存在多种可以相互替代的施工技术方案及施工工艺,而在施工标准化管理过程中应综合考虑项目的长期利益与短期利益、企业经济效益与社会效益,选择最优的施工作业程序。

施工企业的经营管理主要依赖于企业的制度与文化,行为规范靠"硬"制度管理,思想意识靠"软"文化感染,在施工标准化管理过程中同样要依靠制度和文化两个方面的"软硬兼施"来保证项目的高效运行,并实现项目管理的持续改进。项目管理制度具有阶段性和针对性的特点,制度创新往往能够起到"立竿见影"的效果。而项目文化的建立需要一个长期的过程,对工程项目而言,文化是水,项目是舟,在工程项目文化有益于组织时,完成项目就如顺水推舟。工程项目文化对工程项目施工标准化的成本有着重要影响,在整个组织建设过程中,能够促使每一个组织成员明确他们的目标,激励每一个组织成员为组织目标的实现贡献自己的力量,并建立开放的合作氛围,使组织成员之间形成相互依赖、相互信任的和谐关系,形成具有战斗力的组织。

项目管理的内容是"管"人和"理"事,"管"人是过程,"理"事是目的。"理"事的制度性、规范性比标准化、程序化等"硬"性约束要强;"管"人的文化性、学习性比自觉性、能动性等"软"性约束要强。在目标导向下发挥人的主观能动性就要淡化"管束",强化"感染"。

6.5.2 某高速公路施工安全标准化管理框架

1. 工程背景

某高速公路项目是国家高速公路网 G85 渝昆高速内的一段,自然资源和文化资源十分丰富,气候环境十分独特,路线所经过的主要乡镇均设置互通式立交及联络线,对沿线经济发展有较好的带动作用。该项目的建设,将改善"南北大通道"的交通状况,促进区域的交流,极大地促进西南地区经济的发展。

该项目公路起止桩号为 K69+000~K106+877,主线全长 37.877 km,工期 3 年,含三个互通式立交区,公路等级为高速公路,设计速度为 80~100 km/h,路面结构为沥青混凝土路面,路基挖方 246 万立方米,填方 419 万立方米,圬工砌体 37 万立方米,软基处理 8.217 km,沥青混凝土路面 62.33 万立方米,特大桥 5936.08 m/2 座,大桥 2261.32 m/4 座,中桥 1048.75 m/12 座,涵洞 38 道,通道 42 道。三个互通式立交区主线桥:986.56 m/7 座,匝道桥 277.48 m/6 座,匝道(扣除桥长)12.53157 km;分离式立交 2 处,长隧道 2795.0 m/1 座,合同金额 21.75 亿元。该中标金额在省内施工企业承建类似项目中属工程规模最大。

2. 施工标准化管理思路及内容

标准化是指将在指定的工作范围内获得最佳程序,针对现实问题和潜在问题制定具有重复适用条款的一种活动。通过标准化施工管理,将公路建设的工作经验加以总结、规范并推广;通过标准化施工管理,可以实现施工各阶段管理工作的有机衔接,实现公路施工项目目标的集成管理,进而整体提高公路工程的施工管理水平。

本项目施工条件复杂,技术难度较高,建设指挥部在认真总结以往高速公路建设经验教训的基础上,从管理精细化、施工机械化、构件工厂化入手,努力探索高速公路工地建设标准化、工程施工标准化、工程管理标准化、安全施工标准化、档案管理标准化、过程管理标准化等标准化施工管理思路,并从思想意识转变、资源经费保障、程序控制落实等方面全面推行施工标准化管理。

高速公路施工标准化管理的内容主要包括六个部分:组织管理标准化、目标管理标准化、工地建设标准化、过程控制标准化、保障管理标准化、考核与绩效管理标准化。这六个部分构成了高速公路施工管理标准化的核心内容。但是由于标准化范围较广、内容较多,此处只列出安全管理标准化的内容,以安全管理标准化为例探究施工标准化管理的内容。

某高速公路建设指挥部根据交通运输部的相关规定,对工地建设实行先上报方案,审批后实施方案的步骤;对分项工程实行首件制;对工程管理实行痕迹化管理,使工程施工与现场同步;对实行标准化施工出现的问题,及时整改,不断推进完善标准化施工,提高了工程质量、降低了安全风险、提升了施工效率,间接地推进了施工进度,增加了施工效益,加深了职工的凝聚力和归属感,提升了职工的工作积极性。

随着工程标准化施工逐步走上系统化、法制化的轨道,IT技术将会普遍地运用到工程标准化施工管理中,标准化施工也将得到广泛推广应用,并逐渐走向常态化,使高速公路建设管理水平达到一个新高度。"让标准成为习惯,让习惯成为标准"这样的标准化管理理念将成为高速公路参建人员日常施工管理的重要组成部分。

3. 施工安全标准化管理体系框架构建

1)安全管理目标

安全管理目标为:建立健全层次分明、职责明确、权责对等、奖罚分明的安全生产责任制度网,制定并组织实施安全生产管理工作计划,严格执行安全法律法规及方针政策,建立安全生产管理机构,加强事故的防范工作,积极开展安全生产检查,严格履行安全管理职责,开展安全生产宣传教育工作,做好职工的劳动保护工作,严格执行安全事故报告和统计制度。通过目标管理实现责任目标,杜绝重大安全生产事故。主要指标是:职工因工千人死亡率为0,职工因工千人重伤率为0,安全生产责任事故轻伤率控制在2‰以内,百台工程机械经损费为50万元,职业病发病率控制为0。

建立健全各级安全生产责任制,逐级签订安全生产责任书。按照与指挥部签订的安全生产责任书的各项安全目标,层层实行严格的安全目标管理和奖惩制度,全面落实安全生产责任制。

2)安全生产保障措施

(1)各参建单位建立健全安全生产保障体系,制定和完善安全责任制、安全教育制度、安全管理体系、安全控制、安全检查等各项管理制度。

(2)对危险性较大的分部分项工程的安全管理按省交通运输厅、公路局有关规定执行,建立健全安全生产长效机制和隐患排查治理办法措施,从源头遏制重特大安全事故的发生。

(3)按《企业安全生产费用提取和使用管理办法》的规定提取安全生产经费,提取比例不得低于合同价的1.5‰,所提取的安全经费的使用、支付、管理按相关规定执行,并接受业主和上级有关部门的监督检查。上级部门另有规定的按其规定执行。

(4)各参建单位须履行职责,制定可行的安全生产工作规划和年度计划,遵守安全生产"三同时""五同步"的工作规定。每季度至少召开一次安全专题会议,认真研究、分析、解决安全生产工作中存在的问题。

(5)加强教育培训,按法律、法规对各类工种规定培训时限的要求开展安全教育、安全技术培训,安全宣传教育面覆盖率达100%,安全生产管理三类人员、特种作业人员持证率达100%。

(6)认真贯彻执行国家有关职(民)工劳动保护的方针、政策、法律、法规及相关规定和标准,做好职(民)工劳动保护工作,对特殊工种应采取特殊劳动保护,严禁使用童工。

3)安全生产管理制度

(1)认真贯彻实施《中华人民共和国安全生产法》《建设工程安全生产管理条例》等国家有关安全生产法律法规,严格落实交通运输部有关工程建设及运输生产安全各项规定。

(2)建立健全安全管理规章制度。

(3)落实安全生产责任制,确保职业健康安全管理体系有效运行。

(4)建立和完善事故处理应急预案。

4)人员安全培训管理

(1)重视对参建职工的安全培训,根据现场的条件,采取短期(5~7天)培训、"三工教育"、自学等形式,对新工人进行安全生产教育,对老工人进行新操作法和新工作岗位的安全教育,对电气、起重、电焊等特殊工种的工人进行专门的安全操作技术训练,考试合格后才准进入操作岗位。

(2)重视对劳务协作队伍的安全管理和沿线居民的安全教育,要求各工区严格执行指挥部关于劳务分包管理的各项规定,并对分包过程中的劳务协作队伍的安全生产实行监督检查和管理,同时承担安全管理责任。同时,对高速沿线居民进行形式多样的安全宣传教育,确保施工期间沿线居民的安全。

5)设备安全管理

(1)重视设备选用和改造,根据项目特点,选用高性能、适合当地气候的设备,或者对已有的设备进行改造,提高设备的效能和安全性能,确保安全生产。

(2)加强对设备的"管、用、养、修"一体化管理,对所有机械设备、电气设备实行定机、定人、包保管、包使用、包保养制度,在机械保养、修理中制订安全作业技术措施,以保证人身和机械安全。

(3)严格安全操作制度,建立健全安全操作挂牌制、交接班制、岗位责任制、设备验收制等管理制度,对所有机械设备、电气设备实行定机、定人、包保管、包使用、包保养制度,操作人员必须经培训合格后持证上岗,并将安全操作方法和注意事项书写上牌悬挂,提醒操作人员严格遵守,保证机械、电气设备的安全运行。

(4)建立健全设备的管理台账和安全技术档案,强化设备隐患台账的管理,做到台账与现场设备状况相符,并加强设备隐患的治理。

(5)认真开展设备安全检查活动,一是机械本身的故障和安全装置的检查,操作工每天班前要进行日常检查,消除机械故障和隐患,确保安全装置灵敏可靠,防止设备带病作业;二是机械安全施工生产的检查,主要检查施工条件、施工方案、措施能否确保机械安全施工生产。

(6)严禁机械设备超速、超载、带病运转使用,对处于运转作业的机械设备不得进行检查和维修工作。同时,在非生产时间内,未经主管部门批准,严禁私自动用机械设备。

6)安全环境建设

制定安全标准化工地建设标准,重视合理布置施工现场,狠抓文明施工。通过开展安全标准工地建设,努力做到施工现场"四牌一图"醒目大方,安全警告、警示标志规范,工作人员佩证上岗,各类物资、大堆料堆码整齐,挂牌使用,机械设备安全防护装置齐备,统一停放、修理、维护、保养,施工便道平整、畅通,转弯处、危险处加设护栏、警示牌。重视安全投入,配置施工安全防护设施,包括安全帽、安全绳、安全网、安全警告标志等安全防护用品,做到多层作业工序同时操作施工时佩戴安全帽,高空作业加携安全绳和设置安全网,变电站、吊车下等处有安全警告标志,从防护用品设施上做好"预防"准备,保证施工正常进行。

7)事故隐患整改及事故调查

在施工生产过程中发生伤亡事故(含急性职业中毒),应按照《生产安全事故报告和调查处理条例》及时进行报告、统计、调查和处理,并办理工伤保险报告和相关赔付工作。各类生产安全事故的报告和调查处理,按《生产安全事故罚款处罚规定(试行)》执行。发生伤亡事故必须按照"四不放过"原则,查明事故发生原因、过程和人员伤亡、经济损失情况,明确事故责任,提出事故处理意见和防范措施的建议;对有人员伤亡的事故,事故单位在上报的同时,其事故调查报告一并报项目业主。

8)安全保通

(1)项目施工中占用社会使用公共道路、施工便道、场内道路及其他道路均属安全保通范围。

(2)指挥部、项目部须设置安全保通机构,在指挥部的统一领导下,与地方政府、公安机关、交警支队、路政密切配合,做好道路安全保通工作。

(3)施工单位须制定安全保通预案、措施,落实各项安全保通制度、职责,对施工现场进行分区管理,对重要、重点工区和相关工作人员实行专门管理。

(4)依法保护公路路产,实行公路巡查制度,维护施工秩序和交通秩序,制止各种违法利用、侵占、破坏公路路产的行为。施工单位在进场或施工中,如需在原有公路上开设道口、砍伐树木、拆除护栏、移动公路界桩、占用原有公路路产等,须经有关部门批准后方可实施;严禁未经申报批准擅自作业的行为。

(5)依照国家有关法律、法规,严格规范施工行为。施工现场需设置明显醒目的告示牌及道路交通标志、施工标志、道路安全标志等。对需要改道、分流、封闭交通的路段,必须提前将施工方案、时段等计划报指挥部统一协调安排,经批准后,需在新闻媒体上发布通告。因施工对原有道路交通秩序造成影响的路段,要安排专职保通人员实行全天候交通疏导工作,维护好施工现场行车和施工作业的正常秩序,积极主动与交警支队、路政等相关部门共同维护好交通秩序,保障公路的安全、畅通。

6.6 安全管理实例

6.6.1 中开高速公路 TJ-8 项目工程概况

中山至开平高速公路(含小榄支线)工程 TJ-8 标段,起止桩号为 K61+600~K100+500,全线长 38.9 km,沿线经过江门市新会区、台山市,途经三江镇、双水镇、罗坑镇、大江镇、水步镇,跨越银洲湖水道,并与新台高速公路、S271 省道、S273 省道、在建深茂铁路以及县乡公路多处交汇,是江门市南部东西向交通大通道。

本标段共有桥梁 13763.62 m/28 座、其中特大桥 7490.8 m/3 座,大桥

5599.8 m/11座、中桥589.9 m/10座、小桥83.04 m/4座。特大桥分别为：K64+277.2银洲湖特大桥,全长4701.2 m；K67+164.7上沙涌特大桥,全长1024 m；K95+162.5和安里互通主线桥,全长1765.6 m。其中银洲湖特大桥为双塔双索斜拉桥,主桥跨为188 m+530 m+188 m,辅航道桥为波形钢腹板预应力混凝土连续钢构,跨径为90 m+162 m+100 m。

路基段共计25.14 km,其中含互通共计6座,分别为双水互通、天亭互通、罗坑互通、大江南互通、和安里互通、水步互通。全线共有路基填方583.45万立方米,挖方293.52万立方米,软基沉降、清淤、清表及耕地夯实回填等共计154.08万立方米；主线涵洞共计125座,其中圆管涵41座、盖板涵84座；特殊路基处理段长度约为16.65 km,处理面积约为756592 m²,主要处理方式有真空联合堆载预压、水泥搅拌桩、堆载预压、PHC管桩四种。

重大控制性工程有双水互通、大江南互通、银洲湖特大桥、上沙涌特大桥、和安里互通主线桥、下沙涌大桥等。

6.6.2 中开高速公路TJ-8项目施工安全风险辨识

在本高速公路施工项目中,银洲湖特大桥为本标段的重点控制性工程,也是中开高速公路全线的标志性和控制性工程之一。因此,我们对风险的评估以银洲湖特大桥为主,其他工程为辅。

1. 中开高速公路TJ-8建设项目风险辨识的程序

通常而言,风险辨识流程如图6.17所示。

(1)收集数据。之所以会出现各种各样的风险,是因为数据的残缺程度较高,应先对数据进行全方位的收集。

①中开高速公路TJ-8建设项目环境方面的数据资料。具体来说,该项目在执行的过程中会受到自然环境等要素的影响。从社会环境的角度来说,则涉及项目区域的政治以及文化等。而从自然环境的角度来说,则涉及气象以及地质等方面。

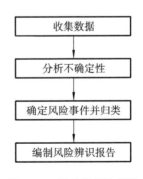

图6.17 风险辨识流程图

②类似工程的数据资料。引用相似项目中的数据对于管理和构建该项目非常有帮助。这样一来,不单单能够使项目的转移程度大幅度降低,同时还能够有

效防范诸多不确定性因素的出现。相似项目的数据涉及工程索赔、工程批准记录以及项目摘要数据等多个方面。

③工程的设计、施工资料。相似的项目确定具有许多相似性的相似结构设计或施工计划,在设计的过程中则要对各个方面予以充分的分析。不仅如此,在施工的阶段,有极大的概率会出现各种各样的难题,参考类似项目的施工计划及其处理方式,可以使项目的建设计划较为合理。

(2)不确定性分析。不确定性分析基于完成数据和信息的收集,它包含工程结构不确定性分析和工程施工环境不确定性分析,对各种目标的不确定性分析主要集中在项目的成本、质量、工期、安全性以及环境保护五个主要方面。

(3)明确风险事件并归类。这一个环节是要将不确定性分析作为其先决性要素,对项目风险能够予以准确且快速的判断。

(4)建立中开高速公路 TJ-8 建设项目风险辨识报告。识别出的风险可以以项目风险列表的形式列出。

2. 中开高速公路 TJ-8 建设项目风险源辨识

对于中开高速公路 TJ-8 建设项目管理人员来说,第一步要对类似工程的基本信息予以归纳和整理,在完成这一步骤之后,对项目已有资料予以深入分析,将类似工程的基本信息与项目已有资料这两者有机联系在一起。在这之后,对能够对高速公路所选路线产生重要影响的诸多要素进行一一分析。由于可以快速和无误地归纳和整理类似项目基本信息,因此从这一点来说,可以顺利和快速地对该项目进行风险辨识。从风险的角度来说,可以分为以下几个要点。

1)施工技术风险

由前述项目概况可知,中开高速公路 TJ-8 项目的重要工程是高速公路桥梁的建设,因此施工技术风险也存在于桥梁施工过程中。桥梁施工主要包括水上群桩施工、承台施工和索塔施工,其中水上群桩施工作业风险大小受到水域通航条件、水位条件、气候环境条件以及河床地质的影响,风险严重时可能发生坍塌、溺水、高处坠落等事故,造成重大的经济损失和人员伤亡。承台施工作业时,基坑深度、岩土条件和地下水也都会造成基坑坍塌的事故。索塔施工时,墩柱高度过高会增加高处坠落的风险,支护结构的稳固性影响施工安全。

2)项目施工人员风险

管理风险和管理质量这两者的关系尤为紧密,显著提升管理人员自身的专业素质能力,提高管理人员的凝聚力和意识形态素质是最重要,也是最有效的途径。在高速公路项目的建设过程中,由于各个地区的特殊情况,技术人员可能出于各种原因做出错误的决定,从而导致错误的指示。例如在特殊情况下,没有足够理论知识或工作经验的技术主管将对某些安全的生产操作做出错误的决定,当各个工种一起工作时,还会发生交叉安全事故。例如施工前尚未检查施工设备的完整性,没有针对其他工种的保障措施,建筑工人未意识到跌落危险,未对现场使用的设备进行测试等。

3) 项目勘察设计阶段风险

高速公路项目不仅包含桥梁、路基等单元项目,而且包含高边坡、特大桥等单元项目,因此需要设计人员具有较高的专业素质,倘若在勘察设计阶段出现不合理之处,势必会对后续的施工工作造成巨大的经济和工期上的损失,还可能出现较大的安全事故,造成人员伤亡以及工期的延误。

4) 项目管理中的风险

项目管理风险主要是组织、沟通与协调方面的潜在风险。高效的组织结构是提升项目质量的关键,同时也是高质量项目的关键组成部分。沟通与协调是项目参与者之间以及各方内部,主要是项目公司以及设计单位等多方的交流。如果交流的水平较高,那么就可以有效避免很多项目风险。沟通不畅以及无法及时共享有关项目的信息会导致工作效率降低以及产生相关的风险。

5) 项目设备材料风险

在高速公路工程项目中,设备和材料成本占总投资的很大一部分。采购过程中遇到的常见风险包括设备技术方面的风险和运输成本方面的风险,设备市场价格波动以及制造商的供应能力也存在一定的风险。建筑材料的质量直接影响工程的质量和进度,因此密切监控材料的质量非常重要。同时机械在高速公路项目建设中的作用巨大,机器的平稳运行也是项目能够顺利进行的保证。施工现场的环境、施工人员的生产和生活也是确保安全合理使用材料和保证机械正常运行的重要因素。中开高速公路 TJ-8 建设项目是大型工程项目,该项目需要许多不同类型的材料,因此需要确保原材料质量和数量供应到位,才不会影响中开高速公路 TJ-8 建设项目的进度和质量。通过上述分析,结合施工前、中、后期的风险识别思路,得到如表 6.6 所示的中开高速公路 TJ-8 项目施工过程风险源清单。

表 6.6　风险源清单

风险源	施工技术水平低
	水上群桩施工时高空坠落
	施工人员操作程序不规范
	管理人员素质低（没有经过培训上岗、无证管理）
	项目管理人员协调能力差
	消防安全设备未安放或未进行定期检查
	施工方案设计不合理
	检测仪器有极大误差
	项目经理的管理能力不足
	机械设备性能与供应不足
	地质勘察设计深度不够、设计交底不到位
	架桥机长时间超负荷工作导致失稳、倾斜、断裂
	设计内容缺陷、错误、遗漏、标准不当
	坍塌事故
	临边防护未按规范要求实施
	企业安全法律法规不健全
	企业管理措施不完善（应急系统机制、安全教育）
	物体坠落打击
	施工人员操作不规范
	触电事故
	设计数据不合理
	施工单位不按图施工或随意修改设计
	关键工序及重要部位的施工无人把关
	临时用电设备安全性差
	机电照明等未采用防爆设备
	基坑坍塌
	政府质量监督部门监管严重失职
	爆炸事故
	淹溺事故
	支护结构坍塌
	企业没有适当的风险控制体系
	工程所在地存在供电、供水困难，制约施工
	建筑材料供应、规格、质量不符合要求
	高空坠落
	现场绕行、导行路线不合理
	现场标示标牌不清晰
	现场易燃易爆物品存放不当

3. 中开高速公路项目施工风险评价指标体系

施工人员风险主要包含人员素质和技术水平这两个方面;勘察设计风险则主要包含设计这一方面;施工技术风险主要包含水上群桩施工、承台施工、索塔施工这三个方面;设备材料风险则主要包含设备与材料这一个方面;管理风险则主要包含企业、政府监督以及现场安全管理这两个方面。最终形成广东中开高速公路 TJ-8 工程项目施工安全风险评价指标,如表 6.7 所示。

表 6.7 安全风险评价指标

一级指标	二级指标	风险因素
施工人员风险	技术水平	施工专业能力低下
		工作人员专业素养低下
	人员素质	项目管控工作人员的动员调整能力差
		项目主管的专业水平低下
勘察设计风险	设计	地质勘察设计没有达到标准
		设计内容存在不足和缺陷、缺漏
		设计不合理,改动比较随便
施工技术风险	水上群桩施工	坍塌事故
		物体打击事故
		高空坠落事故
		触电事故
		淹溺事故
	承台施工	基坑坍塌
		爆炸事故
	索塔施工	支护结构坍塌
		高空坠落事故
设备材料风险	设备与材料	临时的设备性能不稳定
		照明没有采用防爆措施
		架桥机由于超负荷工作造成不平衡,塌陷
		检测设备极不准确
		消防设备没有按照规定时间复查
		机械性能稳定性差
		建筑材料不合规范
		高空存在掉落物

续表

一级指标	二级指标	风险因素
管理风险	企业、政府监督	政府管控不力
		企业未有风险管控系统
		企业规章制度不完善
		企业管控力度不够
		重要程序和部门没有工作人员看守
	现场安全管理	现场绕行导线不科学规范
		现场标牌不清楚
		现场易燃易爆物品存放不符合规范

6.6.3　中开高速公路 TJ-8 工程安全风险应对策略

对中开高速公路 TJ-8 项目进行了风险评价,判断出此项目的安全风险等级为Ⅱ级,鉴于风险的客观性和不可避免性,如何制定应对策略,是保证工程建设的关键。因此,为确保该项目顺利开展,应重点关注管理风险、设备材料风险和施工技术风险,加强对施工人员风险、勘察设计风险的管控。在该项目研究结论的基础上,结合相关研究文献的成果,认为对于该高速公路安全风险管理的风险预防和风险应对问题,需要从以下几个方向进行考虑。

1. 施工人员风险控制

施工人员风险因素包括:施工专业能力低下、工作人员专业素养低下、项目管控工作人员的动员调整能力差以及项目主管的专业水平低下等。不难看出,其中施工专业能力低下和工作人员专业素养低下都是由于专业能力培训不足;项目管控工作人员的动员调整能力差和项目主管的专业水平低下都是由于管理培训不足。因此本书主要从以下两个方面提出施工人员风险应对措施。

(1)提高施工人员专业素质可以采取培训、教育及激励。对施工员工进行质量意识教育、岗前培训和技能培训,提高员工素质,并且培训时长达到规定要求后参加考核,考核合格后方能上岗。项目部建立质量奖惩制度,鼓励员工提高作业质量。特种作业、试验检测、测量等人员要求持证并通过业主的考核。

(2)提高管理人员质量管理水平可以在人力资源配备上进行合理调整。一方面可以抽调公司内具有丰富类似工程施工经验且符合要求的精兵强将,确保人才优势;另一方面可以采取老人带动新人的策略,由管理经验丰富的管理人员带领新进管理人员,集合公司力量扎实推进项目的质量管理工作,保证项目质量管理满足质量目标要求。

2. 勘察设计风险控制

勘察设计是工程项目安全施工的基础,是工程实施前的极其重要的环节,勘察设计内容合格与否直接决定了工程施工是否具有可行性与安全性。勘察设计是工程建设施工前必经的一个环节,因此要采取相应措施进行风险防范。

中开高速公路 TJ-8 项目勘察设计阶段主要存在的问题为地质勘察设计没有达到标准、设计内容不合格和设计不合理,如结构计算错误、制图错误、设备材料选用错误等,容易引起工程质量纠纷,严重时将导致工程设计质量事故,因此勘察设计阶段进行风险防控十分必要。勘察设计过程需要严格遵守《公路勘测规范》(JTG C10—2007)、《公路工程水文勘测设计规范》(JTG C30—2015)等,在资金允许的前提下,尽可能采用较为先进的地质勘测仪器,勘测人员必须有丰富的勘测经验,准确实时地记录勘测数据。根据地形、地质环境等资料进行施工设计,同时从以下两个方面规范设计,保证设计水平。

(1)对设计合同进行评审。应制定设计合同编制质量指导意见,对设计合同中有关设计资料、设计范围、设计接口等环节进行指导,确保设计合同中关于设计过程和结果的全面完整,规避相应的质量风险,避免影响后续施工环节。

(2)提高设计原则的编制水平。设计原则是一个笼统的概念,包括方案事先指导意见书、初步设计阶段的设计原则、施工图阶段的统一技术措施等。设计原则的编制是非常重要的环节,是统一设计思想、明确设计深度和范围、落实建设法规政策的重要环节。应适时编制施工阶段统一技术措施共用部分的样本,指导施工图设计流程,用于检查施工图设计的完整性、设计的规范性等。

3. 施工技术风险控制

1)水上群桩施工风险控制

水上群桩施工主要包括钻孔施工,群桩钢筋笼施工,群桩导管、料斗施工,群桩混凝土灌注施工和群桩挖桩头施工等。风险防控应重点考虑坍塌事故、物体打击事故、高处坠落事故以及触电、淹溺事故类型。水上群桩施工要严格遵守以下要求。

(1)遵守劳动纪律,服从领导和安全检查人员的指挥,工作时集中思想,坚守岗位,未经许可不得从事非本工种作业,严禁酒后上班;严格执行操作规程,不得违章指挥和违章作业,对违章作业的指令有权拒绝,并有责任制止他人违章作业。进入施工场地时要正确使用防护装置和防护设施,对各种防护装置、防护设施和警告、安全标志等不得随意拆除和挪动。

(2)进行钻孔施工时,应提前对钻机及配套设备进行全面的检查,钻机安设必须平稳、牢固;正、反循环钻机所使用的电缆线必须定期检查,接头必须绑扎牢固,确保不透水、不漏电;对于经常处于水、泥浆浸泡处的电线应架空搭设,不得挤压电缆线及风水管。

(3)进行群桩钢筋笼施工时,吊置钢筋笼要合理选择捆绑吊点,并应拉好缆绳,保证平稳起吊,准确入孔,严防伤人;钢筋笼下放时,孔位不能留有较大空隙,以免影响作业人员在作业过程中的安全。

(4)进行群桩导管、料斗施工时,首先要经常检查吊具、索具的磨损程度,确保吊、索具符合吊装安全要求;其次在清孔过程中,孔位必须进行封闭,不能留有较大间隙,影响作业人员的安全;二次清孔完成后,摆放储料斗必须根据现场的实际情况进行,摆放必须平稳。

(5)进行群桩混凝土灌注施工时,主要使用机械为混凝土泵,因此施工过程中泵车停放应稳定牢固,定时检查输送泵电气设备是否正常、灵敏、可靠;管路布设要平顺,在高处、转角处应架设牢固,防止串动、移位,管路必须有专人负责检查,遇有变形、破裂时,应及时更换,防止崩裂;泵送前,应检查管路、管节、管卡及密封圈的完好程度,不得使用有破损、裂缝、变形和密封不合格的管件,混凝土泵在运转时发现故障,应立即停机检查,不得带病作业;灌孔所用的料斗、架子焊接必须牢固,导管连接必须紧密,满足施工要求,对未施工孔位敷设好的安全防护设施不得任意拆卸和解除,充分保证现场施工人员的安全。

(6)进行群桩挖桩头施工时,对挖桩头出泥浆的吊具必须经常检查,孔口不得堆积土渣和沉重机具,作业人员的出入必须设置常备的梯子。进行夜间作业时,照明必须达到规定的能见度,挖桩头暂停和作业完毕后,必须及时恢复孔口的安全设施。

2)承台施工风险控制

承台施工的风险防控应重点考虑基坑坍塌事故、淹溺事故及爆炸事故等。进行承台施工作业时,要严格按照《建筑基坑支护技术规程》(JGJ 120—2012)的有关要求,根据土质情况、施工荷载、施工周期和现场情况对基坑支护进行施工专项设计。当挖土深度超过 5 m 或发现有地下水和土质发生特殊变化时,应根据现场实际情况确定边坡坡度或采取支护措施。基坑附近各类管线、建(构)筑物开挖前应按施工组织设计的要求实施拆迁、加固或保护措施,经检查符合要求后,方可开挖。

3)索塔施工风险控制

索塔施工的风险防控重点考虑坍塌事故、高处坠落事故等。中开高速公路 TJ-8 项目中的重要桥梁的索塔施工采用了液压爬模法。施工时应根据结构特点、混凝土施工工艺和现行的有关要求对液压爬模板系统进行专项安全设计,并制定安装、拆除程序和安全技术措施。本项目塔柱使用的是翻模施工,更应加强安全措施,基模的固定、模板的对拉及安装固定等,必须按设计施工。

4. 设备材料风险控制

中开高速公路 TJ-8 项目施工过程中使用到的主要施工机械设备为混凝土泵、钻孔机、吊车、架桥机等。针对机械设备风险,要定期对吊装设备和架桥设备各项系统进行检查、保养,有故障应及时维修。检查设备的卷扬筒的安全情况是否可靠,钢丝绳是否有损伤,发现问题及时更换,确保吊装安全。检查主筋是否有损伤、裂纹,吊钩保险是否完好。检查设备是否正常。吊装作业前必须严格检查吊装设备各部件的可靠性和安全性,认真做好设备的日常例行保养工作和防爆措施,消防设备要按照规定时间进行复查。

施工过程中使用的主要材料为支架,支架的选购和应用应该满足下列要求:①材质应符合现有国家相关技术标准;②具有企业生产资质、产品合格证,并经验收确认质量合格;③施工材料不得有裂纹、变形和腐蚀等缺陷;④施工前,根据结构特点、混凝土施工工艺以及现行的有关要求对支架进行施工专项安全设计,并制定安装、拆除程序及安全技术措施。

5. 管理风险控制

中开高速公路 TJ-8 项目管理风险包括企业、政府的监督和施工现场安全管理。针对企业、政府监督力度不够的问题,要合理规划施工过程管理计划。首先,由项目经理部负责项目部具体的组织管理和统筹协调,对各部门合理分工,建立项目经理部组织框架,制定项目各项管理计划及管理制度。各施工作业工区负责各分部分项工程生产任务的具体执行。其次,各管理部门都要接受规定时长的管理培训,按有关规定,项目经理每年接受安全培训的时间不得少于 30 学时;项目专职安全管理人员除应按要求取得岗位合格证书并持证上岗外,还必须接受安全专业技术业务培训,时间不得少于40学时;项目其他管理人员和技术人员接受安全培训的时间不得少于20学时。保证各有关人员严格熟悉有关安全生产法律,具有相应的安全生产能力。最后对于一些风险控制措施(物体打击、触电、高空坠落等风险)要做到简单明确,确实起到安全教育、防护和警示的作用。为了合理使用场地,科学、文明地组织施工,规范施工现场安全管理,在进行施工现场平面布置时,要结合现场的具体情况按以下原则进行布置:

(1)总平面布置将严格按照地方和业主相关规定文件执行;

(2)合理安排料场和加工场的位置,尽量减少材料的二次搬运,降低成本;

(3)场地布置与施工方法、工艺流程以及选用的机械设备相适应;

(4)符合安全生产、文明施工的要求,利于防火、防洪;临时房屋及其他设施布置要安全、经济、合理、实用;

(5)易燃易爆物品要按照规定放置,并在明显可见部位贴上警示标志。

参 考 文 献

[1] 王芝松.浅谈美国高速公路建设管理[J].东方企业文化,2013(8):163-164.

[2] 王潮海.美国高速公路建设及其对经济发展的作用[D].长春:吉林大学,2006.

[3] 董浩,陈天瑞.世界主要国家公路交通发展与比较[J].山西建筑,2011,37(21):142-143.

[4] 王彩琴.全球高速公路建设发展概况[J].交通企业管理,2006(3):53-54.

[5] 石友服.德国的高速公路[J].公路运输文摘,2000(9):37-40.

[6] 张云爽.国内外高速公路的现状及其发展[J].黑龙江交通科技,2010,33(3):37.

[7] 王太.今天,聊一聊我国高速公路的前世今生[EB/OL].(2021-03-22)[2022-06-10].https://mp.weixin.qq.com/s/RL0D7WwFV26LFRxADWyaMQ.

[8] 周启金.高速公路挖方边坡防护形式的优化组合[D].济南:山东大学,2007.

[9] 张宏庭.锚索框架梁在高速公路边坡防护中的应用[J].山西建筑,2018,44(12):136-137.

[10] 梁辉.公路路基开挖施工技术分析及安全性控制[J].科技创新导报,2013(3):122-123.

[11] 董松.高速公路工程中路基开挖与填筑施工技术研究[J].建材与装饰,2020(16):264+268.

[12] 赵云,马晓博.浅析高速公路路基填筑施工技术及质量控制[J].科技致富向导,2014(26):329-329.

[13] 黄志.公路工程中路基填筑的施工技术探讨[J].工程技术(引文版),2016(12):191.

[14] 王珑.路基路面压实施工技术探讨[J].交通标准化,2014(9):45-47.

[15] 张海军.公路工程路基路面压实施工技术探讨[J].低碳世界,2015(10):2.

[16] 侯泽明.公路路堤施工要点分析[J].交通世界,2014(20):48-49.

[17] 曹娟婷.高速公路施工中特殊路基的处理方法[J].中国科技投资,2016,000(28):49.

[18] 赵海龙.高速公路施工中特殊路基的处理方法研究[J].中华建设,2019(7):2.

[19] 张金海.高速公路盐渍土路基处理措施探讨[J].交通运输研究,2012(16):52-54.

[20] 吴健.高速公路路基路面排水的设计[J].山西建筑,2009,35(21):2.

[21] 于晨,董玉.高速公路路基路面排水设计[J].华东科技(综合),2019(4):1.

[22] 景卫岐,林永钢.浅析沥青混凝土路面面层施工技术要点[J].建筑工人,2022,43(2):38-41.

[23] 李书明,张正根.浅谈沥青混凝土路面面层的施工质量控制[J].科技信息,2010(13):1.

[24] 廖嘉雄.高速公路沥青混凝路面面层施工技术研究[J].黑龙江交通科技,2020,43(1):3.

[25] 陈道成.公路水泥混凝土路面面层施工工艺[J].交通科技与管理,2020(8):1-2.

[26] 张建彪.路面垫层施工技术在高速公路建设中的应用[J].华东公路,2021(4):2.

[27] 宋林涛.高速公路路面基层施工常见问题及处理策略[J].四川建材,2020,46(2):148+150.

[28] 赵建华,程征.沥青路面基层施工及养护技术研究[J].运输经理世界,2020(7):87-88.

[29] 于水.高速公路路基边坡冲刷与防护研究[D].天津:河北工业大学,2020.

[30] 廖华容.路基边坡冲刷机理及防护研究[D].长沙:湖南大学,2012.

[31] 宋玉泽.填方路基边坡施工中的防冲刷措施研究[J].交通世界,2019(28):22-23.

[32] 康翠力.斜拉桥的分类[J].黑龙江交通科技,2012,35(4):75.

[33] 胡荣.跨引江济汉渠公路桥梁桩基础研究[D].武汉:武汉理工大学,2008.

参考文献

[34] 郭岩.桥梁桩基础技术特点分析[J].现代商贸工业,2013,25(12):186-187.

[35] 栾静.预制桩与灌注桩在道路桥梁施工中的应用对比[J].门窗,2019(24):131.

[36] 刘宁.公路桥梁的钻孔灌注桩设计与施工技术研究[D].长春:长春工程学院,2020.

[37] 周攀.岩溶地质条件下桥梁基础的设计策划研究[D].武汉:华中科技大学,2019.

[38] 吴桐.高速公路桥梁上部结构设计的要点分析[J].建材发展导向,2019,17(16):57-58.

[39] 朱卓.公路桥梁工程上部结构施工技术研究[J].广东科技,2013,22(8):110-111.

[40] 龚勇.桥梁上部结构施工实施方案研究[J].工程技术研究,2019,4(16):82-83.

[41] 库银桃.浅谈桥梁上部结构施工设备[J].建筑机械,2018(7):25-27.

[42] 张辛未.公路桥梁基础设计与施工技术问题分析[J].工程技术研究,2020,5(23):208-209.

[43] 姜鹏.桥梁下部结构的设计及施工[J].工程建设与设计,2016(17):98-99+102.

[44] 赵一哲.桥梁下部结构的设计及施工研究[J].中国标准化,2019(6):41-42.

[45] 李凌志.公路工程桥梁下部结构装配化施工技术[J].山西建筑,2022,48(6):144-147.

[46] 熊荣辉,周伟.桥梁下部结构选型及设计分析[J].交通世界,2017(30):84-85.

[47] 姚爱平.浅谈桥梁下部结构的设计及施工[J].公路交通科技(应用技术版),2014,10(12):284-286.

[48] 王召.公路桥梁下部结构施工技术及质量控制措施研究[J].交通世界,2022(Z1):61-62.

[49] 董志勇.浅析高速公路桥面系施工技术及质量控制[J].民营科技,2012(6):278.

[50] 胡绪杰.某城市环路高架桥桥面系施工方案研究[J].山西建筑,2018,44(21):146-147.

[51] 常乃超.株(洲)—六(盘水)复线新猫猫营隧道洞口施工技术研究[D].成都:西南交通大学,2003.

[52] 李晨.山岭公路隧道洞口施工方法与仰坡支护稳定性分析[D].河北工业大学,2015.

[53] 匡翔.高速公路隧道洞口浅埋段施工技术[J].交通世界,2021(23):147-148.

[54] 欧阳结新.公路隧道洞身开挖与支护的多机种机械化作业模式与集成研究[D].重庆:重庆交通大学,2015.

[55] 李科.高速公路隧道洞身开挖施工与初期支护措施[J].工程技术研究,2021,6(10):110-111.

[56] 曹梦娟.浅析隧道工程二次衬砌施工工艺[J].太原城市职业技术学院学报,2018(5):167-169.

[57] 刘健.公路隧道衬砌结构及二次衬砌施工要点分析[J].山西建筑,2015,41(31):162-163.

[58] 王月勇.公路隧道工程中二次衬砌技术探讨[J].黑龙江交通科技,2021,44(4):137-138.

[59] 张德慈.隧道二次衬砌施工技术及脱空预防措施[J].福建建材,2021(6):57-58.

[60] 李胜.公路隧道防排水系统施工质量检测与分析[D].广州:华南理工大学,2015.

[61] 宋占辉.公路隧道防排水技术与工艺研究[D].西安:长安大学,2010.

[62] 应文生.高速公路隧道防排水施工技术研究[J].四川建材,2022,48(1):122-123.

[63] 姚聪璞.基于风险分析的上海长江隧道逃生通道设计研究[D].上海:同济大学,2008.

[64] 王莉.长大铁路隧道施工通风案例分析[D].兰州:兰州交通大学,2018.

[65] 陆小飞.高速公路隧道施工中瓦斯通风技术的应用分析[J].黑龙江交通科技,2018,41(8):172-173.

[66] 孙爱军.试论高速公路隧道电气安装工程的施工方法[J].中国高新技术企业,2017(8):136-137.

[67] 陈文辉.高速公路改扩建施工作业区交通标志设置有效性研究[D].西安:长安大学,2011.

参考文献

[68] 董锐.高速公路施工作业区交通标志视认性研究[D].西安:长安大学,2011.

[69] 王剑,陈亚振,刘晓菲,等.高速公路改扩建施工作业区交通标志设置及优化研究[J].公路交通科技(应用技术版),2016,12(10):208-210.

[70] 李晓华.高速公路照明工程施工实践研究——以杭州市时代大道改建工程为例[J].光源与照明,2021(11):13-15.

[71] 王建鑫,何永祥.高速公路照明之应用[J].智能建筑与城市信息,2014(7):103-106.

[72] 葛建设.解析高速公路照明系统设计方案比较[J].甘肃科技纵横,2017,46(11):25-27.

[73] 魏延丽.高速公路天桥中墩特殊防撞护栏动力学性能研究[D].重庆:重庆交通大学,2011.

[74] 邓扬贵,刘周强,张力文.高速公路防撞护栏研究[J].中国科技信息,2018(24):45-48+12.

[75] 张伟光.高速公路混凝土墙式防撞护栏施工技术[J].公路交通科技(应用技术版),2015,11(7):257-258.

[76] 桂向东.论高速公路建设中的环境保护[J].安徽职业技术学院学报,2009,8(4):34-36.

[77] 袁军,杜长栋,王志勇,等.浅谈高速公路的施工环境管理[J].安装,2021(9):23-25.

[78] 赵璐.基于生态环境保护的高速公路施工方法[J].交通世界,2020(19):30-31+57.

[79] 王伟淇.高速公路施工安全管理成熟度评价研究[D].长沙:长沙理工大学,2016.

[80] 周昆.基于模糊综合评价的高速公路施工安全管理风险研究[D].济南:山东建筑大学,2020.

[81] 王玉波.高速公路施工项目管理研究[D].西安:长安大学,2014.

[82] 薛建波.山区干线公路施工安全风险评估[D].西安:长安大学,2019.

[83] 丁程.高速公路突发事件应急管理研究[D].西安:长安大学,2011.

[84] 介朝洋.高速公路施工标准化管理案例研究[D].昆明:昆明理工大学,2017.

[85] 李京航.广东中开高速公路TJ-8工程施工中的安全管理与风险控制分析[D].兰州:兰州交通大学,2020.

后　　记

随着经济社会的快速发展,我国对高速公路的需求也越来越迫切,高速公路建设市场的问题也日渐突出,在管理体制、施工技术、施工方案、风险防控等方面都需要不断地进行改革。高速公路工程往往包含不同的子工程,如道路工程、隧道工程、桥梁工程等,其施工复杂,技术要求高,不安全因素多。在高速公路工程的施工过程中,施工技术的好坏不但影响着公路正常使用周期,而且还影响着高速公路工程的整体质量以及安全。所以,我们必须要不断提高高速公路工程的施工技术水平,选取合适的施工方案,加强对高速公路工程的施工安全风险管理,进行科学的风险评估,制定合理的施工安全风险防控措施,强化施工现场管理。